诗学与美学研究丛书

王柯平 著

《理想国》的诗学研究（修订版）

北京大学出版社

图书在版编目(CIP)数据

《理想国》的诗学研究/王柯平著.(修订版).—北京:北京大学出版社,2014.2

(诗学与美学研究丛书)

ISBN 978-7-301-23671-0

Ⅰ.①理… Ⅱ.①王… Ⅲ.①柏拉图(前427~前347)-哲学思想 ②《理想国》-诗歌研究 Ⅳ.①B502.232

中国版本图书馆 CIP 数据核字(2013)第 311433 号

书　　　名:《理想国》的诗学研究(修订版)
著作责任者:王柯平　著
责 任 编 辑:张文礼
标 准 书 号:ISBN 978-7-301-23671-0/B·1173
出 版 发 行:北京大学出版社
地　　　址:北京市海淀区成府路 205 号　100871
网　　　址:http://www.pup.cn
新 浪 微 博:@北京大学出版社
电　　　话:邮购部 62752015　发行部 62750672　编辑部 62767315
　　　　　　出版部 62754962
电 子 信 箱:pkuwsz@126.com
印　刷　者:北京大学印刷厂
经　销　者:新华书店
　　　　　　965 毫米×1300 毫米　16 开本　23 印张　389 千字
　　　　　　2014 年 2 月第 2 版　2014 年 2 月第 1 次印刷
定　　价:49.00 元

未经许可,不得以任何方式复制或抄袭本书之部分或全部内容。
版权所有,侵权必究
举报电话:010-62752024　电子信箱:fd@pup.pku.edu.cn

……我们所描绘的城邦，是一座理想的家园，但在地上无处可寻，或许在天上建有其范型，举凡看到她的人，都想成为那里的居民。至于她现在还是将来存在，都无关紧要 (ἐν ἡ νυν διήλθομεν οἰκιζοντες πόλει λέγεις, τη ἐν λογοις κειμένη, ἐπει γης γε οὐδαμου οἴμαι αὐτην ειναι…ἐν οὐρανω ἰσως παράδειγμα ἀνάκειται τω βουλομένω ὁραν καί ὁρωντι ἑαυτόν κατοικίζειν· διαφέρει δέ ουδέν, εἴτε που ἐστιν εἴτε ἐσται)。

——柏拉图：《理想国》第九卷592

目 录

"诗学与美学研究丛书"序 …………………………………… 1
修订版序 …………………………………………………………… 5
初版前言 …………………………………………………………… 7

第一章　西方诗学理论的基石 ……………………………… 1
　一　柏拉图的代表作《理想国》 ……………………………… 1
　二　国内研究柏氏诗学的基本现状 ………………………… 4
　三　西方研究柏氏诗学的主要成果 ………………………… 6
　四　"始于足下"的"小题大做" ……………………………… 10

第二章　要旨、方法与诗性智慧 …………………………… 12
　一　《理想国》的要旨何在？ ………………………………… 12
　二　正义之德与心灵和谐 …………………………………… 21
　三　对话场所的历史意味 …………………………………… 27
　四　对话人物与戏剧特质 …………………………………… 31
　五　表里二分的诗化描述 …………………………………… 38
　六　日喻(Hēlios)的象征 …………………………………… 42
　七　线喻(Grannē)的内涵与误区 …………………………… 46
　八　洞喻(Spēlaion)的启示 ………………………………… 51
　九　对话文体与诗性智慧 …………………………………… 58

第三章　道德理想与心灵学说 ……………………………… 64
　一　道德理想主义 …………………………………………… 64
　二　政治与道德的理想范式 ………………………………… 67
　三　以善为本的"七科"教育 ………………………………… 76
　四　道德化的心灵学说 ……………………………………… 79

第四章　心灵诗学的实践准则 ……………………………… 94
　一　治心为上的诗乐艺术 …………………………………… 95
　二　神为善因的颂词：Eulogia ……………………………… 101
　三　寓教于乐的调式：Dōristi 和 Phrygisti ………………… 109

四	简约明快的节奏:Enoplios,Daktulos 与 Herōos	122
五	适宜的文本与节制的情感	132
六	超载的道德负荷	141

第五章 身体诗学的境界与追求 144
一	强身为用的体操艺术	144
二	身体诗学的境界:Kalokagathia	153
三	内外结合的教育方式	156
四	苦其心志的训练与饮食	162
五	破旧立新的男女裸体操练	165
六	理想人格的两个维度	170

第六章 多维视野中的美善论 177
一	"美"的意味与范围	178
二	美与善的语义与语境关联	180
三	因善而美的因果关系	188
四	"善的理式"的多面性相	191
五	成于至善的过程意味	199

第七章 "摹仿论"的喻说与真谛 203
一	源于床喻(Klinē)的"摹仿论"	207
二	Mimēsis 的源起与转义	213
三	"摹仿论"生成的历史文化语境	229
四	"摹仿论"的真实用意与双重维度	238
五	"摹仿论"的理论意义分析	244

第八章 为诗辩护与诗化哲学 269
一	对诗人的谴责与控告	269
二	为诗辩护:直接与间接	278
三	哲学与诗歌为何而争?	291
四	哲学与诗歌争吵的背后	306
五	剪不断的内在联系	312

第九章 余论:城邦与心灵的融合 320

主要参考文献 327

古希腊术语英汉对照表 335

后 记 347

CONTENTS

General Preface to the Poetics and Aesthetics Series 1
Preface of the Second Edition 5
Preface of the First Edition 7
1   Introdction: The Foundation Stone in Western Poetics 1
    1   *The Republic of Plato* 1
    2   *Current considerations of Plato's poetics in China* 4
    3   *Major observations on Plato's poetics in the West* 6
    4   *A step forward with a new initiative* 10
2   Purport, Methodology and Poetic Wisdom 12
    1   *What does the Republic aim at?* 12
    2   *Historical siginificance of the venue* 21
    3   *The virtue of dikaiosynē and the harmony of the psychē* 27
    4   *The characters and dramatic quality* 31
    5   *Poetic description in view of dichotomy* 38
    6   *The sun (hēlios) allegory and its enlightenment* 42
    7   *The line (grammē) allegory and its fallacy* 46
    8   *The cave (spēlaion) alleogry and its message* 51
    9   *Dialoguic style and poetic wisdom* 58
3   Moral Ideal and Psychic Theory 64
    1   *Moral idealism* 64
    2   *Idealistic paradigms in politics and morality* 67
    3   *Agathos-based education in the seven disciplines* 76
    4   *Moralized theory of the soul* 79
4   Applied Principles of the Psycho-poiesis 94
    1   *Music-poetry and the soul* 95
    2   *Eulogia to the divine* 101
    3   *Musical modes: the Doric and Phrygian* 109

    4   *Rhythms: the Enoplios, Dactylic and Heroic* 122
    5   *Suitable texts and temperate pathos* 132
    6   *The overloaded moral objectives* 141

5 Ultimate Goal of the Somato-poiesis 144
    1   *Gymnastics and the body* 144
    2   *Kalokagathia par excellence* 153
    3   *Integrated approach to training* 156
    4   *Tough exercises and allocated foods* 162
    5   *Gymnastics in naked mode* 165
    6   *Doublefold dimension of ideal personality* 170

6 Beauty and Good in a Multi-dimensional Perspective 177
    1   *The significance and scope of kalos* 178
    2   *Semantic and Contextual links between beauty and good* ... 180
    3   *Causality: agathos as the cause of kalos* 188
    4   *Multiple aspects of agathou idea* 191
    5   *The process implications of becoming agathos* 199

7 The Metaphorical Meaning of Mimesis 203
    1   *Mimesis of the klinē* 207
    2   *Origin and altered denotation of mimesis* 213
    3   *The historico-cultural context of mimetic theory* ... 229
    4   *The true intention and double play of mimesis* 238
    5   *Theoretical import of mimesis* 244

8 Defense of Poetry and Poeticized Philosophy 269
    1   *Accusation and attack* 269
    2   *Defense of poetry: direct and indirect* 278
    3   *Why did philosophy quarrel with poetry?* 291
    4   *Behind the quarrel between philosophy and poetry* ... 306
    5   *Inherent link between philosophy and poetry* 312

9 Epilogue: Integration of *Polis* and *Psychē* 320

Key references 327

Greek terminology in English and Chinese 335

Nachwort 347

"诗学与美学研究丛书"序

在西方,从学科发展史上讲,先有探讨文艺理论与批评鉴赏的诗学(poetics),后有研究感性知识与审美规律的美学(aesthetics)。前者以亚里士多德的《诗学》为代表,后者以鲍姆嘉通的《美学》为标志,随之以康德的《判断力批判》、黑格尔的《美学讲演录》和谢林的《艺术哲学》为津梁,由此发展至今,高头讲章的论作不少,称得上立一家之言的经典不多,能入其列者兴许包括尼采的《悲剧的诞生》、丹纳的《艺术哲学》、杜威的《艺术即经验》、克罗齐的《美学纲要》、柯林伍德的《艺术原理》、苏珊·朗格的《情感与形式》、阿恩海姆的《艺术与视知觉》、卢卡奇的《审美特性》、阿多诺的《美学理论》等。

在中国,传统上诗乐舞三位一体,琴棋书画无诗不通,所谓"诗话"、"词话"、"乐论"、"文赋"、"书道"与"画品"之类文艺学说,就其名称和内容而言,大抵上与西洋科目"诗学"名殊而意近,这方面的代表作有儒典《乐记》、荀子的《乐论》、嵇康的《声无哀乐论》、陆机的《文赋》、刘勰的《文心雕龙》、严羽的《沧浪诗话》、刘熙载的《艺概》等。至于"美学"这一舶来品,在20世纪初传入华土,因其早期引介缺乏西方哲学根基和理论系统,虽国内涉猎"美学"者众,但著述立论者寡,就连王国维这位积极钻研西学、引领一代风气者,其为作跨越中西,钩深致远,削繁化简,但却取名为《人间词话》,行文风格依然流于传统。这一遗风流韵绵延不断,甚至影响到朱光潜对其代表作《诗论》的冠名。迄今,中国的美学研究者众,出版物多,较有影响的有朱光潜的《文艺心理学》与《西方美学史》、宗白华的《美学散步》、邓以蛰的《画理探微》等。至于中国意义上的美学或中国美学研究,近数十年来成果渐丰,但重复劳动不少,食古不化风盛,在理论根基与创化立新方面,能成一家之说者屈指可数。相比之下,理论价值较为突出的论著有徐复观的《中国艺术精神》与李泽厚的《美学三书》等,其余诸多新作高论,还有待时日检验,相信会在不久的将来"青出于蓝,而胜于蓝"。

面对国内上述学术现状,既没有必要急于求成,也没有必要制造某种民族性或政治化压力进行鼓噪,更没有必要利用现代媒体进行朝慕"新说"、夕伐"假论"之类的戏剧性炒作,因为那样只能产生焰火似的瞬间效应,非但无助于学术研究的推进,反倒招致自欺欺人、自我戏弄的恶果。我们以为,"非静无以成学"。这里所言的"学",是探究经典之学问,是会通古今之研究,是转换创化之过程,故此要求以学养思,以思促学,学思并重,尽可能推陈出新。不消说,这一切最终都要通过书写来呈现。那么,现如今书写的空间到底有多大?会涉及哪些相关要素呢?

我们知道,传统儒家对待治学的态度,总是将其与尊圣宗经弘道联系在一起,故有影响弥久的"述而不作"之说。但从儒家思想的传承与流变形态来看,所谓"述"也是"作",即在阐述解释经典过程中,经常会审时度势地加入新的看法,添入新的思想,以此将"阐旧邦以辅新命"的任务落在实处。相比之下,现代学者没有旧式传统的约束,也没有清规戒律的羁绊,他们对于经典的态度是自由而独立的,甚至为了达到推翻旧说以立新论的目的而孜孜以求,尝试着引领风气之先,成就一家之言。有鉴于此,为学而习经典,"述"固然必要,但不是"述而不作",而是"述而有作",即在"述"与"作"的交叉过程中,将原本模糊的东西昭示为澄明的东西,将容易忽略的东西凸显为应受重视的东西,将论证不足的东西补充为论证完满的东西……总之,这些方面的需要与可能,构成了"述而有作"的书写空间。如今大多数的论作,也都是在此书写空间中展开的。列入本丛书的著译,大体上也是如此。

需要说明的是,"述而有作"是有一定条件的,这需要重视学理(academic etiquettes),重视文本含义(textual meaning),重视语境意义(contextual significance),重视再次反思(second reflection),重视创造性转化(creative transformation)。

对于学理问题,我曾在一次与会发言中讲过:从"雅典学园"(Akadeimeia)衍生的"学者"(academic)一词,本身包含诸多意思,譬如"学术的、纯学理的、纯理论的、学究式的"等等。从学术研究和学者身份的角度来看,讲求学理(以科学原理、法则、规范和方法为主要内容的学理),既是工作需要,也是伦理要求。就国内学界的现状看,以思想(而非一般的思想性)促研究,是有相当难度的,因为这需要具备相当特殊的条件。"言之无文,行而不远"。近百年来,国内提得起来又放得下去的有根基的思想(理论学说)不多,真正的思想家为数寥寥。因此,对大部分学者而言,以学理促研究,在相对意义上是切实可行的。学术研究是一个逐步积累和推进的过程,国内的西方学术研究更是如此。经常鼓噪的"创新"、"突破"或"打通"等等,如若将其相关成果翻译成便于甄别和鉴定的英文或法文,就比较容易看出其中到底有多少成色或真货。鉴于此况,倡导以学理促研究,是有一定必要性和针对性的。这其中至少涉及三个主要向度:(1)学理的规范性和科学性(借着用);(2)理解与阐释的准确性(照着讲);(3)假设与立论的可能性和探索性(接着讲)。在此基础上,才有可能把研究做到实处,才有可能实现"创造性转化"或"转换性创构"(transformational creation)。

对于经典研读,我也曾在一次与会发言中讲过这样一段感言:"现代学者之于古今经典,须入乎文本,故能解之;须出乎历史,故能论之;须关乎现实,故能用之。凡循序渐进者,涵泳其间者,方得妙悟真识,终能钩深致远,有所成就。"

所谓"入乎文本,故能解之",就是要弄清文本的含义,要保证理解的准确性。这是关键的一步,是深入研究和阐发的基点。这一步如果走得匆忙,就有可能踏空,后来的一切努力势必会将错就错,到头来造成南辕北辙式的耗费。而要走好这一步,不仅需要严格的学术训练,也需要良好的语文修养,即古今文字与外语能力。要知道,在中外文本流通中,因语文能力不济所造成的误译与误用,自然会殃及论证过程与最后结论,其杀伤力无疑是从事学术研究和准确把握含义的大敌。

所谓"出乎历史,故能论之",其前提是"入乎历史",也就是进入到历史文化的时空背景中,拓宽思维的广度与深度,参阅同时代以及不同时代的注释评说,继而在"出乎历史"之际,于整体把握或领会的基础上,就相关问题与论证进行分析归纳、论述评判。这里通常会涉及"视域的融合"、"文本的互动"与"语境的意义"等时下流行的解释学概念。当然,有些解释学概念不只限于文本解读与读者接受的技术性方法,而是关乎人之为人的存在形式与历史意识间的本体论关系。因此,我们在解释和论述他者及其理论观点时,自己会有意无意地参与到自我存在的生成过程里面。此时的"自我",经常会进入"吾丧我"的存在状态,因为其感受与运思,会涉及他者乃至他者的他者,即从两人的对话与体验中外延到多人的对话与体验中。在理想条件下,这一过程所产生与所期待的可能效应,使人油然联想起柏拉图标举诗性智慧的"磁石喻"。

所谓"关乎现实,故能用之",具有两层意思。其一是在关注现实需要与问题的基础上,将相关思想中的合理因素加以适宜的变通或应用,以期取得经世致用或解决现实问题的可能效果。其二是在系统研究的基础上,通过再次反思,力求返本开新,实现创造性转化或转换性创构,以便取得新的理论成果,建构新的理论系统。譬如,牟宗三以比较的视野,研究宋明理学与康德哲学,成就了牟宗三自己的思想系统。海德格尔基于个人的哲学立场,研究尼采的哲学与荷尔德林的诗歌,丰富了海德格尔本人的理论学说。后期的思想家,总是担负着承上启下的使命,他们运用因革之道,吸收不同养料,究天人之际,通古今之变,成一家之言。这一切都是在"入乎文本"、"出乎历史"和"关乎现实"的探索过程中,循序渐进,钩深致远,最终取得的成就。

在此诚望参与和支持本丛书的学者,均以严谨的学理和创化的精神,将自己的研究成果呈现给广大读者诸君,以此抛砖引玉,促进批评对话,推动诗学与美学的发展。

借此机会,谨向出版资助单位北京第二外国语学院跨文化研究院诚表谢忱!

以上碎语,忝列为序。

王柯平
千禧十一年秋于京东杨榆斋

修 订 版 序

拙作《〈理想国〉的诗学研究》于千禧五年八月初版,至今已逾八载。期间,曾引起不少读者的关注,也得到诸多同仁的鼓励,其中包括数位学界前辈。因此,近八年来我未曾懈怠,继续研读与思索,在原有的准备工作基础上,完成了《〈法礼篇〉的道德诗学》一书的写作,现已呈交出版社付梓。

这次借本书再版之机,我对其中的文字拼写笔误做了必要改正,对表述不够清晰之处做了少许修补,对章节的题目次序做了个别调整。譬如,柏拉图引入其哲学与人类学(心理学与伦理学)之中的二元论,虽然具有重视理念、精神与实在的诸多形而上学特性,但在论述灵与肉、精神与物质、理念世界与现象世界等不同范畴时,有时则表现为一种表里二分法,一种有关外表与内在、现象与本质的二分法。另外,在保持原作基本结构与内容不变的总体原则下,此次修订增写或补充了"正义之德与心灵和谐"、"对话场所的历史意味"、"对话人物与戏剧特质"、"哲学与诗歌争吵的背后"、"剪不断的内在关联"和"城邦与心灵的融合"等部分。如若按照原定的修订计划,本书恐怕要做更多调整。但因笔者承诺处理其他任务,且不能一再推迟,只好以保持原作现状为借口,暂且了却这件"修订"之事。为了排版方便和减免字体变形,这次特将初版所用的希腊文拼写方式予以拉丁化。

常言道:"文章千古事,得失寸心知。"这是对作者的要求与鞭策。现如今,在多媒体网络信息时代,写作与发表变得相对容易起来,各种形式的出版物比比皆是。要言之,这种境况的积极效应是推动了言说自由的变革进程,但其消极作用却导致惜纸尚文尽责的传统意识趋于淡漠。于是,在可以随意书写并不介意作者身份死活的当下,一个人若将自己的案头活动视为传统意义上的"文章"写作,那可以说是一种近乎"奢侈"的自勉了。对此,笔者不才,心向往之;劳神役形,自以为乐。所呈拙作,抛砖引玉,诚请读者诸君雅正。

最后，值得强调的是，此番修订过程之所以进展得如此顺利，多因得益于张文礼君认真的专业精神与良好的学术素养。得到张君襄助，实属幸事一件，在此诚表谢忱。当然，文中所遗错误，皆由作者负责。谨记。

王柯平
千禧十三年晚秋于京北山月斋

初 版 前 言

柏拉图的《理想国》是举世公认的一部"永不过时的经典"(timeless classic)。浓缩其中的诗学思想,堪称西方诗学的滥觞。怀特海(A. N. Whitehead)曾言,欧洲哲学传统乃是研究柏拉图的一连串脚注而已。事实上,欧洲诗学传统在很大程度上也是如此。譬如,柏氏所创设的艺术"摹仿论"(mimēsis),传布广泛且影响深远,被奉为西方诗学发展的重要基石。后世诗学理论中所倡导的"神光流射说"与"理念显现说"等,都不同程度地折映出"摹仿论"的影子。古希腊的 mimēsis 观,早期与戏剧表演或扮演活动密切相关,从柏拉图开始才把绘画等视觉艺术包括在内,并以此来界定一般艺术创作的本体特征。所谓 mimēsis,不是简单地摹仿或仿制,而是包括再现加表现、心理与行为同化和艺术创作等多重维度。现代西语中的 imitation(摹仿)与 representation(再现)等词,很难涵盖古希腊 mimēsis 的真正意蕴,充其量也只不过是一种局限性的和误导性的诠释而已。因此,有必要就 mimēsis 的喻说与真谛进行溯本探源性的研究。为了传承原义,笔者也曾设想将柏氏的 mimēsis 论音译为"弥美西斯论",简称为"弥美论",借以避免原译"摹仿论"中所包含的片面诠释与可能的误导误解等问题。本书为了不引起意外的生疏或唐突之感,依然因循守旧地使用了"摹仿论"这一传统译名,只不过有意采用了象征疑问或非议的引号予以标示的软性区别方式。

本书立足于相关的历史文化语境和文本语义分析,借助西方现有的研究成果和二次反思的方法,试图对《理想国》的诗学思想进行重新探讨和定位。① 本书认为柏氏诗学在很大程度上是一种带有政治工具

---

① 阅读柏拉图的对话文本,通常与探讨柏拉图思想主旨(尤其是哲学思想)的方法密切相关。按照瑞阿勒(Giovanni Reale)的归纳,解释柏拉图思想的历史一般可分为三个阶段或三种范式:第一是沿用了 1500 年的新柏拉图主义范式(the Neoplatonic paradigm),源自旧学园派(the Old Academy),其代表人物为普洛丁,侧重从比喻的角度来阐述柏拉图的思想;第

论色彩的道德理想主义诗学。鉴于柏氏诗学以理念本体论为根基,以表

(接上页)二是发端于18世纪末19世纪初的体系论范式,为期150余年,其代表人物为特恩曼(Wilhelm Gottlietb Tenneman)、施莱尔马赫(Friedrich E. D. Schleiermacher)和邵瑞(Paul Shorey)等,主要根据现有的对话文本来总结和抽绎柏拉图的思想体系(cf. Wilhelm Gottlietb Tenneman. *System der Platonischen Philosophie*. Leipzig, 1792-1795; H. Ritter, ed. *Geschichte der Philosophie*, *aus Schleiermachers handschriftlichen Nachlass*. Berlin; G. Reimer,1839; Paul Shorey. *The Unity of Plato's Philosophy*. Chicago: University of Chicago Press, 1960; E. N. Tigerstedt. *The Decline and Fall of the Neoplatonic Interpretation of Plato*. Helsinki; Societas Scientarum Fennica, 1974; W. K. C. Guthrie. *A History of Greek Philosophy*, vol. 5. Cambridge; Cambridge University Press, 1978; Richar Kraut. ed. *The Cambridge Companion to Plato*. Cambridge; Cambridge University Press, 1992; etc.);第三是图宾根学派(the Tübingen School)于20世纪50年代所倡导的"秘传论范式"(esotericist paradigm),其代表人物为克雷默(H. J. Krämer)、盖塞尔(K. Gaiser)和瑞阿勒(G. Reale)等,认为形于文字的对话文本无关紧要,而那些"未成文的教诲"(unwritten teachings)才是解释柏拉图思想的核心部分(cf. Giovanni Reale. *I tre paradigmi storici nell' interpretazione di Platone e i fondamenti del nuovo paradigma*. Napoli; Istituto Suor Orsola Benincasa,1991; H. J. Krämer. *Arete bei Platon und Aristoteles: zum Wesen und zur Geschichte der Platonischen Ontologie*. Heidelberg: C. Winter, 1959; H. J. Krämer. *Plato and the Foundation of Metaphysics*. Ed. And trans. John R. Catan. Albany: Sunny, 1990; K. Gaiser. *Platons Ungeschriebene Lehre*. Stuttgart: E. Klett, 1968; G. RealE. *Per une nuova interpretazione di Platone*. Milan: Università Cattolica del Sacro Cuore, 1989; etc.)。上列归纳显然比较笼统,存在一些问题。譬如,1)三者均忽视了新学园派(the New Academy)对柏拉图的怀疑论解释方法;2)第二种范式把许多不同的立场观点不加区别地堆放在一起;3)在某种程度上夸大了离经叛道的第三种秘传论范式。以冈察雷兹(Francisco J. Gonzalez)为代表的一些古典学者认为,这第二种范式包括一位论(unitarian)和发展论(developmentalist)两种解释方法,此两者连同秘传论解释方法的共同之处在于:试图从不系统的、零碎的和不设定结论的对话形式中提炼出一套系统性的柏拉图哲学思想。这几种方法可以归之为"教义论范式"(dogmatic paradigm),与此相对的则是以新学园派为主要代表的"怀疑论范式"(skeptical paradigm)。前者的目的是要证明柏拉图旨在建立一套哲学理论,后者的目的是要表明柏拉图旨在借助怀疑论的方法来反驳或拒绝发展一套哲学理论,因此运用论辩、诗化和修辞等不同手段,来瓦解自以为是的做法和倡导不设定任何结论的开放性探索之路(open-ended inquiry)。这两种广义上的范式,历史悠久,影响甚大,大多数研究柏拉图的古典学者游历于两者之间。有鉴于此,冈察雷兹等古典学者意在推行第三种与众不同的范式,也就是他们所谓的"第三条道路"或"第三种方式"(the third way)。这种方式试图把哲学与口语、哲学与修辞、哲学与戏剧、哲学与想象、怀疑论与教义论、成文与不成文的教诲等传统的对立因素,一并纳入追问的范围。一般来讲,探求"第三种方式"的学者尽管有的偏于质疑或反驳,有的偏于建构或印证,但其共同之处在于"非同寻常地重视柏拉图对话中的文学、戏剧与修辞性相,力图避免将研究目的与系统学说的建构或反驳等同起来。相反地,他们认为柏拉图的对话给人以'灵感',给人提供了一种世界'观','劝导'人采取行动,扩展人的'想象力','引领'人自行进行探索,传布一种反思的、实践的和非命题性的知识,或者邀请人参与对话,以便积极探寻真理,等等"(cf. Francisco J. Gonzalez. Ed. *The Third Way: New Directions in Platonic Studies*. Maryland: Rowman & Littlefield Publishers,1995, pp. 1-2; 3-22)。作为中国读者,我觉得西方的方法固然可以参考,但不一定要亦步亦趋。其一,我们有良好的历史感,一方面会自觉地设法进入历史,在努力缩短历史文化距离的同时寻求文本中所隐含的历史意义;另一方面会有意识地走出历史,尽可能在现实语境中体悟"温故而知新"的特殊效应和探寻其外延性的现实意义。其二,我们有良好的文学意识,

里二分法为策略,注重善心为本和强身为用的灵肉互动关系,本书在细读慎思的过程中,新拈出心灵诗学(psycho-poiēsis)和身体诗学(sōmato-poiēsis)两个范畴,用以揭示和阐述柏氏诗学中两个彼此会通的理论层面。在古希腊语里,诗学(poiēsis)的本义是指创作或塑造的艺术。相应地,基于诗乐艺术教育的心灵诗学,旨在塑造道德与美好的心灵;而基于体操艺术训练的身体诗学,旨在塑造健壮而优雅的身体。此两者交互作用,有机统一,是想通过灵肉结合的教育,来实现身心和谐的境界,培养美善兼备的人格,造就文武双修的卫士,最终建构一座符合理想的城邦,为人类提供一个安身立命之处。

毋庸讳言,柏拉图的诗学隐含着内在的矛盾张力。他从道德理想主义原则出发,一方面谴责和控告诗人与诗歌,甚至颁布逐客令将一些诗人赶出城邦,因此在历史上背着敌视艺术和艺术家的恶名。但在另一方面,他又谙悉诗歌的艺术魅力及其审美教化等多重价值,并采用直接与间接的方式为诗辩护,试图有选择有条件地利用诗歌来为其教育理念服务。"古来有之的哲学与诗歌之争",对柏拉图这位古希腊诗哲的影响甚巨。无疑,柏氏轻视摹仿诗而推重哲理诗,他的对话哲学也因此成为充满神话喻说和诗性智慧的诗化哲学。他的代表作《理想国》,堪称西方诗化哲学的范本。在这里,哲学的理智与诗意的流动,通过鲜活而古雅的对话形式,巧妙地融为一体,不仅拓展了哲学思辨的诗意空间,而且提升了诗性智慧的理论向度,从而使其成为一部常读常新的活动文本。

重读这一文本,琢磨其中一个侧面,与其说是出于"溯本探源"的妄念,毋宁说是自我调整研究方法的结果。就个人嗜好而言,我比较喜欢读两类书:一是会通中外、驰骋古今、创见良多、自成体系、发人深省的思想型著作;二是依据文本、会聚焦点、细读慎思、言之有物、剥茧抽丝式的学术型论述。在读书的筵席上,前者犹如"大餐",后者几近

(接上页)对形象性的隐喻或比喻及其象征意味比较敏感,而柏拉图的对话在结构和修辞上富有戏剧性和文学性,这样有利于引导我们进行思辨性的感知和想象。当然,我们的短处主要在于围绕逻各斯的逻辑实证和哲学思辨方面,这就需要有选择地借鉴西方学者的科学方法与优秀成果。另外,从诗学角度来解读柏拉图的代表作《理想国》,不只是因为"摹仿论"等学说是奠定西方美学或诗学的重要基石,而且是因为诗学兼顾着哲学与文学的基本特征,包含着道德与政治层面上的实践智慧,同时又在对话形式中流溢着"诉诸情感的议论"(ad hominem argumentation),这正是引导人们走出"洞穴"、走向哲学(爱智之学)的有效途径。

"小菜"。喜欢什么,便选择什么,主要取决于个人当时的胃口与品位。那么,在国内学界,真正称得上美味佳肴的"大餐"与"小菜"到底知多少,一时说不清楚。每到书店里看到各种装帧考究、琳琅满目的文库、书系、丛书、精选文集或前沿新论,首先感受到的是视觉上的冲击,随之便是翻阅时徒生的感慨,总觉得陈列于其中的一些大而化之的鸿篇巨制或应景之作,很有可能会耗损作者的才思、浪费社会的资源,甚至耽误读者的时间……有鉴于此,本来学养有限的我,从不奢望自己会有尝试烹饪"大餐"的能力,因此退而求之,从吾所好,在学做"小菜"上多下一点儿工夫。说实话,平生愚笨,眼高手低,谨想自己若能竭尽余力做出一两盘不让人倒胃口的"小菜",也算是尽了一个普通读书人的本分。为此,近年来无论是在国内还是国外,我始终把较多的注意力放在柏拉图的《理想国》及其诗学思想之上。

顺便提及,涉足柏拉图的诗学园地,如同穿越曲径通幽的诗意空间。这一过程不仅需要精心的细读与理智的灵思,而且需要伴随着一定的想象和一缕诗情。前者有利于谈玄论道、归纳推理,后者有助于心游万仞、情追远古。对我个人而言,柏氏的诗化文本,融哲理与诗情于一体,阅读时如果仅仅求诸冷峻的理性分析,只为了演绎出一套子丑寅卯式的逻各斯(话语)系统而殚精竭虑的话,那未免太苛求自己了。说实话,这在我是万万做不来的。我在阅读柏拉图的文本时,通常总有些"矫情",遇到费解之处,虽不至于知难而退,但却会暂且搁置,抑或回味那些富有诗意的描绘,抑或重温那些富有想象的喻说,以便领略原本富有情思意趣的阅读快感。在这里,自娱自乐的审美阅读(aesthetic reading)或许比硬着头皮的接受美学更为直接,更有裨益。记得前年在牛津大学公园里阅读柏拉图的对话集时,我习惯于采用随兴所至的方法,时断时续,有一天下午竟然因为雨后出现的一道彩虹而神不守舍,结果忘却了所读过的章节和所迁想的妙得。那委实是一个收效甚微的下午,但也是一个令人难忘的下午,所读所想似乎都消失在那道绚丽的彩虹里。有当时所作这首拙诗为证:

    在我记忆的网络里,
    布满了天上无数的幻景:
    火烧云,佛光金顶,天马行空……

可从未见过雨后斜阳下
这道凌空低垂的彩虹——
左一棵梧桐,
右一棵雪松,
两大树冠上托着一张弯弓;
五色斑斓,
雄浑而又轻灵,
像古罗马教堂的彩绘穹顶,
像紫禁城御道的大红门洞,
流泻在池塘中的倒影,
把四周芳草上的雨珠染出笑容。
我真想穿过脚下的绿茵,
去亲吻水中那醉人的霓虹,
可又担心自己的脚步太重太重,
会摇碎一串串挂在雨珠上的甜梦。
我只好伫立在原地,
凝照空中的云色幻化翻动。
此时,
胸中虽也涌起一缕缕诗情,
但无暇觅句,
只是呆望着那道彩虹,
直到她消失得无影无踪。

王柯平
2005 年于太阳宫寓中

第一章　西方诗学理论的基石

在人类思想史上,古希腊诗哲柏拉图(Plato,公元前427—前347)的地位是极其特殊的。黑格尔尊其为"人类的导师",是因为哲学作为科学始于柏拉图。① 怀特海声称"欧洲哲学传统出自研究柏拉图的一连串脚注",是因为柏氏思想博大幽邃,其著作犹如"一座取之不竭的富矿"。② 时至今日,柏氏的对话文集依然像一片广袤的思想之林,其中布满纵横交错的路径,标示着形形色色的科目。举凡意欲穷源尽委者,无论你沿着形上学、神学、伦理学、政治学或心理学之路漫步林中,还是沿着诗学或美学之路搜奇览胜,均会在娓娓道来的对话文本中找到各自的源头,并在细读凝思中获得新的感悟。这委实是一个"温故而知新"或"知新而温故"的动态过程。举凡阅读过《理想国》的人,多少都有这样的体会。

一　柏拉图的代表作《理想国》

"柏拉图是古典时代一位著作宏富的作家,他的著作似乎完好无损地流传到我们。长期以来,还没有在任何地方发现我们尚未搜集到

---

① 参阅黑格尔:《哲学史讲演录》(贺麟、王太庆译,北京:商务印书馆,1996年),第二卷,第151页。

② Cf. Alfred N. Whitehead. *Process and Reality: An Essay in Cosmology* (New York: Free Press, 1978), p.39. His statement concerned goes as follows: "The safest general characterization of the European philosophical tradition is that it consists of a series of footnotes to Plato. I do not mean the systematic scheme of thought which scholars have doubtfully extracted from his writings. I allude to the wealth of general ideas scattered through them. His personal endowments, his wide opportunities for experience at a great period of civilization, his inheritance of an intellectual tradition not yet stiffened by excessive systematization, have made his writing an inexhaustible mine of suggestion."

的其他柏拉图著作。"①那么,柏拉图的著作到底有多少呢? 这本来是一个不成问题的问题。但由于雅典的所有学园在529年被东罗马帝国强行关闭,亚历山大里亚图书馆在639年被伊斯兰军队焚毁,结果使古希腊文化的典籍损失惨重,因此柏拉图著作的数量及真伪也就成了学者们研究和争论的一大问题了。根据1世纪的德拉图西本(Thrasylus)、1513年的阿尔杜本(Aldiua)和19世纪先后发掘的羊皮纸手抄本和莎草纸本,归入柏拉图名下的对话共有44篇之多。② 经过专家数年鉴别,有的认为真作有34篇(泰勒),一般认为真作有28篇左右。③虽然少数著作仍有争议,但仅占次要地位,不妨碍了解柏拉图思想的全貌。值得指出的是,柏拉图原先的古希腊文本和16世纪初的拉丁文译本,在历史传播过程中范围十分有限,直到英国牛津古典学者乔伊特(B. Jowett)于1871年最早翻译出版了5卷英文本《柏拉图全集》④以后,才逐步改变了原来那种"曲高和寡"的局面。随后,卡里(B. Cary)等人于1911年又翻译出版了6卷英文本《柏拉图著作集》,

---

① Cf. A. E. Taylor. *Plato*: *The Man and His Work* (New York: Meridian Books,1956), p. 10.
② Ibid. ,pp. 107-111.
③ 雷德尔(《柏拉图哲学的发展》,莱比锡,1905年)认为其真作有28篇,李特尔(《柏拉图哲学精华》,伦敦,1933年)和维拉莫维茨—莫伦多夫《柏拉图》,两卷本,柏林,1920年)认为其真作有26篇。若加上《信札》(共计13封,多数学者认为第7、8封为真作),真作总数分别为29篇和27篇(参阅 W. AD. Ross. *Plato's Theory of Ideas*. Oxford: Oxford University Press,1953, p. 2;另参阅范明生:《柏拉图哲学述评》,上海:上海人民出版社,1985年,第51—52页)。1992年再版的《牛津古典词典》按写作年代早晚的顺序列有26篇(不算疑为伪作的4篇),加上《信札》也是27篇(参阅陈中梅:《柏拉图诗学和艺术思想研究》,北京:商务印书馆,1999年,第5页)。1996年由普林斯顿大学出版社第16次再版的《柏拉图对话集》辑26篇(外加3篇附录),同《信札》一起可计27篇(Cf. Edith Hamilton & Huntington Cairns [eds]. *Plato*: *The Collected Dialogues*. New Jersey: Princeton University Press,1996)。1997年有哈凯特出版公司出版的《柏拉图全集》辑45篇,除去所标出的伪作和有争议的作品,连同部分信札共列27篇得到普遍确认的真作(Cf. John M. Cooper[ed]. *Plato*: *Complete Works*. Indianapolis/Cambridge: Hackett Publishing Company,1997)。国内学者范明生等人认为真作总数"共计28种,《信札》列为其中一种"(范明生:《柏拉图哲学述评》,第43页)。
④ B. Jowett(tr). *The Dialogues of Plato*. Oxford: Oxford University Press,1871. 现已再版多次。卡里等人译的6卷英文本《柏拉图著作集》收入卜翁丛书(Bohn's Library, 1911)。福勒等人译的12卷希英对照本《柏拉图全集》收入娄布古典丛书(Loeb Classical Library,1914)。阿佩尔特(O. Apelt)所译的7卷德文本出版于1916年(莱比锡)。克鲁瓦泽(M. Croiset)和罗宾(L. Robin)等权威古典学者翻译的14卷法希对照本出版于1920年(巴黎)。其他语种的译本以及新的译本随后相继问世(参阅王宏文、宋洁人:《柏拉图研究》,第84—85页)。王晓朝译的4卷中文本于2002—2003年出版(北京)。至于单篇对话的西文译本也有在乔伊特译本之前出版的,譬如戴维斯(J. L. Davis)和沃恩(D. J. Vaughan)合译的《理想国》(*The Republic of Plato*)英文本就于1858年出版(伦敦)。

福勒(H. N. Fowler)等人于1914年又翻译出版了12卷希腊—英语对照本《柏拉图全集》,加上相继翻译出版的德、法、意等其他西文本,这样才使柏拉图的读者和研究者群体在20世纪不断发展壮大,迄今所取得的绝大部分研究成果也都出于现代学者之手。

在柏拉图的所有对话文本中,其思想成熟时期所撰写的《理想国》(*Politeia*)①,是西方学界公认的"永不过时的经典"(timeless classic)②。该书不仅代表柏拉图的哲学思想,而且代表其诗学思想。该书第十卷里提出的艺术"摹仿论",被鲍桑葵等西方美学史家视为"西方美学理论的重要基石(important foundation-stone)"③。鉴于柏拉图在"摹仿论"里主要是谈诗歌艺术,因此我们有充足的理由将其视为西方诗学理论的重要基石。从其学术内容和表现形式来看,《理想国》充分彰显了对话哲学与诗化哲学的特性与魅力。哲学家罗素就曾发出这样的惊叹:柏拉图把逻辑分析和抽象思维的巨大力量,同令人惊奇的诗意的想象和深邃的神秘情感巧妙地结合起来,竟然达到如此罕见的程度。

这显然与柏拉图本人的学术背景有关。柏拉图早年对诗情有独钟,创作过抒情诗和戏剧诗,后来受业师苏格拉底影响而投身哲学。虽然终生矢志未改,但并不妨碍其诗意的想象能力和诗化的表述方

---

① 《理想国》的成书时间有不同说法。譬如,K. F. Hermann, F. Dümmler, H. von Arnim 等人认为该书第一卷的内容和风格与柏拉图的早期著作近似,故此推测为较长时间内时断时续之作。此说遭到 A. E. Taylor 和 Paul Shorey 等人的反对。Taylor 以柏氏《第七封信》362a-b 谈及哲学家治国的思想和《理想国》第五卷473c-d 专论"哲学王"思彼此一致为根据,推断该书在柏氏从西西里叙拉古城邦(Syracuse)返回雅典并建立学园之前就已完成(公元前387年),即在柏氏40岁之前完成。目前,多数柏拉图学者认为,除第一卷外,《理想国》的其他各卷都是柏拉图一次执笔完成。虽然撰写一部鸿篇巨著所需要的时间较长,但不是时断时续而为。成书时间以公元前375年为终点,或上溯或下推5年左右为宜。就是说,该书是在柏拉图50—60岁之间完成,是学园创建10年后开始撰写。Paul Shorey 推测该书大约是在公元前380—前370年间写就的(参阅王宏文、宋洁人:《柏拉图研究》,第362—365页)。

② 索森认为,在西方思想史上,恐怕唯有柏拉图的著作有资格使用"经典"这个形容词。这些著作所引起的思索、论证和争议,使柏拉图的思想长期有效,使他的著作常读常新,这其中最具代表性的就是《理想国》这部"超越时间限制的永恒经典"(timeless classic)。即便在今日的政治哲学领域,该书依然可以提供讨论的中心话题(Cf. Thomas Landon Thorson. "Introduction," in *Plato: Totalitarian or Democrat?* Englewood Cliffs, N. J. : Prentice-Hall, 1963, pp. 1-3)。

③ Cf. Bernard Bosanquet. *A History of Aesthetic* (New York: Meridian Books, 1957), p. 28. Talking about the import of Plato's doctrine of imitation (mimēsis), Bosanquet states, "This metaphysical estimate of image-making fine art, closely associated at least in Plato with an analogous psychological estimate of the imagination, although in form non-aesthetic, and profoundly hostile to the value of the poetic world, is in substance an important foundation-stone of aesthetic theory."

式。据载,青年柏拉图在去"拜访苏格拉底的前一天晚上,苏氏梦见一只天鹅飞来停在自己的膝盖上,天鹅的翅膀很快长大,旋即飞向天空,唱着最优美的歌曲"①。柏氏谢世之后,当时的雅典"立即出现了把他看做阿波罗之子的传说"②。天鹅代表智慧和优雅,阿波罗象征理智与艺术,用这两种意象来描述柏拉图的生平轶事,虽然荒诞离奇、穿凿附会,但却形象地喻示出这位诗哲的独特学术风貌。

《理想国》的译本甚多,传布甚广,是西方受中等以上教育者的必读之作。我个人所收阅的英译本有 John David/David Vagham 本(1852),B. Jowett 本(1894),J. Adam 本(1902),A. D. Lindsay 本(1908),Paul Shorey 本(1930),F. M. Conford 本(1947),Desmond Lee 本(1955),Allan Bloom 本(1968),Robin Waterfield 译本(1993)以及新近出版的 Albert Anderson 本(2001)。目前,国内柏拉图全集中译本新出,但《理想国》中译本流行有年,其中有吴献书本(1929),郭斌和与张竹明本(1995)。其他选译本包括张师竹的《柏拉图对话集六种》(1933),任华的《古希腊罗马哲学》(1957),郑晓沧的《柏拉图论教育》(1958)和朱光潜的《柏拉图文艺对话集》(1963)。国内不少学者都借助上列译本来了解和研究柏拉图的思想。

二 国内研究柏氏诗学的基本现状

在国内,柏拉图的名头不小。但从学术研究的角度看,柏拉图堪称一位似老非老的古哲。所谓"似老",一方面是因为他本人生活在年代久远的"轴心时期"(雅斯帕斯语),是一位不折不扣的"老前辈";另一方面是因为人们对他的思想似乎耳熟,不再是"显学追星族"(幽他一默,毫无贬义)的关注对象。所谓"非老",一方面是因为对他的研究不多也不够,在相当程度上是"大而化之"的线条勾勒;另一方面是

---

① 参阅拉尔修:《柏拉图传》,见王太庆译:《柏拉图对话集》,第613—614页;黑格尔:《哲学史讲演录》,第154页。

② 参阅策勒尔:《古希腊哲学史纲》,第127页。"关于柏拉图的降生,自古以来也有种种传闻轶事,甚至类似神话。据柏拉图学院第二代主持人斯彪西波斯(Sipeusippus)说,柏拉图是阿波罗神的儿子,他母亲佩里克蒂娥妮(Perictione)和他的父亲阿里斯同(Ariston)身体接触,通过阿波罗神向她至圣便出生了柏拉图。由于斯彪西波斯是柏拉图的外甥和学园的主持人,这个传说当然具有不可置疑的权威性,因此自古以来就流传下来。"(参阅王宏文、宋洁人:《柏拉图研究》,第20页;另参阅拉尔修:《名哲言行录》,III,2)。

因为他的著作思想丰富,古往今来常给读者以新的启示,是实实在在的经典之作。《理想国》就是范例。

在西方,有专门研究柏拉图的国际学会,相关的学术成果数千种,国内则不尽然。实际上,从早年的陈康到现在,专治柏氏哲学的人本来就不多,而专门研究其诗学的人又少之又少。从早年的朱光潜到现在,这个领域里的学者屈指可数。就现有的研究成果来看,具有一定代表性的学者有朱光潜、汝信、阎国忠、蒋培坤和陈中梅。朱、汝于1962—1963年前后各写过一篇长文,专论柏拉图的美学思想。朱文先载于《柏拉图文艺对话集》译后记,后见于《西方美学史》上卷(1979);汝文收入《西方美学史论丛》(1963)。阎、蒋于20世纪80年代分别著有《古希腊罗马美学》(1983)和《古希腊罗马美学与诗学》(1987),其中各辟一章专论柏拉图美学与诗学思想。就相关文献看,前两者主要参考外文资料来做,后两者基本参考中译文资料而为。

就研究思路看,他们倾向于大处着眼,突出要点,形成"立场定位,学说归结"的基本套路。所谓"立场定位",是指他们按照一定的知识谱系,倾向于把柏拉图视为"客观唯心主义"思想家,将其美学与诗学也划归为同一思想意识形态领域。相关的分析与评述,在特定的历史文化语境中,通常带有一定的政治化批判色彩。① 所谓"学说归结",主要是指他们均把研究重点放在归纳"三部曲"或"四重奏"式的理论结构之上。"三部曲"代表柏拉图对美、美育和艺术创作等三个方面的

---

① 在具体考察中,我发现国外学者研究柏拉图诗学,一般侧重以问题为导向的分析和批判,通常没有用"主义"来进行学术定位的习惯。国内的学者则不然。他们大多以"客观唯心主义"或"唯心主义"来框定柏拉图的美学与诗学。他们一般断言:"柏拉图在哲学上和美学上的中心思想都是'理式',这是一个客观唯心主义的概念,但是也正是这个概念对后世的影响最大。……美学史家们……要认识到柏拉图的客观唯心主义的反动性。"(朱光潜:《西方美学史》,第65页)"在古希腊哲学史中始终贯穿着唯物主义和唯心主义的尖锐斗争。列宁指出,唯物主义的德谟克利特路线和唯心主义的柏拉图路线,是古希腊哲学斗争的基本派别。作为古希腊唯心主义哲学和奴隶主贵族思想的最重要的代表,柏拉图系统地制定了一个完整的客观唯心主义体系。"(汝信:《西方美学史论丛》,第2页)所以说,柏拉图是"唯心主义的祖师和雅典奴隶主贵族反动统治的维护者",是"反动的唯心主义的思想家"(朱光潜,同上书,第62—63页),是"唯心主义美学和文艺理论的祖师"(汝信,同上书,第2页),是"古希腊美学思想发展史中唯心主义阵营的代表。他的客观唯心主义的'理式论'哲学思想贯穿在他的美学理论的每一个细胞中"(蒋培坤:《古希腊罗马美学与诗学》,第61页),他不仅"建立了西方哲学史上第一个客观唯心主义体系"(阎国忠:《古希腊罗马美学》,第78页),而且"建立了西方最早的唯心主义美学与文艺理论体系"(李醒尘:《西方美学史教程》,第29页)。上述论点分别出于20世纪50年代、60年代、80年代和90年代。

论述,"四重奏"代表柏拉图诗学或美学思想中的四个主要学说,即:理式说、回忆说、摹仿说、灵感/迷狂说。新近出版的《美学的开端:走进古希腊罗马美学》(2001)一书,没有重复"立场定位"的老路,但在"学说归结"方面基本上承前贤所为。迄今,国内真正对柏氏诗学做过系统研究的当推陈中梅。其著《柏拉图诗学和艺术思想研究》(1999)一书,在注重吸纳西方学者研究成果的基础上,从认识论、本体论、神学、心魂学、政治学、语言学、哲学和伦理学等角度,描述和论证了柏氏的诗学与艺术思想。无论是在内容上,还是在学理上,这在国内现有的相关成果中颇为少见。特别是其恪守规范的治学方法,尽管在西方古典研究中是习以为常之事,但在国内则显得难能可贵,而且与仅靠《柏拉图文艺对话集》选译本来研究柏氏诗学或美学思想的做法,形成鲜明的对照。该书资料颇丰,范围甚广,立论实在,对探讨柏氏诗学具有重要的参考价值和助人登堂入室的向导作用。

三 西方研究柏氏诗学的主要成果

相比之下,西方的柏拉图诗学或美学研究者,虽不及柏氏哲学的研究者那样人多势众,但远比国内的情况要好,其学术成果的质量也远比国内为高。另外,西方美学与哲学似分非分,因此有些研究者同时涉及柏氏美学与哲学两个方面。

在西方,柏拉图诗学研究与其美学或艺术哲学研究,是相互联系、彼此会通的,这与国内的研究现状相若。从我所阅读的材料看,较早探讨柏氏诗学的是格林(W. C. Greene),他在1918年于《哈佛古典哲学研究学刊》(*Harvard Studies in Classical Philosophy*, 29, pp. 1-75)上发表了《柏拉图的诗歌观》(Plato's View of Poetry)一文,论述了柏氏对诗歌的价值评判和创作理念,特别指出《理想国》第三卷和第十卷里柏氏对诗歌态度所发生的相关变化。较早研究柏氏艺术哲学的是柯林伍德(R. G. Collingwood),他在1925年于《思想论丛》(*Mind*, 34, pp. 154-172)上发表了《柏拉图的艺术哲学》(Plato's Philosophy of Art)一文,主要从"摹仿论"、"认识论"、"艺术情感论"和"美论"等几个方面,论述了柏氏的艺术哲学思想的要义。在研究柏拉图思想的一些著作中,也往往辟专章,论其艺术和美学思想。譬如,格鲁伯(G. M. A. Grube)所著的《柏拉图思想论》(*Plato's Thought*, 1935),第六章专论柏氏的艺术思想;洛齐(R. Lodge)所著的《柏拉图哲学》(*The Philosophy of Plato*,1956),第五—六两章专论柏氏美学思想。当然,他们的研究具有显而易见的哲学思辨特征。

20世纪50年代以来,英语世界里有关柏拉图诗学的研究成果逐渐多了起来。就我所知,较有代表性的论著主要包括以下数部:雷奥(Catherine Rau)的《艺术与社会:重新诠释柏拉图》(*Art and Society: A Reinterpretation of Plato*,1951);洛齐(R. Lodge)的《柏拉图的艺术论》(*Plato's Theory of Art*,1953),安德森(Warren D. Anderson)的《希腊音乐中的精神与教育》(*Ethos and Education in Greek Music*,1968);奥兹(Whitney J. Oates)的《柏拉图的艺术观》(*Plato's View of Art*,1972);卡瓦诺斯(Constantine Cavarnos)的《柏拉图论美术》(*Plato's Theory of Fine Art*,1973);默多克(Iris Murdoch)的《火光与太阳:柏拉图为何驱逐艺术家》(*The Fire and the Sun: Why Plato Banished the Artists*,1977);帕尔提(Morris Henry Partee)的《柏拉图诗学》(*Plato's Poetics*, 1981);默拉奇科、坦姆寇(Julius Moravcsik/Philip Temko)选编的《柏拉图论美、智慧与艺术》(*Plato on Beauty, Wisdom and the Arts*,1982);埃利阿斯(Julius A. Elias)的《柏拉图为诗辩护》(*Plato's Defense of Poetry*,1984);塞尔(Kenneth M. Sayre)的《柏拉图的文学园》(*Plato's Literary Garden*,1995)。

除专著之外,研究柏拉图诗学的论文数以百计。我在多伦多大学哲学系选修"柏拉图美学研究"一课时,主讲教授古瑟尔(A. Gocer)女士曾选用了不少论文,我个人还额外阅读了一些。其中给我印象殊深的甚多,譬如阿斯密斯(Elizabeth Asmis)的《柏拉图论诗歌创造力》("Plato on Poetic Creativity," in Richard Kraut. ed. *The Cambridge Companion to Plato*,1992,pp. 339-364);贝尔菲奥(Elizabeth Belfiore)的《柏拉图对诗歌的最大控告》("Plato's Greatest Accusation against Poetry," in *Canadian Journal of Philosophy*,Supplementary Vol. IX,pp. 39-62);汉普顿(Cynthia Hampton)的《柏拉图后期对快感的分析》("Plato's Later Analysis of Pleasure," in John P. Anton/Anthony Preus. Eds. *Essays in Ancient Philosophy III: Plato*, 1989,pp. 41-49);林鲍姆(Sixten Ringbom)的《柏拉图论形象》("Plato on Images," in *Theoria* 31,1965,pp. 86-109);伯尼亚特(M. F. Burnyeat)的《柏拉图论艺术与摹仿》("Art and Mimesis in Plato's *Republic*," in *LRB* 21, May 1998);莫斯特(Glenn W. Most)的《早期希腊哲学诗学》("The poetics of early Greek Philosophy," in A.

A. Long. Ed. *The Cambridge Companion to Early Greek Philosophy*, 1999, pp. 332-362),等等。另外,姆特索普罗斯(Evanghélos Moutsopoulos)的法文专著《论柏拉图作品中的音乐思想》(*La musique dans l'œuvre de Platon*, 1959),也给我留下深刻的印象。

上列论作各有侧重,有的采取总体把握的结构,有的采取专题研究的方法,有的侧重理论辩驳,有的喜欢拨乱反正。鉴于古希腊诗乐舞三位一体的特殊关系,论述柏拉图的音乐思想的篇章,也就等于论述其诗学思想。但从学理上讲,西方学者的知识结构得天独厚,大多了解古希腊文,能参照现代西语译本考证一些关键用语的含义,而且注重文本语义分析,因此立论大多没有空泛之弊;加之学术自由,思想独立,不受意识形态政治化的影响以及话语权力的无形制约,这样也就免去了"穿靴戴帽"的俗套。其中默多克和埃利阿斯有关柏拉图如何谴责诗歌、如何为诗辩护等论述,促使我重新思考以往对柏拉图诗学思想的片面理解。

特别值得一提的是,柏拉图的哲学以"理式论"为核心,而柏拉图的诗学则以"摹仿论"为基石。长期以来,人们对柏氏的艺术"摹仿论"大多限于片面性的字面理解,这样自然会失之偏颇与肤浅,这种现象在国内学界或许有过之而无不及。进入 20 世纪 60 年代后,西方一些古典学者与美学家专门就 mimēsis 问题进行了探讨。[①] 他们通常采

---

① 此前德国文学评论家奥尔巴赫(E. Auerbach)曾于 1946 年发表过德文版《论摹仿:西方文学中对现实的再现》。该书后来由特拉斯科(W. R. Trask)翻译为英文,于 1954 年发表,题目为 *Mimesis*: *The Representation of Reality in Western Literature*(Princeton: Princeton University Press, 1953)。2002 年,吴麟绶等人据英译本将其译为中文,由百花文艺出版社出版(奥尔巴赫:《论摹仿:西方文学中所描绘的现实》)。如作者本人在后记中所言,"本书论述的是用文学描述对真实进行诠释或'摹仿',对此我早已构思多年。摹仿说本来是柏拉图在《理想国》第十章中提出的问题,他把摹仿放在真理之后的第三位,我又联想到但丁提出的在喜剧中表现真正现实的要求。然而,在研究欧洲文学中对于人类活动的不断变化着的诠释方式的过程中,我的兴趣范围变得越来越小,越来越精细,从而逐渐形成了一些我想尽力遵循的主导思想"(参阅中译本第 619 页)。这种主导思想并非在于探讨"摹仿论"的历史渊源及其发展流变,而是侧重西方文学中古典写实主义与现代现实主义的文体特征。换言之,该书是从荷马史诗《奥德赛》第 19 卷"奥德修斯的伤疤"开始,简明扼要地比较和分析了意法英德西等西方诸国 3000 年文学经典中的写实风格及其发展脉络,主要突出了"表现严肃性、冲突性或悲剧性的尺度和方式问题",揭示了西方文学中写实手法的共性与特性。值得注意的是,柏氏的摹仿说,在奥尔巴赫看来如同文学中的写实手法(realism),也就是对"现实的再现手法"(representation of reality)。国内现行的中译本将 representation 译为"描绘"而非"再现",因此,representation of reality 就自然可以译为"所描绘的现实"或"对现实的描绘"。奥尔巴赫认为,这种写实性的摹仿或再现手法,在古希腊荷马史诗中表现为"描绘得细致入微,讲述得不慌不忙,让人感到惬意,能抓住凝神谛听的听众,凸现田园牧歌式的平静"等富有文学性的叙事风格特征(参阅中译本第 2—3 页)。

用的是词源语义学与历史文本分析相会通的方法,把注意力主要集中在古希腊时期,也就是公元前5—公元前4世纪。就我所知,系统研究古希腊"摹仿论"并取得代表性成果的西方学者理应包括下列几位。首先是克勒尔(Hermann Koller)。他于1954年用德文出版了《论古代的摹仿说》(*Die Mimesis in der Antike*)一书,先后用"仿制"(Nachahmung)、"再现"(Darstellung)和"表现"(Ausdruck)等三个基本术语来假定 mimēsis 在不同历史时期的含义,并且断言派生 mimēsis 的词组(mimeisthai-group)最初是指"凭借音乐歌舞的再现与表现"。受其启发,埃尔斯(Gerald F. Else)于1958年发表了《公元前5世纪的"摹仿"说》("'Imitation' in the fifth century")一文,在新的资料研究基础上试图更正克勒尔的相关结论,着意将 mimēsis 的含义与"哑剧表演"(miming)、"行为扮演"(imitation of the actions of one person by another)和"人物形象的物态塑造"(replication of an image of a person or thing in a material form)等活动联系起来考察。根据前两者所提供的有关线索,索尔鲍姆(Göran Sörbom)于1966年出版了《摹仿与艺术》(*Mimesis and Art*)一书,不仅更为系统地整理和分析了所发掘的文献资料(尤其是色诺芬和柏拉图之前的相关资料),而且提出了自己的补正性结论,认为 mimēsis 在古希腊时期主要表示"艺术创作"(artistic creation)。后来,克尔斯(Eva C. Keuls)于1978年出版了《柏拉图与希腊绘画》(*Plato and Greek Painting*)一书,在总结先贤研究成果的基础上,提出柏拉图首先将 mimēsis 引入绘画艺术的论断,同时阐释了 mimēsis 在绘画中的隐喻作用。最近,豪利威尔(Stephen Halliwell)于2002年出版了《摹仿美学》(*Aesthetics of Mimesis*)一书,在选择性接受上述研究成果的同时,对相关论点作了更为简要的归纳和补充,把 mimēsis 这块影响西方美学理论发展的基石再次彰显了出来,认为 mimēsis 是贯通古今美学思想史的一条重要线索,断言任何流派的艺术创作都在其背景中蛰伏着 mimēsis("摹仿说")的影子。我个人以为,西方学者在学术资料的占有与运用手段上一般占有很大的优势,由此而取得的研究成果内容翔实且言之有据,为我们深入理解柏氏的"摹仿说"(mimēsis)奠定了良好的基础,提供了可靠的线索。我们不妨"拾阶而上",继续探寻,在历史文献与文化语境中深入地考察摹仿说的真谛。

四 "始于足下"的"小题大做"

国外学者研究《理想国》的人不少,上列该书英译本的译者,大多对此书用功甚勤,著有专论,如 Paul Shorey, F. M. Conford 与 Allan Bloom 等人。此外,Bernard Bosanquet 著有《柏拉图〈理想国〉导读》(*A Companion to Plato's* Republic),Richard Lewis Nettleship 著有《柏拉图〈理想国〉讲演录》(*Lectures on the* Republic *of Plato*,1964),Julia Annas 著有《柏拉图〈理想国〉导论》(*An Introduction to Plato's* Republic,1981),Nickolas Pappas 著有《柏拉图与理想国》(*Plato and the* Republic,1995),Richard Kraut 编有《〈理想国〉批判导读》(*A Critical Guide to* The Republic,2011),凡此种种,不一而足。就我所知,这些导读性的论著,大多偏重诠释柏氏的哲学思想,迄今还很少有人专门围绕《理想国》一书来全面审视和释论柏氏的诗学思想。

众所周知,柏拉图的诗学作为西方诗学发展的源头和开启亚里士多德诗学的动因,比较集中地表现在《理想国》(第三、四、十卷)之中。不过,柏氏诗学是一个有机的整体,特别是在阐述和处理"哲学与诗歌之争由来已久"方面,与同时期的其他著作相互联系、彼此呼应。《理想国》主论治国养心之道,非"乌托邦"之类的套语所能一言而蔽之,其中关涉的智慧(sophia)、勇敢(andreia)、节制(sōthrosynē)与正义(dikaiosynē)等"四德"教育或立国之本,可以说是兴于诗乐(mousykē),成于哲学(philosophia)。因此,要真正理解柏氏诗学的要义,有必要从其政治与道德理想角度切入。柏氏在《理想国》里所力倡的"七科"教育中①,诗乐与体操堪称"蒙学",前者照看心灵,后者锤炼身体,两者互动互补,造就了古希腊"正常的儿童"(马克思语),或者说奠定了"整全人格"或"全面发展之人格"的根基。重估这种古典教育模式,可以了解既往、关照当今,对培养正常的中国儿童和提高素质教育的水平具有一定的现实意义。柏拉图的对话形式以苏格拉底式的辨析或诘难而闻名。其思想智慧并非盘中美餐,可以随意享用。柏

---

① 这七门科目按顺序排列为诗乐、体操、数学、几何、天文、和声学、辩证法。也有学者将柏拉图所描述的教育课程顺序排列为诗乐、体操、算术、平面几何、立体几何、天文学与谐音学。认为辩证法是所有这些科目之上的顶石,所涉及的理论要求与追求目标更为复杂和艰难。参阅汪子嵩等:《希腊哲学史》第二卷(北京:人民出版社,1997 年),第 800—812 页。

氏本人也从未奢望为读者提供任何垂手可得的"真知灼见",其充满矛盾的诗学思想更是如此。我们必须将其当作运思追问的跳板,基于"无限的交流意志"或开放的对话精神,通过细读凝思和分析批判,方有可能领悟其中的奥秘,透视相关的悖论。所以,努力接近原文旨意和实实在在地探讨《理想国》里的诗学问题,对深入研究柏氏诗学的真谛和了解西方诗学的渊源,具有学理等方面的意义。

如果说柏拉图的艺术"摹仿论"是西方诗学理论的重要基石,那么《理想国》的诗学思想可谓西方诗学理论的开端。"千里之行,始于足下。"若想研究西方诗学的历史流变,首先需要溯本探源式的学习和反思,这样有助于从日后的发展中理出一条清晰的线索,以免在影影绰绰、交叉感染的理论概念中捕捉恍惚缥缈的东西。另外,本书作为研习西方诗学开端之开端,主要侧重探讨柏氏在《理想国》里所陈述的诗学思想。这种"小题大做"之为,意在通过"解剖麻雀"的方法,真正"入乎其内",细读慎思,然后再"出乎其外",见木而慕林,全面把捉柏氏诗学思想的实质。这当然只是个人的奢望。能否如愿,尚难料定。但笔者坚信追求的过程也就是追求的目的本身。

为此,笔者先后作了几年准备,还曾借出国访学之机,于多伦多大学圣麦克学院专修古希腊文一年。这不仅给笔者以读书作文的自信心,而且使笔者在阅读娄布版(Loeb Edition)希腊—英文对照文本时能考证原文的某些歧义。在"多大"期间,笔者尽情查询和翻阅了该校图书馆的有关资料。随后,还借在牛津大学圣安妮学院访学之机,查询和翻阅了牛津大学图书馆(Bodleian Library)的有关资料。回国后,在北京师范大学和中国社会科学院等图书馆里,又相继翻阅了一些颇为有限的资料。本书作者在阅读、思索和写作的过程中,试图断开"客观唯心主义"的老路,从道德理想主义和政治工具主义两个维度来审视柏拉图的诗学思想。另外,本书还力图从古希腊雅典城邦的特定历史文化语境出发,就心灵诗学的实践准则,身体诗学的追求境界,古希腊诗乐舞的互动关系,"摹仿论"的喻说与真谛,哲学与诗歌之争以及柏拉图如何为诗辩护等问题,进行力所能及的阐述和论证。

老子曾言:"天下之难事,必作于易;天下之大事,必作于细。"(63章)笔者深知柏氏诗学之难(治)之(宏)大,加之个人学力不逮,只能先从一些"(容)易"与"细(小)"的部分做起。但愿此番劳作不会招致焚琴煮鹤式的尴尬。

第二章　要旨、方法与诗性智慧

柏拉图是古希腊的诗人哲学家。研究其诗学，必然涉及其哲学。表里二分法作为一种理论方法，对柏氏全部思想的支配作用随处可见。《理想国》本身虽是一部专论心灵教育与城邦政治的哲学书，但却具有某种"诗和说教的性质"①，其中采用的诸多神话比喻和艺术化的对话文体，均表现出一种特殊的诗性智慧。其中，日喻、线喻与洞喻三者，将文学与哲学融为一体，具有诗化哲学或哲学诗化的典型特征。诗化描述的多义有机语境，将抽象的思辨化为具体的形象，有助于激发阅读思索的兴致和深化难于言表的哲学内涵。

一　《理想国》的要旨何在？

《理想国》的原名为 *Politeia*，是从表示城邦的 polis 一词派生而来，其主要含义包括公民与城邦的关系，公民的条件与权利，公民资格，公民德行，公民生活，政治家生活，政府与行政管理，城邦政体，联邦或共和制，等等。② 亚里士多德的《政治学》原名为 *Politika*，其内容深受柏拉图相关思想的影响。这两部著作都是论述城邦政体特征与政务管

---

① Cf. Richard Lewis Nettleship. *Lectures on The Republic of Plato* (London/New York: MacMillan/St. Martin's Press, 1964, 1st ed., 1897), p. 3. According to Nettleship, "The Republic, though it has something of the nature both of poetry and preaching, is primarily a book of philosophy."

② Cf. Liddell and Scott. *Greek-English Lexicon* (abridged edition, Oxford: The Clarendon Press, 1999), p. 571. Πολιτεια (politeia) means (1) the relation of a citizen to the state, the condition and rights of a citizen, citizenship; (2) the life of a citizen; (3) the life of a statesman, government, administration; (4) civil polity, the condition of a state, a state, constitution; (5) a commonwealth; a republic.

理的。后来的西方古典学者,用拉丁文将 *Politeia* 译为 *De Respublica*,英文照译为 *The Republic*,法文照译为 *La République*,德文则按其词源 polis 译为 *Der Staat*。国内学者如陈康等人,习惯用《国家篇》这一译名,王太庆则用《治国篇》作为译名,① 而郭斌和、张竹明的中译本将其意译为《理想国》,后者在国内学者中流行甚广。其实,柏拉图在这篇对话里,时而使用 kallipolis 这一代名词,其意表示"美的城邦"。鉴于希腊文 kallos(美)又包含"善"的意思,加之柏氏笔下的"美的城邦"是想象中或话说中(en logois)的城邦,是天地间至善至美但并不存在的城邦,因此顺理成章地被视为理想的城邦或理想国。相关译名正是借用或引申了这一说法。

那么,柏拉图为什么要写《理想国》呢?该书的要旨何在呢?要想理解和讨论柏拉图的诗学,我们有必要首先对这两个问题进行必要的探讨和说明。

1. 政治的败坏与解救的途径

柏拉图出生于伯罗奔尼撒战争(Peloponnesian War,公元前 430—公元前 404)第四年,伯里克利(Pericles,公元前 495—公元前 429)死后第二年。这意味着他早年的生活被笼罩在征伐杀戮的阴影之中,同时也表明伯里克利执政下的雅典全盛时代已成历史。在战争与动乱的年代,柏拉图亲眼目睹了雅典的陷落与收复,同时也经历了雅典政治的衰败与沉浮。这其中有几件重大事件对他影响极巨。一是公元前 404 年伯罗奔尼撒战争以雅典战败并无条件投降而告终。二是在斯巴达人的掌控和支持下,"三十僭主"组成临时政府,他们施行暴政,推翻平民政体,屠杀民主人士,迫害不同政见者,因此仅存在了 8 个月就被推翻。三是平民政体恢复后,原本以为会给雅典人带来转机,谁知当政者与议会昏庸残暴,竟然以莫须有的罪名,于公元前 399 年处死了受人尊敬的哲人苏格拉底。五十多年后,柏拉图回忆起这些事情时,其沉重而忧愤的心情依然溢于言表:

---

① 参阅王太庆译:《柏拉图对话集》(北京:商务印书馆,2004 年),第 353 页。王太庆在注释中特意指出:"*Πολιτεια*(Politeia),指国家的治理,没有理想的意思,更不指共和政体。"

青年时期,我与许多雅典青年一样,一旦成年就想进入仕途,在政治上一试身手。当时的政治情况正好发生变化,给了我这样的机会。那时遭到广泛反对的雅典政府被推翻了……一个三十人执政团上台。这其中就有我的一些亲戚朋友,他们邀请我参与他们的政府工作,认为我适合担当此任。我当时坚信他们会把雅典城邦从邪恶的生活中解救出来,会将其治理得井井有条,在我那个年龄拥有这样的想法不足为奇。所以,我特别关注他们的所作所为。但是,我很快发现,他们的行为使原来被废除的政体,相形之下就好像成了黄金时代的政体。在他们所犯下的累累罪行中,有一条就是迫害我敬爱的老朋友苏格拉底;我可以毫不犹豫地说,苏格拉底是那个时代最正直的人……他们的目的就是不管本人愿意与否,也要强迫苏格拉底与他们的政府为伍。苏格拉底毅然冒死拒绝与他们同流合污。看到这一切以及类似的许多恶行,我怒不可遏,十分厌恶,于是断绝了与政界的来往。此后不久,三十僭主垮台,盛极一时的僭主政体也被随之推翻。经过这次变故,我原来从政和参与公共事务的热情开始逐步消退。的确,那时候政治动荡迭起,犯上作乱不断,借变革之机滥用权力报复敌对人士更是司空见惯。后来复辟的平民派也是如此。其中一些执政者竟无中生有,借用手中的权利将我的朋友苏格拉底送上法庭审判,所提出的控告荒诞不经,根本不能成立。他们控告苏格拉底犯有(对神)不敬罪,因此将他无辜处死。正是苏格拉底,在他们(平民派执政者)不幸遭受(三十僭主的)流放时,冒死拒绝参与要将他们的一个朋友逮捕流放的事情。

因此,我开始思考所有这一切,思考治理国家的人以及他们的法律和习惯;当我越来越年长时,我发现要正确处理国务实是件难事。没有可靠的朋友和支持者,什么事情也办不成,而这样的人很难找到。况且,我们的城邦已经不依照传统的原则和法律行事了,要建立一个新的道德标准极为困难。再说,法律和习惯正以惊人的速度败坏着。结果,虽然我曾经满腔热忱地希望参加政治生活,但这些混乱的情况却使我晕头转向。尽管我没有停止思考如何改进这些情况,如何改革整个制度,但我只好推迟行动等待有利时机。直到我最后得出如下结论:所有现存的城邦都治理得不好,而且无一例外。它们的法律制度除非有惊人的计划并伴随好的运气,不然难以医治。因此,我不得不宣告,只有正确的哲学,才能为我们提供分辨什么是对社会和个人来说属于正义的东西。除非真正的哲学家获得政治权力,或者出于某种奇迹,政治家成为真正的哲学家,不然的话,人类就不会看到好日子。这就是我初次访问意大利和西西里时所持有的信念。①

看来,柏拉图对于从事政治生活一直怀有热情与兴趣。后来之所以退而修书和办学执教,远离当时的雅典政坛,也是不得已而为之,主要是"城邦已经不依照传统的原则和法律行事了",而"法律与习惯也正以惊人的速度败坏着"。这实际上是说,城邦的政治已经败坏,道德标准难以确立,权力斗争司空见惯。当时,在雅典的政治生活中,推崇僭主政体的专制派和标举平民政体的民主派,结党营私,形成两大集团,彼此势不两立,你方唱罢我登台,在雅典政治舞台上演出了一幕幕闹剧。本质上,这种政治党派,为了维护自身的地位与利益,党同伐异,缺乏正义,没有道德,双方以不同方式和理由迫害苏格拉底这位"最正直的人",就是一个典型的例证。柏拉图不愿参与这种败坏了的政治,想必伴随着深度的失望与厌恶。

柏拉图对这种政治败坏现象的洞识,不只局限于审视雅典城邦的现状,而是游历海外,观国之光的结果。相关的史学资料表明,柏拉图从公元前399年(雅典当局以莫须有的罪名将苏格拉底处死的那一年)离开雅典,相继到过麦加拉、埃及、居勒尼、南意大利和西西里等地游历,直到公元前387年返回雅典,前后长达12年之久。在此游历期间,除了学习和研究数学、天文学、音乐等理论以及各种哲学流派的学说之外,同时还考察了各地的政治、法律、教育和宗教等制度。正是这种广博的知识与阅历,使他逐步形成了自己的政治、哲学、宗教、伦理与教育等思想。也正是这场游历,不仅推动柏拉图建立了学园,以期全面发展自己的哲学体系,进一步传播他的学说,培养人才,实现他的理想,同时也促使他撰写了《理想国》这部不朽的传世之作。书中对荣誉、僭主、平民、寡头和贵族等不同政体的分析与批评,显然有着更为

---

① Cf. Plato. *The Seventh Letter*, 324b-326b. 中译文参阅汪子嵩等:《希腊哲学史》第二卷(北京:人民出版社,1993年),第601—602页。

广泛的社会、政治与文化背景。

如果说,政治的败坏是柏拉图撰写《理想国》的主要动因的话,那么,他撰写此书的目的也主要是想纠正时弊,为雅典的政治生活提供一种解救的方法。在他看来,城邦不仅是一个政治实体或政府组织,而且也是心灵的产物。这一产物一旦成形并开始运作,反过来会对心灵施加影响。这就像任何国民的思想意识,无论多么离经叛道,也总是同一定的城邦政体密切地交织在一起。按此逻辑,城邦的政治败坏了,正说明人的心灵败坏了。心灵是道德的本源,心灵的败坏也正表明道德的堕落。这样才使得传统的法律与习惯失去了应有的效用,才使得原本正常的政治生活发生了逆转性的质变。所谓"人心不古,世风日下",也正是这种道德逻辑的必然结果。

那么,如何才能打破这种恶性的循环呢?那就要靠教育,特别是以道德品性为本位的心灵教育。这里所说的道德品性,通常以智慧、勇敢、节制与正义等四种美德为主要内容。这里所说的心灵,是基于理性、激情与欲望的三位一体结构,与组成理想国社会结构的三种阶层(哲王、卫士与农工商艺)具有彼此对应的象征关系。这里所说的教育,是有别于古希腊传统教育模式的教育,也就是包括音乐、体操、数学、几何、天文、和声学与辩证法等"七科"在内的柏拉图式教育体系。在《理想国》里,几乎无处不谈教育,从心灵的和谐到理性的训练,从身体的健美到哲学的头脑,从鉴赏的能力到真知的探索,从智慧与勇敢的德行到节制与正义的品格,表述翔致,尽在其列。难怪卢梭赞叹说:《理想国》是以往所写过的关于教育的最好论著。换言之,教育也是《理想国》的主题或要旨所在。

需要指出的是,柏拉图的教育理想,大体上会通了雅典和斯巴达教育模式中的基本要素。即:一方面吸纳了雅典的个体性教育思想,旨在培养健全的人格;另一方面吸纳了斯巴达的社会性教育,旨在造就政治的工具,也就是让公民适应于自身在城邦中的地位,无条件地接受城邦的控制和利用。这种教育理论,不仅基于现实政治的需要,而且是以人类心灵的结构为依据。因此,把心灵划分为三个组成部分的做法,旨在指导各阶段的教育过程。这些过程因不同生活时期里占主导地位的要素不同而不同,但在整个教育理论中占主导地位的观念则是人类心灵对待知识的态度。这一观念所表现的人类心灵,绝非教育活动的一个消极主体。柏拉图总是设想心灵是积极的。教育不是把认识的对象呈现给心灵,而是要把心灵导向那些对象,特别是"善的理念"之类的对象。这就是所谓的"心灵转向"。这种转向需要环境,尤其是健康而美好的环境,因为心灵是通过接触所有过往的心灵产物而得到发展的。这一切诚如巴克(Ernest Barker)所言:

> 在心灵通过其环境而决定自身的意义上,环境塑造心灵。想让自己的心灵优美的人,必须把心灵放在一片美丽的草原上,美在这里飒飒低语:美/发出呢喃/掠过她的脸。这就是柏拉图为什么把艺术,尤其是作为教育手段的音乐艺术,放在如此之高的地位上的原因;也就是为什么在论述持续整个青年时期的教育的第一阶段时,他特意强调心灵的可塑性和美对塑造心灵的影响力的原因。①

看来,柏拉图尽管把心灵视为一种积极的力量,但他从不忽视环境的作用,也就是文化艺术所构成的教育环境对人的陶情冶性效应。这并非一种悖论,而是实事求是的辩证方法论。当他强调心灵的作用时,是在倡导人的主观能动性;当他强调环境的影响时,则是要杜绝不健康的负面因素。要知道,心灵在柏拉图那里是三位一体的结构,集理智、激情与欲望于一身。心灵教育如同弹奏一把三弦琴,在调理和弦、规导理性力量的过程中,由音乐等艺术教育内容所形成的良好的人文环境,显然是不可或缺的。柏拉图之所以一再强调音乐是"直透心灵(kataduetai entos tēs psychēs)"的艺术,"音乐教育比其他任何一种手段都更为有力,更为重要(toutōn eneka kuriōtatē en mouskē trophē)",②恐怕也是出于这一考量。

当然,在柏拉图那里,教育的终极目的并非像一般人所说的那样,只是一味地推广"正义之德",为城邦确立道德法则,而是为了培养精通城邦管理艺术的"哲王"。因为,只有这种"哲王"才有可能率先垂范,在发挥智慧、勇敢和节制等美德的基础之上,持守和行使"各尽所能,业有专攻"的正义原则,维系和巩固城邦的正常秩序,创造和保障"国泰民安"的幸福生活。

---

① 参阅巴克:《希腊政治理论:柏拉图及其前人》(卢华萍译,长春:吉林人民出版社,2003年),第261—262页。

② Cf. Plato. *Republic*, 401d.

2. 论述结构与现实追求

《理想国》共分十卷,从讨论正义与心灵的关系开始,相继描述了心灵教育的途径,理想社会的建构,哲王与护国卫士的塑造,最终指出了心灵的归宿,汇总起来便是一幅理想国的美好图景。西方古典学者康福德(Francis Cornford)在诠释《理想国》时,按照主题的先后将其分为六大部分,这对我们解读和把捉该书的论述结构及其思想要领颇有帮助。

这六大部分包括:

(1) 几种流行的正义观。如"言行诚实观","协友坑敌观","强者得利观","正义无利可图、不义有利可图观"。

(2) 论城邦与个体的正义之德。主要涉及社会组织的构成要素,护国卫士的品性与基础教育,诗乐教育的目的,护国卫士的生活方式与职责,城邦的四项主要德性(智慧、勇敢、节制与正义),三位一体的心灵(理性、激情与欲望),个体的三种基本德性(爱智的哲学精神、英勇的战斗精神与求利的商业精神),男女平等的社会关系等。

(3) 论哲王。主要论述哲学家与国王的职能,可见世界与可知世界的差异,哲王生成的可能性与必要性,善的理式为认识的至高对象,认知的四个阶段(线喻和洞喻),高等教育的主要科目(数学、几何、天文学、和声学与辩证法)。

(4) 论社会与心灵的败坏:正义生活与不义生活的比较。主要论述理想国的衰落与荣誉政体,寡头政体与寡头领导,平民政体与平民派,僭主政体与僭主,正义生活与不义生活的比较,德与利的取舍问题等。

(5) 论哲学与诗歌之争。主要论述艺术再现或摹仿与真理的关系,戏剧诗与情感和理性的关系,戏剧诗对人及其品格的影响等。

(6) 论不朽的心灵与正义的回报。主要论证心灵不朽,彰显正义在生前与死后的回报,①作为一种对照或反衬,同时也揭示不义在生前与死后的惩罚。

---

① Cf. Francis M. Cornford(tr). *The Republic of Plato*(Oxford et al: Oxford University Press, 1975), pp. xi-xiii.

沿着这一线索阅读《理想国》,我们也许不至于陷落在诘问辩驳的迷雾之中,到头来遭遇只见木而不见林的尴尬,尽管谁也不能排除见仁见智的开放性解释方式与有机多义性。

这里,我们谨需提醒的是,古往今来的大多数读者,通常很容易把《理想国》所描绘的城邦等同于乌托邦,即一个虚无缥缈的、海市蜃楼式的空想社会。不可否认,《理想国》呈现给我们的确实是一种理想,但它并不是没有现实的基础与现实的追求。在第七和第八卷里,柏拉图依次对荣誉、寡头、民治和僭主政体作了分析,这些都是古希腊境内现存的政体。荣誉与寡头政体属于斯巴达,平民政体属于雅典,僭主政体属于西西里的叙拉古。柏拉图正是在指陈这些政体的演化与弊病的基础上,构想或抽象出一幅理想社会的蓝图。这是一片梦想的国土,一个心灵的产物,一座在理论上建立起来的城邦。它坐落何处?它能否实现?这似乎都是并非问题的问题。正如柏拉图本人所说:这个城邦"是一座理想的家园,但在地上无处可寻,或许在天上建有其范型,至于它现在还是将来存在,都无关紧要"①。紧要的是,它一旦构想出来,就"作为一种影响人们思想和行为的力量而存在,并将继续存在下去,这就足够了。因此,它虽未建立起来过,但却永远地建立了"②。这的确是一个历久弥新的悖论。

事实上,这座从未建立但却永存的理想城邦,提供了一种横越万世的标准或参照系,使人们能够据此评判现实社会与政治生活。在评判过程中,我们会从不同的政治体制中看出一些问题,并且进而去思索解救的可能途径。就《理想国》所分析的不同政体来看,我们或多或少都会感知到社会(城邦)与人心(道德)的互动关系。我们甚至会发现这样一种规律:

> 国家的败坏总是意味着其公民品质上的败坏。国家现有的样子是由他们所表现的心灵类型塑造而成的。理想的国家之所以是理想的,就在于它表现了这样一种心灵:它实现了各种能力完美的协调配合。败坏的国家之所以是败坏的,就在于它所表现的心灵中的协调性被或多或少地打乱了。果真如此的话,那就意

---

① Cf. Plato. *Republic*, 592.
② 巴克:《希腊政治理论:柏拉图及其前人》,第334页。

味着国家改革的希望之一在于重新调整国家成员中心灵的各种能力。譬如,寡头体制的改革,只能通过这样一种重整来实现,即把欲望和贪婪的成分降低到适当的比例。但这种重整只能通过教育才能实现;这样,实践的结论就从柏拉图对政体的变化与败坏的勾画中浮现出来了:教育是政治改革的唯一途径。①

也许,我们会觉得这一评述是理想化的,因为我们习惯于把教育看成是"答疑解惑"的知识传递或"温文尔雅"的训练活动。但按照柏拉图的说法,教育是积极进取的,是实现"心灵转向"的动态过程,其根本宗旨是培养能动的创造性智慧和美善兼备的哲王。另外,在教育问题上,柏拉图不仅有抱负,而且重实践。他的《理想国》写于中年时期,实际上与他三访叙拉古城邦有着直接的关系。第一次是在公元前387年。做客期间,柏拉图为了劝说叙拉古僭主狄奥尼修一世(约公元前430—公元前367年)采用最佳法律来治理国家和淡化统治者个人的利益,触怒了这位统治者,被当作奴隶出卖,幸亏朋友出资赎出,才回到雅典。第二次是在公元前367年。年届60岁的柏拉图进行了一生中最为冒险的活动,他在朋友狄翁和新僭主狄奥尼修二世的盛情邀请下,再访叙拉古,试图满足这位年轻统治者学习哲学的兴趣和要求。结果,他被软禁在城堡里失去了自由,最后在叙拉古与迦太基再次发生战争期间,借助朋友阿尔基塔的帮助返回雅典。时隔6年之后,柏拉图不计前嫌,不听劝阻,于公元前361年应邀第三次冒险来到叙拉古,辅导奥狄尼修二世研修几何学。这位出尔反尔的君主,再次将柏拉图置于危险之境。结果,柏拉图历尽艰难,在阿尔基塔的斡旋下得以离开,于公元前360年返回雅典。从此以后,他仅与狄奥尼修二世保持着讨论数学和哲学的通信来往。

柏拉图为什么如此冒险,甚至置自己的安危于不顾呢?研究柏拉图的学者如是说:"柏拉图的目标,不是像人们所想象的那样,只是荒谬地要在条件奢侈的希腊城市里,模拟着《理想国》所构想的城邦,建立一个冒牌的仿制品。相反,那是一个实践性的、类似政治家的目标(practical and statesman-like object),它试图使年轻的狄奥尼修能够担

---

① 巴克:《希腊政治理论:柏拉图及其前人》,第342页。

负当下迫切而实际的职责:阻挡迦太基人的侵略,将其逐出西西里。并且,如若可能,试图将叙拉古建成一个强大的君主立宪国,囊括西西里岛屿西部的所有希腊城邦。此外,柏拉图深信不疑的是:不论一位君主在资质上或智或愚,对他进行艰苦的科学教育总是有价值的。"① 显然,柏拉图冒险再访叙拉古,除了协助叙拉古阻挡迦太基人的入侵之外,其最大的心愿就是想将自己的所学倾囊相授给这位君主,期望对方成为一位能够担当大任的"哲王"。这不仅是为了实现自己的教育理想,也是为了实现自己的政治抱负。在我个人看来,柏拉图也许对雅典的政治生活耿耿于怀,也许对本国的政治改革不抱希望,因此多少怀着"墙内开花墙外红"的个人意愿,想在叙拉古这片试验田里,以新君主狄奥尼修二世为实验品,用自己精诚的心血来浇灌培养,力图使自己的教育与政治理想开花结果。为此,柏拉图认为任何冒险都是值得的。诚如他自己所言:"既然想在法律与政治上实现我的理想,那就是一个很好的实验机会。"而且,他一直认为自己冒险再访叙拉古是"合理而正确的",他不想坐失良机,以免"铸成那种把次要事情当成头等大事的错误"。② 我猜测,"次要事情"可能是指管理学园、著书立说或清谈玄理。这些事情并非不重要,但与具体的实践或试验相比,也就是与应邀出访叙拉古培训新君主相比,恐怕还算不上是"头等大事",更何况这类出访还带着协助叙拉古抗击迦太基人入侵的重大政治目的。只可惜,柏氏的一切努力虽说不是徒劳,但距其实际期望相去甚远。不过,我们也从中可以看出他的现实追求与良苦用心。仅此一点,足以引起各国后学的敬重,同时也使我们联想起周游列国、竭力推行礼治和圣王理想的孔老夫子。

二 正义之德与心灵和谐

整体而言,贯穿《理想国》整篇对话的正义论,旨在表明这一基本立场:正义是一种伟大的善德,既内在于心灵中,也体现在城邦里。举

---

① Cf. A. E. Taylor. *Plato: The Man and His Work* (New York: Meridian Books, 1956), p.7. 另参阅中译本第16—17页(泰勒:《柏拉图——生平及其著作》,谢随知等译,济南:山东人民出版社,1996年)。

② Cf. Plato. *Letter VII*, 328b-c; 330c.

凡拥有这种善德者,即便身处不幸或苦难之中,也要比享用本属正义者应得之报偿的不义者活得更好。在论证这一"复杂的道德方程式"(complex moral equation)①时,柏拉图引入了善自体理式论,心灵三分和谐说与重在培养公民德性的教育体系。尽管如此,他并未能如其所愿,成功地说服所有听众或读者,但却使正义问题成为古往今来的重要理论话题之一。当然,也有学者就此辩解说,苏格拉底的道德探索是哲学式的,而非修辞术的;这种探索所关切的是真理,而非说服;所诉诸的对象是理性论证,而非习俗、传统或权威。②

那么,到底应当如何看待柏拉图这座"美好城邦"(Kalipolis)的建构原则——正义之德呢?如前所说,古希腊语 aretē,意指 virtue 与 excellence,一般被汉译为"德性"或"美德"。按其原意,此"德性"也表示"卓越"或"出类拔萃"。据此,柏拉图所言的"正义之德",即正义德性或正义美德,也指正义的卓越性。这种"卓越性",至少可从以下四个向度予以审视和体察。

首先,从道德角度看,柏拉图式的正义观,是一种理想的道德观,与看重利害得失的世俗价值观迥然有别。在他那里,正义是心灵的德性,不义是心灵的邪恶。③ 在他为"美好城邦"设置的四种德性中,正义居其要位,既是另外三种德性(智慧、勇敢和节制)的根基,又是另外三种德性的综合。这种正义之德,具有遵纪守法和秉公办事的社会伦理特性。它作为一种内在的道德动力和行为导向,既能以正当的方式去做事,也能自觉自愿地以正当的方式去做正确的事。这在社会互动交往中必然对他者有利,对城邦秩序与共同福祉有利;反过来,从"礼尚往来"的回报意义上或是从心安理得的精神意义上讲,践履正义之德或从事正义之举的人,因其超出普通的名利追求,不再把患得患失的结果与痛苦视为衡量正义与不义的尺度,而是把为了正义而正义的道德律令奉为自己的行为准则。这样一来,正义的心灵与正义的人就

---

① Richard Kraut,"The defense of justice in Plato's *Republic*",in Richard Kraut(ed.),*The Cambridge Companion to Plato*(Cambridge:Cambridge University Press,1992),p.311.
② Terence Irwin,*Classical Thought*(oxford:Oxford University Press,1989),p.83.
③ Plato,*Republic*(trans. Paul Shorey,London & Cambridge,MASS.:William Heinemann,Harvard University Press,1963),353e. 中译文参阅柏拉图:《理想国》(郭斌和、张竹明译,北京:商务印书馆,1995 年)。

生活得好,就会享受到特有的快乐,过上幸福的人生;而不义的心灵与不义的人则完全相反。① 在《理想国》里,柏拉图正是基于这一道德化的理想主义正义观,通过苏格拉底之口,逐一论证正确教育、公民德性和城邦伦理的相互关联,最后落实在倡导遵纪守法、各擅其长与恪尽职守的社会性正义法则之上。

其次,从认知角度看,正义之德的生成有赖于相关的知识。柏拉图声称,"正义者类似于聪慧善良的人,不义者类似于又笨又坏的人"②。基于这一点,我们可以推定:正义者所拥有的正义,一方面与善良者所拥有的善良相关联,另一方面与聪慧者所拥有的智慧相关联;而不义者所施行的不义,则与坏人的邪恶和笨人的愚昧相关联。如果我们抛开其他,仅看正义与善良和智慧的关联,从中不难发现正义内涵的认识向度。我们知道,在柏拉图思想里,善之为善的始基或根源,来自善自体的理式。人唯有认识了这种理式,才会产生善德和履行善行。因此,"认识善的理式是最大的知识问题,关于正义等等的知识,只有从此理式中演绎出来的,才是有用的和有益的"③。当然,要获得这种知识,须臾不离擅长认识并获得真理的智慧。按此逻辑推论,正义的人是聪慧善良的人,也就是能够认识善自体理式并因此获得真知和养成善德的人;相应的,正义之德的确立,在很大程度上有赖于认识善自体的理式和获得真知的智慧。如此一来,正义之德便与认识善自体的理式密不可分。在认识论和本体论的意义上,这两者之间隐含一种因果关系,即:作为最高认识对象的善自体理式是因,作为派生德性的正义是果,而作为认识善自体理式的智慧则是联通两者的重要中介。在此过程中,善自体理式既是原型,也是启发智慧者认识这一对象的灵感之源,智慧者在认识这一对象的同时也效仿这一对象,最终转化为心灵和言行中的正义之德。依据柏拉图的理式论,善自体理式是最高的理式。唯有认识这一理式,才会获得至善的知识,才会成就正义之德,才会过上快乐生活。由此,我们既可看到正义的形而上学背景,也可发现正义的实践智慧特征。事实上,在《理想国》第六

---

① Plato, *Republic* (trans. Paul Shorey, London & Cambridge, MASS.: William Heinemann, Harvard University Press, 1963), 354a.
② Ibid., 350c.
③ Ibid., 505a.

卷里，柏拉图将善等同于快乐，将认识善理式视为认知正义和美的前提，故此断言："一个人如果不知道正义和美是怎样才是善，他就没有足够的资格担任正义和美的护卫者。……没有一个人在知道善之前，能足够知道正义和美。"[1]随后，在《理想国》第九卷里，柏拉图对智慧的重要性十分推崇，先后比较了五类人，其中包括爱智慧者（哲学家）、爱荣誉者、爱利益者（寡头）、爱民权者和爱专制者（僭主），最后得出的结论是：爱智慧者的生活要比其他人的生活更为快乐，因为爱智慧者不仅最有能力去比较和识别其他各类不同人物所享有的快乐，同时也最有条件去选择和体验属于自己的与富有哲学智慧的快乐，[2]更何况这种快乐要比其他形式的快乐更真实、更伟大，更高尚。[3] 可想而知，这种富有智慧和享受真正快乐的哲学家，正是柏拉图所推崇的善于治国理政的正义者或城邦护卫者。

再者，从心理角度看，主体在范导心灵中的正义之德时，必然涉及理性的统摄作用和心灵的协调过程。另外，当理性驱使主体观看和摹仿善自体理式与正义理式之时，也必然涉及一种伴随着认识过程的心理摹仿活动。就前者言，柏拉图思想中的正义功能，犹如一种借用理性来统摄心灵三个部分的特殊技艺。与激情部分和欲望部分相比，理性或理智部分因为能够认识正义理式以及始基善自体理式，便能知道什么对心灵其他部分及其整体最为有益。基于这一知识，理性能够对心灵的各个部分进行内在的协调和安排，在此至少发挥两种积极作用：其一是让理性主导激情，也就是让激情追随理性，使其成为理性的辅助，进而引导欲望采用合理的方式满足自身，随后三者彼此融洽，互不伤害，和谐共存；其二是让理智、激情与欲望三部分各擅其长而又互不越界，在它们以正确方式实现各自功能和恰当比例的同时，能够避免冲突，合作与共，最终使正义之德落实在此三者各司其职和适宜有度的良好状态之中。若从调节心灵各部分和实现和谐目的的立场来看，上述两种作用实乃二而一或一而二的并联关系。再就心理摹仿活动而论，柏拉图认为心灵的和谐不仅使人生幸福快乐，

---

[1] Plato, *Republic*, 506a.
[2] Ibid., 580a-583c.
[3] Ibid., 583c-588a.

而且使人自身得以完善。这一完善过程,正是摹仿善自体理式与正义理式的过程。在此过程中,一个专注于真实存在的人,即柏拉图所推崇的爱智者或哲学家,总是把注意力放在永恒不变的事物上,也就是理想中的诸多理式(其中包括最高的善自体理式与正义理式)上,他由此看到它们相互之间既不伤害也不被伤害,而是按照理性的要求有秩序地活动着。于是,他就开始竭力摹仿它们,想使自己尽可能成为与它们相像的人,或者说,他在人力所及的范围内,尽力使自己类似于"同神圣秩序密切交往的爱智者"(theiō dē kai kosmiō ho ge philosophos homilōn),从而也"成为有秩序的和神圣的"(kosmios te kai theios... gignetai)存在。① 这里所谓"神圣秩序",喻示出永恒不变的最高理式;这里所谓"有秩序和神圣的"存在,恰恰是指自身得以完善的人。可见,在柏拉图那里,只要摹仿善的美的正义的对象,必然会产生相应的积极结果。

最后,从社会角度看,正义无论是作为一种公民德性,还是作为一种统治技艺,都要落实在现实城邦的政治实践之中。作为公民德性,正义通过理性的范导作用将个体的心灵三部分调节成各擅其长与合作与共的和谐整体;作为统治技艺,正义则综合了借用理性统摄心灵三部分的技艺和借用实践智慧统治城邦三阶层的技艺。如此一来,在内向意义上,正义需要安排好心灵的三部分,使它们为了满足自身而各得其所、互不纠结;在外向意义上,正义理应安排好城邦的三阶层,使他们为了共同福祉而各尽其能、彼此合作。正是基于这一点,柏拉图试图建构的这座"美好城邦",实为一座理想中的"正义城邦",一个政治清明、经济自足、道德廉洁、秩序井然的社会共同体。相应的,这座城邦的最终目的,是让居住其中的公民,能够过上正义、自尊和幸福生活的理想共同体。

自不待言,上述四个向度是彼此相关的;透过其直接与间接的联系,我们不难看出正义之德本身的综合性与复杂性。在这方面,帕里(Richard D. Parry)的下述看法值得关注。帕里是从认识论与本体论出发,将正义视为一种经由认识与实践而获得的"正义技艺"(craft of justice),断言这种技艺是摹仿性的,所摹仿的原型是"正义理式"

---

① Plato, *Republic*, 500c-d.

(Form of justice),而"正义理式"是诸多理式中的一种,其最终原因或始基来自"善的理式"(Form of goodness)或绝对的善(absolute goodness)。依据这一逻辑结构,"追求这种技艺的哲学家,在自个心灵与城邦中制作出诸多正义表象(images of justice);这些表象是这个世界中内在之善的摹本,尽管这个世界对本真的内在之善毫无觉察。这些表象虽然对哲学家的心灵与城邦来说是善的,但它们依然只是内在之善的摹本而已。哲学家摹仿正义理式的因由,在于为了传布这些表象,这一方面是因为这些表象本身是有价值的,另一方面是因为这些表象是善的表象,即在无条件意义上是善的"①。由此可见哲学家的职责、使命与作用所在。他通过摹仿正义理式而制作出来的正义表象,是内在之善的外在表现,借助直观形式与现实言行得以彰显。这对于传布内在之善或善自体以及其他理式,对于促进人文化成和公民教育的事业,都是必不可少的重要环节。

需要强调的是,心灵中的正义是内在的正义,城邦里的正义是外在的正义。无论按照柏拉图二分法的通常逻辑,还是根据伦理教育与实践的一般规律,内在的正义总是优先于外在的正义,或者说,前者总是驱动和引致后者的主要力量。于是,柏拉图在论述正义时,特意强调了心灵与教育的重要意义。他为此撰写的《理想国》,在卢梭等人看来是一部专论教育的佳作,在耶格尔等人看来则是一部研究心灵的经典。不过,若从正义之德的培养来看,我们也有理由将其视为一部探索心灵教育(psycho-paideia)的文本。此处所说的心灵教育,既涉及心治,也关乎德育,这首先需要理性的调节来实现心灵三部分的和谐,继而需要心灵的和谐来成就正义的德性,随后需要正义的德性来落实个人的正义与城邦的正义。

应当看到,人心的弱点亦如人性的弱点,由于自身欲求的干扰,致使人心之木犹如人性之木。此木原本弯弯曲曲,从未造出笔直之物。故此,人类需要通过正确的教育、良好的法纪与各种习俗惯例,来迪化自己的本心,规范自己的言行。总体而言,柏拉图虽对人性深表悲观,但对教育或人文教化却倍感乐观,尽管他对心灵教育的难度有着极其

---

① Richard D. Parry, *Plato's Craft of Justice* (Albany: State University of New York Press, 1996), p. 236.

清醒的认识。所有这些,都随着《理想国》这篇对话的展开,逐一展示开来。譬如,按其论述结构,第二卷在区别正义者与不义者之时所列举的戒指喻,第九卷分析灵魂三分与快乐等级之时所描绘的人型、狮型与多头怪兽型,第十卷收尾处再论正义与不义灵魂之时所讲述的厄洛斯神话,均从不同角度反映出人心的复杂及其教育的难度。

三 对话场所的历史意味

《理想国》这篇对话的日期,一般设定为公元前420年之前,此时的苏格拉底大约为50岁。① 在开篇首句,苏格拉底直接言明所在地点,其曰:"Katebēn chthes eis Peiraia meta Glaukōnos tou'Aristōnos",可直译为"我昨日来到比雷埃夫斯港,随行的是格劳孔,阿里斯通之子"。随后,苏格拉底说出此行的目的是为了"参加向女神的献祭和观看赛会,因为他们庆祝这个节日还是首次"(proseuxomenos te tē theō kai háma tēn eortēn boulomenos theasasthai tina tropon poiēsousin, hate vun prōton agontes)。就在他们返回雅典的路上,玻勒马霍斯(Polemarchos)拦住他们,执意邀请俩人到家里叙谈,与其同行的阿德曼托斯(Adeimantos)与尼拉克托斯(Nikēratos)等人也在其列。他们抵达后,发现其父克法洛斯(Kephalos)与其两位兄弟吕西阿斯(Lysias)和欧若得摩(Euthydēmos)在家,客人色拉叙马霍斯(Thrasymachos)、哈曼提得斯(Charmantidēs)和克勒托丰(Kleitophōnta)也在场。

据此,这次对话的具体场所,便是位于比雷埃夫斯港的玻勒马霍斯之家或其父克法洛斯之家。在这里,他们交谈的方式是从轻松的寒暄转入严肃的争论,是从人生旅程的坎坷与老年晚境的痛苦与否,转入习俗观念中的"正义"与哲学范畴中的"正义"界说及其本质问题。我们知道,在柏拉图的对话中,有些看似漫不经心的提示或平淡无奇的旁白,总是包含着言有所指的特殊寓意。倘若我们将此对话地点、场所及其参观活动,放在相关的历史语境之中,就会发现诸多值得关注的历史意味。

---

① Plato, *The Republic* (trans. Desmond Lee, London et al: Penguin Books, 1976), p. 60, the footnote.

首先,就比雷埃夫斯港(Peiraia/Peiraeus)而言,此地是位于雅典西南7公里处的大港口,不仅历史悠久,而且功能多样,最为突出的是当时雅典对外贸易的集散地和对外开放的窗口。这里外来的移民居多,生活方式多样,文化形态丰富,在古代具有世界其他地域未曾有过的"国际性"和"开放性"。譬如,苏格拉底与格劳孔专程来此观看的女神献祭和赛会活动,并非是雅典人的传统节日,而是色雷斯人的传统节日,后者举办这一节庆是为了向他们供奉的月神与猎神本迪斯(Bendis)表示虔敬,而这在雅典所辖地区是首次举办。

根据古希腊的公共宗教传统,每个城邦都有自己选定的保护神,或者说,每个保护神都有自己选定的城邦。通常,人们对城邦保护神的态度是虔敬和专一的,因为在他们的宗教信仰中,这涉及城邦及其居民自身的安危与祸福。为此,他们不惜以立法的形式,禁止外来神祇进入城邦,以免造成不必要的混乱与麻烦,以免遭致城邦原保护神的不满与惩戒。从神话谱系来看,色雷斯人供奉的月神和猎神本迪斯,对雅典人来讲无疑是外来的异类,与他们熟悉的月神和猎神阿特密斯(Artemis)形成竞争。然而,在公元前430年的雅典公民大会上,通过立法接受了外来神祇本迪斯,将其纳入雅典人的传统神祇之列。而在此法案通过的三年以前,一批居住在比雷埃夫斯港的色雷斯人,就曾获准在雅典城墙内建起第一座供奉月神本迪斯的私人庙宇。这种允许外来神祇与宗教进入城邦的做法,对雅典公共宗教无疑是一大变动。究其原因,主要是出于政治与战争的需要。当时,在政治上,色雷斯国王已与雅典结盟,赞同一起应对斯巴达的进攻;在战争上,雅典人从一开始就知道取胜的关键有赖于自己的强大海军。但是,雅典舰队缺少所需的燃料木材,而色雷斯人拥有丰富的木材。因此,在伯罗奔尼撒战争爆发几年后,雅典人出于实际的政治考量和战争需要,在联合色雷斯城邦共同对敌的同时,不仅提升了月神本迪斯的宗教地位,而且计划为其举办公共节庆。① 这种变化与安排,对读过《斐多篇》和知悉苏格拉底之死的人来说,显然具有一种反讽的意味。判处苏格拉底死刑的缘由之一,就在于控告者认为苏格拉底将外来神祇或"异教"引入雅典,实际上这对城邦宗教向来虔诚的苏格拉底实属莫须

---

① Nickolas Pappas, *Plato and the Republic* (London and New York: Routledge, 1995), p. 20.

有的罪名。相比于公元前430年雅典公民大会的立法和引入本迪斯神的做法,公元前339年对苏格拉底的控告与判决堪称荒诞至极。我们不难推想,对业师冤死一直念念不忘的柏拉图,或许有意安排了苏格拉底亲临比雷埃夫斯港观看向"异教"女神献祭和节庆赛会的场景,其用心可能在于帮助业师洗刷罪名,反驳原告,讽刺当年雅典政坛的拙劣行径。

其次,比雷埃夫斯港是当时雅典平民与民主力量的中心。在伯罗奔尼撒战争结束后不久,雅典政坛起伏不定,两种势力激烈角逐,可谓"你方唱罢我登台"。先是勾结斯巴达政治势力的僭主派上台,组成臭名昭著的"三十僭主",上演了一出专制统治的闹剧,扰乱了雅典原有的社会秩序;随后,在比雷埃夫斯港民主力量的冲击下,民主派夺权登台,接着上演了一出政治混乱的闹剧,其中包括犯下判处苏格拉底死刑的冤案,最后导致了民主制度的严重腐败与蜕变。有鉴于此,柏拉图先后在《第七封信》和《理想国》里,对僭主制与民主制的弊端大加挞伐,并根据自己的经验、观察和思索,试图破旧立新,建构一座更为理想的城邦,创设一种更为有效的制度。不难看出,当柏拉图将苏格拉底置于这一民主力量的中心来批评和改造民主制时,一方面凸显出一种有备而来的政治挑战,另一方面强化了民主政体与美好城邦之间的张力,这对当时的雅典读者或听众来说,无疑更具吸引力。另外,有一种补充说明是值得参考的,即:比雷埃夫斯的最初设计者是希波达姆斯(Hippodamus),亚里士多德认为此人是率先探讨最佳城邦者。这对理解柏拉图构建美好城邦的意愿是有启示意义的。只不过柏拉图虽然将自己置于城邦改革者的传统之中,但同时又将自己置于固有传统的对立面。① 很显然,柏拉图特立独行,在解释现有城邦与制度弊端的同时,更为深入地剖析了人心与人性,更有创意地绘制了理想城邦的美好蓝图。

再者,克法洛斯之家,是一外来移民和商贾之家。在伯罗奔尼撒战争之后的雅典政局动荡期间,克法洛斯的财产遭受损失,家人受到迫害。此时,这个饱经风霜的垂垂老者,在自己家里面对满座高朋,津津乐道自己对财产的看法,对物质和精神生活的态度,对正义与不义

---

① Nickolas Pappas, *Plato and the* Republic, p.19.

的认识。再看看在座的客人,他们来自不同地方与家庭,或富或穷,或老或少,但大多都受过良好的教育,其中从事哲学研究者不少,对正义问题都持有独到的立场。于是,我们可以想象,这种有关正义的对话或论争,已然带有某种普适性或世界性的色彩。实际上,古希腊哲人所探讨的宇宙问题,是关乎整个天地万物的;所讨论的城邦伦理问题,即便有这样或那样的局限,也是关乎整个人类的。当时,雅典作为整个希腊的学校,比雷埃夫斯港作为开放的国际港口,加上古希腊人与古希腊文化的构成历史、东西文化与贸易的交往、古希腊人在殖民化时期于黑海和地中海沿岸诸多地区的开拓经营,都会有意无意地促使这些利用闲暇来研究宇宙人生的古希腊哲人,确立一种具有世界性和普遍性特征的思想视阈。据载,柏拉图本人曾周游列国,访学四方,先后到过意大利、叙拉古与埃及等地。

最后,鉴于柏拉图文中的遣词用句隐含诸多言外之意,我们有必要仔细阅读相关文本,避免粗枝大叶的阅读或大而化之的解释,但也不要走向极端,落入过度阐释的坎陷。譬如,有的西方学者在解读《理想国》开篇首字 katebēn 时,根据其英译文"I went down"(直译为"我走下去")做出如下引申:(1) 苏格拉底从其高度的理智思想层面下落到普通层面,来到一般民众家里,面对一些非哲学家来阐述自己的哲学主张,描述自己的理想城邦;(2) 根据"我走下去"的字面含义,使人联想到走进《理想国》第七卷里的"洞喻"之中,借此推论普通人的生存状态如同被捆缚在洞穴里的囚徒,继而假定苏格拉底这位救民于愚昧的哲人角色;(3) 柏拉图试图以此告诫读者或听众:要证明理想城邦的合理性,其难度并不在于开始就无共识,也不在于无法澄清理论,而在于这些交谈发端于强烈的反对立场,即便如此,他仍然试图从中寻找某种共同基础来建立自己的论证。① 在我看来,(1) 与(3) 在此语境中是可以成立的,但(2) 却有牵强附会之嫌。且不说希腊文 katebēn 原意是指"行走"、"旅行"或"流动",其英译文中所含的副词"down",通常与副词"up"相对使用,尤其在联系地势高低来表示走向时,从高处往低处走用"go down",从低处往高处走用"go up"。相比之下,雅典城所在地势较高,比雷埃夫斯港所在地势较低,彼此间距4

---

① Nickolas Pappas, *Plato and the Republic*, p. 18.

英里或7公里。按照习语搭配惯例,从雅典城走向比雷埃夫斯港,习惯上会说"to go down to Piraeus",反之,从比雷埃夫斯港走向雅典城,习惯上会说"to go up to Athens"。我本人到过这两个地方,平时问路或指路也是采用上述表达方式,只不过现在要加上使用何种交通工具(如 by metro or by bus)而已。故此,我认为(2)的引申义属于过度阐释(over-interpretation)。

四 对话人物与戏剧特质

如上所列,首次出席这次聚会的人物共计十余人,除了克勒托丰插进几句无足轻重的话外,①真正参与对话的仅有六人,其余在场者沉默不语,充当听众,表明他们知识有限,缺乏交谈争论的能力。至于这六人,他们不是受过专业哲学训练,就是对讨论哲学深感兴趣。按照柏拉图原作的排序,他们包括苏格拉底、格劳孔、玻勒马霍斯、色拉叙马霍斯、阿德曼托斯与克法洛斯。这几位对话高手,各擅其长,以不同风格的论辩与交相辉映的词锋,为这场对话增添了意趣横生和耐人寻味的戏剧特质。

对于苏格拉底这位哲学家,其个人情况与不幸遭遇,本书在叙述柏拉图的求学经历和政治态度时,已经有所交代,没有必要重复。至于苏格拉底的思考方式、盘问策略及其长袖善舞的辩驳能力,在柏拉图的大部分对话里都已展现无遗。其所作所为,主要代表一种批评反思、怀疑探索与激发思想的"接生婆"角色。对此大家相当熟悉,这里无需赘言。至于其他五人的背景,则需稍费一点笔墨,予以简要说明,因为这对理解这场对话表演的戏剧性氛围和交谈的深入过程颇有助益。

因循《理想国》开篇言说顺序,首先开口招呼苏格拉底的是玻勒马霍斯,他是克法洛斯的长子,与其父克法洛斯居住在比雷埃夫斯港区,专门从事哲学研究,柏拉图在《斐德若篇》(257b)里也谈过此人。当

---

① 克勒托丰的插话是继苏格拉底对色拉叙马霍斯的反驳之后,见玻勒马霍斯完全倒向苏格拉底一边,于是为色拉叙马霍斯帮腔插说话:"那你不妨做个见证人。""玻勒马霍斯啊!色拉叙马霍斯不过是说,遵守统治者的命令是正义。""所谓强者的利益,是强者自认为对自己有益的事,也是弱者非干不可的事。也才是色拉叙马霍斯对正义下的定义。"Cf. Plato, *Republic*, 340a-b.

玻勒马霍斯老远看见苏格拉底时,急令其奴仆跑步上前,从后面拉住苏格拉底的披风,他自己随后赶上,以不容推辞的口吻,特邀苏格拉底到他家里做客,并以晚上观看火炬赛马为由,吸引苏格拉底不要急于返回雅典城。他的这番说辞,不仅表现出他对苏格拉底的热情,更显示出他对哲学讨论的兴致。

在苏格拉底一行落座之后,接着与其攀谈的是克法洛斯,后者代表一种传统智慧。这位出生在叙拉古的祖传商人,移居雅典,已入当时最高的民主圈子,并与伯里克利交往密切。① 他本人虽然富有,但不贪财,支持长子玻勒马霍斯研习哲学,资助次子吕西阿斯练习演说,唯独不鼓励他们经商赚钱。这位有趣睿智的老人,清心寡欲,气静神闲,言说中能够自如地引用悲剧诗人索福克勒斯(Sophocles)与品达(Pindar)的名句,借用雅典政治家色弥斯托克勒(Themistocles)的论点。在谈及晚境时,他坦言自己摆脱了肉体与性欲上的享受,爱上了机智而富哲理的清谈。对于前者,他幽默地声称自己已然获得解放,犹如从穷凶极恶的奴隶主手里挣脱出来一样;对于后者,他认为"同声相应、同气相求"的交谈,有助于缓解或消除"老年之门"带来的寂寥与痛苦。在谈及来世时,他坦言自己年轻时一直讥笑那些宣扬因果报应的荒诞故事,但老来却一反常态,想起这类故事就心惊胆战、寝食难安,经常自查平生所作所为,是否存在不义之举,担心自己死后受到惩罚。他的言行与态度,如同一个活的范例。这个场景既可有效说明正义生活的重要性和必要性,还可巧妙照应柏拉图通过厄洛斯神话所宣扬的末世论思想。

苏格拉底与克法洛斯的交谈,只是进入主题讨论的序曲。这一序曲的作用至少有三:一是显示雅典人彬彬有礼的待客与交际之道,二是加强对话场景看似自然而真实的特性,三是表明当时雅典人关注的政治和伦理话题。在随后苏格拉底引出何为正义与不义的交谈中,玻勒马霍斯从其父克法洛斯那里接过话头,上承希腊抒情诗人西蒙尼德斯的说法,认为正义就是"欠债还债"或"助友伤敌",以此凸显了传统而朴素的正义观。但在苏格拉底看来,如果"欠债还债"就是正义,那

---

① Ruby Blondell, *The Play of Character in Plato's Dialogues* (Cambridge: Cambridge University Press, 2002), p. 166.

么向已经发疯的物主归还其清醒时借用的武器,就等于"助纣为虐"的不义之举;如果"助友伤敌"是正义,那么在交战之际是最利于发挥正义作用的,但当战争结束而进入和平时期,"助友伤敌"的机会已然不复存在,这种正义就会随之失去效用;另外,若把坏人当好人,把好人当坏人,继而出现认敌为友或以友为敌的情况,那岂不是颠覆了正义的本意,甚至以正义之名行不义之实了。有鉴于此,"助友伤敌"在相当程度上是有钱有势者的主张。在苏格拉底的反证面前,玻勒马霍斯的反应与申辩显得十分被动,结果被导入应和对方说法的轨道。① 这表明玻勒马霍斯的哲学功底颇为稚嫩,远非苏格拉底那样老道和善辩,而他本人仅仅代表一种初生牛犊不怕虎的青年激情和求教愿望。

在玻勒马霍斯与苏格拉底的论辩几乎结束之时,色拉叙马霍斯作为一名诡辩家与演说家,情急之下,火爆登场。他先是斥责苏格拉底与先前参加讨论的父子两人相互吹捧,瞎扯一通,所言正义,不着边际;接着,他用刁难的提问,逼迫苏格拉底说出自己的看法。不过,他终究没有熬过苏格拉底的盘问和引诱,于是快言快语地道出自己的观点,即:"正义就是强者的利益。"所谓"强者",就是城邦政府,就是统治者,就是当权者。随后,在与苏格拉底的争论中,色拉叙马霍斯认定服从统治者就是正义,因为统治者推行和操纵立法,而普通正义观是把守法视为衡量正义的前提。在苏格拉底的辩驳中,他从统治者立法与被统治者遵法的角度推论,假定如果被统治者理应遵守统治者的所有立法的话,一旦统治者在立法时出现错误,所立法律就违背了自身利益;那么,被统治者作为弱者,不但遵守对强者有利的法律是正义的,连遵守对强者不利的法律也是正义的。由此产生的结果,既有对强者有利的,也有对强者不利的;同样的道理,既有对弱者不利的,也有对弱者有利的;权衡两者,与色拉叙马霍斯的正义界说有相悖之处,使其难以成立。至此,色拉叙马霍斯显得有些恼羞成怒,故将苏格拉底贬斥为诡辩家,反而认定统治者作为强者,在立法时不会出错,不会搬起石头砸自己的脚,而是制定出种种对自己有利的规则和办法,让老百姓照办,使自己获利。苏格拉底据此限定性说法,从完美的技艺旨在寻求对象的利益而非其他利益这一立场出发,认为任何真正掌握

---

① Plato, *Republic*, 331d-336a.

管理技艺的统治者,不会只顾自己的利益而不顾属下老百姓的利益,否则他的统治地位就难以为继,这如同医术高明的医生一样,他利用医术旨在为病人提供健康服务,也如同经验丰富的舵手一样,他利用自己的能力旨在为水手提供航海安全服务。论辩至此,不服输的色拉叙马霍斯反戈一击,认为技艺的运用是有目的性和功利性的。不能说牧羊人或牧牛人把牛羊喂得又肥又壮,不是为了牛羊自身的利益,而是为了自己或其主人的利益。统治者实际上就是把人民当作牛羊,利用它们来实现自己的私利。在现实城邦或政治生活中,无论是正义还是正义者,反正是看风使舵,谁掌权谁统治谁是强者,就为谁效劳,而不是为那些吃苦受罪的老百姓或被统治者服务。他随后将自己的观点推向极端,断言"最不正义的人是最快乐的人,而不愿为非作歹的人是最吃亏苦恼的人";"一般人之所以谴责不正义,并不是怕做不正义的事,而是怕吃不正义的亏";"不正义的事只要干得大,就比正义更有力,更如意,更气派"。①

　　最终,他与苏格拉底有意背道而驰,断言"不正义比正义更有利"。对此,苏格拉底批评色拉叙马霍斯不要进行偷梁换柱式的强辩,而应当从现实出发,不要认为牧羊人或牧牛人都是好吃鬼,只想到牛羊肉的美味,不考虑牛羊群的利益,不完善自己的技艺。同样的道理,不要认为统治者都是自私自利的家伙,而应承认"任何统治者当他真是统治者的时候,不论他照管的是公事还是私事,他总是要为受他照管的人着想的"②。最后,当苏格拉底提出"那些真正治理城邦的人"是否"都很乐意干这种差事"这个问题的时候,色拉叙马霍斯不得不承认他们不乐意干,其理由是"他们担任公职是为了被统治者的利益,而不是为了他们自己的利益"③。借此机会,苏格拉底将正义与心灵德性、智慧和善以及快乐生活联系在一起,把不义心灵邪恶、愚昧和坏以及痛苦联系在一起。从其言语交锋的方式和特点来看,色拉叙马霍斯代表一种智者学派专有的职业技能。他的出色挑战与能言善辩,对苏格拉底和这场论辩来讲,犹如一块富有弹性的跳板,不仅让苏格拉底在探

---

① Plato, *Republic*, 343b-344c.
② Ibid., 345c-e.
③ Ibid., 346a.

寻正义的思想空间里跳得更高,也让随后的讨论更加深入。

随后登场的是"素来见义勇为、勇猛过人"的格劳孔。他出身名门,属于雅典政要家族与上层贵族,是阿里斯通的儿子,柏拉图的兄长。苏格拉底曾引用格劳孔好友谱写的颂诗,称赞格劳孔在麦加拉(Megara)战役中的赫赫功勋,该诗开头两句是:"名门之子,父名'至善',难兄难弟,名不虚传。"① 所谓"父名'至善'",就是指其父阿里斯通(Aristōnos)之名,此名在希腊语中包含"至善"、"最好"或"最佳"等义。值得关注的是,格劳孔不仅拥有战争英雄的形象,还有睿智内敛的心态、谦谦君子的风度、训练有素的哲思与言辞尖锐的机锋。他显然对色拉叙马霍斯那么容易服输很不以为然,声言正义与不义的关系问题并未讨论清楚,此前所述充其量只是开场白而已。他先声夺人,以划分三类善为开端,认为第一类善只是为善的本身,不要其后果;第二类善是既为善的本身,也为善的后果;第三类善不要善的本身,只要善的后果。第一类善是理想化设定,为善而为,践履者寡;第三类善是实用化设定,为利而动,采纳者众;第二类善介于理想与实用之间,追求者因时因地因势而定。

随之,格劳孔将色拉叙马霍斯的论点重新加以整理,提出如下三问:一是正义的本质和起源;二是所有正义行动都是不得已而为之;三是不义者的日子好像过得比正义者要好许多。苏格拉底认为正义相应于第二类善,正义本身与正义后果需要兼顾。为此,格劳孔便从妥协的角度,将正义的本质与起源界定为"守法践约",将其本质界定为最好与最坏的折衷,将其目的视为"既不要不正义之惠,也不要吃不正义之亏"。② 至于人们是否情愿去做正义或不义之事,这要看他们的本事和条件。为此,他讲述了隐形魔戒的喻说,借此证明在利益的诱惑下,只要条件允许去做坏事不被发现并不受惩罚,那么,正义与不义之举则纯属便利与否的问题,而非德性好坏的问题。与此同时,他无情地揭露了以权谋私、骗人耳目的腐败官场文化定律,讽刺了为正义之名而为正义之事的投机分子,批判了借正义之名而捞官攫利的伪君子,但却高度赞扬了甘冒天下之大不韪,坚持正义,终生不渝的大贤大

---

① Plato, *Republic*, 368a.
② Ibid., 357-359a.

德之士。从其言谈方式与价值取向看,格劳孔正气凛然,洁身自好,对人世间与官场上的沽名钓誉与鸡零狗碎之事,百般嘲讽,不屑一顾,而是醉心于哲学家的沉思生活与道德修养,由此代表了静修派的特殊精神(the special spirit of quietism)。

不过,苏格拉底似乎看出格劳孔虽然不愿参与政治和人事纠纷,但却不是没有雄心抱负的平庸之辈。苏格拉底知道,对于这种人需要循循善诱,在深入讨论正义之德与美好城邦的过程中,慢慢点燃其隐藏在内心深处的火种,即担当社会责任的火种。最后,在《理想国》第七卷里,当苏格拉底陈述了哲学家的责任与城邦管理的必要后,特意指出哲学家因其自身的才智、德性与能力可参加政治与哲学"两种生活",同时趁机询问格劳孔会不会服从现实的需要,在轮到每个人值班时拒绝分担管理城邦的辛劳呢?格劳孔回应道:"拒绝是不可能的,因为我们是在向正义的人提出正义的要求,但是,和当前每个城邦中的统治者相反,他们担任公职一定是把它当作一种义不容辞的事情看待的。"① 这就是说,格劳孔不是把担任公职或当官视为值得炫耀或光荣的事情,而是把恪尽职守、做好公职视为必要的义务,这对于哲学家与公民来说均应如此。这一点对古往今来的官场文化与当官意识来说,可以说是一种最为合理与最有道德的衡量尺度。

相对于格劳孔,才高八斗的阿德曼德斯在秉性与言语上更为率直,虽然他也热衷于静修派生活风尚。他在格劳孔言罢时立刻上前插话,张口就逼问苏格拉底是否认为正义问题已经论说透彻了,接着便声称有关正义问题最该讲的至今只字未提。于是,他自信满满地扬言,"废话少说,听我道来"②。他侃侃而谈,旁征博引,对赞扬正义与批判不义的观点进行了盘点,如数家珍般地梳理了从荷马、赫西俄德、品达到其他诸神代言人的正义观。通过比较,他认为这次对话的种种说法都不到位,其所赞扬的不是正义而是正义的外表,其所谴责的不是不义而是不义的外表,都不过是劝说不正义者不要让人发觉而已。论及苏格拉底与色拉叙马霍斯,阿德曼德斯认为他们两人在论述正义与不义的本质上可谓殊途同归,其结论大抵如此:正义是别人得好处,

---

① Plato, *Republic*, 520a-e.
② Ibid, 362d-e.

强者得利益,而不义是自己获利益,弱者遭祸害。

于是,阿德曼德斯执意要求苏格拉底不要只说正义高于不义,正义者比不义者快乐,而要言明正义与不义各是什么,它们对其所有者各起到什么广泛深入的作用,从而使前者成为善,后者成为恶。① 面对这一诘难,苏格拉底先把格劳孔与阿德曼德斯昆仲称赞一番,随后以大写字母与小写字母为喻,试图用由大见小的方式来论证城邦的正义和个人的正义,继而论述城邦卫士与公民的正确教育与德性要求,其中先是重点讨论了照看心灵的诗乐教育,接着讨论了照看身体的体操教育,并就儿童学习天性、乐调审美伦理、文词适宜原则、故事审查制度、听众、演员与作品的摹仿等问题,进行了相当深入的讨论。值得注意的是,苏格拉底与阿德曼德斯代表了一种贵族式的精英主义审美立场,他们都不约而同地赞成查禁那些不利于神明与英雄形象的诗性描述,甚至对于那些即便真实但却不宜宣讲的神话故事,他们都决意出台高昂的门票以便将多数观众拒之门外。这显然有碍于民主制度下城邦文艺的发展规律,也有悖于公民理应享用的审美福利,但在道德教育与趣味标准意义上,这种做法似乎符合雅典贵族精英俱乐部的理想化与道德化目的性追求。

总体而论,与《理想国》后八卷相比,前两卷的论辩气氛最为热烈,对话间的张力最大,戏剧特质最强。相形之下,首卷参与对话的人物最多,各自观点截然不同,在你来我往的交锋中将话题引向深入;第二卷则呈现出三人转的热闹场面,格劳孔与阿德曼德斯两兄弟彼此协作,轮番进攻,苏格拉底稳扎稳打,进退自如,从而有效地提高了论辩的深度,加大了内容的难度,拓展了思维的空间。如果将其搬上舞台,这全然是一出清谈玄理、精彩纷呈的论辩话剧。

尤为有趣的是,柏拉图借用不同人物的声音和观点,竟然如此鲜活而生动地呈现出自己的哲学话语,并且根据不同的反映和对话者,将对话与论证逐步引向深入。事实上,柏拉图对话的戏剧特质,正如有的学者所言,不是来自任何一种观点的明确认定或主导作用,而是来自不同观点之间的张力或相互诘难。这与通常理解戏剧的方式颇为相同,那就是要求表现内在的冲突。此一假设源于古希腊戏剧的实

---

① Plato, *Republic*, 363-367.

践活动,其中有许多剧作都包含一个或多个半正式的争论,这些争论就发生在那些涉及关键议题时彼此观点截然对立的人物之间。① 举凡阅读柏拉图早期和中期对话的读者,都不难发现其中所展示出来的思想或观念冲突。这种冲突形式既是戏剧性对话的重要内容,也是对话戏剧化的有力推手。任何进入这些对话之中的读者,抑或因观念冲突而困惑,抑或因诘难刁钻而沉思,抑或因深刻启示而敏悟,抑或因逻辑推论而明理,凡此种种,总有所获。故此,从自我教育的角度来看,阅读柏拉图的对话文本,在很大程度上可谓一个训练思维和体验智慧的过程。

五 表里二分的诗化描述

众所周知,《理想国》的要旨关乎政治与教育,是以哲学对话的形式来讨论的。所有关于正义与不义、心灵与身体、表象与实在、一与多、感性与理性、看法与知识、可见世界与可知世界等观念,都是通过一种表里二分法来逐步揭示的,而且始终是在富有诗性智慧的对话中展开的。维柯在论述古代诗性智慧时指出:希腊哲学家们把希腊神话故事性的历史都译成哲学,他们因此会运用诗人们幸好留给他们的那些表达方式,去阐明他们自己的崇高的哲学思想。诗人们首先凭凡俗智慧能感觉到多少,后来哲学家们凭玄奥智慧就能理解多少。所以说,诗人若是人类的感官,那么哲学家就是人类的理智。② 在这方面,柏拉图兼诗人与哲学家于一身,对二分法的交汇使用堪称典范。

柏拉图的诗学是其哲学的重要组成部分。在哲学上,柏拉图以截然划分精神与物质、上帝与世界、肉体与灵魂的二分法为理据,试图建构一个理式论或观念论体系。在此体系中,柏拉图将真正意义上的存在视为精神的存在,将物质世界视为理念世界的映像或摹本,将更多注意力投向超验的世界与理智的沉思。在策勒尔(Ediard Zeller, 1814—1908)等人看来,柏拉图引入其哲学与人类学(心理学与伦理学)之中的二元论,主要是受赫拉克利特、毕达哥拉斯、巴门尼德和苏

---

① Ruby Blondell, *The Play of Character in Plato's Dialogues*, p. 15.
② 参阅维柯:《新科学》(朱光潜译,北京:人民文学出版社,1986 年),第 151—152 页。

格拉底等人的影响。① 在他本人的思想中,这一论说占有支配地位。换

---

① 从总体上看,柏拉图的哲学思想主要有四大来源,即毕达哥拉斯学派(Pythagorean)、赫拉克利特学派(Heracleitean)、巴门尼德学派(Parmenidean)和苏格拉底本人(Socrates)。毕达哥拉斯学派注重数量关系、次序与和谐,认为数字为万物之本,一切均可以数表示,物质界如此,非物质界(如追求和谐的爱情与友谊等)亦然。另外,此派还倡导心灵不灭之说,认为心灵的来世命运取决于现世的生活行为。柏拉图主要通过结识此派的传人阿基塔斯,了解和吸纳了其中的有些内容,譬如数学原理、神秘因素、宗教倾向、心灵不灭与彼岸世界,等等,因此在自己的哲学体系中,不仅重视数学的教育价值,提出线段分割与洞穴观影的比喻,而且推崇灵肉二元论以及轮回说,借此强化道德,以期惩恶扬善,规范人心。赫拉克利特学派坚持"动态宇宙观",认为"一切皆流动不息"(All is in an eternal flux),万物之实在(reality)的本质变动不居,并以过河为喻,断定无人能两次涉入同一水流。柏氏早年曾与该派学者克拉底鲁斯(Cratylus)有过往来,日后采纳了这一观点,提出感性世界无物永存的否定性学说,认为真正的知识只能源于理智,而不会来自感觉。巴门尼德实为埃利亚学派(Eleatics)的代表人物。该派强调"实存"或"存在"(Being)理论,认为大千世界中的万事万物无一恒定,不断生灭,但其流变之中实有永恒不变之本质存在。柏拉图从麦加拉(Megera)那里尝闻巴氏学说而深受启发,继而发挥,提出"理念论",宣扬实体属于永恒的存在,认为所有变化皆为幻象。苏格拉底被他的朋友尊为当时雅典城邦内"最自由,最正义和最富有智慧"(more free, more just, or more wise)的人。作为授业恩师与挚友,苏氏对柏拉图的影响巨深。苏氏之时,蔑视真理的智者学派(Sophistic school),基于从事社会政治活动的实用性,以辩论术、讲演术和修辞学等巧言令色风靡雅典,成为自视甚高的显学。善于独立思索的苏格拉底见真理不彰,人心陷溺,为匡正颓风,他一方面矢志探寻真理,一方面积极倡导真理,宣称人生的幸福在于追求真理,"知识就是道德"(Knowledge is virtue)。这里所谓的"知识",实为"真知"(true knowledge)、"智慧"(wisdom)、"概念之知"(conceptual knowledge)或"善之知识"(knowledge of the good),属于建立道德伦常的基础。唯此真知,才能正确指导人的行为或引致人的善举,因此在逻辑上具有善的品性。柏拉图的伦理思想深受苏氏的启发,因此"善"的学说(the theory of the good)以及"正义论"(the doctrine of justice)在其体系中占有主导地位;另外,柏拉图出于道德和秩序建构的需要,更多是从目的论而非机械论出发来解释世界,这在很大程度上也是受苏氏的影响。继苏格拉底之后,对柏拉图影响最大的哲学家要数巴门尼德。这位前苏格拉底时期的思想巨人提出这一挑战性的论点:理性论点之外,情感与变化都是不可能的事情。在古希腊,巴氏是唯一否认情感及其真实性的思想家。这样便导致柏拉图对情感性快感说提出批判,而且将这一思想引入到艺术之中。因此可以说,柏拉图的思想体系是当时希腊哲学史发展成熟的结果(the mature fruit of the history of Greek philosophy down to his time)。参阅陈树坤:《孔子与柏拉图伦理教育思想之比较》(台北:台湾商务印书馆,1976),第 16—17 页;另参阅 Bertrand Russell. *A History of Western Philosophy* (New York et als: Simon & Schuster, 1972), pp. 105-106; Frank Thilly. *A History of Philosophy* (New York: Holt, Rinehart and Winston, 1963), pp. 73-74; David J. Melling. *Understanding Plato* (Oxford: Oxford University Press, 1987), pp. 8-9。总之,毕达哥拉斯关注的是作为万物始基(archē)的数(arithmos),赫拉克利特关注的是感性知觉世界的生成与变化,巴门尼德关注的是理性思想的世界与实存万物的共性,苏格拉底关注的是最高的知识和美德等于善。相应地,毕达哥拉斯学派有关数为本质与物为摹本的学说、赫拉克利特学派有关物质界的永恒流变与虚幻不定的断言、巴门尼德学派有关存在与现象和一与多的论述、苏格拉底有关善与美、真知与看法的分析,对柏拉图以二元论为方法根据而提出的理式说、分有说、两个世界说、灵肉二分说、善恶报应说和形而上的伦理学说,等等,具有直接的影响。参阅策勒尔:《古希腊哲学史纲》(翁绍军译,济南:山东人民出版社,1996 年),第 136—144 页。

言之,柏氏的哲学作为一个整体,通常以二元论为根据,以辩证法为手段,把一与多、理式与摹本、心灵与肉体、存在与生成、永恒与流变、看法与知识、可视世界与可知世界截然分开,"把真正意义上的存在只归于精神的存在,而把物质世界只视为理式世界的模糊摹本,并且以无情的逻辑从这个学说出发推导出种种实际结论"①。在我看来,柏拉图的二元论,在用意阐述相关的问题时,通常表现为一种旨在对比揭示现象与本质的表里二分法。譬如,在认识论领域,柏拉图将世界划分为二,一个是凭感官知觉的"可视世界"(tō oratō topō),一个是凭理智认识的"可知世界"(tō noētō topō)。前者是直观的,感性的,经验的,只能提供一般的"看法"(doxa);后者是抽象的,理性的,超验的,能够提供真正的"知识"(episitēmē),前者远不及后者本真、正确和优越。② 在人类心理学领域,柏拉图在将肉身(sōma)与心灵(psychē)二分的同时,把肉身视为外在的流变载体,把心灵奉为内在的不朽实存,认为肉体锢闭而无常,心灵自由而永恒,前者犹如后者的监狱或坟墓,妨碍心灵力量的自由发展与神性完满。因此,人类的一切行为都务必有助于心灵的修为。③ 在伦理学领域,柏拉图在灵肉二分的基础上,把

---

① 策勒尔:《古希腊哲学史纲》,第137页。
② 参阅《理想国》第五卷,476e—480a;第六卷,507—513;第七卷,514—524,532—533。另参阅 Plato. *Republic*(tr. Paul Shorey, London: Harvard University Press, Leob edition, 1994); *Plato's Republic*(tr. Albert A. Anderson, Millis: Agora Publications, 2001)。
③ 参阅《理想国》第三卷,403—417;第四卷,436—445;《斐多篇》,70—88,107;《美诺篇》,81;《斐德罗篇》,245;《蒂迈欧篇》,34—35,41—42。柏拉图认为人的身心功能不一。肉身是感性的,有助于形成意见,但有碍于获得知识。心灵是理智的,能观照纯粹的真理,但必须摆脱肉身。存在于现象界的各种纯粹理式的摹本只能激发心灵的理性思索。心灵在与经验世界交往之前,就曾见识过这些理式,只是遗忘了而已。因此,一切认识都是回忆(anamnēsis)的结果,一切学习都是重新唤醒的过程。在《斐德罗篇》中,柏拉图以车夫驭马的故事,形象地说明了身心的特征。他认为心灵在与肉身融合之前就一直存在。人类心灵具有纯粹理性的特征,但进入肉身之后又增添了适应感觉世界的非理性部分。非理性部分又可以进而分化为寄寓心脏里的精神(thumos)部分和寄寓肝脏中的欲望部分。前者表现为热爱权力、富有抱负和愤怒慨然等较为高贵的精神性冲动,后者表现为追求食色快感和财产居室等比较低级的生理性和物质性欲望。这三者相互有别,彼此冲突,但同时又互动影响。精神部分经常与理性部分联合起来控制欲望部分,而有些生理欲望(如有节制的饮食活动)也会遵从理性的约束。但就整体而言,柏拉图认为上述分化并不影响心灵所具有的完整性(unity)和不可分性(indivisibility)。与灵肉或身心二元论密切相关的则是心灵不朽论。从《斐多篇》里可以看出,柏拉图心目中集最高智慧和善良勇敢等美德于一身的理想人物苏格拉底,之所以全然不惧死亡,饮鸩前后泰然自若、侃侃而谈哲学家之死的妙趣和福祉,直到完全失去知觉为止,正是因为他将自己与心灵不朽的信仰融为一体。这种心灵,按照柏拉图的

善恶二元推向极致,认为善(agathos)乃美德之根本,可使人上达天庭;恶(kakos)属心灵之病症,会将人导入地狱。这种形而上的伦理学,鄙视人世间的物质生活乐趣和肉体方面的所有快感体验,把肉体和尘世间的种种需求与贪欲,视为苦难及罪恶的主要起因;另外,在价值判断上,认为人间的善虽然不如天上的善,但作为一种推动力,可激励心灵飞升到与神相似的善的境界,最终进入天国,享受真正的福祉。① 在艺术哲学或诗学领域,按照形而上学二元论的推导原理,绘画与诗歌艺术,均属于摹仿的艺术,其摹仿的对象一方面是现实存在的事物,另一方面又是原型理式的摹本或影子,也就是第二自然。艺术品作为摹仿第二自然的特殊产物,相对于原创的理式而言,只不过是影子的影子,与实在的理式相隔两层,因此是幻象的载体,既不包含也不传达真正的知识。而原创的理式是先验的,完美的,是超然物外的上帝的杰作,其价值高于现实事物,更高于艺术作品。②

值得注意的是,柏拉图的二元论及其二分法,并非全用抽象的语言或冷冰冰的逻辑来表述的,而是用生动的比喻和诗化的象征来展示的。仅在《理想国》第六—七卷中,就连用了日、线、洞等三个比喻,形象地图示了两个世界或本体与现象的基本特征和差别。当然,若从形而上的本体决定论角度看,柏拉图虽然将世界分为两个,一是可视的

(接上页)说法,是离开肉体后摆脱了愚蠢和欲望,能够直接看到事物自身或物自体的心灵。所谓事物自身,是其存在的本质而非表象,也就是其纯粹而永恒的理式。既然理式作为心灵的认识对象是纯粹永恒的,那么心灵自身也是纯粹永恒的,因为"物以类聚",同类才能认识同类。根据回忆说,心灵是先于肉体而存在的,是后来融入肉体的,那么肉体死后它会继续存在,任何形式的分化都难以毁灭不可分割的心灵整体。现象界的死亡,是对心灵的解脱,从而使心灵能够达到纯粹的境界,濒临真理的光明,获得向往已久的智慧,飞到天上与众神和更为智慧善良的贤哲一起享福。需要指出的是,这种心灵是纯洁无瑕的心灵,是真正爱智慧的哲学家的心灵,只有他们死后才有能升天,才有资格与众神同在。至于那些不纯洁的、迷恋肉体欲望的心灵,则要接受"业报轮回"的煎熬,抑或变成荒冢里的游魂,抑或变为某种群居的有社会性的动物,抑或按其特性脱生为驴狼鹰隼等动物。在压卷之作《法礼篇》(第十卷,896)中,柏拉图对灵与肉有过这样的界定:心灵乃是运动的起源(the source of movement),先万物而生(the first-born of all things),先肉身而存;肉身是附属的、派生的;心灵主宰着万物的实存秩序,肉身则是受心灵支配的。心灵远比肉身古老,其特性也是如此,因此心灵优越于肉身。另外,心灵是善恶、美丑、正误的起因(the cause of good and evil, fair and foul, right and wrong)。内在的心灵如若掌管着四处运动不居的万物,由此也可肯定心灵也掌管着上天本身(it controls heaven itself)。

① 参阅《高尔吉亚篇》,493a,464,521—524;《斐多篇》,64—67;《理想国》第六卷,502—521;第七卷,517;第十卷,608—621。

② Plato, Republic, 595-608.

现象世界,二是不可视的理念世界,前者是外在的,后者是本质的;前者决定于后者,从后者派生而成。在此意义上,或者从柏拉图的善自体的理式论①与不动之动者的世界灵魂说②来看,柏拉图的宇宙观是将多归于一,仍属于先验一元论。

六 日喻(Hēlios)的象征

柏拉图在讨论看法与知识、美与正义的各自品性过程中,视善为最高的知识,确定其为衡量一切的尺度。城邦的公民如果不知道善,不仅不能充分理解美与正义,而且没有足够的资格作美与正义的护卫者。那么,何谓善?善的本质何在?善有何种特性?对此,柏拉图没有直接回答,而是通过苏格拉底之口,断言只能谈论"善的儿子,也就是那个看上去很像善的东西"③。于是,便以日喻善,对感性知觉的可视世界与理智认识的可知世界作了如下描述:

> 美与善的东西多种多样,而美与善自体在各类事物中只有一个。我们假定此为单一的理式(idea),假定它是一个统一者,并且称它为每一个体的实在。作为多个的事物,是看得见的对象,但不是思想的对象;而作为统一者的理式,则是看不见的对象,但却是思想的对象。我们看事物要靠视觉,但如果没有光,人的视觉就什么也看不见,更谈不上看见什么颜色了。光(to phōs)是极其重要的,是把视觉和可见性连接起来的纽带。而光来自天上的那个神,也就是太阳(hēlios)。在人的所有感官中,眼睛(ophthalmoi)类似于太阳,其能力作为一种流射,乃是取自太阳所放出的流射。太阳是视觉的原因,也是视觉的对象,同时也是善在可视世界中所产生的儿子(tou agathou ekgonon)。而太阳与视觉和可见事物的关系,正好像可知世界里面的善自体和(凭借理智的)可知事物的关系一样。当外物的颜色不再被白天的阳光所照耀而只被夜晚的微光所映照时,你的视觉就会模糊,你的眼睛就看不清四周的事物,几乎像瞎子一样。同样一双眼睛,在阳光的照耀下却

---

① Plato, *Republic*, 505-511.
② Plato, *Laws*, 896-899.
③ Plato, *Republic*, 506-507b.

有不同的视觉能力。人的心灵好比眼睛,当它注视真理与实在所照耀下的对象时,就能知道和了解它们,这显然是有了理智(nous)。当心灵转而去看那黯淡的生灭世界时,它就变得模糊起来,只会取得变动不定的看法(doxas),而显得没有理智了。总之,真理和知识都美,而善的理式(tou agathou idea)比这两者更美(auto d'uper tauta kallei esti)。善的理式是美不可言的,是知识和真理的源泉(Amēchanon kallos... ei epistēmēn men kai alētheian parechei),能给与知识对象以真理,给与知识主体以认识能力。与善的理式相应的太阳,不仅使审视对象清晰可见,而且还使它们产生、成长并得到滋养。当然,太阳本身不是产生的,谨请太阳神阿波罗为此作证!①

在这里,可视世界与可知世界是彼此对应的。各方涉及的四种要素排列如下:

善的理式	天上太阳
知识	光线
理智	眼睛
各类事物的理式	种种可见的对象

显然,天上若无太阳,万物黯淡无光,眼睛模糊不清,对象视而不见,这便是现象界的图景,它喻示着可视世界亦真亦幻的原因。相应地,若无善的理式,思想就没有对象,理智就失去依托,知识或真理就无从获得,代表各类事物共性的理式也就难以把握,可知世界也就因此而变得不可知,这便是按照常理推论的结果。实际上,事情远非那样简单。柏拉图借此日喻至少讲了六层意思:

(1) 善之子

善的理式是思想的对象,凭感性的视觉是无法看见的,只能靠理智或理性去接近和认识。要谈论善的理式,仅靠抽象的论述与逻辑的推导,在对话文体中难以为继,不利于激发思想的活力,而要想给人以直观性的描述,借用传统的诗化比喻,是再合适不过的了。太阳是宇宙的主宰,以此来比喻是颇为形象的。不过,太阳还不能直接等同于善的理式,而只能被看作"善在可视世界中所产生的儿子"(tou agathou ekgonon)。这不仅仅是因为太阳看上去很像善的某些功能,还因为

---

① Plato, *Republic*, 507-509.

柏拉图习惯于从二元论出发,重视理智与可知世界,轻视感觉与可视世界。值得强调的是,"日喻"的象征意义在西方诗学、美学与神学等领域里具有久远的影响。鲍桑葵就曾指出,"同美的艺术结下了不解之缘的欧洲后世神学的终极根源,就在于《理想国》中那一伟大的譬喻:把太阳和阳光比做绝对的善及其表现的产物与象征"①。

(2) 一与多

这种形而上学的二分法,显然是受毕达哥拉斯学派的影响。毕达哥拉斯学派的主要教义是把万物的本质归于数,而数为"一",万物为"多",一是多的"始基"(archē),由此构成一(有限)与多(无限)的特殊关系。柏拉图把一与善的理式等同起来,把多与种种可视对象和各类事物的理式联系起来;多"分有"(methexis)一,事物"分有"理式。各类事物(特殊)均有一个理式(一般),而所有不同的理式又都统摄于一个最高的理式。这就好像是一座金字塔,最底层的是各种各样的可见事物,再上一层的是从各类事物中抽象出来的各类理式,在往上便是居于顶端的善的理式,一个统一性的绝对理式。

(3) 认识原则

人类的认识过程,是从感性到理性,从现象到本质,从低级到高级。柏拉图似乎并不否认这一常识。但他从二分法出发,认为对象分两种:一是感知的对象,凭感官看得见,可通过观察去了解;二是思想的对象,凭感官看不见,只能靠理智去认识。推而论之,凭眼睛感知实存事物的表象是低级认识,凭理智审视各类理式的实相是高级认识,凭理性思维洞察善的理式是最高级的认识,而且是真理的所在,知识

---

① 参阅鲍桑葵:《美学史》(张今译,北京:商务印书馆,1985 年),第 64 页。鲍桑葵认为,柏拉图在竭力反对自然一元论(natural monism)的同时,积极倡导二元论(dualism)。自然一元论是由抽象的科学与抽象的神秘主义两者培育起来的(fostered by abstract science and abstract mysticism),二元论则介于自然与理智、或感觉与精神之间(between nature and intelligence, or sense or spirit)。柏拉图所鼓吹的这种二元论,把整个可以感知的宇宙变成了各种理念或理式的象征(turning the whole perceptible universe into a symbol of ideas)。在"日喻"里,太阳象征绝对的善(the absolute good)或最高的善之理式之子,阳光象征这种善的(外显性)表现或表达方式(its manifestation or utterance)。《蒂迈欧篇》(Timaeus)中也描述了类似的宇宙图式,只不过排列方式略有不同而已。其中所谈的宇宙,也就是感官可以感知的神(God perceptible to sense),是终极理性的形象(the image of the ultimate reason)。正是这个宇宙或神,启发了后来在几个世纪中成为象征主义想象的主要内容的那些观念([who] also suggests ideas which were destined to become for centuries the principal content of symbolic imagination)。(Cf. B. Bosanquet. *A History of Aesthetic*. New York:Meridian Books,1957,pp. 47-48.)

的本质。总之,太阳之光使眼睛审视种种事物的形态而获全貌,善之理式使理智穿透感性认识的模糊而达真理。

（4）存在的根源

万物化育,依靠太阳,这是最为朴素的至理。此外,阳光普照,万物生色,其状其美可用眼睛直观。若无太阳,便无光无色,眼睛看不见,万物不生长,一切实在便成为非在。可见,这天上的太阳,是大千世界存在的本源,是物之为物的原因。善的理式犹如太阳,作为思想的对象,必然引发理智的作用,从而思索和探究决定事物发展变化的内在规律或原理,由此而导向实在、真理和知识。总之,太阳为万物生长之源,为光线和视觉能力之源;而善为真理和知识之本,为人生与世界存在之本。反之,世界为善所生,是善的作品,也是善的表现或外显。以太阳喻善,就等于说大千世界与整个人生因善而光彩。

（5）价值尺度

太阳是神,"其本身不是产生的",而是先天地万物的存在;善的理式犹如太阳,是超验的范式,是神性的绝对。另外,善的理式"美不可言",是"真理和知识的源泉,在美的方面超过这两者","在地位和能力上都高于实存的东西"。这样,无论是从本体论的角度还是认识论的角度进行价值判断,善的理式都是绝对准则。这实际上是苏格拉底对普罗泰戈拉(Protagoras)的反拨,他把善而非人奉为衡量万物的尺度,从而为以善为本的道德理想主义创设了理论的前提。①

---

① 智者学派的代表人物普罗泰戈拉说过一句名言:"人是衡量万物的尺度,是衡量存在物之存在的尺度,也是衡量非存在物之非存在的尺度。"(Man is the measure of all things-alike of the being of things that are and not the non-being of things that are not. Cf. *Theaetetus*,152a)。人是活的,七情六欲全有,据说每日还会遭遇三魂五迷七十二糊涂。如果按照人的意志或人的感觉走,这种衡量万物的尺度就有极大的弹性,有时即便用理智进行推导,也可能是各说各的理,公说公有理,婆说婆有理,正义的尺度难以建立。譬如,智者论正义伦理与法律伦理,《理想国》里的智者色拉叙马霍斯将其还原为"强者的利益",而《高尔吉亚篇》里的智者卡利克里斯(Callicles)则将其还原为"弱者的利益"。这实际上暗含一种将公共伦理消解为个人伦理的倾向,而且是建立在实实在在的形而下的利益基础之上。苏格拉底论德教,尽管没有直接说出,但我们可以推断,他是倾向于恪守有利于整个城邦利益的公共伦理价值体系及其观念的,因此可以将德性奉为衡量万物的尺度;再进一步说,应当把"善"(agathos)奉为衡量万物的尺度。在他看来,善是知识或真知的对象,是人的所有美德或"优秀品格"的真正依托,是超越个人利益、符合公共利益的根源所在。换句话说,苏格拉底所言的德教,是以"善"为本位的,此种"善"具有形而上的品性,近乎"神"、"绝对"或"完美"。因此,他所倡导的德教,从功用角度讲,是以公共伦理为基准;从学理意义上看,是以道德形上学为鹄的。比较"人为尺度说"与"善为尺度说",可以见出智者学派与苏格拉底在德教思想上的本质差别。

(6) 从模糊走向澄明

认识物理需要理智,观察物象需要眼睛。理智在探索知识中发挥作用,眼睛在光线流射中产生功能。太阳作为光源,把黑暗变成光明,将万物大白于天下;善的理式作为知识的本体,引导理智不断探索,使人对事物的认识从模糊走向澄明。这是柏拉图的意思。但我们发现日喻所隐含的悖论:各类事物既然有其各自的理式,这从种(species)、类(genus)或纲(class)以及共性或类型的角度看,都是不难理解的。在诸多理式之上再安置一个最高的善的理式,会不会只是一个形而上学的假设呢?会不会成为一个挂空的概念呢?会不会因此而创设一个玄秘而神性的偶像呢?从柏拉图的道德化神学思想看,这都是可能的。不过,我们也从中看到这一假设的另外一层含义,即:那高高在上的善的理式,是可望而不可即的。在人类认识的历史长河中,它如同一道飘忽在眼前的绿光,每当你努力接近并伸手抓握之时,它悠然一闪而跃向前方,结果成为人们不断追求而难以博得的目标,构成一代又一代思想者"上下求索"的永恒风景。这恐怕也就是"能给认识主体以认识能力"一说的真正用意吧!

需要强调的是,日喻的核心部分在于凸现善的理式。古希腊文中的"善"(agathos),主要包含两层意思:一是道德意义上的善或美德,二是某种事物本身的好或优秀。而柏拉图理式论中的"善",至少表示四层意思,即形而上学之善,认识论之善,审美之善与道德之善。质而言之,形而上学之善,是超验的实在,世界的本源,视而不见,搏之不得,先天地而生,类似于老庄所言的"道",具有与造物主相若的神性和神秘感。认识论之善,是理性认知的对象,是真理知识的源泉,是引导人们不断探索的目标。审美之善,是真的体现,美的自体,灵的交感,是靠凝神观照来体验认知的对象。而道德之善,不仅指日用伦常中的美行善举,更是人格修养的最高境界,是体认道德伦理规范、彻悟人生真谛和洞识善之理式的结果。这四种善,在柏拉图的哲学与诗学中,是彼此关联、密不可分的。

七 线喻(Grannē)的内涵与误区

柏拉图笔下的苏格拉底说完日喻,对话的双方似乎言犹未尽,继

而以线为喻,对可视世界与可知世界的特征与内涵作了更为直白而明晰的阐述:

> 有两个国王,一个统治着可视世界,另一个统治着可知世界。可视世界即看法世界(doxaston),可知世界即知识世界(gnōston)。要弄懂这两个世界,请你用一条线(grammē)来代表它们:把这条线分成不相等的两段,然后按同样的比例把每段再分成两个部分。假定第一次分成的两个线段分别表示可视世界与可知世界,然后再比较第二次划分的各个部分,以表示清楚与不清楚的程度。在表示可视世界的线段内,第一部分代表影像(tas eikonas),第二部分代表这些影像的实物(touitoeoike),也就是我们周围的动物、植物和所有人造物(to skeuaston)。影像和实物的比例,正如可视世界与可知世界之间的比例。在表示可知世界的线段内,第一部分代表心灵从实物中归纳出来的种种假设(hupotheseōs),如奇数、偶数、三角形、正方形等各种数学与几何学研究对象;第二部分则代表各类理式(eidos),是逻各斯(logos)本身凭借辩证的力量(dialegesthai dynamei)而达到的那种知识(epistēmēs)。在这里,通过真正的逻各斯或理性作用,便可以假设为起点,上升到绝对原理,到达绝对原理之后,又回过头来把握那些以绝对原理为根据而提出来的东西,最后下降到结论。该过程不靠使用任何感性事物,而只使用理式,从一个理式到另一个理式,最后仍归结为理式。相应于这条线中所分成的四个部分,也有四种心灵状态:居于最高层次的是理智(noēsis),其次是知解(dianoias),再次是信念(pistis),最后是想象(eikasias)。[①]

我们可以想象,线喻所表示的图景可以是垂直的。这条线由下而上,由浅入深,预示着人的认识由低而高、由易而难、由感性到理性的发展过程。直观地看,从可视世界上升到可知世界,感官需要经历从审视影像和实物到凝思符号和理式等四个不同的认识阶段;相应地,从看法世界上升到知识世界,心理需要经历从想象、信念到知解、理智等四个不同的精神层次;最后上达无需假设的绝对原理或最高的空明

---

① Plato, *Republic*, 509e-511.

境界,即烛照万物的善的理式(如图所示)。

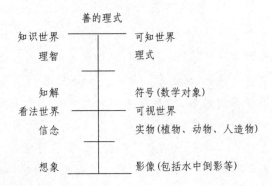

此图一线两牵,分立左右。右边所示的可视世界到可知世界,也就是从现象到本体的转化。其中从实物层上升到符号层,在人类认识过程中可谓质的飞跃。数学对象中的三角或四边等几何形,都是既直观又抽象的符号,在其面积或边长的运算方面,可根据相关的定理。这些定理均是从各种实存的类似形状中具体推算出来的。这些几何形均以各自的符号形式,象征或代表着相应的实物或实体。这样,无论是测算田野里的还是建筑上的四边形面积,只要知道相邻两边的长度,就可利用公式将其推算出来,这与四边形符号的推算方式毫无二致。在此阶段,没有知解能力是不行的。从符号层到理式层,是理智活动或理性思维活动的范畴。一般的解读惯于把理式等同于完全抽象的东西,这恐怕是一种误解。古希腊语中的"理式"(eidōs/idea),源于动词 eidō,意指"观看"(see)、"理解"(understand)、"认识"或"知道"(know),原初主要用来表示直观或认识事物表象的活动。在柏拉图那里,理式虽为理智或思想的对象,属于可知世界的构成要素,但却是建立在感性知觉的基础之上的,与先前观察的实物和可视世界具有逻辑联系,属于认识能力发展提升的结果。在此意义上,我们也可以把理式视为实物的形上本体。

左边所示的看法世界到知识世界,也就是由浅入深的认识过程。该过程所涉及的四种灵智状态,与人类的认知心理的发展是比较吻合的,其内在的合规律性是显而易见的。人在儿童时期,主要是靠形象或形象思维来感知外部世界。或者说,他首先凭借感官去接受外界事物的印象,这些印象逐一沉积在记忆里,会转化为想象的素材。儿童记忆力强，想象力丰富，因此在相当长的时期内，其心理活动受到想象活动的支配，所关注的是事物的个别具体形象，而不是事物之间的抽象性质与关系。随着阅历的增多，教育水平的提高，思维能力的加强，人们才会从感性认知阶段进入理性思维阶段。早期研究形象思维的意大利思想家维柯对形象思维特征的探讨，现代瑞士心理学家皮亚杰（Piager）对儿童语言和思维发展的研究，也都印证了上述认识进化过程的合理性与逻辑性。譬如，维柯在《新科学》中指出："人最初只有感受而不能知觉，接着用一种搅动不安的心灵去知觉，最后再用清晰的理智去思索。"① 要知道，"凡是不曾存在于感官的东西就不可能存在于理智"，这本是亚里士多德的观点，维柯借此得出如下结论：亚氏所言"适合于全人类……人心所理解的东西，没有不是先已由感官得到印象的。人心在他所感觉到的东西之中，见到一种不是感官所能包括的东西时，就是在用理智"。② 不难看出，维柯所论的心理功能发展三阶段论（感受—知觉—理智），与柏拉图所言的灵智四状态说（想象—信念—知解—知识），是颇为接近的。

　　就像重理智轻感觉、重可知世界而轻可视世界一样，柏拉图也同样重知识世界而轻看法世界。这不仅仅是因为"看法"（doxa）与"知识"（gnosis）相对，涉及"意见"、"情绪"、"判断"、"幻想"、"妄念"、"名声"以及"信念"等义，而且因为"看法"喜好招摇过市，自我张扬，而"信念"更容易使人固持己见，把个人的某种看法奉为真理加以标榜和推销。譬如，在古往今来的学术界，总不乏一些自以为是的人，他们习惯于以权威自居，把个人看法或见解中的某些合理因素刻意放大成真理，当作金科玉律，有时甚至到了用情绪化的判断与信念来维护自己学术地位的可笑程度。苏格拉底和柏拉图等古代哲人，对这样愚蠢的做法是不屑一顾的。我们阅读其对话，无论是论正义还是论美善，开始提出的有关定义多为一般看法，容易使人产生共鸣，但随着问题的不断提出，分析的不断深入，我们才逐渐认识到这些看法的片面性与追求真知的必要性。《会饮篇》和《大希皮阿斯篇》中对"美"的讨论，

---

① 参阅维柯：《新科学》，"要素"52—53，第104—105页。
② 同上书，见"诗性智慧"，第152页；另参阅朱光潜：《西方美学史》（上册，北京：人民文学出版社，1979年），第333页。亚里士多德的说法，来自其著作《论心灵》，432a, 7f. 此言也被译为"凡不先进入感官的就不能进入理智"（见《新科学》中译本，第152页）。

就是典型的例证。当然,我们也不会忘记,"看法"(doxa)终究是一种初级的认识,而且有深刻与浮泛之分,虽不及真理性的认识,但总胜过昏愚茫然的无知。举凡连基本看法都没有的人,无异于在泥塘里滚爬的懒猪。正是在这一点上,我们也许会真正体会到"人最大的错误莫过于懒于运思"之类的喟叹。

值得指出的是,对线喻也存在一种认知上的误区。在各个认知阶段中,想象与影像相应,信念与实物相应,知解与符号相应,理智与理式相应。这一层次序列会给人留下这样的印象与感觉:想象是认知过程中的低能儿,只能使人感知到水中倒影、墙上光影或再现的形象等东西,而与实物(现实存在)、符号(几何图形)和理式(形上原理)等高一级的认识对象没有任何关系。事实上,想象或想象力的功能是人们认识事物的强大动力,不仅有益于艺术的创造与鉴赏,而且有益于科学的思维与发现。康德曾经把想象力分为"再生的想象力"与"创造的想象力"。前者基于联想,后者着重创新。两者均有"飞离在场"和"内在心眼"(mind's eye)等特征,均可以使主体从在场的具体对象中看到不在场的他者,也就是在超越时空对象之局限的同时进入到思想和感受的无限领域之中。陆机所谓的"精骛八极,心游万仞",刘勰所言的"思接千载,视通万里",正是想象或"神思""飞离在场"的具体表现。凭借这种想象或神思,才能够"观古今于须臾,抚四海于一瞬","笼天地于形内,挫万物于笔端",乃至宁静而致远,有限见无限。实际上,注重审美直观的艺术家也罢,依赖理智直观的科学家也罢,他们所从事的艺术创造与科学发现,都离不开富有创造性的想象活动。牛顿发现万有引力定律,看见的只是从树上落到地上的苹果,而引力则是无形的,看不见的,是靠想象来推导整体和提出假设的。现代的微观物理学研究,尽管拥有离子加速对撞机作为辅助工具,但科学家的想象力依然是不可或缺的因素,甚至连识别放射性光电图谱也是如此。当然,想象力对科学来说,其重要作用在于帮助建构理论假设,随后则需要一次次的科学实验来证明其可靠性。这里所要说的主要意思是:线喻是柏拉图用来图解二元世界与认识层次的一种修辞手段,其合理性与局限性是共存的。现代人如果不假思索,沿着柏拉图的逻辑顺序走下去,不仅会忽略想象力的特殊价值与能动作用,而且也会误解或简化人类认识世界的系统性和复杂性。

八 洞喻(Spēlaion)的启示

在柏拉图的对话中,生动、形象且寓意深邃的比喻层出不穷,这不仅是开启新的话题和引领交谈者继续探讨的修辞手段,也是维系读者阅读兴趣的关键所在。继上述的日喻和线喻之后,便是寓意更为丰富的洞喻了。相比之下,日喻侧重思想对象(理式)与视觉对象(事物)的二分,线喻侧重可视世界(看法)与可知世界(知识)的二分,而洞喻则侧重受过教育者(有知之士)与未受教育者(无知之徒)的区别。柏拉图是这样描述的:

> 让我们想象一个地下的洞穴(spēlaion),长长的通道连着外面,可让同洞穴一样宽的亮光照射进来。有一些人从小就住在洞穴里,头颈和腿脚一直被捆绑着,不能走动也不能转头,只能向前观看洞里的后壁。让我们再想象在他们背后远处高些的地方,有一堆燃烧的火。在火与这些囚徒之间横着一道矮墙,其作用如同木偶戏演员在自己和观众之间设立的一道屏障,他们把木偶举到屏障上去表演。接下来让我们再想象有一些人拿着各种器物举过墙头,从墙后面走过,有的还举着用木料、石料或其他材料制作的假人和假兽。这些人有的边走边说,有的沉默不语。火光将这些物件的阴影投射到对面的洞壁上,囚徒们便通过这些阴影和背后发出的声音来辨别这些东西。久而久之,他们习惯成自然,以假当真,把阴影当做实物。在他们之间曾举行过某种选举,有人从中就赢得过尊荣。特别是那些敏于辨别、擅长记忆过往阴影的惯常次序、并能预言后面还有什么影像会跟上来的人,还曾获得过奖励。
>
> 请设想一下,如果他们被解除禁锢,矫正迷误,你认为他们会怎样呢?如果有一人被解除了桎梏,被迫突然站了起来,转头环视,起身走动,抬头望见火光,你认为他会怎样呢?他开始时会感到痛苦,眼花缭乱,无法看见那些他原来只看见阴影的实物。如果有人告诉他,说他过去惯常看到的全然是假的,如今由于转头看到了比较真实的器物,比较接近了实在,所以比

较真实了,他会作何感想呢?如果再有人把以往举过墙头上的每一件器物指给他看,并逼他说出那是些什么,你不认为他此时会无言以对吗?他依然认为自己过去所看到的阴影比现在所看到的实物更真实吗?如果让他直视火光本身,他的眼睛会感到疼痛,他会转身走开,仍旧逃向那些自以为更清楚更确实的影像吗?

再说,如果有人硬拉他走上一条陡峭崎岖的坡道,一直把他拉出洞穴见到了外面的阳光,不让他中途退回洞里,他会觉得痛苦而恼火。当他来到阳光下时,他会觉得眼前金星乱迸,金蛇乱串,无法看见任何现在被称为真实的事物。这大概需要一个逐渐习惯的过程。首先,最容易看的是地上的物影(skias),其次是看人(anthrōpōn)和其他物体在水中的倒影(eidōla),再次是看实物本身(auta),再下来就是看夜晚的天象、天空、月光和星光(astrōn kai selēnēs phōs)。最后,他终于能直观太阳本身(ton hēlion),看见其真相了。而烛照可视世界中一切事物的正是这个太阳。此时,他宁愿活在世上做一个穷人的奴隶,受苦受难,也不愿回到洞里,再过那种囚徒式的生活。

假若他突然离开阳光走进洞穴,他的视力会因为黑暗而变得模糊起来,这同样需要相当长的时间来适应黑暗。如果有人趁此机会就要他和那些始终禁锢在洞穴里的囚徒比试一下"评价影像"的能力,他肯定不是对手。人家会讥笑他,说他到外面走了一趟,回来后眼睛就变坏了,因此更不会产生走出洞穴的任何念头。倘若他自己想说服他们,打算释放他们并把他们带到洞穴外面,他必将惹起众怒,被人杀掉。①

在柏拉图之前,古希腊老一辈的诗人哲学家恩培多克勒曾把现实世界比作一处洞穴。② 或许是受其启发,柏拉图以洞喻世,来说明现实世界中两种不同境遇不同本质的人,即受过教育的人与未受教育的人:前者是特立独行、自由求索的爱智者或有识之士,后者是逆来顺

---

① Plato, *Republic*, 514a-517b.

② Empedocles(490-430 BC) likens our world to a cave, Diels i. 269. Cf. Plato. *Republic*, 514a, note a.

受、画地为牢的傻瓜蛋或无知之徒。从下面的图示看,

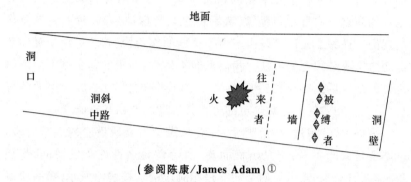

(参阅陈康/James Adam)①

洞喻的寓意仅仅是日喻和线喻的另一种表述吗？仅仅是在描述两种人的本质区别吗？或者说仅仅是在谈论教育问题以及认识事物真相的过程吗？我们认为除此之外,还涉及更为深刻的人性问题与希腊城邦的政治文化问题。

首先,从二元世界的角度看,洞穴比喻可视世界,火光比喻太阳的光照能力,洞外的天地比喻可知世界,最后看到的太阳象征善的理式。"此乃万物中一切正确者和美者的原因,是可视世界中光和光源的创造者,是可知世界中本身就是真理和理性的决定性源泉。"②就追求的终极目标或绝对原理而论,这与日喻和线喻是相当一致的。比较而言,洞喻最为含蓄,寓意最为深远,因此在西方思想史上的影响也最大。与此相关的思想火花,见于诸多西方经典著述,譬如亚里士多德早期的著述,培根的《洞中偶像》,托马斯·布朗的《陶瓶葬》,赫胥黎的《进化与伦理》,乔治·贝克莱的《哲学论集》,荣格的《分析心理学》,等等。著名科学家亚瑟·爱丁顿爵士或许受洞喻的启发,认为物理学所关注的是影像的世界;亨利·摩尔直接将洞喻引入自己的诗歌——"就像那些囚禁在新挖洞穴里的人们/从未看见过阳光,但在那座阴影绰绰的地穴中/某种愚昧的力量蒙蔽了他们的眼

---

① 参阅陈康:《陈康:论希腊哲学》(北京:商务印书馆,1990年),第62页。
② Plato, *Republic*, 517b-c.

睛……"①英国美学史家鲍桑葵对此有过这样的评价:"柏拉图所竭力反抗的是抽象的科学和抽象的神秘主义两方面培育起来的自然一元论。他是以鼓吹自然和智慧(或者说感觉与精神)二元论的先知身份出现的。这种二元论可以说产生了这样的作用:把整个可以知觉的宇宙变成了各种理念的象征。我们不能不认为,同美的艺术结下了不解之缘的欧洲后世神学的终极根源,就在于《理想国》中那一伟大的譬喻:把太阳和它的光比做绝对的善及其表现的产物和象征。"②

另外,从认识过程看,洞喻、日喻与线喻三者所设立的四个阶段,基本上是大同小异,都是由低而高、由感性到理性逐步发展的,与想象、信念、理智和知识等四个环节是相对应的。按洞喻所示,第一阶段的审视对象是投射在洞壁上的阴影或地上的物影;第二阶段的辨别对象是人和其他事物映在水中的倒影;第三阶段的认识对象便是在阳光照耀下的各种实物本身;第四阶段的观察对象是由灿烂的星光和月光构成的天象;最后阶段的凝照对象便是天上的太阳。不同的是,洞喻一方面描述了地穴中的禁锢与囚徒般的生活,另一方面揭示了从洞底爬到洞口的艰难历程以及由黑暗转入光明的痛苦感受,这实质上暗示着"心灵转向"的难度与可能。

那么,什么能使人"心灵转向"呢？什么能把囚徒从洞里的阴影中拉到洞外的阳光下呢？或者说,什么能把"心灵拖着离开变化世界而进入到实在世界呢？"③在柏拉图看来,这只能是教育(paideia)。不过,一般的教育是灌输式的,局限于事物的表象与简单的记忆,缺乏追

---

① 按照 Paul Shorey 的注释,洞喻的寓意含蓄而深邃,在西方哲学与诗歌中经常用做比喻或典故。他所列举的相关影响只是其中的代表性部分。《理想国》在西方几乎与《圣经》齐名,属于必读之物,举凡受过中等教育的西方人大多读过该书,而洞喻对读者的印象最为深刻。John Henry Wright 还专门写过《柏拉图洞喻的起源》一文,载于《哈佛古典哲学研究》1906 年第 17 期("The Origin of Plato's Cave" in *Harvard Studies in Class. Phil.* xvii,1906,pp.130-142)。As is annotated by Paul Shorey, The suggestiveness of the image has been endless. It is referred to in Aristotle's early writings, in Bacon's "idols of the den", in Sir Thomas Browne's *Urn Burial*, in Huxley's *Evolution and Ethics*, in Berkeley's *Siris*, in Jung's *Analytic Psychology*. Arthur Eddington perhaps glances at it when he attributes to the new physics the frank realization that physical science is concerned with a world of shadows. Henry More wrote poetically as follows: Like men new made contriv'd into a cave/That ne'er saw light, but in that shadowy pit/Some uncouth might them hoodwink hither drave, etc. (Cf. Plato. *Republic*. Tr. Paul Shorey, Loeb Ed. Book VII,514, note a.)

② 参阅鲍桑葵:《美学史》(张今译,北京:商务印书馆,1985 年),第 64 页。

③ Cf. Plato. *Republic*,521d.

求真理的精神与动力,禁锢人的才智和认识事物真相的理性,培养出来的人也大多是无知者,如同捆绑在黑暗洞穴里的囚徒,他们逆来顺受,画地为牢,以假当真,没有反思的精神与进取的念头。这种教育自称"能把心灵里原来没有的知识灌输到心灵里去,就好像能把视力放进瞎子的眼睛里去似的"①,但实际上并非如此,也丝毫无助于实现受教育者的"心灵转向",其结果只能是误人子弟,阻碍心灵视力的提升,使人囿困于感官的舒适与事物的影像,类似于柏拉图所说的那种"没有教养不知真理的人"(tous apaideutous kai alētheias apeirous)。② 故此,实现"心灵转向"要靠真正的教育,也就是以追求真理知识与善之理式为终极目的之教育。这种教育不仅是启发式的,而且是艺术化的,是建立在他所倡导的"七科"基础之上的系统教育,这一点我们将在后面谈到。

　　除了认识论和教育思想之外,洞喻还隐含着普遍的人性问题和城邦的政治文化现实。"人生来是自由的,但无往不在枷锁之中"(卢梭语),禁锢在洞穴中的囚徒就是如此。这类囚徒,与其说是肉体上的,不如说是心灵上的。他们的处境,固然有客观上的原因,如简单灌输式的教育体制,专制主义的社会环境,政治强权的意识形态,等等,但也有主观上的原因,其中大多来自人性的一些弱点。其一,人生来专注于感觉对象,而且会习惯成自然,由此构成审视外物的心理定势。其二,按柏氏所说,人的心灵里具有天赋的理智或知识的器官,会遭到习惯的毁坏而失之迷茫,结果使心灵的视力下降,只看下等的东西,把虚幻的阴影当作实在的事物,最终堕入无知和愚昧。其三,由于习惯和从众心理作祟,一些人容易以适应环境为借口,逆来顺受,轻信盲从,在自以为是的安乐中不思进取,不顾真相,害怕真理,不接受新的知识,不能容忍思想观点不同的人,洞穴中的囚徒之所以在"评价影像"时自鸣得意,嘲笑从洞外回来的人,认为他出去一趟反倒把眼睛搞坏了,其根本原因就在于此。其四,人类心灵中某些品质,因所取方向不同,抑或变得有用且有益,抑或变得无用而有害,后者会成为通常所说那种"机灵的坏人"。这些人目光敏锐,但"心灵狭小",其视力仅仅

---

① Cf. Plato. *Republic*, 518b-c.
② Ibid., 519b-c.

在他们所关注的对象上显得十分锐利。只可惜他们的视力被迫服务于恶,结果是助纣为虐,其视力越敏锐,其恶行就越多。看来,这些内在的人性弱点,很容易使人腐化堕落。就像身陷洞穴的囚徒,沦为"井底之蛙"而不自知,获得奖励而沾沾自喜,相互之间心怀嫉妒,争权夺利,敌视明辨是非的有识之士,非要杀掉那位从洞外回来解救他们的人。其五,人性的弱点也会表现为另一种方式。走出洞穴看到真相的人,"宁愿忍受任何苦楚也不愿再过囚徒式的生活"①,因此也就无意去解救那些被禁锢在枷锁中的人们。这种追求自在与洁身自好的做法,在一定程度上如同他本人遭到囚徒的拒绝一样,其结果类似一枚硬币的两面,终究会形成彼此的隔膜,拉开两者的差距,造成双方的疏离。的确,已经达到实在知识高度的人,是不愿意做那些琐碎俗事的,他们的"心灵永远渴望都留在高处的真实之境"②。但如此一来,知识与真理的价值在实际运用中又当如何体现呢?这恐怕要涉及相关的政治文化及其伦理问题。

比较而言,解读柏拉图这个奇特的洞喻,最容易忽视的就是其中内隐的政治文化及其伦理问题。这些被禁锢于洞穴中的囚徒,这些缺乏内在修养的未受教育者,这些局限于器物阴影且以假当真的无知之辈,或者说这些盲从于习惯、满足于现状的奴性人格,到底暗示着什么类型的社会群体呢?与当时的雅典城邦政治文化有何内在的联系呢?倘若我们通过阅读希罗多德的《历史》和修昔底德的《伯罗奔尼撒战争史》等相关历史著作③,设法回溯到古希腊雅典城邦的历史语境,就会从中了解到希波战争和伯里克利时代之后平民政体的式微与僭主政体的骚动;倘若我们通过研读柏拉图对话集里有关苏格拉底之死的《辩护篇》(*Apologia Sōkratous*)、《克利多篇》(*Kritōn*)和《斐多篇》(*Phaidon*),仔细分析这位"最懂得正义的公民"对雅典时政弊端的批评和对真知美善的追求,就会从中感受到迫害苏格拉底的冤案悲剧;倘若我们通过细读有关智者学派说理方式的《普罗泰戈拉篇》

---

① Plato, *Republic*, 516.
② Ibid., 517c-d.
③ Cf. Herodotus. *Histories*. Penguin Books, 1964; Thucydides. *The Peloponnesian War*. Random House, 1934; M. I. Finley. *The Ancient Greeks*. Penguin Books, 1975; Stringfellow Barr. *The Will of Zeus: A History of Greece*. A Delta Book, 1965.

(*Protagoras*)和《智者篇》(*Sophistēs*),比较对话双方彼此诘难和考察学问的过程,就会从中搞清他们巧言令色的教学方法与迎合公众过于实用的价值取向。至此,我们也许会豁然而解这个洞喻所隐含的深层意义:洞穴暗示雅典城邦,囚徒影射普通公民,枷锁象征老式教育,木偶表演者表示城邦统治者,走出洞穴认识真相者代表爱智的苏格拉底,囚徒之间的争权夺利犹如强权时代的政治文化。

总之,这一切隐喻旨在批评当时雅典公民的平庸无知,讽刺当时僭主政体的政治文化枷锁,抨击缺乏实质内容而由群氓主导的所谓平民政体(dēmokratia)。那些身陷洞穴、备受禁锢的囚徒,在被奴役和被支配中丧失了自己的主体性或主观能动性。他们是当时政治文化的牺牲品,用苏格拉底本人的话说,"是一些和我们一样的人"(Omoious hēmin)。而那些以平民政体之名行僭主政体之实的城邦统治者,就像洞喻中的木偶戏表演者(thaumatopoiois),把普通公民当作手中的木偶道具(thaumata)任意摆布。可叹的是,这些"囚徒"缺乏教养,不明事理,身陷囹圄而不自知,像迷途的羔羊,失去了判断能力;如捆绑着的奴隶,不仅失去了精神自由,而且也无心追求自由。出于习惯,他们墨守成规,死抱住那些虚假的影子不放。如果参与城邦政治活动,"在法庭上或其他什么地方,同人家争讼关于正义的表象及其表象的影子,或者迎合那些从来不知正义为何物的人们的种种期待,其拙劣的言行举止肯定极为可笑"。① 另外,他们人云亦云,没有德行,无法参加"两种生活"(amphoterōn),即正常的哲学生活与政治生活。于是,柏拉图从政治文化理想出发,借机对城邦受过良好教育的领袖与公民提出了政治责任、伦理与相关素养方面的要求——"你们每个人在轮值时必须下去和其他人同住,习惯于观看模糊的影像。须知,一经习惯,你们就会比他们看得清楚到不知多少倍,就能辨别各种不同的影子,并且知道影子所反映的实物,因为你们已经看见过美的、正义的和善的真相。因此,我们的城邦将被你我清醒地管理着,而不是像如今的大多数城邦那样,被昏昏然地管理着,被那些为影子而互相殴斗、为权力(被当作最好的东西)而相互争吵的人统治着。事实是,举凡在最不热心权力的统治者所领导的城邦里,必定有最美好最稳定的管理,而在

---

① Cf. Plato. *Republic*,517d-e.

与此相反的统治者所领导的城邦里,其管理必定是最丑恶的。"①据此推断,"最不热心权力的统治者",应当是有智慧讲平民意识的城邦领袖,他们不仅会全心全意地致力于经世济民的治理活动,还会还政于民,消减政权带来的社会压力,给民众更大的自由空间。自然,这类统治者不会居高临下地歧视百姓,也不会平白无故地自我招摇,因此能赢得人民的拥戴,打造出美好而稳定的城邦治理模式。这使人油然联想起老子的箴言:"太上,下知有之;其次,亲而誉之;其次,畏之;其次,侮之。信不足焉,有不信焉。悠兮,其贵言。"②其意是说,治理最好的世代,下面的百姓只知道有明君执政;治理较好的世代,民众会感恩赞美君主;治理严酷的时代,民众会畏惧害怕君主;治理不好的世代,民众会轻侮辱骂君主。如果君主的诚信不足,民众自然不会相信他。因此,最好的统治者少说多做,不轻易发号施令。这里,"太上"的境界类似于"最美好最稳定的管理","明君"相应于"最不热心权力的统治者"。若与现实世界里的政治文化形态及其统治者相比,这无疑带有政治乌托邦的色彩,但同时也表明"轴心时期"(the Axial Period)③的这两位哲人,在审视明智的为政之道与政治伦理方面有着比较近似的看法。

九 对话文体与诗性智慧

特别值得指出的是,上述三个比喻,是以对话的形式逐一讲述的。我们在引用时,考虑到篇幅的限制和时下的阅读习惯,不得已而采用了压缩式的归结做法,但仍然力求保持原来娓娓道来的交谈风格及其形象生动的语言特征。柏拉图是西方学者公认的诗人哲学家,是运用语言的大师,是对话文体的开拓者,其作品本身就具有独特的文学价值。柏拉图式的对话,通常是以提问、答疑、反驳与辨析为主导,充满

---

① Cf. Plato. *Republic*, 520.
② 参阅老子:《道德经》,第 17 章。有关诠释见陈鼓应注译:《老子今注今译》(台北:台湾商务印书馆,1997 年),第 117—119 页;另参阅古棣、周英:《老子通》上部,(长春:吉林人民出版社,1991 年),第 295—300 页,第 649 页。
③ Cf. Karl Jaspers. *The Origin and Goal of History* (New Haven: Yale University Press, 1953). 中译本见雅斯贝斯:《历史的起源与目标》(魏楚雄、俞新天译,北京:华夏出版社,1989 年)。

哲理的论争与诗化的描述。在其"辩驳性的对话形式"(elenctic dialogue form)中,发问者与应答者基于"问答式"(the question-and-answer format),循序渐进地展开论辩。通常,由应答者先行立论或提出论点,后经发问者发起反驳,提出佐证或揭示前论的矛盾真相。随后,通过你来我往的论辩和深入的分析,使相关的问题进而得到澄清,使立论的偏颇不断得到纠正。当然,由于问题的复杂性和难以界定性,时常仅能得出不了了之的开放性"结论",令问答双方均感困惑而无言以对,但却给人留下意味深长的悬念和广阔的思维空间。所以说,"柏拉图的对话,篇篇都是艺术作品。这些极具戏剧性虚构特征(powerful dramatic fiction)的对话,凭借其艺术技巧给人一种如同亲身倾听或参与一场哲学辩论的强烈感受;或者说,这些对话使人对辩论内容的深刻感受,要大于对自己实际参加一场普通哲学辩论所得到的收获的感受。因为,这些对话以十分生动和真切的方式,再现了特殊情境中在典范人物之间所展开的范式辩论(paradigmatic debates)。在这方面,对话作品表明作者对诸多文学技巧的把握和驾驭,的确是感人至深的。无论是从其经常提及早期文学的作法上看,还是就其不断重现从荷马史诗、赫西俄德(Hesiod)诗歌一直到希腊悲剧这一传统文学中的诸多母题和主题而论,柏拉图的对话作品确然属于文学传统"[1]。我国的西方美学史家朱光潜也有类似的看法。他总结说:

> 对话在文学体裁上属于柏拉图所说的"直接叙述"一类,在希腊史诗和戏剧里已是一个重要的组成部分。柏拉图把它提出来作为一种独立的文学形式,运用于学术讨论,并且把它结合到所谓"苏格拉底式的辩证法"……在互相讨论的过程中,各方论点的毛病和困难都像剥茧抽丝似的逐层揭露出来,这样把错误的见解逐层驳倒之后,就可引向比较正确的结论。在柏拉图的手里,对话体运用得特别灵活,向来不从抽象概念而从具体事例出发,生动鲜明,以浅喻深,由近及远,去伪存真,层层深入,使人不但看到思想的最后成就或结论,而且看到活的思想的辩证发展过程。

---

[1] Cf. Michael Frede. "Plato's Arguments and the Dialogue Form," in James C. Klagge & Nicholas D. Smith(eds.). *Oxford Studies in Ancient Philosophy*: *Supplementary*(Oxford: Clearendon Press,1992) ,p. 201.

柏拉图树立了这种对话体的典范,后来许多思想家都采用过这种形式,但是至今还没有人能赶上他。柏拉图的对话是希腊文学中一个卓越的贡献。①

当然,这只是就对话形式所表现出的文学特征而言。实际上,柏拉图基于自己广博的文学修养和深厚的哲学训练,旨在"借船渡海",用富有诗意的描述与鲜活的对话,来有效地表述自己的一整套哲学思想,几乎涉及伦理学、形上学、心理学、本体论、认识论、教育学、美学、神学、政治学和社会学等各个领域。诚如西方学者麦克尔·福雷德(Mochael Frede)所言:柏拉图的"对话形式不单单是一种以清晰、生动和戏剧性的方式,来表述哲学立场及其论辩过程的文学手段。相反地,这种对话形式与对话的戏剧性场景,在更大意义上是出于哲学的考虑,而非出于肤浅的文学或论说的考虑"②。

简言之,柏拉图之所以采用这种对话形式来阐述自己的哲学思想,主要原因有四:一是深受其恩师苏格拉底的教育风格和论辩方法的直接影响;二是源于希腊传统文学的滋养,特别是受阿里斯托芬(Aristophanes)那种融喜剧因素与严肃内容为一体的戏剧表现手法的启发;③三是基于柏拉图本人所坚信的学习求知方法,即:"真正值得认识的东西仅靠听'讲'是无法学到的;'学习'科学知识的唯一正确方法在于实际参与,在于同思想高明的人一道切磋,在于发掘科学的真理。"④研究柏拉图诗学、哲学、伦理学以及古希腊文化理想的学者,如加利特(Carrit)、洛奥(Rau)、洛齐(Lodge)、内特史珀(Nettleship)、阿纳斯(Annas)、埃利阿斯(Elias)、帕尔提(Partee)和耶戈尔(Jaeger)等人,也都不同程度地看到了这一点。四是在当时历史阶段,诗歌话语大行其道,哲学话语不甚成熟,读者或听众的理解能力深受传统口述习惯的影响,这便促使柏拉图采用鲜活的对话方式,经常引用著名

---

① 参阅朱光潜:《西方美学史》(北京:人民文学出版社,1979年),上卷,第40页;另参阅朱光潜:《柏拉图文艺对话集》译后记(北京:人民文学出版社,1980年),第334—335页。

② Cf. Michael Fred, p.129.

③ Cf. T. H. Irwin. "Plato:The Intellectual Background," in Richard Kraut(ed.). *The Cambridge Companion to Plato*(Cambridge:Cambridge University Press,1992),pp.74-77.

④ Cf. J. Burnet. *Greek Philosophy*(London,1924),Part I,pp. 220-222;cited from A. E. Taylor. *Plato:The Man and His Work*(London:Methuen & Co. Ltd. ,1926),p.6.

诗句和变通神话故事,其用意在于引起人们的关注、讨论和追问,借此有效地传布自己的政治抱负、哲学思想和教育理念,等等。这一点只有从诗歌、神话和哲学之间的内在关联中方可看出。

通览柏拉图文集的读者不难发现,除了《法礼篇》(*Nomoi*)之外,其他主要对话文本中的主导人物或主要发问者,通常都是以"苏格拉底"(即柏拉图笔下的苏格拉底)的面目出现。这位"爱智者"(lover of wisdom)在很大程度上作为作者的代言人,充满了"刨根问底的精神"(the questioning spirit)与解惑质疑的智慧,使所有参与对话的应答者与发问者都得设法通过"苏格拉底式的检验"(the Socratic test)。颇为有趣的是,作者柏拉图本人却采取一种相对超然的立场,甚至在某些富有武断色彩的对话中,他也设法与对话中虚构的人物保持相当一段距离。这样会更有助于创造引人参与和积极反思的语境或气氛。因为,柏拉图是想通过这些对话,来对我们进行哲学教育。而这种教育中的很大一部分或者说是最佳部分,并非在于对话里所陈述的各种内容,而是在于如何表述与论辩的方式,尤其是在于激发我们主动思索其中的正反论点。在柏拉图看来,只有这样,才有可能使读者透过矛盾的表象,看到问题的实质,进而获得可靠的知识并逐步接近真理。

不管怎么说,柏拉图的对话文体,有机地统一了文学性的诗化描写与哲学式的思辨特质。从而使读者在阅读过程中,并不感到抽象、生涩、枯燥。相反地,对话中所蕴含的深刻思想与韵味深长的诗性智慧(poetic wisdom),总是在富有诗意的喻示与沟通下,像涌泉一样不停地流淌着,令人在凝神默照中,细细地品味着,反思着。当然,柏拉图式的诗性智慧,已经超越了早期史诗时代的"诗性玄学"。后者在维柯看来,是"一种粗糙的玄学",源于"诗、偶像崇拜、占卜和牺牲祭祀"等原始活动,是一种在想象的创造中将诗性与神性杂糅在一起的东西。因为,原始人没有推理的能力,但浑身是强旺的感觉力和生动的想象力。这种玄学就是他们的诗,诗就是他们生来就有的一种功能(生来就有这些感官和想象力)。① 柏拉图式的诗性智慧,在保持形象思维与各种比喻等诗性风范的同时,更突出了理性思维的重要性与认识真理的必要性等特征。在柏拉图那里,"智慧"(sophia)与本义为"爱智

---

① 参阅维柯:《新科学》,第155—162页。

慧"(philo-sophia)的哲学是一回事。智慧是真知,真知是对实在的认识,而最高的实在就是善的理式,是使人完善和幸福的根源。推而论之,智慧是使人完善和幸福的内因与动力,因为智慧不仅指引人去选择和从事最好的事情,而且引导人们去认识正义和善的美德,以便把人世伦理导向最高的善,由此而建立理想的城邦和确保幸福的生活。从柏拉图的对话哲学中追求这种诗性智慧,除了要了解和体认其对话文体的特点之外,更重要的是要培养和提高自己的交谈式的"辩证艺术"(the art of dialectic)。这种艺术,实质上是一种提问的艺术和探寻真理的艺术,是建立在"问题意识"(the sense of questioning)的基础上的。从柏拉图的对话中体验其内涵的诗性智慧,读者往往发现"提问比回答更难"(伽达默尔语),因为,提问需要对相关的论题有通透的了解和发现深层问题的能力。无疑,唯有具备问题意识的人,才能提出有意义的问题;而只有提出这类问题的人,才能获得真正的知识。这就是说,通向知识或智慧的关键,在于提出问题和探讨问题。然而,根本没有什么可以教人学会提问的方法。苏格拉底教给人们最重要的一点就是要"我知道自己无知"(ha mē oida oud' oiomai eidenai)。苏氏本人也正是凭借这一点确立了自己的问题意识和追求智慧的方式。所以,伽达默尔一再强调,在追求智慧或知识的过程中,提出问题优先于回答问题。"所有提问与求知欲的前提是知道自己无知;事实的确如此,只有缺乏某种知识,才会导致某种问题的提出。"①这里的问题,自然是开放性的,相关的答案也绝非结论性的,我们在现代条件下解读柏拉图开放性对话文本中的诗化哲学或诗学,更是如此。

总之,柏拉图是一位诗人哲学家。其代表作《理想国》,提供给我们的不仅有丰富的教育思想与政治洞见,还有"文词盛宴",辩证的对话文体和鲜活灵动的诗性智慧。其中,日喻、线喻与洞喻三者将文学与哲学融为一体,具有诗化哲学或哲学诗化的典型示范作用。诗化描述的多义有机语境,将抽象干涩的思辨化为具体生动的形象,不仅激发了阅读思索的兴致,而且深化了难于言表的哲学内涵。就上述三个比喻来讲,它们虽然是彼此关联的,但在一定程度上却呈现出认识及

---

① Cf. Hans-George Gadamer. *Truth and Method*(tr. G. Barden & J. Cumming, Sheed and Ward Ltd,1975/China Social Sciences Publishing House,1999),pp.326-329.

其对象不断深化的层递关系,抑或从物象、实物、符号到理式,抑或从想象、信念、知解到理智,抑或从无知、看法到知识。确立这种关系的核心要素,就是一直支配柏拉图全部思想的二元论方法。这种方法,或许是"由于人们竭力想领会客体同主体相对而言的原则而产生的",结果"把整个可以知觉的世界变成了各种理式的象征"。① 故此,有关可见与可知世界、看法与知识、感性与理性、肉体与心灵以及两种人格的分门别类,均处于本体与现象、精神与物质或摹本与理式的二元论张力之中。而所有这些二元对应的关系,在彼此交织与互证的同时,都无一例外地统摄在善的理式中。善的理式作为绝对原理,是道德形而上学的顶点,是道德理想主义的支柱。其如火,如光,如太阳,照耀万物,流射宇宙,成为物之为物的根源,人之为人的尺度。一旦舍去这个如日中天的理式,天地万物都将陷入幽暗不明的影子里,人的感知也无法从模糊走向澄明,从现象直达本体。如果真是那样的话,我们或许依然沉睡在"万古长如夜"的文化黑洞里。

---

① 参阅鲍桑葵:《美学史》,第39、64页。

第三章 道德理想与心灵学说

根据《理想国》的基本宗旨,我们从文艺社会学和艺术教育学的角度来审视柏拉图的诗学思想,发现这在很大程度上是一种道德理想主义诗学,其主要学说是围绕着人类心灵的培育和理想城邦的建构而展开的,带有经世致用的政治工具论色彩。《理想国》所讨论的焦点,是涉及人的本性、德行、品格与宗教意识的心灵问题。由此所引发的教育思想与诗学观念,均走上了以善为本、健身为用的道德化与实用化轨道,其终极目的在于培养有利于维护城邦共同利益的理想人格,也就是出类拔萃的护国卫士。从灵肉或身心二元的角度看,柏拉图的诗学具有两个维度:一是侧重陶情冶性的心灵诗学,二是侧重强身健体的身体诗学。此两者相辅相成,如鸟之两翼,旨在培养和塑造身心和谐、美善兼备的城邦卫士。

一 道德理想主义

多年来,不少中国学者惯用"客观唯心论"来圈定柏拉图的哲学思想。依此类推,柏拉图的诗学与美学,自然也属于唯心论范畴了。这恐怕主要是受以黑格尔为代表的西方哲学史家的影响。① 黑格尔在《哲学史讲演录》里是这样说的:"我们决不要把柏拉图的唯心论当

---

① 在数部影响甚大的西方哲学史著作中,其作者均把柏拉图归于"唯心主义"(idealist)。参阅策勒尔:《古希腊哲学史纲》(1862年原文本,见1996年山东人民出版社中译本,第137页);文德尔班:《哲学史教程》(1892年原文本,见1987年商务印书馆中译本,第160页);梯利:《西方哲学史》(1914年原文版,见2001年商务印书馆中译本,第61页)和亚历山大洛夫:《西欧哲学史》,1945年原文版,见1989年商务印书馆中译本,第60页。罗素在自己的《西方哲学史》(1945年)里,似乎没有使用这一"套语"。

做主观唯心论,当做近代所想像的那种坏的唯心论,好像人什么东西也不能学习,完全不受外界的决定,而认为一切观念都从主体产生出来。……这乃是一种反历史的、完全错误的想法。如果对于唯心论作这样粗糙的了解,那么,事实上在所有的哲学家中,将没有一个人是唯心论了。柏拉图的唯心论也同样是和这种形态的唯心论距离很远的。"① 照此看来,柏拉图的唯心论既然不是"主观唯心论"(subjective idealism)②,那显然就是"客观唯心论"了,这似乎是顺理成章的推衍。一般说来,客观唯心论(objective idealism)主张客观精神(理式)先于并独立于物质世界而存在,认为具体事物是理式的表现、产物或附属品,断言经验对象是变化不定的,不能获得有关实在的知识。柏拉图的二元论一再表明,善的理式作为绝对原则,脱离并先于物质世界而独立存在,因此被视为客观唯心论的发端。不过,客观唯心论终究是一种唯心论。莱布尼兹最初使用"唯心论"一词,实指柏拉图的"理式论"。从哲学知识谱系来看,这一点毋庸置疑。

不过,"唯心论"或"唯心主义"作为西文概念 Idealism 的汉译,有时颇显牵强,容易使人误解。早在 1940 年,陈康就曾发过这样的感慨:"'唯心论'是个不幸的名词。如果我们不丢弃那种不研究内容而专听口号的习惯,唯心论哲学因为它自称为'唯心论',已足遭人误解了;'心即理也'中的'心',也将和唯心论中的'心'一样为人所误解。"③ 的确,心(mind)作为一种思维或认知的智能,应有心理的心,逻辑的心,而柏拉图的认识论则是基于"宇宙心"。④ 同理,柏拉图的诗学应涉及"诗心",其美学涉及"审美之心",其伦理学涉及"道德之心"。照此看来,心分多种,各有侧重。那么,若用"唯心论"来框定柏拉图的诗学,它到底是"唯何心"? 是唯一心而不顾他心? 还是唯多心

---

① 参阅黑格尔:《哲学史讲演录》(贺麟、王太庆译,北京:商务印书馆,1979 年)第 2 卷,第 193 页。

② 主观唯心论或主观唯心主义(subjective idealism)主张主观精神(心灵、意识、观念等)是世界的本原,一切物质对象只存在于感知者的心灵之中。主观唯心论实为"非物质论"(immaterialism),认为经验对象是心中的观念,物质对象是观念的集合,不能独立于感知者而存在;照贝克莱(Berkeley)的说法,"存在即是被感知"(esse et percept),只有心灵和观念是真实的。

③ 参阅陈康:《柏拉图认识论中的主体与对象》,见《陈康:论希腊哲学》(北京:商务印书馆,1990 年),第 31 页。

④ 同上书,第 31—32 页。

而不唯一心？这反倒成了一个头绪繁多、难穷其委的问题。但我们可以肯定地说，其诗学主要与"诗心"、"审美之心"和"道德之心"有着必然的联系。

值得注意的是，Idealism 的另一译名是"理想主义"，其主要根据是词根 Ideal 的原意——"理想"、"典范"、"完美"与"理式"。总体而论，柏拉图的诗学思想，主要是围绕人格教育和品性塑造展开的，实质上是现实城邦政治理想的一种辅助性途径，这在其代表作《理想国》里可以找到充分的证据。另外，从文艺社会学与艺术教育学的角度来看，我们发现柏拉图对文艺的期待，特别是对文艺的社会、政治、道德、心理与教育职能的要求，都是"取法乎上"，以理想或最佳境界为准绳。因此，我们觉得用"理想主义"来概括其诗学思想的基本特点，要比"唯心主义"更显切合。1993 年国内出版的《希腊哲学史》第 2 卷，也是一反旧说，认为 Idealism 是从柏拉图的"理式"（Idea）中引申出来的。这 ιδεα 本身，就包含着具体事物所追求的目的，具有"理想"之类的目的论意义。"不论是柏拉图的哲学或政治思想，都带有浓厚的理想成分，他……是西方最早的理想主义者。"①哲学如此，诗学更是如此。

事实上，柏拉图的诗学，在很大程度上是一种道德理想主义诗学。它一方面基于道德理想的原则，另一方面基于政治工具论的思想，其终极目的在于培养城邦公民的理想品格与治理城邦的哲王。可以说，柏拉图诗学是以二元论为根据，以政治工具论为尺度，以道德理想主义为旨归的。西方美学家鲍桑葵和比尔斯利（M. Beardsley）等人也多少看到这一点。的确，柏拉图出于城邦伦理的考量，十分重视诗歌的道德教化作用。他本人同亚里士多德一样，在讨论诗歌与艺术之性质的整个过程中，"都充满道德主义的考量"（encumbered with moralistic considerations），其"脚跟都稳稳地扎在这种道德主义领域之中"（their feet firmly planted within the compass of naïve practical

---

① 其原话是这样说的："从柏拉图的 Idea 引申出来的 Idealism，一般译为'唯心论'，但柏拉图的 Idea 本身就包含有它是具体事物追求的目的，有'理想'这样的目的论意义。不论是柏拉图的哲学或政治思想，都带有浓厚的理想成分，他主要当然是哲学家，但也可以说他是一位政治家，一位政治思想家，是西方最早的理想主义者。"参阅汪子嵩等：《希腊哲学史》第二卷（北京：人民出版社，1993 年），第 603 页。

moralism)。① 在《理想国》里,柏拉图反复强调指出,艺术对不道德内容的再现,只能使不道德的事情变本加厉,或者使不道德事物的诱惑力得到强化。从道德上说,艺术所再现的内容,必须按照同实际生活中一样的道德标准来加以评判。于是,他几乎对古希腊的整个史诗界,都采取了公然的敌视态度,不仅谴责荷马,而且批评赫西俄德,甚至决意驱逐那些宣扬所谓不道德内容的诗人。同时,他根据道德主义原则,"用美的领域和道德秩序领域之间的直接主从关系,代替了间接的并列关系。按照这种主从关系,美务必把道德秩序再现为道德的,而非其他"②。所以,在探讨艺术的效应问题时,柏拉图坚持从道德立场出发,主要关注的是艺术对人的品格与行为所产生的可能影响。因此,从广义上讲,"支配柏拉图整个艺术思想的主要是道德主义"③。

在实际考察中,我们发现柏拉图的理想主义与道德主义,犹如一枚硬币的两面。其理想主义的理想,主要是关乎城邦政治的道德理想,其道德主义的道德,主要是基于善之理式的理想道德,两者均与理想国的政治蓝图密切相关。这样,反映在柏拉图诗学中的理想主义与道德主义,实际上是二而一或一而二的关系,因此,我们倾向于用道德理想主义(moral idealism)这一称谓。

那么,在《理想国》里,这种道德理想主义是如何表现的呢?或者说,《理想国》的理想到底是什么呢?理想主义所依据的根本尺度何在呢?其相关理想又是通过什么来实现呢?这些问题的答案需要依据具体文本中进行探寻。

二 政治与道德的理想范式

本书开篇在论述《理想国》的要旨时说过,柏拉图喜欢用"kallipolis"(美的城邦)来描述他心目中的理想城邦,视其为"话说中[令人向

---

① Cf. Bernard Bosanquet. *A History of Aesthetic*(New York:The Meridian Library,1957), pp.18-21.

② Ibid.,p.21.

③ Cf. Monroe C. Beardsley. *Aesthetics:from Classical Greece to the Present*(Alabama:The University of Alabama Press,1975), pp.46-48. According to Beardsley,"the dominant movement of Plato's thought about art, taking it all in all, is strongly moralistic."

往]的理想家园"(tē en logois keimenē),"地上无处可寻,或许在天上建有其范型"(epei gēs ge oudamou oimai autēn einai... en ouranō isōs paradeigma)。① 这实则是西方历史上最早的乌托邦。不过,柏拉图的乌托邦思想,并非空穴来风,而是基于当时雅典、斯巴达和叙拉古等城邦的历史现状。在《理想国》里,柏拉图为了表明城邦政治和公民道德的理想范式,分别描述了五种政体和四种德性,我们从中可以发现彼此之间的互动对应关系。

1. 政体流变中的最佳选择

在《理想国》第九卷里,柏拉图集中地描述了五种城邦政体,分析和比较了它们各自的特点与弊端,同时也审视和指陈了它们之间发生演化与流变的可能性。当然,在该书其他各卷里,柏拉图从正义原则出发,也先后谈到相关的城邦政体,特别是他心目中的最佳政体,我们从中可以窥知他所推崇的政治理想。

（1）最佳政体(aristo-kratia)②

最佳政体亦称贵族政体。该政体是柏拉图所追求的理想模式,是"一个政治修明的理想城邦(tē mellousē akrōs oikein polei),其中妇女公有,儿童公有,全部教育公有。不论是在战争还是和平时期,男女都一样,各种事情一起干。他们的国王(basileas)必须是那些实践证明为文武双全、精通战争与哲学的最优秀人物"。国王作为执政官(archontes),一经任命,就要带领部队进驻营房,与其他城邦卫士同甘共苦,竭尽全力训练作战,护法卫国,维护城邦的公共利益。③ 人们的生活方式,通常以朴素、勤俭、和平、自由和审美为基本特征。一般说来,他们没有衣食与居所之忧,他们"夏天干活赤膊光脚,冬天穿戴暖和,脚蹬厚鞋。他们用大麦片和小麦粉当粮食,煮稀饭,做糕点,烙薄饼,放在苇叶或干净的叶子上供人食用。他们斜躺在铺着紫色杉树和桃色娘叶子的小床上,跟儿女们欢宴畅饮,头戴花冠,高

---

① Cf. Plato. *Republic*,592a-b.
② "最佳政体"(aristokratia)也就是我们常说的"贵族政体"(aristo-cracy)。该词的词根 aristo-实际上是希腊文 agathos(good)的最高级形式 agistos(best or most excellent)。
③ Cf. Plato. *Republic*,543a-b. 另参阅中译本《理想国》中的相关段落。见柏拉图:《理想国》(郭斌和、张竹明译,北京:商务印书馆,1995年)。

唱颂神的赞美诗。满门团聚,其乐融融,一家数口,儿女不多,免受贫困与战争之苦"①。

(2) 荣誉政体(timokratia)

荣誉政体相应于斯巴达和克利特的城邦制度。这种政体是"贵族政体"衰变的产物,善恶混杂,勇敢起主导作用,人们争强好胜,崇尚荣誉、战功和统治者,重视体育锻炼、竞技活动和战略战术,宁可选择较为单纯而勇敢、更适合于战争而非和平的那种人来统治国家,也不敢让真正有智慧的优秀人物来掌管国家权力。其统治者私下爱好财富,暗自贪赃枉法,秘密寻欢作乐,竭力避开法律的监督。由于轻视哲学,放弃音乐教育,使人比较缺乏文化修养,但却自信而傲慢,对长官恭顺有加,内心里却失去了最善的保障。②

(3) 寡头政体(oligarchia)

寡头政体是荣誉政体解体之后的变种。这种政体所依据的是财产制度,权力在富人而非穷人手里,通常由少数人统治。由于富人之间相互攀比,重钱财而轻善德,结果世风日下,使原来好胜爱誉的人,变成了只爱钱财的人。其统治者很可能是一个财大气粗的无能之辈,因为制度本身不允许有才能的穷人当家做主。有钱就有势,于是想方设法挥霍浪费,违法乱纪,无恶不作。男人如此,女人也随之效尤。这样的城邦贫富差别大,缺乏内聚力,少数统治者贪婪吝啬,如同祸害国家、偷奸耍滑、损公肥私的"雄蜂"(kēphēn),他们害怕人民甚于害怕敌人,结果沦为孤家寡人,无法进行战争,也难以取得胜利和荣誉。③

(4) 平民政体(dēmocratia)

平民政体从腐败的寡头政体中蜕变而出,所采取的是宽容的民主制度,公民有同等的公民权和做官的机会,官职通过抽签决定,城邦里充满行动与言论的自由,每个人都随心所欲,呈现出多样的人物性格。于是,国家的命令,你可以不服从;别人浴血奋战,你可以逍遥自在;别人希望和平,你如果不喜欢就可以要求战争;就连那些被判死罪或流放国外的犯人,也是满不在乎,好像没事人一样,照旧来往于人民中

---

① Cf. Plato. *Republic*, 372a-c.
② Ibid., 545-549.
③ Ibid., 550c-555b.

间。这种制度"以轻薄浮躁的态度践踏所有的理想,完全不问一个人原来是干什么的,品行如何,只要他转而从政时声称自己对人民一片好心,就能得到尊敬和荣誉……这种使人乐逸的无政府状态与花里胡哨的管理形式,不加区别地把一种平等给予一切人……其严重后果会使年轻人心灵空虚,没有理想,没有学问,没有事业心……因此变得华而不实,游手好闲,懒惰放纵,吃喝玩乐,竟然称傲慢为有理,称放纵为自由,称奢侈为慷慨,称无耻为勇敢,最终蜕化为肆无忌惮的小人,沉迷于不必要的有害欲望之中……其生活没有秩序,没有节制,自以为快乐、自由、幸福"①。

(5) 僭主政体(tyrannis)

僭主政体相当于专制或独裁的政体。这种政体所产生的社会根源是:平民政体由于过分追求自由(eleutheria),结果使人们良莠不分,放任自流,甚至连畜养的狗驴马之类动物,也惯于十分自由地在大街上到处横行直撞,结果破坏了民主社会的基础,导致了极权政治(tyrannidos)的需要。也就是说,极端的自由,只能变成极端的奴役。其统治者利用战争骗取民众,窃取权力,一方面以政治手段控制着轻信的民众,另一方面则采取暴力对付他的父亲——人民;抑或诬告别人,排除异己;抑或谋财害命,中饱私囊;抑或挑起战端,借刀杀人。结果,人们发觉自己刚"跳出油锅又入火坑;虽不再受自由人的奴役,但却开始受奴隶的奴役;本想争取过分的极端自由,却不料落入最严酷最痛苦的奴役之中"②。

上述五种政体形式的兴亡周期,显然是沿着一条线型的逻辑。细加琢磨,我们不难发现其中的问题。首先,柏拉图认为物极必反,人世间没有永不变迁的政体,但其语不详,把变革的原因说得过于简单。譬如,由寡头政体转变为平民政体,其原因在于放纵奢侈一直负债而告贫困,这便假定原有的所有城邦公民或大多数人属于富有阶层,而实际上并非如此。至于改变政体的人,主要是那些失去财产的统治阶层,绝大多数社会变革都是他们策划、鼓动和领导的结果。一般的公民即便有所损耗,大都忍辱负重或敢怒不敢言,很少主动从事社会变

---

① Cf. Plato. *Republic*,555b-562a.
② Ibid. ,562-569.

革运动。至于平民政体变为僭主政体,其原因被归结为过度的自由,认为人们随心所欲,挥霍财物,倾家荡产,结果导致贫困,激起祸乱。但事实上,从古至今,在一些国家里,即便没有过度的自由或财产的挥霍,有些人也会因为权欲熏心或仇杀报复而发动政变,夺取政权,改朝换代。其次,柏拉图对政体轮变的论述,缺乏完整的系统性。譬如,当他说到僭主政体时,社会变革过程竟戛然而止。这样使人不禁会问:政体转化假如是循环性的话,那么僭主政体之后该是最佳政体吗? 如果不是,最佳政体当从何演变而来呢? 总不会从天而降、无中生有吧?

从古希腊各城邦的政治历史看,僭主政体可能转变为不同的政体。亚里士多德就曾指出,一个僭主政体可转化为另外一种变本加厉的或比较温和的僭主政体,例如西基雄的僭主政体,就由弥罗所主导的形式转变为克勒斯叙尼所主导的形式;一个僭主政体也可转变为寡头政体,嘉尔基城邦的安蒂利昂僭主政体就是如此;一个僭主政体也可转变为平民政体,叙拉古城邦的葛洛僭主政体就是如此;另外,僭主政体也有摇身一变而成为最佳政体的,斯巴达的嘉里劳时代和西西里的迦太基城邦就是如此。① 雅典政体在希波战争中,也几经变迁。元老院在把持国政时就曾趋向于寡头政体,以平民为主力的雅典海军获得萨拉米斯战役胜利之后,民主力量上升,雅典政体又趋向平民政体;以贵族为主力的雅典军队获得曼底涅亚战役胜利之后,胜利归来便压制了平民政体而强化了贵族政体。这些历史陈迹证明,改变政体的原因很多,有时是周期性衰变沉浮的必然结果,有时取决于类似一场战役这样的偶然事件,有时则取决于亚里士多德的这一通理,即:"任何个人或团体——或为自己,或为执政机构,或为某一部族,或为邦内任何一个部分——凡能与人争攘而树立其政治权力者,也会引起后人的争攘;由内讧而身居高位者,可由两方面招致内讧,或是他人嫉妒他的荣利,或是自己贪得无厌,还想揽取更高的权力,于是就又隐伏着祸乱

---

① 参阅亚里士多德:《政治学》(吴寿彭译,北京:商务印书馆,1997 年),第五卷,V.12, 1316a—1316b,第 305—306 页。弥罗为僭主,其敌克勒斯叙尼谋杀弥罗而夺其僭位。在嘉尔基,平民群众和贵族阶级彼此联合,驱除了僭主福克淑斯和安蒂利昂,使平民派在新政体中大为得势。葛洛僭主政体(公元前 466—公元前 465)颇为短命,历时一年告终后,叙拉古城邦便建立了平民政体,亦称共和政体,历时五十余年。

的动机。"①看来,权力的贪欲与意志,会在强势人物身上发酵,会假借各种名义付诸实施,成为政变的强大动力与原因。古今中外,概莫能外,贪图权势者总是怀着侥幸的心理,冒天下之大不韪,竭力利用和营造各种机会来满足自己的私欲,达到自己的目的。

那么,沿着柏拉图的线型逻辑,我们试问从"最佳政体"依次衰变为最糟的"僭主政体"的根本原因何在呢?是政治的无能还是制度的腐败呢?柏拉图当然不会否认这两个关键的因素,但他更关注的是道德心理因素。他认为所有的国务民事和政体兴替,皆由人为,决于人心。人心向往正义美德,则有好的政体;人心若堕落腐败,则生坏的政体。人心与政体是彼此呼应的。他本人就曾指出:"若有五种政体形式,就有五种个人的心灵境界(oukoun ei ta tōn poleōn pente, kai ai tōn idiōtōn kataskeuai tēs psychēs pente an eien)。"所谓"心灵境界",也就是道德境界。分别说来,热衷最佳政体者,爱智慧崇德性,标举智慧道德境界;热衷荣誉政体者,爱荣誉崇战功,追求荣誉功利境界;热衷寡头政体者,爱钱财好享乐,崇拜钱财权势境界;热衷平民政体者,好自由求逸乐,尊奉逍遥自在境界或无政府状态(anarchia);热衷僭主政体者,喜强权好奴役,向往高压独裁境界。

2. 德性修为中的正义理念

在上述五种城邦政体中,最佳政体与其相应的智慧道德境界,是柏拉图梦寐以求的政治理想和道德理想范式。在这样的城邦里,政治修明,万众一心,遵从以城邦利益为先的公共伦理精神,努力营造良好的环境和推行系统的教育,培养公民自身的四种基本德性,以便在每个公民身上塑造出"伟大宽宏"(megaloprepeia)的心灵与人格。所谓四种德性,也就是我们常说的四种美德,包括智慧、勇敢、节制和正义等修为。它们既是立人之本,更是立国之本。在古希腊文中,aretē(德性)实际上是一个多义词,表示任何一种优秀或卓越的品质,出类拔萃的能耐,道德意义上的善或美德,男性的阳刚之美及其尊严,等等。城邦领袖足智多谋,士兵英勇善战,刀枪锋利无比,赛马奔驰如飞,房屋

---

① 参阅亚里士多德:《政治学》(吴寿彭译,北京:商务印书馆,1997年),第五卷,V.12,1304a30—1304b,第246—247页。

冬暖夏凉……都属于各自功能不同的 aretē 或卓越品性。

（1）智慧（sophia）之德

在理想国里，"智慧"作为德性修养的一部分，乃是一种特殊的知识，一种有关整个城邦利益的知识。这种智慧寄予全面发展的城邦卫士身上，其本质要求他们遵纪守法，为国效力，做事务必力求完美。①当然，这只是智慧的实用维度，与政治工具论密切相关。事实上，智慧还有同样重要的一面，那就是追求真理和精神超越的理性维度。"哲学"作为"热爱智慧"的学问，兼备实用与理性智慧两者，是促进其他德性修为的基础与动力。

（2）勇敢（andreia）之德

一般说来，"勇敢"表示男子汉气概或果敢的品格，主要体现在能征善战的城邦卫士身上。道德意义上的勇敢，要求卫士在任何情况下都能坚持维护城邦利益的信念。野蛮人与奴隶式的勇敢是盲目而非理性的，会滥杀无辜或犯上作乱，因此是要不得的；而"正义不偏"（mesos）、坚毅果敢式的勇敢，才是实际需要的德性。② 根据"正义不偏"原则，勇敢居于中项，其正负两极为残暴和怯懦。怯懦者惯于知难而退，遇祸则避，临战逃脱，属于无用之人；残暴者凶悍成性，杀戮为乐，身为城邦卫士，虽有利于攻城略地，但有勇无谋，狂放不羁，难当重任。唯有勇敢者智勇双全，遵纪守法，怀德爱民，以城邦利益为上，是真正意义上的合格卫士。

（3）节制（sōphrosunē）之德

"节制"不仅表示"自律"或"中和"，而且意味着"自主自强"（stronger than oneself and master of oneself）。上达节制境界，要靠道德修养，要用心灵中高尚的一面去控制低下的一面。在社会中，少数人之所以适合于"治人"，就是由于充分发展了心灵中高尚的一面，具有自主自强的节制美德；而多数人之所以"治于人"，就是因为自己心灵中低下的一面占据上风，从而缺乏自主自强的节制能力。理想城邦乃节制的城邦。治人者与治于人者，无论在公共生活中还是个体生活中，都能相互协同，团结一致，把各种不同的因素协调统一起来形成巨

---

① Plato. *Republic*, 428a-429a.
② Ibid., 429-430.

大的合力。在这方面,节制的作用有别于前两种德性。就是说,"智慧"和"勇敢"分别处于城邦的不同构成部分之中,从而使城邦成为智慧而勇敢的;而"节制"则是贯穿全民或整个城邦的,它把最强的、最弱的和中间的(如智慧、力量、人数、财富等方面)各个部分都结合起来,造成和谐状态,就像是贯穿整个音阶、把各种强弱的音符结合起来而产生一支和谐的交响乐一样。①

(4) 正义(dikaiosuvē)

"dikaiosuvē"包含着正义、正当与合法等意思,通常被译为"正义"或"公正"。在柏拉图看来,正义是一条总的原则,要求"每个人在城邦里执行一种最适合他天性的职务",相当于我们所说的"各尽所能"。柏拉图认为,按天性人只能擅长一种职业,从事自己不精通的工作是有损城邦利益的。在一个政治修明的城邦里,"生意人、辅助者和护国者这三种人,在各做各的事而不互相干扰时,便有了正义,从而也就使城邦成为正义的城邦了"②。这种正义不是单靠法律来规定和维系的,而是与智慧、勇敢和节制等三种德性彼此互动、相互依赖的。换言之,有了这三种德性,也就有了正义,反之亦然。

在古希腊雅典,正义既是一种自律性的守法意识,也是一种备受尊敬的道德境界。所谓正义的人,就是具有善德而且利他的人。亚里士多德在《伦理学》中引用了这么一句古希腊谚语,"正义是所有德行的总和"(All virtue is in justice comprehended),其含义与柏拉图把正义奉为"德性总原则"的论点是一致的。因为,在"四德"中,智慧、勇敢与节制,具有更多的个体性,而正义则带有更多的公共利他性。个人若能以正义的方式利他,其他三德自然不在话下。实际上,这三德也包含在正义的善行之中。亚里士多德在解释正义时,将其分为两种。一是特殊性正义(particular justice),推崇与团体成员分享荣誉、财产和践行利他主义的美德;二是纠正性正义(corrective justice),强调遵纪守法的原则和纠正人与人之间不义或不道德的交往关系。但两者的共同之处在于做出道德选择,实践正义原则,不能损人利己、谋取私利。③

---

① Plato. *Republic*, 430d-432a.

② Ibid., 434c.

③ Cf. Aristotle. *The Nicomachean Ethics*. (tr. D. P. Chase, E. P. Dutton & Co., 1934/China Social Sciences Publishing House, 1999), Book V, 1129a-1134a.

值得指出的是，柏拉图式的正义(the Platonic justice)，是其政治道德理想中的核心概念。这种正义除了法律意义上的正义与合理性之外，还包含外在与内在两方面的价值。外在的价值是社会性的和政治性的，主要表现为"最适合个人天分的各尽所能"(eis o autou ē phuchis epistēdeiotatē pephukuia... to ta autou prattein)①的社会分工，城邦公民的协作与团结精神，统治者与被统治者互相认同和互补互动的政治关系，化解社会矛盾和增强社会凝聚力的功能，等等。其内在价值则是个体性的和心理上的，主要表现为个人内心的和谐（即理性、激情与欲望三个组成部分的和谐），心理的健康，心灵的德性和幸福的生活。因为，举凡正义的人，也是道德的人，也是尊重公共利益的人，会从城邦生活中享受最大的幸福感。在此意义上，柏拉图最终把"正义"界定为"幸福"，把"不义"界定为"痛苦"(O men dikaios ara eudaimōn, o d' adikos athlios)。② 另外，柏拉图还指出，"正义是智慧和美德，不义是愚昧无知"(sophia te kai aretē esti dikaiosunē... estin amathia ē adikia)；"正义是心灵的德性，不义是心灵的邪恶"(aretēn... psychēs einai dikaiosunēn, kakian de adikian)；"心灵正义的人远比心灵不义的人生活得幸福"。③ 如此看来，正义是美好的德性，此德性源于心灵（三部分）的和谐；正义之人是德智兼备之人，同时也是尽职尽责、安分守己与生活快乐的人；正义的城邦是理想的城邦，同时也是节制的城邦和幸福的城邦。当然，"建立这种城邦的目标不是为了某一阶级的单独突出的幸福，而是为了全体城邦公民的最大幸福"④。

那么，如何才能建立起这种城邦呢？在柏拉图看来，这首先需要确立相应的理想道德基础，也就是要在城邦公民中确立上述四种德性。正是在此意义上，这四种德性不仅可以视为立人之本（道德），而且可以奉为立国之本（政治）。那么，如何培养上述四种德性呢？柏拉图认为只能靠教育。

---

① Cf. Plato. *Republic*, 433a.
② Ibid., 353a.
③ Ibid., 351a, 353e.
④ Ibid., 420d.

三 以善为本的"七科"教育

如前所述,无论是要引导人们实现"灵魂转向",步出洞穴,从愚昧无知的可视世界走向追求真理的可知世界,还是要培养人们的四种基本德性,塑造文武双全的城邦卫士与哲王,建立"各尽所能"与政通人和的理想城邦,都要靠教育。

在古希腊文中,paideia 不仅是指"教育"与"教养",而且还表示"养育"、"讲授"、"矫正"和"品格塑造"等。这种教育不只是为了提高认知水平,更重要的是为了完善道德人格。实际上,柏拉图式的教育,是以道德为本位的教育,是以善的理式为最高原则的教育,或者说是以善为本的教育,其终极目的在于塑造理想的城邦卫士人格,以期建构理想的城邦和实现幸福的生活。根据柏拉图开出的清单,这种教育计划包括七个主要科目,简称为"七科"教育。其中有诗乐(mousikē)[①]、体操(gymnastikē)、数学(mathēmatikē)、几何学(geōmetrikē)、天文学(astronomian)、和声学(harmonika)和(哲学)辩证法(dialektikē)。按照柏拉图的设想,20 岁之前的青少年,主要接受诗乐教育与体育军训;20—30 岁之间,主修数学、几何、天文与和声学;30—35 岁之间,研究辩证法或哲学。如果表现出众,成为几近完美的城邦卫士(phulakos),便可选拔出来参与城邦事务管理等社会实践 15 年。如果功绩卓著,就可推举出来担任城邦的领导,也就是所谓的"哲人王"或"哲王"(philosophos basileus)。[②]

就"七科"教育而言,诗乐集诗乐舞为一体,[③]旨在培养精神和谐

---

① Cf. Plato. *Republic*,521-534。古希腊的 μουσικη,主要是由音调、节奏和歌词组成的。因此,不少研究柏拉图的学者,倾向于将 mousikē 译成 music-poetry(诗乐),而不是单纯的 music(音乐)。另参阅拙文《古希腊诗乐舞的艺术特征》,见王柯平:《走向跨文化美学》(北京:中华书局,2002),第 195—223 页。

② Cf. Plato. *Republic*,421d-425,452-503,521-541,also see Anderson's version.

③ 古希腊时期的诗乐舞是彼此密切联系在一起的。其诗歌讲究格律节奏和吟唱,其音乐重视言语歌词所表现的内容和音调节奏所渲染的情感,而舞蹈经常与歌唱不分,所歌唱的内容大多都是诗句,因此在许多实际表演场合,诗乐舞之间的关系几乎是三位一体的互动关系,而这在希腊戏剧中表现得尤为明显。相比之下,由诗句歌词、音乐音调和节奏构成的音乐,似乎对诗歌和舞蹈具有较多的统摄容量。也就是说,从科目分类角度看,诗乐舞均可统摄于乐这一包容性甚广的范畴。譬如,古希腊戏剧中的歌队,就是诗乐舞的综合表演团体。三位一体的诗乐舞是希腊戏剧中的有机组成部分。

与优雅得体;体操融合体育竞技与军事训练,旨在增强身体的素质和掌握军事技术;数学只能用理性去把握,"几何学是认识永恒事物的"(aei ontos ē geōmetrikē gnōsis estin estin),两者均有助于培养理性思考能力,可通过研究一与多的关系而使心灵专注于实在,进而"把灵魂引向真理"(psuchēs pros alētheian);天文学与和声学侧重研究宇宙中天体之间的和谐与音程中数量关系的和谐,有助于灵魂里的知识器官除去尘垢,恢复明亮,使灵魂的视力向上提升,从而引导人们"寻求美和善"(pros tēn tou kalou te kai agathou zētēsin);辩证的过程也是理性的思维过程,"惟有辩证法的力量才能使人看到实在"(oti [to alēthes] ē tou dialegesthai dynamis phēneien),因为辩证法不仅是交谈讨论的艺术,是哲学特有的研究方法,"能够不用假设而直接上升到第一原理本身,并在那里找到可靠的根据。当灵魂的眼睛真的陷入无知的泥沼时,辩证法能轻轻地把它拉出来,引导它向上发展,同时用我们所列举的那些学习科目来帮助它完成这个转变过程"。这个"转变过程",也就是"灵魂转向"或学习研究的过程,该过程前后需要近30年的系统教育和15年的实践锤炼,最终才能够使"灵魂的最善部分上升到看见实在的最善部分"(epanagōgēn tou beltistou en psychē pros tēn tou aristou en tois ousi thean)。①

从教育心理角度看,"七科"发端于诗乐,辅之以体操,通过数学、几何、天文与和声学的训练,后至于以辩证法为主要内容的哲学。这无疑是一个循序渐进的过程,一个从浅入深、从审美到思辨、从形象到抽象的习得与成长过程,与现代科学所论证的人类认知心理发展过程是大致相若的。

从道德修养角度看,诗乐教育寓教于乐,陶冶心灵,强化内在和谐,提高审美能力,确立"最善的保障"(tou aristou phulakos)②,有利于培养"节制"的美德;体操教育融田径体操等竞技活动于内,军训包括骑马练武和从小见习战争等项目,在强健体魄、锻炼意志的同时,还要接受立功受奖、扬名立万的荣誉感熏陶,以便"让男女把增强体质和荣誉感结合起来,成就善的东西"(ina ama tō timan askōmen tous agathous

---

① Cf. Plato. *Republic*, 421d-425, 452-503, 521-541.
② Ibid., 549b.

andras te kai gunaikas),①培养勇敢之德。按照理想国的要求,勇敢的城邦卫士固然能征善战,但应是"文明的君子"(agathoi kai ēmeroi esontai),"真正的爱国者"(autōn philopolides),务必遵纪守法,告别野蛮,在战争中"不准踩躏土地,不准焚烧房屋"(mēte gēn temnen mēte oikias empipranai)。②"数学"与"几何学",训练理智,提升理性,运用其中相关的原理排兵布阵,有助于抗敌卫国,同时使人从看法世界进入理智世界,有利于培养"智慧"的美德,获得可靠的知识。"天文学"主要探讨天体之间的数的关系或宇宙和谐的问题,这门学科固然对农事、航海和行军作战有用,但更重要的是引导人们研究天体的运动规律或隐藏在背后的原理,而不是限于抬头仰望那些装饰天空的日月星辰之美。"和声学"侧重研究音程之间的"数的关系"(arithmoi)或"和音问题"(harmonias),也就是音程中什么数的关系和谐或不和谐及其内因的问题。和声学与天文学实为"兄弟学科"(adelphai tines ai epistēmai einai),眼睛为和谐的天文而造,耳朵为和谐的声音而设,其目的应当是"寻求美与善"。③ 因此,这门学科不仅有利于丰富人的智慧与知识,而且有利于巩固心灵的和谐和提高人的内在节制能力。"哲学"或"辩证法"的学问最高,难度最大,不仅需要强于记忆和善辨真伪的能力,而且需要劳其筋骨与百折不挠的精神;既要喜爱体力、角斗和各种体力劳动,也要热爱学习、听讲、研究和各种诸如此类的智力劳动,要追求文武双全的全面发展境界,而不能持瘸子走路式的(ου χωλον δει εναι/ou chōlon dei enai)片面发展态度。只有这样,才能成为真正关注实在追求真理的"哲学家"(philosophos)。在古希腊文中,"哲学"(philosophia)一词由"热爱"(philo)与"智慧"(sophia)组成,表示"爱智"之意,而哲学家便是"爱智者"。在"智慧"的基础上,哲学家可以养成节制、勇敢、宽宏大量和正义感等各种美德。至此,整个教育过程就像一位雕刻师那样(ōsper andriantopoios),最完美地完成了塑造统治者形象的工作。真正的哲学家最重视正义和由正义而得到的光荣,并把正义看作最重要的和最必要的事情。如果掌管了城邦的全力,他们会通过促进和推崇正义而使自己的城邦走上正轨,不断繁荣昌盛,给人民带来最大的福祉。④

---

① Cf. Plato. *Republic*, 468a-e.
② Ibid., 470e, 471c.
③ Ibid., 530d-531d.
④ Ibid., 540-541.

总体而论,从诗乐到哲学的"七科"教育,不乏科学的内容与人文的精神,这在当时的雅典城邦是改革性的,在西方教育史上是开创性的。不过,我们也发现,这一模式带有浓厚的工具主义色彩。柏拉图本人也正是从工具主义的实用目的出发,把"七科"教育无条件地纳入政治理想和道德理想的架构之内,目的在于培养全面发展的城邦卫士与哲王,最终创建理想的城邦。根据柏拉图本人的社会经历,雅典城邦的民主政体在梭伦变法和伯里克利执政时期的成功,是人为的结果;伯罗奔尼撒战争之后民主政体的衰落与僭主政体的崛起,也是人为的结果。善者为善,恶者为恶,圣贤昏庸,黑白分明,其关键在人。所谓世道人心,其关键就在人心。人心不古或人无道德,社会疾病就会蔓延,矛盾冲突必然猖獗,任何美好的社会或法律体制都等于"良辰美景虚设"。诚如柏氏本人所言:如果城邦的统治者不能严肃认真地追求智慧等美德,不能使政治权力与聪明才智合而为一,那么,再好的法律体制都只能是海客谈瀛洲,永远只能是空中楼阁,这对国家甚至全人类都将祸害无穷。① 基于这一信念,柏拉图式的"七科"教育,是以道德为导向的,是围绕"四德"修养而展开的。而"四德"以善为本,把善奉为衡量万物的尺度,有别于普罗泰戈拉的观点。② 以善为本的"善"(agathos),并非一般意义上的"良好"或"良善",而是指"善的理式"。该理式不仅代表认知的对象,万物的本体,而且象征道德的目标,修为的止境,唯有健全的心灵与理智可以接近或达到。当然,以善为本的根本目的在于培养优秀的城邦卫士和维护国家的整体利益。为此,柏拉图积极实施教育改革,推行公共伦理,结果将他的诗学置于道德理想主义和政治工具主义的光束之中,成为实现其政治理想的辅助工具和塑造理想人格的重要手段。如此一来,柏拉图的诗学,便成为以善为本的道德化实用诗学。

四 道德化的心灵学说

《理想国》所讨论的焦点到底是什么呢?在具有代表性的柏拉图

---

① Cf. Plato. *Republic*,473d-e.
② 参见本书第45页注①。

学者中，内特史珀（Nettleship）认为是道德哲学与人生问题；①泰勒（A. E. Taylor）宣称是正义和伦理问题；②耶戈尔认为是城邦政治与教育问题。③ 尽管认识与理解各有侧重，但他们几乎都认为政治、教育、伦

---

① Cf. Richard Lewis Nettleship. *Lectures on The Republic of Plato* (London/New York：MacMillan and St. Martin Press, 1964), pp. 4-11. "What, in the first place, is the subject of the book? Its name might suggest that it was a book of political philosophy, but we very soon find that it is rather a book of moral philosophy. (It starts from the question, 'What is justice [δικαιοσωνη]? That being the most comprehensive of the Greek names for virtues, and in its widest sense, as Aristotle tells us, equivalent to 'the whole of virtue as shown in our dealings with others. ') It is a book about human life and the human soul or human nature, and the real question in it is, as Plato says, how to live best. What then is implied in calling it the *Republic* (πολιτεια)? To Plato one of the leading facts about human life is that it can only be lived well in some form of organized community, of which the Greeks considered the civic community to be the best form. Therefore the question, What is the best life? is to him inseparable from the question, What is the best order or organization of human society?... he gives us in the *Republic* an ideal picture of the rise and fall of the human soul, its rise to its highest stage of development and its fall to its lowest depth; and in doing so he has tried to take account of everything in the human soul, of its whole nature... The book may be regarded not only as a philosophical work, but as a treatise on social and political reform. It is written in the spirit of a man not merely reflecting on human life, but intensely anxious to reform and revolutionize it... What does morality means in a man's innermost life? This question indicates the central idea of the *Republic*."

② Cf. A. E. Taylor. *Plato：The Man and his Work* (New York：Meridian Books, 1956), pp. 265-266. "It has sometimes been asked whether the *Republic* is to be regarded as a contribution to ethics or to politics. Is its subject 'righteousness,' or is it the 'ideal state'? The answer is that from the point of view of Socrates and Plato there is no distinction, except one of convenience, between morals and politics. The laws of right are the same for classes and cities as for individual men. But one must add that these laws are primary laws of personal morality; politics is founded on ethics, not ethics on politics. The primary question raised in the Republic and finally answered at its close is a strictly ethical one, What is the rule of right by which a man ought to regulate his life?... The fundamental issue is raised in the introductory book with great artistic skill... Socrates takes the opportunity to raise the question what δικαιοσωνη, taken in the sense of the supreme rule of right—'morality, as we might say-is. What is the rule by which a man should order the whole of his life."

③ Cf. Werner Jaeger. *Paideia：The Ideals of Greek Culture* (tr. Gilbert Highet, Oxford：Oxford University Press, 1971), vol. II, p. 200. "Its highest virtue is education... In his [Plato's] account of the state and society, he has philosophically set forth one of the permanent and essential presuppositions of Greek paideia. But simultaneously he brings out in the form of paideia that particular aspect of the state whose weakening he thinks responsible for the progressive degeneration and debasement of contemporary politics. Thus *politeia* and *paideia*, which for so many men even at that time were vaguely related, became the two foci of Plato's work... The problem of education had been of supreme interest even in the age of Lessing and Goethe; but philosophers were now incapable of realizing the scope it had in Plato's day and in the classical period generally-when it was the center of all spiritual life and the source of all the deepest significance of human existence. A century earlier, Rousseau had come far closer to understanding *The Republic* when he said that it was not a political system, as might be thought from its title, but the finest treatise on education ever written."

理、道德与正义等,都无一例外地关乎人的心灵。其实,政治基于伦理,伦理要靠教育,教育培养道德,道德涉及人心。所以,耶戈尔就曾断言,

> 柏拉图《理想国》的终极兴趣在于研究人的心灵。柏拉图有关城邦及其结构的所有论述,只不过是赋予心灵及其结构一种"放大了的形象"(enlarged image)而已。在心灵问题上,柏拉图的研究兴趣并非是理论性的,而是实用性的。他是心灵的建筑师。他通过苏格拉底之口,把塑造心灵的教育当作杠杆,启动了整个城邦的构想。①

这里所谓"放大了的形象",是指柏拉图把心灵放大为城邦,把心灵结构中的三大部分放大为城邦结构中的三大阶层,以彼此对应的方式来表明世道与人心的内在联系。柏拉图对心灵的"实用性"研究,也进一步表明他是本着经世致用的工具主义原则,来推行其道德与政治理想的。耶戈尔的归纳是相当中肯的。在《理想国》里,柏拉图虽然是从论证"正义"的德性入手,但无时不涉及判断和评价"正义"行为的心灵。实际上,就诗化描述的基本线索看,从篇首揭示人性弱点的戒指喻,随后通过心灵三分说,一直到篇末表示业报轮回的灵喻,我们不难看出柏拉图道德化心灵学说的发展轨迹。

1. 象征心魔的戒指喻(Daktulios)

世道人心是柏拉图关注的焦点。面对智者学派倡导的见利忘义、正义难为而不义易行的"新道德论",②柏拉图巧借胞弟格劳孔(Glaucon)的雄辩,从正义的起源与本质入手,以神话中的戒指为喻,对人性

---

① Cf. Werner Jaeger. *Paideia*:*The Ideals of Greek Culture*(tr. Gilbert Highet, Oxford:Oxford University Press,1971), vol. II,p. 199. According to Werner Jaeger,"The ultimate interest of Plato's *Republic* is the human soul. Everything else he says about the state and its structure(the organic conception of the state,as it is called, which many believe to be the real core of *The Republic*) is introduced merely to give an 'enlarged image' of the soul and its structure. But even in the problem of the soul, Plato's interest is not theoretical but practical. He is a builder of souls. He makes Socrates move the whole state with one lever,the education which forms the soul."

② 在《理想国》开篇,参与对话的主要人物有六人,包括苏格拉底(Socrates)、克法洛斯(Cephalus)和玻勒马霍斯(Polemarchus)父子,格劳孔(Glaucon)和阿德曼托斯(Adeimantus)兄弟,色拉叙马霍斯(Thrasymachus)。其中色拉叙马霍斯是当时著名的辩论家或修辞学家,属于智者学派的代表人物之一。

的弱点进行了深刻的揭示。

  为了正义,人们立法。守法践约,就是正义。正义的本质就是最好与最坏的折衷。所谓最好,就是干了坏事而不受惩罚;所谓最坏,就是吃了苦头而不易报复。人不为己,天诛地灭。人都是在法律的强迫下,才走正义这条路的。其实,人总梦想自己享有一种随心所欲的权力(exousia)。据说有个牧羊人(poimēn),在当时吕底亚的国王(basileus)手下当差。有一天,暴风雨过后,发生地震,在他放羊的地方出现地裂。牧羊人好奇地走进裂缝,看到许多新奇的玩意儿。他从一具尸体手上摘下一只金戒指(chrusoun daktulios),然后就走了出来。

  在每月向国王汇报羊群情况的例会上,这位牧羊人戴着那只戒指。偶然之间,他把戒指上的宝石朝自己手心一转,顿时形隐不见,别人还以为他走了。他自己也莫名其妙,无意之间又把宝石朝外一转,自己又现出原形。这以后他反复试验,看自己到底有没有隐身的本领。果然屡试不爽,只要宝石朝里一转,他就隐身,朝外一转,他就显形。有了这个把握,他先设法谋到一个职位,当上了国王的使臣。到了国王身边,他就勾引了王后(tēn gunaika),与王后同谋,杀掉了国王,夺取了王位。

  照此看来,假定有两只这样的戒指,正义的人(dikaios)和不义的人(adikos)各戴一只,可以想象,没有一个人能坚定不移,继续做正义的事情,也不会有一个人能克制自己不拿别人的财物。如果他能在市场里不用害怕,要什么就随便拿什么,能随意穿门越户,能随意调戏妇女,能随意杀人劫狱,就像全能的神一样,随心所欲地行动,到那时候,这两个人的行为就会一模一样。这表明,没有人会把正义当成对自己有利的事,心甘情愿地去实行。可见,做正义的事是勉强的。在任何情况下,一个人只要能干坏事,他总会去干的。显然,人从不义那里所能获得的利益,远远大于从正义那里的所得。如果谁有了权力而不为非作歹,不夺人钱财,那他就要被认为是天下第一号大傻瓜,尽管当面会称赞他的清廉。人们因为怕吃亏,老是这么互相欺骗。①

---

① Cf. Plato. *Republic*, 359-360.

这个传说固然离奇,但并不陌生,会心之处让人哑然失笑,具有普遍的适用性,适用于不同的国度、群体与政治文化。古往今来,任何形式的个人腐败、官僚腐败与制度腐败,都涉及类似的人性弱点和相关的权力功能。另外,无论是东方还是西方,原始还是现代,这种想入非非的隐身术,一直在富于幻想的人心中享有广大的市场。该故事中的数个隐喻,颇值得玩味,所包含的象征意义,可以归纳如下:

     象征
  国王————至高的权力
  王后————尊贵的地位
  牧羊人————老实的平民
  金戒指————隐身的法力

不消说,牧羊人的所作所为是不义的,但却获得了巨大的个人利益;牧羊人、国王与王后之间的社会角色错位是悲剧性的,但不少读者会以幸灾乐祸的喜剧态度去审视这一事件的过程,有的甚至会产生移情作用,奢望自己成为戴上金戒指的牧羊人。问题是,这些戏剧性的变化是如何产生的呢?一个老实的平民百姓怎么会弑王霸后夺位呢?怎么会堕落至此呢?表面看来,这一切似乎可以归罪于那枚金戒指,其隐身的法力使人违背了正义原则,不再安分守己,更不会"浪子回头"。也就是说,若无金戒指作祟,牧羊人还是那个牧羊人,国王还是那个国王,王后还是那个王后。而今,金戒指把随心所欲的权力推向极致,达到滥用的程度,而这种权力恰恰是不少人渴望得到的东西。不过,金戒指是戴在人手上的,宝石是由人来转动的,驱使人误用这一法力去作恶的实为人欲,是随心所欲之欲,这欲乃是内因,是心中之魔,是导致邪恶行为、打破正义规范的根源。

这个故事还告诉我们,坚持正义难,施行不义易;或者说,举凡有名利之心者,为善事难,作恶事易。就像古希腊诗人赫西俄德(Hesiod)在《工作与时日》一诗中所述:"名利多作恶,举步可登程。恶路且平坦,为善苦登攀。"①看来,恶路好走,善峰难攀,不义的诱惑巨大,正

---

① 此译文引自《理想国》中译本。参阅赫西俄德:《工作与时日》(张竹明、蒋平译,北京:商务印书馆,1997年),287—290行。"邪恶很容易为人类所沾染,并且是大量地沾染,通向它的道路既平坦又不远。然而,永生神灵在善德和我们之间放置了汗水,通向它的道路既遥远又陡峭,出发处的路面崎岖不平;可是一旦达其最高处,那以后的路就容易走过,尽管还会遇到困难。"

义的代价太高。相应地,由正义蜕变为不义易,反之则难。所谓"浪子回头",那只是一厢情愿。另外,表面称赞正义易,真正赏识正义难,因此人在梦想隐身术的同时还广行骗术,用假惺惺的称赞来敷衍清正廉明。究其本质,不是为名,就是求利,不是怕吃亏,就是想占便宜,都是名缰利锁与唯我主义的"机心"惹的祸,是私欲这一心魔在作祟。所以说,世道之坏,莫过人心。再好的道德规范与正义法制,都是人之所为。人若无道德之心,无正义之心,这些规范与法制也只是空泛的摆设而已。正是看到了这一点,柏拉图才把正义的起源追溯到人的心灵之中,甚至认为正义在于心灵。那么,心灵本身的问题又何在呢?或者说,是什么原因导致人心向善或向恶呢?这便是问题的所在。

2. 心灵的构造与等级

每人只有一颗心灵(psychē),但其内部具有多样性。因此,在不同的时空背景下或社会活动中,人的言行与情感均有不同的表现。譬如,因学习而思索,因激动而发怒,因饥渴而欲求,有时会发展到身不由己的程度。在柏拉图看来,这一切活动都是整个心灵在起作用。他假定心灵分为三个部分,即理性(logistikos)、欲望(epithiumētikos)与激情(thumoeidēs)。这三者功能有异,各司其职。理性部分用于思考推理,擅长理智活动;欲望部分用于感受爱情与饥渴等,是种种满足和快乐的伙伴;激情部分介于理性与欲望之间,通常是理智的盟友,但有时也会站在欲望一边反对理智。不过,在理想情况下,也就是说在道德修养高的人身上,激情非常愿意与理智结盟,采取合理而正义的行动。"假如他认为自己受到不义的待遇,他的情感会被激怒,会加入到自己认为是正义的一方,不惜吃苦受累,忍饥挨饿,奋勇作战,力争胜利。他的高贵灵魂不会平静下来,直至击败敌手或战死疆场,或者直至听到理智的呼唤而停战,就像猎狗听到牧人的禁约声而停止吠叫一样。"[1]

可见,理性是智慧的,欲望是感性的,激情是摆动的。一般说来,有德之人,理智发挥领导作用,激情与欲望服从其领导而不反叛,因此

---

[1] Cf. Plato. Republic, 436-440.

养成节制的美德。无德之人,欲望处于主导地位,理智受到抑制,激情助纣为虐,势必为所欲为,甚至不计后果。另外,这三部分如同心灵三曲,倘若彼此和谐,就能滋养健康的心灵,培育智慧(sophia)、勇敢(andreia)、节制(suthrosunē)与正义(dikaiosunē)等"四德",不仅能主宰自己,对自己友善,而且能善待他人,言行正义。达此境界,就会过上幸福的生活,就会成为合格的城邦卫士(phulax)。这不仅要求个人具有不畏艰难和自我牺牲的精神,准备为正义付出一定的代价并忍受相应的剥夺,而且要求个人在道德修养过程中,设法"将自己心灵的三部分合在一起加以协调,仿佛将高音、中音以及其间的各个音阶结合在一起加以协调那样,使所有这些部分由各自分立而变成一个有节制的和谐整体(synarmosanta)。这样一来,在从事城邦政务或私人事务之时,他都会坚信:凡是保持和符合这种和谐状态的行为,就是正义的善行;凡是指导这种和谐状态的知识,就是智慧"①。反之,如果心灵中的三部分之间争斗不和,相互干预,其中一部分起而反对整个灵魂,企图在内部取得支配地位,不再安分守己,强行其道,结果,不义、不节制、懦弱、愚昧无知等邪恶,就会乘虚而入,导致心灵的疾病,不仅有损于自己的健康和幸福,同时也有害于他人与城邦的利益。这样的人虽生犹死,因为他们赖以生存的要素本质已遭破坏和灭亡,即便活着也没有什么价值了。②

　　柏氏的心灵学说,寓意甚丰。在他看来,理智、激情与欲望这三要素,构成心灵整体。与此相应的三种人,则组成城邦社会。一般说来,与理智相应的是哲王或谋划者(philosophos basileus/bouleutikos),与激情相若的是卫士或辅助者(phulax/epikourētikos),与欲望相近的是手艺农商之流的生意人(chrēmatistikos)。哲王治国安邦,靠的是深谋远虑,清正理智;卫士保家卫国,靠的是刚烈英勇,战斗激情;生意人保障供给,靠的是利益驱动,求富欲望。城邦是否奉行正义之道,关键在于这三种人是否各尽所能。如果他们彼此和谐,结琴瑟之好,就可团结互助,建成理想的城邦。否则,那将是一盘散沙,难成大业,经不起任何风浪的冲击。由此看来,城邦的安危,取决于人和。而人

---

① Cf. Plato. *Republic*, 443d-e.
② Ibid., 444-445.

和实为心和,实为志同道合。所以说,城邦存乎人心,理想的城邦更是如此。

相应于心灵三部分的三类人(andros),还有三种快乐(hēdonōn),三种统治(krantoros)与三种品性(tropoi)。欲望爱钱爱利,成全"爱利者"(philokerdes);激情爱胜爱敬,造就"爱胜者"(philonikos);理智爱学爱智,培养"哲学家"(philosophos)。爱利者享受利益给予的快乐,卫士享受被人尊敬的快乐,哲学家享受学习的快乐。他们彼此之间的价值观念是不同的,而且都认为各自生活得最为快乐。譬如,爱利者认为金钱财富就是一切,视其他为虚无;而卫士则鄙视金钱带来的快乐,同时也把学问带来的快乐视为无聊的瞎扯,仅崇尚荣誉带来的尊敬与快乐;哲学家因为早年已体验过另外两种快乐,所以不以为然,而是献身于研究真理,认为从中所得到的快乐是真正的快乐。在理想而正义的城邦里,三种快乐的价值排列顺序应当是:第一级是哲学家的快乐,高于卫士和爱利者的快乐;第二级是卫士的快乐,低于前者而高于后者;第三级是爱利者的快乐,远不及哲学家和卫士的快乐。用苏格拉底的话说,爱利者大多是一些没有智慧和美德体验的人,只知道聚在一起寻欢作乐,一生从未看见和达到真正的最高境界,没有体验过任何实在的满足或者任何可靠纯粹的快乐。他们头向下眼睛看着宴席,就像俯首牧场只知吃草、只知雌雄交配的畜生一样。他们朝夕营营,想用这些不实在的东西,来满足心灵中那个不实在的和无法满足的部分。由于不能满足,他们还像畜生用犄角和蹄爪互相踢打顶撞一样,用铁制的武器互相残杀。① 这的确是入木三分的刻画,以此为鉴,来照看当代那些只顾生吃闷睡、沉溺于声色犬马的腐败分子,依然恰如其分。

心灵中的三部分所导致的三类快乐,如果各自发展到极致,将会构成三种相应的统治类型。第一级的是王者型,也就是最佳政体的贵族型,过着最快乐的生活;次一级的是寡头型,把持着财富与权力,享受着虚假的快乐;最低一级的是僭主型,距离真正的快乐最远,只知道肆意妄为,沉浸于某种奴役性的快感之中。

在个性品格的塑造方面,心灵三部分的功能是复杂而微妙的。柏

---

① Cf. Plato. *Republic*, 586a-b.

拉图(苏格拉底)在这里借用古代传说中的故事①,作了形象的说明。他设想欲望部分犹如一只复杂的多头怪兽(idean thērion polukephalou),长着狂野之兽的头,也长着温驯之兽的头。其头还可以随意变换随意长出。激情犹如一头狮像(idean leontos)。理智犹如一个人像(idean anthrōpou)。这三者合而为一,构成心灵整体。主张不义有利说的人,会放纵内心的多头怪兽(欲望)与狮精(激情),使两者为所欲为,相互吞并残杀而同归于尽。主张正义有利说的人,会让内心的人性(理智)处于主宰地位,管好那只多头怪兽,像农夫栽培浇灌禾苗而铲除野草一样;同时,还会把狮性变成自己的盟友,一视同仁地照顾好大家的利益,使各个部分之间和睦相处,促进各自的发展。所谓放纵,就是因为给予内心的多头怪兽以太多的自由;所谓固执和暴躁,就是因为内心的狮性过于强大;所谓奢侈和柔弱,就是因为内心的狮性变得过于懒散和懦弱。狮性的激情由于受制于暴政,为了私利而忍气吞声,长大后反倒成了一只习惯于谄媚讨好的猴子。要驯服心灵中的所有兽性部分,培养和确立其中最善的天性,就需要理智,需要"自律精神"(sōphronēsein),需要"真正的音乐家"(alētheia mousikos),唯有这样才能使心灵中的各个部分和谐共处,遵纪守法,保持正常。② 很显然,上述比喻进而揭示了人性的复杂性。放纵多头怪兽的欲望会形成唯利是图的寡头型品格,无限强化狮性的激情会形成固执暴躁的僭主型品格,不断减少狮性的激情也会形成懦弱的心性。唯有加强人性的理智,使人天性中的兽性部分受到制约,才有可能培养出智慧型品格,同时发展心灵中"美好和可敬的成分",减少或消除心灵中"丑恶和卑下的东西"。③

综上所述,心灵的构成、等级、效应与形象似乎可以归纳并图示如下:

心灵 { 理智→爱智者(哲学家)→基于学问的一级快乐→王者型→人形
激情→爱敬者(卫士)→基于荣誉的二级快乐→荣誉型→狮形
欲望→爱利者(生意人)→基于财富的三级快乐→寡头型→怪兽形

---

① 该设想源自古希腊史诗中的有关传说。一是克迈拉(Chimaira)这个狮头羊身蛇尾的怪物,能喷火。见荷马史诗《伊利亚特》,VI 179—182;二是斯库雷(Skullē)这头海怪,见荷马史诗《奥德赛》,XII 85 ff.;再就是克尔贝洛斯(Kerberos)这头守卫地府的狗,蛇尾,有三头,也有的说是五十个头,见赫西俄德:《神谱》,311—312。参阅《理想国》中译本 588c 注释 2。

② Cf. Plato. Republic, 588b-591e. 另参阅《理想国》中译本相关部分。

③ Ibid., 589c-e.

自不待言,柏拉图对心灵的研究,旨在探讨其内在结构的复杂性与和谐发展的可能性。在理想的城邦里,他虽然对心灵三部分及其效应作过价值判断,划分过等级,但并没有简单地舍弃任何一方,而是极尽教育之能事,设法高扬理智,疏导激情,调理欲望。在他看来,通过教育使心灵达于和谐,使人养成道德之心,使哲王、卫士与生意人三者团结协作,"各尽所能",只有这样才会使理想城邦的建设和正义原则的实施成为可能。为此,他基于善的理式,对以诗乐教育为主的心灵诗学提出了道德化的要求。

3. 上天或入地的灵喻(Psychē):业报轮回

在《理想国》里,以神话传说来隐喻深刻哲理的诗性智慧贯穿始终。开篇处的戒指喻,所论的是作恶的诱惑与心性的迷失,这似乎给柏拉图的心灵诗学提出了人心何以至此的问题;其后的洞喻,所论的是人生的处境与教育的目标,似乎为柏式的心灵诗学明确了任务;而结尾处的灵喻,所论的是业报轮回与灵魂不灭,这便给这种心灵诗学的归宿作了形而上的神学定位。柏氏深知,人各有志,心思不同;道德修养,因人而异。更何况人生在世,虽然相信"善有善报,恶有恶报"的道德理想法则,但总是希望"刀下见菜",现世现报。否则,就会产生失落之感,怀疑之心,致使善行难以为继。为此,柏拉图从形而上学的二元论出发,运用宗教式的布道方式,通过上天入地的灵喻,表述了古希腊业报轮回的朴素思想。灵喻以一位死后复活的勇士赫罗斯(Hros)为向导,记述了他的灵魂在游历冥界时的所见所闻:

> 赫罗斯死后,灵魂(psuchē)离开躯体,与大伙的阴魂结伴而行。他们来到一个奇特的地方,地上有两个并排的洞口。天上也有两个洞口与此相对。判官(dikastas)就坐在天地之间。根据他们的判决结果,正义者按照吩咐从右边上天,胸前贴着判决证书;不义者服从命令从左边入地,身后背着表明其生前所作所为的标记。赫罗斯在挨近判官时,领到一项特殊任务,要他把冥界的见闻传递给人类。这时,他发现判决通过后的阴魂,纷纷离开,有的奔上天的洞口,有的走入地的洞口。与此同时,有的阴魂从另一个地洞上来,形容污秽,也有一些阴魂从另一个天洞下来,干净纯

洁。他们欣然来到一片草地,互相打探彼此的经历。从地洞上来的人一边悲叹痛苦,一边追述自己在地下千年一趟的行程中所遭遇的痛苦与见闻。从天洞下来的人则喜形于色,叙述他们在天上所看到的不寻常之美。

赫罗斯告诉人们说,一个人生前对别人做过坏事,死后会受到十倍的报应。生前为了正义和虔诚做过好事,死后会得到十倍的报酬。崇拜神灵孝敬父母的人受到的报酬更大,亵渎神灵虐待父母谋害人命者受到的惩罚也更大。暴君的情况更糟。他们很难通过洞口。凡是罪不容赦或没有受够惩罚者要想出洞,洞口就会发出吼声。守在洞口的凶汉,就会把他们捉走,剥皮毒打一顿。接着,赫罗斯描述了由一根纺锤形的光柱与八个天体组成的宇宙构想图景。①

随后,赫罗斯一行的阴魂继续前进,来到决定人类命运的女神拉赫希斯(Lacheseōs)面前,听她在高坛上宣告:"你们另一轮回的新生即将开始。不是神决定你们的命运,而是你们自己选择命运(aireisthōbion)。现在来抓阄吧!谁抓到第一号,谁就第一个挑选自己将来必须度过的生活。美德任人自取(aretē de adespoton)。每个人将来有多少美德,取决于他对美德的重视程度。过错由选择者自己负责,与神无涉(aitia elomenou theos anaitios)。"说完,神把阄撒在他们之间,每个灵魂就近抓起一阄,选择了从乞丐到国王等各式各样的生活。就在选择的瞬间,神提醒大家要明智而审慎。结果,从天上下来的第一号灵魂挑选了最大的僭主生活,出于愚蠢、贪婪和匆忙,没有看到其中包括吃自己的孩子等惩罚性命运。后悔之余,他捶胸顿足,号啕痛哭,怨天尤人,唯独不责怪自己。这样,来自天上的灵魂由于原来没有吃过苦头,于是大受诱惑,选择草率;而来自地下的灵魂因为吃过苦头,受过教训,选择十分谨慎,于是大多数灵魂的善恶就出现了互换,或由乐而苦,或由苦而乐,或由人变成动物,或由动物变成人。就这样按照号码选择完自己的生活以后,命运之神给每个灵魂派出一个监

---

① 参阅《理想国》中译本第十卷617的插图。这八个天体包括恒星、土星、木星、火星、水星、金星、太阳和月亮。

护神,以便引领他们度过自己的一生,恪守自己的选择。监护神把各个灵魂引领到象征"必然"的旋转纺锤跟前,锁定了各自不可更改的命运之线。然后,各个灵魂离开此处,头也不回地踏上了自己的生活之路……①

阅读这则故事,我们发现人死后的灵魂离开身体之后,竟然像活人一样到处游走,其喜怒哀乐竟与生前没有什么两样。为此,我们也许会感到有些困惑,会对古希腊人如何看到灵魂提出质疑。

从词源学上看,"灵魂"(psychē)的本义是"呼吸"(breath),因呼吸而有生命。因此,灵魂乃是生命活力之源(the source of vitality),是同身体对应的内在精神,同时也是理智、激情和欲望以及意志的居所。在古希腊人的意识中,灵魂是永存不死的,是转化轮回的。在荷马史诗等文学作品中,死者复活或灵魂出窍等传说颇为常见。根据布雷默尔(Jan N. Bremmer)等人的研究,早期古希腊人的灵魂观念比较特别,不能用现代心理学来套释。我们总以为心灵具有末世论与心理学特征(eschatological and psychological attributes),总喜欢借用 psychē 一词来说明古希腊人如何以现代的方式看待心灵。② 这实属误解。在荷马史诗中,我们发现该词并没有心理学所包含的意思。斯内尔(Bruno Snell)在《心的发现》(*The Discovery of the Mind*)中指出,荷马时代的希腊人"根本没有认识到任何表示心理整体的概念,也没有发现任何可能相应于我们所说的'心灵'之类的观念"③。

迄今的研究结果表明,古希腊人一般认为人的灵魂可分两种:一是"生者的灵魂"(the soul of the living),二是"死者的灵魂"(the soul of the dead)。"生者的灵魂"在人睡梦、昏厥或恍惚出神之时,自己会飞出肉身,游离在外,而当人觉醒时又马上返回。因此,古希腊人坚信:没有灵魂就不能生存。"死者的灵魂"在人死的瞬间,自己会飘然

---

① Plato, *Republic*, 614-621. 另参阅《理想国》中译本相关部分。

② Cf., J. N. Bremmer. *The Early Greek Concept of the Soul* (New Jersey: Princeton University Press, 1983), p. 3.

③ Cf., Bruno Snell. *Die Entdeckung des Geistes* (Gottinggen, 1975), *The Discovery of the Mind* (tr. T. G. Rosenmeyer, Oxford University Press, 1953). The summary of Snell's thesis by H. Lloyd-Jones. *The Justice of Zeus* (Berkeley et al, 1971), p. 9. Cited from Bremmer's *The Early Greek Concept of the Soul* (Princeton Uni. Press, 1983), p. 3.

离开,一去不返,前往冥界(Hades),开始来世生活(afterlife)。此间,死者变成灵魂,化为影子,肉体在来世生活中偶尔也代表死者。因此,"与灵魂的心理特征相比,灵魂的有形特征对古希腊人来说更有意义。对影子的描述,意味着古希腊人相信死者的灵魂看上去就像活的似的。古希腊人在描述灵魂的有形活动时,一般采用两种截然不同的方式:一是认为死者的灵魂可以像生前一样既能动也能说,二是认为死者的灵魂即不能动也不能说,只能飞速迁移与咯吱尖叫"[1]。按照这种二元论的灵魂观,我们也就不难理解隐含在灵喻背后的传统思维方式了。

在这个故事里,天上与地下、现世与来世、生与死、善与恶、奖励与惩罚等对立的范畴,即是相互分离的,又是彼此联系的,主要基于善有善报、恶有恶报的业报轮回思想。在叙述过程中,对话交谈的双方不时脱离直线型的叙事结构,通过评点议论而加进许多道德说教。其要点可归纳如下:(1)人的命运是自己选择的结果,命运女神只是提供选择的机会和监督执行而已。(2)灵魂的状况是没有选择的,人人都一样,但不同的生活选择必然决定人的不同性格与业报。(3)"美德任人自取"。既然生活由自己选择,命运可以掌握在自己手里,这就需要重视教育或道德修养,需要认真地寻师访友,敬请他们指导你如何辨别善的生活与恶的生活,以便做出明智的选择,避免愚昧与贪婪的迷惑;(4)善的生活就是正义的生活,恶的生活就是不义的生活。这与《理想国》开篇之处的结论——"正义就是善德和幸福"——是彼此呼应的。(5)灵魂不死(athanaton psychēn),能忍受一切恶和善。只有追求上进,追求正义和智慧,才能赢得自己和诸神的爱(hēmin autois philoi ōmen kai tois theois),才能在现世和来世得到善报。这实际上是在鼓励人们注重现世的修为,诱导人们在向善求美的过程中,不断地完善自我,以期求得来世的幸福回报,因为美好的修为等于为来世修福。

自不待言,上述说教是柏拉图道德理想主义的组成部分,尽管带有神学布道的目的、原始宗教的神秘色彩以及恐吓威慑的味道,但也具有一定的警世、喻世和明世的意味。至于其教化作用到底会有多

---

[1] Cf., Bremmer. *The Early Greek Concept of the Soul*, pp.13-16, p.73.

大,我们无法凭借现代人的观念立场去估量,因为古代先民对天神、冥界和业报轮回的虔诚和敬畏之心,远远大于我们。在这里,我们发现柏拉图从道德理想主义出发,一反过去那种听任命运女神去安排的传统习惯,假定人是自负其责的存在,可以自己选择人生,追求自己的价值。举凡想要认真生活的人,均应遵奉内在的道德法则(inner moral laws)。当然,人生的选择难,正确的选择更难。人生中最大的危险,在于有可能追求错误的理想,做出错误的选择或选择错误的生活方式。作家柳青曾告诫说,人生的道路是漫长的,但在关键时候也就那么几步,尤其是在年轻的时候。其实,人生的抉择,常常在关键的时候也就那么一步。一旦不慎,就会堕入"一足失成千古恨"的困境。因此,人必须专心致志,竭力探寻能使自己做出正确选择的真知。此乃人生的重要任务与至高职责,不仅涉及今生,也关乎来世。而这一切都维系在心灵向善或为恶的一念之间。基于这一思想,柏拉图认定道德的本质在于培养心灵之善,而滋生心灵之善的土壤在于正义的原则与卓越的智慧。人若立足于正义与智慧,成就内在的心灵之善,既是个体之福,他人之福,也是城邦之福。

那么,如何才能成就心灵之善呢?按照柏拉图的逻辑,只能通过以善(心)为本的教育。在古希腊雅典时期,儿童在发育阶段所接受的初等教育,主要包括音乐(mousikē)、体操(gymnastikē)和文法(grammata)等三门基础课程。文艺教育类似美育,基于诗乐,亦称诗乐教育;身体锻炼类似体育,基于体操,亦称体操教育;识字写作类似智育,基于文法,亦称文法教育。这三者同等重要,不可偏废。上承这一传统,柏拉图强调启蒙教育务必兼顾身心两者,务必推行相辅相成的诗乐与体操教育,力求身心和谐,内外双修,为培养优秀的城邦卫士打下坚实的基础。在先前所述的"七科"教育中,侧重启蒙开智的诗乐艺术教育是基础中的基础。这对培育幼小的心灵、打下道德的底色至为关键,柏拉图对此格外重视,论述最为翔实。诗乐之后便是体操。这种教育形式融健身、舞蹈和军训为一体,是培养和筛选年轻的城邦卫士的必修课目。有鉴于此,我个人认为《理想国》讨论的焦点尽管是心灵问题,但并没有忽视身体锻炼,这与其以善为本、健身为用的道德理想主义和政治工具主义原则是完全一致的。上文虽然肯定了耶戈尔的结论,但在此必须指出其忽视身体的倾向。因为,在柏拉图的教育思想中,身心两者的均衡发展,一直是理想教育所追求的终极目标。实际上,古希腊人所理解的"心灵",与我们现代人的观念有所不同。在他们的文化意识中,人的心灵不仅涉及人类的本性与道德修养,而且涉及人类的生命形态与生存质量。根据柏拉图的二元学说,人的生命形态由身(体)心(灵)两部分构成。心灵主内,业报轮回,按照个人的道德修为来决定去处,或上天入地,或托生转世。身体形外,机能有别,按照个人的锻炼水平来改善状态,或强壮敏捷,或健美优雅。从教育角度来看,理想的人格应当心善而智睿,身强而体壮,达到身心和谐、美善兼备的境界。就实用价值而论,只有这样的人格,才能成为文武双修、能征善战的城邦卫士,才能满足保家卫国或治国安邦的政治要求。因此,他所推行的教育体系,以诗乐与体操教育为发端。诗乐治心,体操强身,两者互动互补,有利于促进人的全面发展。而柏拉图的诗学,主要是建立在诗乐与体操教育基础之上的道德理想主义诗学。这种诗学具有两个维度:一是侧重陶情冶性的心灵诗学(psucho-poiēsis),二是侧重强身健体的身体诗学(sōmato-poiēsis)。两者相辅相成,有利于培养和塑造身心和谐、美善兼备的城邦卫士。事实上,古希腊意义上的"诗学"(poiēsis),具有"制作"、"创造"、"塑造"和"生产"等义,在功能性和目的论方面,与注重人格培养的"教育"本义是比较接近的。本书之所以使用心灵诗学与身体诗学这两个自造术语,主要是在古希腊的原语义上表示心灵与身体的塑造或培养艺术,其目的在于表明心灵与身体两者具有可塑性的同时,更强调创造性地利用诗乐和体操教育来塑造和谐的身心与理想的人格。我们认为这一切正是柏拉图道德理想主义诗学的特质所在,也是有别于其他诗学的要点所在。

第四章　心灵诗学的实践准则

《理想国》里的诗学,所关注的焦点是城邦卫士的心灵塑造问题。正是在此意义上,我们称其为心灵诗学。心灵诗学关乎人生的幸福与内在的道德,除了探讨心灵的结构与和谐、塑造健康美好的心灵之外,自然也要研究诗乐艺术对心灵境界产生的可能影响。在柏拉图所假设的实践过程中,心灵诗学与诗乐教育彼此会通,都试图凭借以善为本的道德化准则,通过治心为上的诗乐艺术来实现自身的目标。这种目标主要在于培养健康的心灵、敏锐的美感、理性的精神和美善兼备的理想人格。

可见,柏拉图所倡导的诗乐教育,是融审美教育与道德教育为一体的。因此,诗乐艺术的价值与用意得以深化,艺术、道德与人生串联一起,结果使艺术和人生的道德化,与道德和人生的艺术化彼此会通,成为一个硬币的两面;与此同时,真正精通诗乐艺术的人,其人生理当成为艺术化和道德化的人生。实际上,"古希腊的诗乐家或音乐家(mousikos)一词,本身就有更为深广的含义。它意味着人生对诗乐家个人而言乃是最高的艺术。诗乐家不仅能使自己的人生达到和谐的境界,而且能使诗乐艺术(mousikē)在与'体操'等因素相关的生活中发挥适当的作用。诸如此类的表述方式,会使人感到古希腊人的道德是审美道德(Greek morality was aesthetic morality)。但事实则是:柏拉图并非像我们所说的那样,将道德特征等同于审美特征,而是将更广的意蕴赋予'美'、'调式'、'韵律'或'节奏'等类似语词,在这方面我们远不可及"[①]。看来,培养古希腊式的诗乐家,是柏氏诗乐教育的根

---

① Cf. Richard L. Nettileship. *Lectures on the Republic of Plato* (London: Macmillan & Co Ltd., 1964), p. 118.

本目的。他本人之所以赋予上列词语以更广的含义，也正是为了通过诗乐艺术来实现上述目的。

那么，古希腊的诗乐艺术到底有何特征呢？柏拉图心灵诗学的实践准则有哪些呢？这种诗学实践又如何可能呢？这便是本章所要讨论的重点。

一 治心为上的诗乐艺术

古希腊的音乐与诗歌浑然一体，形成弦乐与声乐合一的诗乐艺术，从而进一步强化了自身的艺术感染力。① 柏拉图所言的诗乐，主要是指"美乐斯"（melos）。② 美乐斯有三大构成要素：文词（logou）、调式（harmonias）与节奏（rythmou）。分别来看，文词即诗句歌词。③ 调式为

---

① 古希腊文中所说的"音乐"（mousikē），在辞源上与专司诗歌乐舞的艺术女神缪斯（Moisa）有着密切的渊源关系。缪斯的希腊文 Moisa 拉丁化为 Musa，演变为英文 Muse，相近于音乐一词 music。在古希腊文化中，音乐作为一门艺术，涵盖面甚宽，包括女神缪斯所兼管的任何艺术形式，尤其是按常识所理解的音乐和具有音乐伴奏并可歌唱的抒情诗。同样，音乐家（mousikos）一词，不仅表示艺术或技艺（technē）、诗人（poiētēs）或抒情诗人（lyrikos），而且也表示一般意义上的文学家与学者等。从音乐构成的三要素来看，作为歌词的文词就是诗歌，配上音调（旋律）与节奏（格律），既是遵循诗歌的创作体式，也是满足吟唱的实际需要。结果使诗音乐化，使音乐诗化，致使诗与乐互为表里，不可分离。事实上，柏拉图所谓的音乐，几乎是文学与音乐的总称，其中自然就包括了诗歌。我们用"诗乐"来翻译柏氏的"音乐"，与西方学者用 music-poetry 来翻译 mousikē 是一样道理。严格说来，古希腊的"音乐"概念，还应包括"舞蹈"（orchēsis）。如同诗乐一样，舞蹈在古希腊人的生活中占有非同寻常的地位。在日常社交生活中，饮宴（symposion）作为其主要的娱乐形式，总离不开诗乐，也离不开有利于助兴和烘托气氛的舞蹈。但因为舞蹈所依赖的是肢体运动，并且具有演练军事技术等实用功能，我们更倾向于将舞蹈与体操联系起来论述。在这里，我们仅想强调一点，古希腊时期的诗乐舞三者，在具体的表演过程中通常呈现为一种综合性的三位一体关系。诗歌吟诵、音乐伴奏和舞蹈表演同步进行，互动互补，统摄于包容性最大的乐中。所谓诗乐教育，实际上也就是以希腊神话为主要题材的诗乐舞教育，这在古希腊雅典城邦的公民基础教育中占有重要的地位。

② Cf. Plato. *Republic*, 398d.

③ Ibid., 398b. 在古希腊语中，logou 为 logos 的复数形式，其狭义可分两层：第一层直译为"文字"，即表达出内心思想的文词；第二层为内心思想或理性自身。广义上，其所指甚多。除了表示理性、思想、思考、仔细的分析、合理的根据、关系或比例等抽象概念之外，还表示一些相对具体的东西，如言语、说法、措辞、讨论、交谈，有别于神话与历史传说的故事以及像伊索所撰写的寓言等。古希腊语中的文词，无论是作为话语还是作为歌词，其自身都具有歌唱的音乐属性。譬如，在希腊语言中，元音和辅音相互交替，每个辅音都有与之相配合的元音；一个辅音很少与两个元音相配，以免汇合成一个重复的音，同时也不允许音节以发音刺耳的 θ，φ，χ 作为结尾。这样，字母发音的多样化，自由松快的句式结构，加上希腊民族所

旋律要素。② 节奏是格律的产物。③ 总体而论,诗乐中的文词实际上是

(接上页)特有的体格和富于变化的发音器官,语言的柔和悦耳性进一步增强了。温克尔曼凭借他对古希腊语言的知识和对荷马史诗的研究,颇有心得地总结说:"与其他语言相比,希腊语善于表达物体本身的形式和本质,其手段是利用字母以及字母相互联接的和声;希腊语主要是靠元音的丰富性来获得这种能力。这在荷马的两段诗中就有反映。一段描写潘达洛斯射向梅涅拉俄斯的箭,其快速的进逼力,在进入身体时力量减弱,穿过身体时速度缓慢,在进一步运动时受到阻碍……这一切用发音来表达,要比用语句来表达更引人注目。似乎你亲眼看到箭是怎样射出的,怎样在空中运行,又是怎样射入身体的。另一段描写阿喀琉斯所率领的军队,他们浩浩荡荡,盾牌紧挨着盾牌,盔帽紧挨着盔帽,士兵紧挨着士兵。这段描写只有读出声来,才能体味其全部的美。如果把希腊语理解为没有嘈杂声的流动小溪(有人如此比拟柏拉图的文体),那是不正确的。希腊语可汇成汹涌澎湃的水流,能掀起巨浪,使俄底修斯的船摇摆不定。可是,许多人没有注意到该语言的真正表现力,却将其视为激烈而刺耳。希腊语自然要求细微而富有变化的发音器官,而说其他语言的民族(甚至包括说拉丁语的民族在内)都没有这样的发音器官。有一位希腊神父甚至埋怨罗马的法律是用发音十分难听的语言写成的。"(参阅温克尔曼:《希腊人的艺术》,第 38 页)古希腊语言的音乐性,还可以从其语法中窥其一斑。譬如,古希腊语法中所采用的"重音"(tonos)、"重读"(ochzos)与"轻读"(barus)等读音规则,实际上都属于音乐术语。"重音"表示"音高";"重读"表示"扬音"或"高音";"轻读"则表示"抑音"或"低音"。总之,文词音阶的重音读法同音乐音调都是彼此相通的。"古希腊语中的每个单词就是一种音乐短句,每个句子差不多就是一种确定的旋律,也就是阿里斯托克塞努斯(Aristoxenus)所谓的 'logadē ti melos'。"(Cf. D. B. Monro. *The Modes of Ancient Greek Music*. p. 113.) 毕达哥拉斯学派最先把声音的韵律形式分为两种:连续性韵律与间隔性韵律。前者一般表现为说话的特征,其高低音之间的转换滑动连续进行,音差程度难以觉察。后者一般表现为唱歌的特征,声音在某一音调上要按照适当的节拍运行,然后再从一个确定的音程间隔过渡到下一个。相应地,前者以重音为标志形成说话的旋律,后者则以音程转化和切分形成唱歌的旋律。(Ibid., p. 115)在我看来,这一点不仅对理解古希腊的音乐概念很有帮助,而且对理解古希腊的诗歌艺术也同等重要。

② 所谓"调式"(harmonia),作为音乐术语也表示"和声"(harmony)与"谐声"(concord)。源于该词的 harmonika,则指音乐技巧或音乐理论,也就是所谓的和声学。其实,按照原动词 harmozō 的含义,主要是指将两个以上的声调或乐调和谐地连接吻合在一起。诗乐和修辞均用调式一词,有时表示高低音或高低调的定调方式,有时则表示古希腊特有的音阶或音调系统,因而调式也被称之为音调。

③ 节奏(rhythm)一词源于古希腊语 rhythmos,原意一方面指诗歌和散文中有韵律的运动与节拍,另一方面表示对相关部分进行组合的比例、安排方式以及由此得出的序列结果等等。其原动词形式为 rythmizō,基本意思是"将……纳入韵律或比例","使……合乎节拍"。在古希腊诗乐里,所谓"格律、韵律、节拍"近乎同义,均是构成节奏的基本要素。通常,把文词音节的长短与读音的轻重在反复中连接起来,便构成抑扬顿挫和起伏波动的日常言语节奏;把诗歌以及器乐中节拍的长短和音调的高低按照一定的音步或音阶形式组合起来,那便构成诗歌的韵律节奏或音乐节奏。根据古代音乐家的说法,常用的格律或音步结构中有以下三种基本组合形式:(1) 长短短格(daktulos:—∪∪);(2) 长长格(spondeios:——);(3) 短短长格(anapaistos:∪∪—)。也有人认为是指另外三种基本音步形式:(1) 比率为 3/2 拍的长短格(krētikos:—∪—);(2) 比率为 2/1 拍的短长格(iambos:∪—);(3) 比率为 2/1 拍的长短格(trochaios:—∪)。Cf., Plato. *Republic* (tr. Paul Shorey, Heinemann Ltd., 1963), 400a, p. 251, footnote f. Also see M. L. West. *Greek Metre* (Oxford: The Clarence Press, 1996.) 这些格律的拉丁化名称与古希腊文相应。长短短格 daktulos 为 dactyl,长长格 spondeios 为 spondee,短

文学的统称，既包括口头文学故事，也包括神话传奇故事（logous kai mythous），同时也包括悲剧诗（tragōdia）、喜剧诗（kōmōdia）、抒情诗（melē）和史诗（epikos）等主要体式。②

（接上页）短长格 anapaistos 为 anapaest，长短长格 krētikos 为 cretic，短长格 iambos 为 iambic，长短格 trochaios 为 trochee。

② Cf. Plato. *Republic*, 394c. 柏拉图断言，悲剧诗会败坏和腐蚀听众的心灵，特别是那些没有抵抗能力且对悲剧自身的真实本质一无所知的听众的心灵（Cf. Plato. *Republic*, 595b）。在他看来，悲剧诗人及其剧作（1）仅限于摹仿事物的表象与人物的行为，缺乏有关实在的知识，给人以假象（phantasmatos），只能欺骗幼童和傻子（Ibid. , 596e-598d）。（2）在摹仿英雄人物遭遇不幸时，一味描述他们痛不欲生、捶胸顿足的情景，加上情调哀婉的长篇大论，以此引发观众的共鸣，博得人们的同情和怜悯，这样不但使英雄精神黯淡无光，而且使胆小的懦夫心理得以滋长。（3）悲剧诗的表现方式往往直接诉诸人的情感而非理智，强化心灵的低劣而非高贵成分，因此使人在恐惧、怜悯和悲伤等消极情感的重压下，于痛哭流涕和不知廉耻中弱化人的精神与斗志，冲淡人的理性和理想（Ibid. , 604e-606）。而喜剧诗在伦理美学方面具有可观的教育价值。这主要是基于柏拉图本人所持的一种特殊审视方式，即："如果人们对滑稽可笑的事物（geloios）一无所知，那么也就无法认识严肃认真的东西（spoudaios）；就彼此对立的范畴来讲，仅知其一而不知其二是行不通的。"（Plato. *Laws*, 816d-e）这就是说，假如人们对滑稽可笑的事情具有深刻的认识，那么，他们自然就会更加欣赏严肃认真的东西，同时也会避免幼稚可笑的言行，使自己变得更加成熟和稳健。"正是出于这一原因，我们应当认识滑稽可笑的事物，其目的就是要避免因为无知而在不适当的场合做出荒唐的举动，说出可笑的言论。"（Ibid. , 816e）相应地，人们就会克服那种否定性的"反差"（incongruity），即介于自以为是和实际情况之间的反差，以免沦为供人调侃取乐的笑柄。在柏拉图看来，一个人之所以滑稽可笑，就是因为对这种反差毫无意识的结果。譬如，他自以为自己智慧非凡，但实际上并非如此，甚至是愚蠢至极；或者说，他想象自己比实际形象漂亮，比实际身材要高，比实际体质健壮，比实际行为道德，并且因此而生活在虚幻的想象中，抑或自命不凡，抑或自欺欺人，抑或盛气凌人……结果成为旁观者的嘲笑对象。（Ibid.）苏格拉底所擅长的反讽（irony）修辞手段与论辩方式，应该说是富含喜剧因素与效果的。抒情诗体原本被视为一种歌曲，其辞源是从里拉琴（lyra）演化而来。里拉琴的发明，最早是与希腊神话人物 Hermes 联系在一起的。据说，他起先是在椭圆形的空龟壳上牵上琴弦，从此构成音箱的雏形。直至今日，这种原始的里拉琴形式，在希腊南部海域的居民中依然流传使用。有的地区还使用其他动物的胸腔制作里拉琴音箱。为抒情诗提供音乐伴奏的乐器除了传统的里拉琴外，还有音弦各异、形状不同的克瑟拉琴（kithara）和三角形的特里歌浓琴（trigonon）。克瑟拉琴实际上是里拉琴的变种，形状比较接近。相应地，琴弦则由原来的四根，逐渐根据需要而增强到五、六、七根乃至八根之多（Cf. , E. Guhl & W. Koner. *The Greeks: Their Life and Customs*, pp. 201-203）。因此，写作和吟唱，均与里拉琴结下不解之缘。也就是说，抒情诗人（lyrikos）既是抒情诗的创作者，也是里拉琴的弹奏者。柏拉图本人也曾自弹自唱，口拈一首《乡间的音乐》，流传至今："你来坐在这棵童童的松树下，/西风吹动那密叶会簌簌作响，/在这潺潺的小溪旁，我的里拉琴/会催你合上眼皮，进入睡乡"（参阅水建馥译：《古希腊抒情诗选》，人民文学出版社，1988年，第240页。原来译诗中的"七弦琴"，实为里拉琴的一种，此处稍作变动）。酒神赞美歌（dithyrambos）是抒情诗体中的一种特殊形式，通常在酒神狂欢节（Bakcheusis）由"诗人自己吟诵"（apaggelias autonu tou poiētou）（Cf. Plato. *Republic*. Book III, 394c），意表达对酒神巴库斯（Bakchos——希腊神话中的酒神狄奥尼索斯 Dionysus 的别名）的感恩与赞美，其情感色彩更为热烈浓郁，在欢宴作乐或狂饮的酒会上歌唱，更有一番慷慨、激昂与

柏拉图认为诗乐是感于人心、直抒灵腑的艺术,因此在强调其心理和审美价值的同时,一再推重其治心为上的社会与道德职能。诗乐作为蒙学的首要科目,①如同孔子所言的"绘事后素"之为,旨在给幼小的心灵打好底色,具有"染于黄则黄,染于苍则苍"的功能。柏拉图深知,人的心灵是可塑的,尤其是"在幼小稚嫩的阶段,最容易接受陶冶,你要将其塑成什么型式,就能塑成什么型式"②。在塑造心灵的过程中,"诗乐教育至为重要,因为诗乐节奏与音调要比其他任何东西更能直接进入到心灵深处,而且会牢牢地抓住或感染人的神魂肺腑(toutōn eneka kuriōtanē en mousikē trophē, oti malista katadeutai eis to entis tēs phuchs o te rythmos kai harmonia)。如果听众所受的训练得当,那就会由此而孕育和培养出温文尔雅的品质和风度,否则,那就会走向反面。另外,受过良好的诗乐教育的人,能够很快识别出粗制滥造的东西以及缺乏美的事物,因此会以正当的方式对其表示反感,会专门赞赏美好的事物(kalos te agathos),喜闻乐见美好的事物,并且欢迎美好的事物进入自己的心灵,以此培养心灵健康成长,使自己最终成为美善并蓄的人。同样,他会正当地反对和憎恶丑陋可耻的东西(aischra);虽然此时他还年轻,无法理解理性(λογον/logon)为何物。

(接上页)狂热的氛围和情调。史诗体(epikos/epōn poiēei)在较大程度上更偏重于悲剧诗的基本特点。同时当时希腊与世界其他地区所有既存的诗歌类型相比,柏拉图认为史诗是人们迄今所"发现的最佳"(beltiston gigvesthai)诗歌表现形式,其中荷马史诗成就最高(Cf. Plato. Laws,658e)。这不仅因为荷马是位"最优秀和最富有神性的诗人"(to aristo kai theiotato tōn poiētōn)(Cf. Plato. Ion,530b),是所有诗人中"最伟大的天才"(Cf. Plato. Laws,776e),是"最富有诗意的诗人,而且是悲剧诗人的领头羊"(Omēron poiētikōtaton einai kai prōton tōn tragōdopoiōn),而且因为他是"全希腊的教育家"(Ellada pepaideuken)和人们整个生活及其行为举止的导师(Cf. Plato. Republic,606e-607a)。荷马史诗在古希腊学校一直被用作基本教材。古希腊的文化精神与艺术题材也大多源于荷马史诗。

① 在古代雅典,诗乐教育无疑是制度化的。对青少年来讲,上学期间接受良好的诗乐教育,如同用餐饮水一样,是生活中不可或缺的重要内容。据古希腊诗人与剧作家阿里斯托芬(Aristophanes,约公元前448—公元前385)讲:"在那个时代,同一街坊的青年一起到竖琴教师那儿去上音乐课。即便雪下得像筛面粉一般,他们也照样赤着脚在街上整整齐齐地走。到了教师家里,他们的坐态十分讲究,从不把两腿随便挤在一起。教师叫他们唱'扫荡城邦,威灵显赫的巴拉斯'颂歌,或者唱'一个来自远处的呼声',他们凭着祖传的刚强雄壮的声音引吭高歌。"(参阅丹纳:《艺术哲学》,第301页。)

② Cf. Plato. Republic,377b. 另参阅《理想国》和《柏拉图文艺对话集》中译本相关部分。以下汉语引文均参考这两个译本,不再注出。英语引文均参考本书第99页注②所列五个译本,只注明斯特凡纳斯编号(Stephonus Numbers),不再注明版本。

但当理性到来之际,像他这样富有教养的人,会首先欢迎或拥抱理性,会借助这一亲和力而认识理性的价值。这便是诗乐教育所追求的目标(tōn toioutōn eneka en mousikē einai ē trophē)。"①

可见,诗乐艺术特有的陶情冶性作用,有益于培养美好的趣味,健康的心灵,理性的精神和美善兼备的人格。为此,柏拉图以教育改革者的身份,基于道德理想主义原则,对儿童阶段的诗乐教育提出了新的要求,设定了新的标准。他认为诗乐教育必须是"最好的教育"(kallista outō trapheien),而好的诗乐教育需要好的教材,好的教材需要"好的歌词"(eulogia)、"好的音调"(euarmostia)、"好的节奏"(eurythmia)和"好的风格"(euschēmosunē)。② 与此同时,这四者必须相得益彰,彼此配合。好的歌词反映的是有秩序的勇敢的生活,因此好的节奏与音调要紧跟好的歌词,犹如影之随形,天衣无缝。"好的风格"(euschēmosunē)实际上是指一种"优雅"(euschēmōn)的风格,翻译成英文便是 graceful and elegant style。这种风格无疑源自好的歌词、音调与节奏,通常反映作品的艺术特色与创作个性,在这里主要是指作品的歌词、音调和节奏相互融会贯通的结果,是其所表现出的情感、哲理、审美与道德价值给人的总体印象,譬如,雄浑、激越或平和的风格,会使人产生相应的心理感受与反应。而好的歌词、音调、节奏与风格,均来自"好的精神状态"(euēthōs)。所谓好的精神状态,并非那些没有头脑的忠厚老实人的精神状态,而是那些理智好、品格好的人的真正良好的精神状态。而所有坏的歌词、风格、节奏和音调,则类乎坏的品格,坏的精神状态。好的精神状态代表一种美善的心灵境界,而坏的精神状态则代表一种丑恶的心灵境界。

为了趋美求善,必须监督以诗人或音乐家为代表的所有艺人,阻止他们在其作品中描绘邪恶、放荡、卑鄙、龌龊的坏精神。如果"哪个艺人不肯服从,就不让他在我们中间存在下去,否则我们的城邦护卫

---

① Cf. Plato. *Republic*, 401d-402a.
② Cf. Plato. *Republic*(Leob edition), 401d. Also see Albert Anderson(tr). *Plato's Republic*(Millis: Agora Publications, 2001); Allan Bloom(tr). *The Republic of Plato*. (New York: Basic Books, 1968); Francis M. Cornford(tr). *The Republic of Plato* (Oxford et al: Oxford University Press, 1975). John Davies and David Vaughan(tr). *Republic* (Ware: Wordsworth Editions, 1997). 另参阅柏拉图:《理想国》(郭斌和、张竹明译,商务印书馆,1995 年),第三卷,401d;《柏拉图文艺对话集》(朱光潜译,北京:人民文学出版社,1980 年)。

者从小就接触罪恶的形象,耳濡目染,犹如牛仰卧在毒草中嘴嚼反刍,近墨者黑,不知不觉间心灵受到污染,铸成大错。因此,我们必须寻找一些艺人巨匠,用其大才大德,开辟一条道路,使我们的年轻人由此而进,如入健康之乡;双眼所见,两耳所闻,随处皆是优秀的艺术作品;使他们如坐春风如沾化雨,潜移默化,不知不觉之间受到熏陶,从童年起,就和优美、理智融合为一"①。结果,在心灵里有内在的精神状态的美,在有形的体态举止上也有同一种与之相应的和谐美。这样的内秀外美者,在凝神观照的鉴赏家眼里,自然会成为最美的景观。另外,真正受过诗乐教育的人,对于同道,那是气味相投,一见如故;但对浑身不和谐的人,唯恐避之不远。对于心灵不美的人,更感讨厌可恶。总之,"诗乐教育的最后目的在于达到对美的爱",真正具有音乐文艺教养的人是趣味高雅,乐而不淫,追求的是有秩序而道德的美,"有节制而和谐的爱"。②

从上述观点中可见,柏拉图更多的是从接受的角度来论述诗乐教育的可能效应及其实施原则的。所谓接受,不只是接受诗乐的训练和审美的熏陶,更重要的是接受道德的教育和心灵的塑造。人生之初,原本纯真,不知善恶。但是,"性相近,习相远",不同的学习内容与教育方式,会引发和导致不同的结果。一般说来,好的教育会产生好的结果,坏的教育则导致坏的结果。前者会培养出健康而优美的心灵,后者则败坏人的趣味,腐化人的精神。但是,我们不能一概而论,不能因此而忽视外因通过内因而起作用的辩证关系。就内因讲,人性是存在弱点的,人不是生来就能抵制非道德的东西的。对此,柏拉图一方面从理智的角度指出人在幼年时的天真无知,缺乏辨别真伪善恶的能力,另一方面从心理的角度指出人在幼年时喜好摹仿,特别是充满好奇而不假思索地摹仿自己的所闻所见,神话故事中的各色人物更是儿童的最爱。这样,文艺教育的内容就显得十分重要,你提供什么,他们就有可能摹仿什么,久而久之,在潜移默化中就会成为自身心性的一部分,长大成人后会进而内化为人格或个性的底色。即便日后发现不妥,改正起来也极其困难。但是,凡事具有两面性。人的柔弱性,也恰

---

① Plato. *Republic*,401b-d.
② Ibid.,403.

恰表明其可塑性。这种可塑性,为人格塑造奠定了可能的基础,为文艺教育提供了发展的空间。我们常说,教育能改变人的一生;真正的教育家是人类灵魂的工程师。可以肯定,柏拉图对教育的这种功能坚信不疑,真正的教育家是人类灵魂的雕刻师,具有大才大德的艺术巨匠更是如此。教育的过程,尤其是诗乐教育的过程,实际上是一个艺术创造的过程。少年阶段,人生有如一块璞玉。巨匠运其神思,巧布蓝图,精雕细刻,方可成为艺术佳作。正是出于这一考虑,柏拉图着意强调好的诗乐教育。

自不待言,好的诗乐教育离不开好的诗乐作品。而好的诗乐作品又取决于好的歌词、好的音调和好的节奏。那么,什么是好的歌词、好的音调和好的节奏呢?或者说,判断好的歌词、调式与节奏所依据的准则是什么呢?这便是心灵诗学所要面对的实际问题。研究和解决此类问题的过程,必然涉及心灵诗学的道德化实践准则。根据柏拉图的有关论述,我们将相关准则归纳为以下四个方面:神为善因的颂词,寓教于乐的调式,简约明快的节奏,适宜的文本与节制的情感。

二　神为善因的颂词:Eulogia

在古希腊诗乐作品中,歌词的内容主要是各种神话与传奇故事。通常,赞美诸神的故事,表现的是神性;颂扬英雄的故事,表现的是半神半人性;描述人类的故事,表现的是人性。无论故事中的人物是谁,都需要反复灌输有益于人格修养的优秀德性。少年时期,人之为人的基础,莫过于"敬神明"、"孝父母"和"重友谊"三种美德。[①] 成年之后,就要百尺竿头,更进一步,在追求"真理"、"智慧"与"正义"的同时,竭力认识"节制、勇敢、大度、高尚等美德以及与此相反的诸邪恶本相"。[②] 这就要求采用那些编写得好的故事内容。

从歌词上讲,举凡描写神的故事,要完美无缺,要突出神为善的原因;举凡描写英雄的故事,要英勇善战,要标榜英雄为人类楷模;举凡描写人的故事,要寓教于乐,要清除所有邪恶、放荡、卑鄙、龌龊的坏精

---

① Plato. *Republic*,386a.
② Ibid.,402c.

神。对此,柏拉图从道德和宗教的立场出发,宣称所有赞美或取悦神灵的,都是真实可信的,都应予以肯定;如果是亵渎神灵的,那无疑是虚构和有害的,都应加以否定甚至取缔。据此,诗歌中对英雄人物的描写,凡是颂扬其英勇行为或赫赫功业的,便被判定为"善的",因为这有利于鼓舞士气和教育年轻的城邦卫士;相反,凡是揭露其脆弱、胆怯或狂暴、放肆等品行的,则被判定为"恶的",因为它不利于道德教育,不利于塑造富有自律精神的卫士人格。可见,"好的歌词"务必符合柏拉图所设立的道德理想主义这一带有宗教神学色彩的准则。

柏拉图一贯坚持以严肃的宗教态度来审视诗歌艺术,他对描写神灵的诗篇,一直保持着高度的警觉。在他看来,神即善的化身,永远保持端庄的仪态,表现神性的善与美,是不允许有任何瑕疵的。① 为此,他对诗歌的内容以及诗人的职责,除了做出前文所述的那些要求和规定外,还进而规定了下述戒律:

(1) 神是善的原因,而不是一切事物之因,②故不存在说谎的动机。③

(2) 神是单一的,始终不失其本相的,是绝对不能有许多形相的,也从不使用魔法来乔装打扮、惑世欺人。④ 因此,不许任何诗人这样对我们说:"诸神乔装来自他国异乡,变形幻影出入人类城邦。"⑤

(3) 神性总是完美无缺的,任何来自外因的变形都是绝不允许的,表现神性的善与美,是不允许有任何瑕疵的。⑥ 因此,不许任何人讲有关普罗图斯和塞蒂斯的谎话,也不许在任何悲剧和诗篇里,把赫拉扮成修女,放到舞台上表演,为孩子们挨门募化。我们不需要诸如此类的谎言。做母亲的也不要被这些谎言所欺骗,对孩子们讲述那些荒唐的故事,说什么诸神在夜里游荡,假装成形形色色的远方异客。否则,那就是亵渎神明,只能把孩子吓得

---

① Plato. *Republic*, 381.
② Ibid., 380c.
③ Ibid., 382e.
④ Ibid., 380d-381b.
⑤ Ibid., 381d.
⑥ Ibid., 381.

胆战心惊,变成懦夫。①

(4) 歌词里不需要有哀挽和悲伤的文句。②

在《理想国》里,为了使孩子受到健康而良好的教育,从诗人到父母,都务必恪守上述规定,以此来净化教育的内容,净化城邦的道德伦理,净化人的思想意识。在这方面,诗人要有敬仰神灵与英雄的自觉意识和道德责任感,要竭力表现他们的善德美行,无论在史诗、抒情诗或悲剧诗里,都"应该写出神之所以为神,即神的本质来",绝不许写出不合规范的东西。③ 与此同时,母亲必须率先垂范,搞好家庭教育,因为家庭是儿童的第一课堂,母亲是孩子的启蒙老师。给孩子讲故事,要有所选择,不可采用那些邪恶而强大的神灵去吓唬自己的孩子。无论是编故事还是讲故事的人,都必须遵守这一标准:所有故事必须真实地反映或表现神性和人性。任何违背这一道德和理性原则的诗歌,都会对人类行为产生直接的消极影响,都会因此而失去自身的道德基础及其审美基础。

在古希腊,诗人的角色如同全社会和学校教育的老师,母亲的角色如同家庭教育的老师。柏拉图深知他们的重要作用,因此要求他们的诗才与创作、趣味与情致,都应以道德良知为检验尺度,自觉而严格地信守上述规范,为儿童的教育尽职尽责。这番苦口婆心,确让我们从一个侧面领略到柏拉图运思细腻的风格和孜孜以求的精神。实际上,为了确保实现上述目的,柏拉图还提出了更为缜密而具体的规定。譬如,若要讲述有关特洛伊战争的故事,诗人就必须做出必要的解释,设法维护神灵与英雄的形象,把他们描绘得尽善尽美,令人敬仰,绝不

---

① Plato. *Republic*,381d-e. 根据希腊神话,普罗图斯(Proteus)又译普洛透斯,海神与地震之神波塞冬属下的一位海神,是一位会多种变化的老人。传说普洛图斯在埃及附近的法罗斯岛为波塞冬放牧海豚。在《奥德赛》里,在阿伽门农之弟、海伦的丈夫墨涅拉俄斯的央求下,告诉他返回故乡的道路和特洛伊战争中诸位英雄的命运。在古典时期,希腊人还认为普洛图斯是古埃及的开明国王。塞蒂斯(Thetis)又译忒提斯,海神涅柔斯和多里斯的女儿之一,英雄阿喀琉斯的母亲。因为貌美,被称为"美发女神"和"银脚女神"。她心地善良,对遇难的神祇尽力给以帮助。赫拉(Hera)是主神宙斯的姐姐和妻子,是诸神的天后。像宙斯一样,她能行云布雨,掌握着五谷的丰歉,是自然力量的女性化身。(参阅鲁刚、郑述谱编译:《希腊罗马神话词典》,北京:中国社会科学出版社,1984年,第223—224页,第248—249页,第128—129页)

② Ibid.,398d.

③ Ibid.,379.

能把痛苦和惩罚说成是神的旨意。如果非要这么说,那就得举出这么说的理由,借此宣称神做了一件合乎正义的好事,其目的是为了让那些罪有应得的被惩罚者从中获得教训和益处。"假使有人说,神虽然本身是善的,可是却产生了恶。对于这样的谎言,必须迎头痛击。假使这个城邦要治理得好的话,更不应该让任何人,无论是老是少,听到这种有韵还是无韵的故事。因为那是亵渎神明的,对我们有害的,并且在理论上是自相矛盾的。"①柏拉图的这种批评及其维护神明善德的做法,尽管是出于道德教育与城邦政治的考量,但也在很大程度上体现了当时古希腊人的宗教意识和理想观念。对希腊宗教的社会起源进行过深入研究的英国学者赫丽生(Jane Ellen Harrison)发现,"奥林波斯诸神的特点是其形象被严格固定,而且以人的形象出现……但是,在善于思考的崇拜者对所尊奉的神加以理想化后,把神描绘成一种富有野蛮活力的野兽,这似乎是一种堕落。因此,神必须具有人的形象,而且是最美的形象;同时,神要具备人的智慧,最高的智慧。神不能受苦,不会失败,也不会死去;神永远得到人们的祝福,而且长生不老。这种观念只是向着有意识的哲学迈出了一步,在这种哲学思想里,神是不会有人类的任何弱点、任何情感(愤怒或嫉妒)的。总之,神除了完美无缺以外,没有任何别的特性,而且永远如此"②。

然而,诗人通常为了各显其能,对此不管不顾,随意任性,反其道而行,企图"要年轻人认为,神明会产生邪恶,英雄并不比一般人好"③。譬如,荷马在史诗里把宙斯描写成滥用权力、混淆吉凶的糊涂蛋,结果使世间"祸福变万端",使人遭受天命的戏弄,"时而遭灾难,时而得幸福","饥饿逼其人,漂泊无尽途";④同时,这位主神还伙同代表法律的女神泰米斯玩弄诡计,搬弄是非,挑拨诸神之间的关系,使他

---

① Plato. *Republic*,380b-c.
② 参阅赫丽生:《古希腊宗教的社会起源》(谢世坚译,桂林:广西师范大学出版社,2004年),第9—10页。
③ Cf. Plato. *Republic*,391d.
④ Ibid. ,379d-e. 参阅《理想国》和《柏拉图文艺对话集》中译本相关部分。另参阅荷马:《伊利亚特》XXIV,527-532。现行的英译诗行如下:At the door of Zeus/are those two urns of good and evil gifts/that he may choose for us; and one for whom/the lightning's joyous king dips in both urns/will have by turns bad luck and good. But one/to whom he sends all evil-that man goes/contemptible by the will of Zeus(cf. Homer. *The Iliad*. tr. Robert Fitzgerald, Oxford University Press,1984)。

们相互争执,彼此分裂甚至尔虞我诈。后来的悲剧作者埃斯库罗斯采用短长格诗式,写什么"天欲毁巨室,降灾群氓间",把特洛伊战争所引发的种种苦难,说成是神的意旨,而且对太阳神大为不敬,巧借塞蒂斯(Thetis)之口把阿波罗描绘成虚伪凶残的骗子——

> 出于阿波罗之神口,预言谆谆。
> 不欺不诈,信以为真。
> 孰知杀吾儿者,竟是此神。
> 神而如此,天道宁论。①

诸如此类的故事与诗句,在柏拉图看来都是极其有害,十分荒唐的。他从净化城邦的伦理和敬畏神明的神学角度,颇为动情地指出:"任何诗人说这种话诽谤诸神,我们都会感到愤怒,我们不让他们组织歌舞队演出,也不让学校教师用他们的诗来教育年轻人。"②也就是说,必须动用检查制度来禁止这类故事与诗句的流传,"否则就要在青年人心中,引起犯罪作恶的念头"。同时,也要下令"不让诗人去讲这些话,而应该要他们去歌唱去宣讲恰恰相反的话"③。所谓"恰恰相反的话",正是赞美神灵与英雄的"好歌词",或者说是符合道德理想要求的诗歌话语。

显然,柏拉图本着道德化的理智精神和维护神明的宗教态度,把对诗歌等艺术的真实性评价,无条件地归结于善与恶的道德评价。因此,"诗人,不管是写史诗的诗人,还是写抒情诗或诗剧的诗人,务必经常表现实实在在的神性。诗歌的真实就在于表明那种神性是善的,诗歌必须如此描述"④。因为这样可以"影响青年人敬重天国及其父母,珍视人与人之间的良好关系"⑤。同样的道理,诗歌中对英雄人物的描写务必遵循一定的规定,那就是要求正面描写,歌颂功业,宣扬勇武精神和卓越行为,以便鼓舞、感染和教育年轻卫士。当然,柏拉图的道德化诗学观,并非是孤立的文化现象或纯属个人的英雄崇拜情结,而

---

① Cf. Plato. *Republic*, 383b. Cited from Aeschulus. *Fragments* 350.
② Ibid. ,383b-c.
③ Ibid. ,391e-392b.
④ Ibid. ,379a-b.
⑤ Ibid. ,386a.

是反映了古希腊人普遍拥有的英雄观念,因为那是一个风火烈烈、崇尚英雄的特定历史时代。在古希腊,"英雄"(hērōos)人物与其扮演的社会角色非同一般,通常与祖先崇拜乃至半神意识密切联系在一起。简言之,古希腊人头脑中的英雄,"不是已经去世的历史上的伟大人物,而是承担英雄这一角色的祖先——在某些情况下,这一祖先也可能是历史伟人。作为英雄,他只是一种执行某种职能的半神。他戴着面具,享受着人们为他举行的一种崇拜恩尼奥托斯(Eniautos)半神的仪式。在有关雅典的英雄——无论是刻克罗普斯(Kekrops)还是忒修斯(Theseus)——的传说中,这些英雄都是国王,也就是说,他们都执行某种职能……这种被尊为半神的英雄,代表部落的永久生命。作为个体的人会死去,但是作为部落和部落的化身——国王,则得到永生"①。英雄崇拜的历史可上溯远古。据载,在一个圆形的房子里,人们曾经发现这样一座祭坛,从上面剥下不少于12层灰浆,几乎在每一层上都看到树枝图案,每一层上都写有"英雄"(HRΩOS 或 HRΩOR,有一层写的是 HRΩON)一词。② 看来,这个特殊的符号隐含着深刻的意味。英雄的精神、灵魂与化身,都凝聚和浓缩于其中。一层又一层灰浆上的斑斑印迹,正好从时间的绵延和不断重复的祭祀仪式里,反映出英雄崇拜的悠久传统。除此之外,古希腊流传下来的英雄史诗,更是这一传统的有力见证。打开《伊利亚特》的开篇,人们首先读到的是对英雄的描绘,是对古雅典人所敬仰的英雄阿喀琉斯(Achilles)的诗化描绘。不过,在柏拉图看来,荷马笔下的阿喀琉斯、普里阿摩(Priam)与诸神的形象,尽管活灵活现、感人肺腑,但却有丑化与亵渎之嫌,故此削减了其应有的道德教育价值。譬如,对于阿喀琉斯思念亡友帕特罗克洛斯(Patroclus)的情景,荷马是这样描写的:

> (他)躺在床上,忽而侧卧,忽而朝天,
> 忽而伏卧朝地。
> (然后索性爬起来)
> 心烦意乱踟躅于荒海之滨,
> 两手抓起乌黑的泥土,泼撒在自己头上。

---

① 参阅赫丽生:《古希腊宗教的社会起源》,第7页,第250—329页。
② 同上书,第251页,并参见该页脚注②。

接着是特洛伊国王普里阿摩看见儿子赫克托(Hector)死后尸体遭到凌辱悲痛欲绝,长号大哭,在粪土中爬滚的情景:

> 挨个儿呼唤着人们的名字,
> 向大家恳求哀告。

随后又是阿喀琉斯的母亲塞蒂斯闻知儿子战死后号啕大哭的情景:

> 我心伤悲啊生此英儿,
> 英儿在世啊常遭苦恼。

最后还有主神宙斯(Zeus)唉声叹气的情景:

> 唉呀,我的朋友被绕城穷追,
> 目睹此情境我心伤悲。①

对英雄和诸神的上述描写,原本是情感的真实和诗歌艺术表现的真实,同时也是诗歌之所以能够感染人和打动人的魅力所在。然而在柏拉图看来,它们却玷污了英雄与神明的理想形象,同时也违背了道德化的真实标准,缺乏道德所需要的那种经过粉饰后的"积极"教育意义。"倘若我们的孩子一本正经地去听了这些关于神的故事而不以为可耻可笑,那么,到了他们自己这些凡人的身上,对于此类言行,就更不以为可鄙可笑了;他们如果遇到悲伤更不会自我克制,而会因为一点小事就怨天尤人、哀痛呻吟。"②可见,在柏拉图的心目中,真实作为评判诗歌等艺术的准则,并非客观、现实、科学、艺术或审美意义上的真实,而是具有极强的宗教与道德取向的"真实",即一种无真实(艺术)的真实性(道德)。这种做法,一旦走向极端,对艺术来讲如同"釜底抽薪",抽掉了艺术应有的原创性和情感的冲击力,结果会使艺术创作与审美评价简单化和雷同化,会使艺术成为宣传艺术,使作品成为某些宗教与道德理念的图解。当然,如果完全抽掉人们对艺术的道德要求,听凭作者信马由缰,放纵个人原始的心理暴力或各种情感的垃圾,艺术也会走向另一个反面,会在营构情欲乐园的同时导致道德荒原,这的确是一个二律背反式的难题。

---

① Cf. Plato. *Republic*, 388a-d; also see Homer. *The Iliad*. XXIV, 10-12, XVIII, 23, XXII, 414, XVIII, 54, XXII, 168。

② Cf. Plato. *Republic*, 388d-e。

那么,我们是否可以就此而得出柏拉图重道德轻艺术的结论呢?恐怕还不能。因为,柏拉图本人对艺术的上述难题不是没有觉察,而是深有见地。基于自己以往的诗歌创作经验,他一直呼吁"好的歌词"。按照我们的理解,"好的歌词"等于好的作品。这种作品不仅要符合道德目的性,而且要符合艺术规律性,是善的思想内容与美的艺术形式有机统一的作品。在他看来,唯有具备"大才大德的"诗人,才有可能创作出这样的作品。柏拉图这一尽善尽美的诗学理想,实际上是其道德理想主义的自然扩展或逻辑延伸。这里需要指出的是,在柏拉图的心目中,伦理学与诗学是一回事。也就是说,伦理学借助诗歌艺术来张扬道德,诗学通过伦理价值来充实诗歌。在柏拉图的所有对话中,无论是谈"迷狂"或灵感,还是论美善或德行,他都时时涉及诗歌,而且经常是把诗歌与人生联结在一起,充满了道德上的关切,他本人也倾向于把诗歌的德育价值置于其审美价值之前。对此,他在《普罗泰戈拉篇》(*Protagoras*)里谈到雅典的教育时,说得更为直截了当:

> 父母把孩子送到教师那里,要求教师在培养他的阅读和音乐能力的同时,更要注重对其言行举止的训练;教师也的确根据要求施教。当一个孩子学会认字和开始理解书面的东西时,就像在他仅能明白口头叙述的东西之前那样,教师就教他去拜读伟大诗人的作品,而他也就坐在学校的凳子上开始阅读。这些诗篇内容丰富,其中有许多是关于古代著名人物或英雄豪杰的告诫、传奇、赞扬和颂辞。这孩子需要把他们的事迹铭记在心,以期学习、效仿和成为像他们一样的伟大人物。[①]

尔后,在《理想国》里,柏拉图为了城邦的社团利益和道德教育的需要,一方面从理论上进行分析与整合,对诗歌中他所认为的"非道德"因素提出批评;另一方面呼吁要净化艺术(purification of art),特别是诗歌艺术,由此而把荷马与赫西俄德等诗人打入另册,开始倡导文艺审查政策,这样便在《法礼篇》里创设了以经验主义为基本特色的"老人审查团",从而将诗歌音乐等艺术囿于政治需要的宗教化和道德化的限阈之内。相应地,他立足于宗教与道德戒律来审视诗歌的真实性和审美价

[①] Cf. Plato. *Protagoras*, 325a-326a.

值,无异于"削足适履",不仅会使史诗中传统的诸神形象变得淡化或模糊起来,而且还会妨碍艺术按照自身的规律正常发展,不利于产生伟大的艺术杰作。后来,古希腊诗歌悲剧艺术的衰亡,以及尼采对柏拉图所刻画的苏格拉底所宣扬的道德化的诅咒,都恐怕与此密切相关。纵观中外艺术发展历史,通常会发现这样一种情况:艺术如果缺乏道德的基本范式,必然会走向人欲横流的极端;而艺术的道德化一旦过了头,也难逃"二律背反"的结局,这似乎成了一条不以人的意志为转移的铁律。

三 寓教于乐的调式:Dōristi 和 Phrygisti

在古希腊,诗即乐,乐即诗,合二而一,故译名为诗乐(music-poetry)。所谓诗乐,不仅是说诗配有乐,吟唱时要用里拉琴(lyra)等乐器伴奏,而且是说诗中有乐,诗文创作要依据一定的声韵与格律,自身结构具有音乐成分。其实,古希腊的公众演出,诗乐舞三位一体。诗歌甚至被人称为"说话的舞蹈"(speaking dance)。古希腊人将音乐(mousikē)称之为"缪斯的艺术"(the art of the Muses),不仅是指音响艺术,而且是指诗歌和舞蹈艺术。在公元前 5 世纪早期,诗与乐的结合过程,就是让音乐设计来适应一组文辞与思想的过程。音乐是由简单的旋律构成的,而旋律是由诗歌的音步节拍来支撑的,当场的即兴式演唱是以口头文学传统所提供的音乐调式为基础的。在希腊文化中,音乐作为传播的手段,以演出为中介将意思传达给公众。为节日庆典谱写合唱歌曲的作者,为不同场合的城邦生活谱写独唱歌曲的诗人,都是文化传播的代表人物。他们运用诗歌语言的资源和节奏旋律构成调式,来帮助人们聆听和记忆这些歌曲诗篇。[①] 与现代不同的是,

---

① Cf. Bruno Gentili. *Poetry and Its Public in Ancient Greece*(tr. A. Thomas Cole, Baltimore & London:The johns Hopkins University Press,1988), p. 24. According to Gentili, "Down at least to the first decades of the fifth century, combining poetry and music was a matter of adapting musical design to the sequence of words and thought. This is the sense of the invocation to 'hymns that are lords of the lyre' in the incipit of Pindar's second *Olypian*. Music was a matter of simple melodies sustained by the rhythmical beat of the verse and improvised on the basis of the musical modules that oral tradition supplied. Its primary purpose was to provide the poetic text with a set of overtones in keeping with the purpose and occasion of its performance. But one can observe, even before Timotheus, the beginnings of an attempt to free music from the text." (Ibid., p.26).

古希腊的诗乐在本质上是一种寓教于乐的实用性艺术,与社会和政治生活的现实联系密切,与艺术和道德教育的实践融为一体,而且具有制度化的特点。

那么,诗乐作为教育的重要内容和阶段,到底有何艺术特性呢?一般说来,除了歌词的内容与风格之外,其特性主要表现在音乐音调与节奏之中。在古希腊,诗乐的音调是构成旋律的要素,诗乐的节奏是格律的产物。根据柏拉图的艺术教育宗旨,诗乐的内容与形式都应当达到尽善尽美的理想高度。内容取决于"好的歌词",形式有赖于"好的音调"与"好的节奏"。按照柏拉图所设置的准则,"好的歌词"及其衡量尺度如上所述,那么什么是"好的音调"与"好的节奏"呢?另外,音调与节奏是单纯的艺术形式吗?我们不妨沿着柏拉图本人的思路,先来分析一下关乎"形式问题"的音调。①

在《理想国》里,柏拉图论及诗乐的音调系统时,共列举了六种不同的传统调式:混合型吕底安调(Mixoludisti)、强化型吕底安调(Syntonoludisti)、普通型吕底安调(Lydisti)、爱奥尼安调(Iasti)、多利亚调(Dōristi)和菲利吉亚调(Phygisti)。前两种调式"属于挽歌式(thrēnōdeis)的调子",听起来懒洋洋的(sumpotikai),容易使人萎靡不振,"对于一般有心上进的妇女尚且无用,更不要说对于男子汉了",因此应当废除。第二、三种调式也属于靡靡之音,听起来软绵绵的(malakai),容易使人进入醉态,对战士不仅毫无用处,而且会消磨斗志,因此也在废除之列。最后只剩下多利亚和菲利吉亚两种调式了。保留这两者的原因,在于它们符合要求,属于"好的音调"。按照柏拉图的说法,前者"可以适当地摹仿战争时期勇敢的人(polemikē praxei ontos andreiou... prepontōs an mimēsaito),表现他们沉着应战,奋不顾身,经风雨,冒万难,履险如夷,视死如归"。后者"可以摹仿和平时期工作的人,表现他们出乎自愿,不受强迫,为人随和,既能劝导别人也能听人劝告,不固执己见,从善如流,毫不骄傲,谦虚谨慎,节制有度,顺受其正"。两者"一个雄壮,一个平和,最能恰如其分地摹仿人们的成功与失败、节制与勇敢的[调式]声音(biaion, ekousion, dustuchountōn, eutuchountōn, sōphronōn, andreiōn [harmonia] aitines

---

① Cf. Plato. *Republic*, 398c.

phthoggous mimēsontai kallista)"。①

根据上述说法,聆听前两种调式,容易使人进入醉态,只能适用于饮酒作乐;中间两种调式显得"轻浮放任"(chalarai),如同诱人纵欲放荡的靡靡之音;因此都不能用来教育青少年。在后两种调式中,一个雄壮浑厚,表现出英勇果敢的气势,另一个平和静穆,适合于祭神和祈祷,表现出节制的美德。因此,从理想国公民教育及其卫士培养的需要出发,前四种调式可抛弃不用,只保留多利亚和菲利吉亚两种积极健康的调式。② 从音乐自身的角度来看,柏拉图选择调式的原则可能与流行于古希腊的"中正无偏说"(mesos)有关。混合型和强化型吕底安调式的音色高而尖,普通型吕底安与爱奥尼型调式的音色低而散,多利亚型调式的音色雄健而菲利吉亚型调式

---

① Cf. Plato. *Republic*,399a-c. Also see the Cambridge version by John L. Davies and David J. Vaughan(1852); the Oxford version by Benjamin Jowett(1871); the new Oxford version by Francis M. Cornford(1941); the Basic version by Allan Bloom(1968); and the Agora versionby Albert Anderson(2001)。在翻译古希腊语 mimēsaito 一词时,Paul Shorey 用 imitate 一词,Davies 与 Vaughan 有时用 represent 一词,有时也用 imitate 一词。Cornford 是根据具体语境而定,有时用 represent,有时用 express 一词。Allan Bloom 一般使用 imitate 或 imitation 等近义词。Albert Anderson 根据乔维特(Benjamin Jowett)的英译本(1871)作了文字上的调整,可读性大为增强,口语化的特点得到凸显,在翻译 mimēsaito 一词时完全根据语境采取意译,如果不参照希腊文的话,有时你根本就看不出柏拉图使用了 mimēsaito(摹仿、再现、制作)一词。譬如,同样一段论述多利亚调和菲利吉亚调式的话,上列 5 个版本的译法均有少许出入。(1) According to Paul Shorey,"Leave us that mode that would fittingly imitate the utterances and the accents of a brave man who is engaged in warfare... Leave us these two modes-the enforced and the voluntary-that will best imitate the utterances of man failing or succeeding, the temperate, the brave."(2) According to Davies and Vaughan,"Leave me that particular harmony which will suitably represent the tones and accents of a brave man engaged in a feat of arms... Leave me those two harmonies, the one violent, the other tranquil, such as shall best imitate the tones of men in adversity and in prosperity, in a temperate and in a courageous mood."(3) According to F. Cornford,"Leave me one which will fittingly represent the tones and accents of a brave man in warlike action... These two modes you must leave: the two which will best express the accents of courage in the face of stern necessity, and misfortune, and of temperance in prosperity won by peaceful pursuits."(4) According to Allan Bloom,"Just leave the mode which would appropriately imitate the sounds and accents of a man who is courageous in warlike deeds... These two modes-a violent one and a voluntary one, which will produce the finest imitation of the sounds of unfortunate and fortunate, moderate and courageous men-leave these."(5) According to A. Anderson,"But for our republic we need warlike melodies and songs that a brave person can sing in times of danger when courage is needed... I request that you preserve these two kinds, the music of compulsion and the music of liberty, of the unfortunate and the fortunate, of courage and moderation."

② Plato. *Republic*,398e-399c.

的音色平和,这样便自然选为理想国可以接纳和利用的乐调。① 普鲁塔克也认为柏拉图对调式的取舍,主要是根据音高的差异(by difference of pitch)。②

根据古希腊和声学专家赫拉克里德斯(Heraclides)的有关说法,传统音乐调式按照当时多利亚(Dorian)、艾奥里安(Aeolian)和爱奥尼安(Ionian)三大族群,可分为相应的三种基本调式,即:多利亚调式、艾奥里安调式和爱奥尼安调式。多利亚安调式雄壮高亢,反映出军乐传统和斯巴达人的强悍气质;艾奥里安调式大胆而欢悦,热情而殷勤,有些过分自负和自我陶醉的特点;爱奥尼调式狞厉刺耳,表现出傲慢和财大气粗的刻薄意向。至于新出现的吕底安和菲利吉亚调式,他认为还处于雏形,算不上成熟或定型的调式。他甚至对混合型和强化型吕底安调式提出批评,认为前者音色尖厉而哀婉,后者在表现时代精神方面也没有什么可以称道的特色。③

赫拉克里德斯对菲利吉亚调式的评价,也可能是出于个人的偏见。柏拉图之所以肯定这一调式,想必是有其特殊原因的。当代有些学者的研究成果也表明了这一点。维斯特(M. L. West)在《古希腊音乐》一书中总结说:菲利吉亚调式与风笛(aulos)和克瑟拉琴(kithara)关系密切。此乐调所引发的情绪包括欣快、虔诚、激动以及宗教热情,等等。在和平时期,可用来从容不迫地修身养性或祈祷

---

① D. B. Monro. *The Modes of Ancient Greek Music*, p. 8.

② Ibid., p. 24. In cc. 15-17 of the *dialogues de musica* of Plutarch, we find Plutarch is dwelling on the superiority of the older and simpler music, and appeals to the opinion of Plato. As he states, "The Lydian mode(hàrmoniā) Plato objects to because it is high (oxeià) and suited to lamentation. Indeed it is said to have been originally devised for that purpose: for Aristoxenus tells us, in his first book on Music, that Olympus first employed the Lydian mode on the flute in a dirge over the Python. But some say that Melanippides began this kind of music. And Pindar in his paeans says that the Lydian mode was first brought in by Anthippus in an ode on the marriage of Niobe. But others say that Torrhebus first used that mode, as Dionysius the Iambus relates. The Mixo-Lydian, too, is pathetic and suitable to tragedy. And Aristoxenus says Sappho was the inventor of the Mixo-lydian, and that from her the tragic poets learned it. They combined it with the Dorian, since that mode gives grandeur and dignity, and the other pathos, and these are the two elements of tragedy... Moreover, it is said that the relaxed Lydian, which is the opposite of the Mixo-lydian, being similar to the Ionian, was invented by Damon the Athenian." (Cf. Monro. *The Modes of Ancient Greek Music*, pp. 21-22.)

③ Ibid., pp. 9-11.

神灵。据说,悲剧诗人索福克勒斯(Sophocles,约公元前496—公元前406)采用酒神赞美诗的方式,首先将这种调式引入悲剧。至于混合型吕底安调式,则是悲剧常用的调式。有人发现萨福在自己的抒情诗里使用过这一调式,悲剧诗人可能是从这位女诗人那里借用过来。此调式富有情感色彩,适宜于表现悲情的哀歌,容易唤起怜悯的感受。①

那么,现如今研究古希腊音乐或诗乐的西方学者,到底是如何界定柏氏所推崇的多利亚与菲利吉亚两种调式的呢?我们又当如何理解柏氏的良苦用心的呢?目前在英语世界里,研究古希腊音乐并有建树的西方学者主要是芒罗(D. B. Monro)、维斯特和维宁顿—英格拉姆(R. P. Winnington-Ingram)等人。② 由于古希腊音乐基本失传,相关的音乐理论仅剩下一点残篇,他们在研究过程中利用了现有的历史资料和欧洲其他学者的研究成果,同时还借助古希腊文学(特别是诗歌)和陶瓶彩绘等具体文本和文物,进行了尽可能言之有据的分析和总结。③ 这里删繁就简,将其归纳为以下四点:

第一,历史上看,多利亚调式是公元前5世纪或者早些时候广泛运用的一种调式,一直受到音乐家及其爱好者的青睐。据说,献给古

---

① M. L. West. *Ancient Greek Music*, pp.180-182.

② 他们各自的代表著作为:D. B. Monro. *The Modes of Ancient Greek Music*(Oxford:Clarendon Press,1894). R. P. Winnington-Ingram. *Mode in Ancient Greek Music*(Cambridge:Cambridge University Press,1936). M. L. West. *Ancient Greek Music*(Oxford:Clarendon Press,1992). M. L. West. *Greek Metre*(Oxford:Clarendon Press,1996). Evanghélos Moutsopoulds. *La musique dans l'oevre de Platon*(Presses Universitaires de France,1959).

③ 这些学术资源主要包括与音乐有关的柏拉图对话,亚里士多德的《政治学》和《诗学》,赫拉克利德斯(Heraclides Ponticus)论调式,阿里托克西努斯(Aristoxenus)的《和声学》(*Harmonics*),普鲁塔克的《音乐对话录》(*Dialogue on Music*),阿里蒂德斯(Aristides Quintilianus)的六种调式理论,普托勒密斯(Claudius Ptolemaeus,约140—160)的《和声学》(*Harmonics*),同时也参考了欧洲其他学者的研究成果,如雷纳施(T. Reinach)的《希腊音乐》(*La musique grecque*),蒙特福德(J. F. Mountford)的《希腊文学新篇章》(*New Chapters in Greek Literature*),萨施斯(C. Sachs)的《古希腊罗马音乐》(*Musik des Altertums*),里曼(Riemann)的《音乐史手册》(*Handbuch der Musikgeschichte*),维斯特福尔(R. Westphal)的《和声与韵律》(*Harmonik und Melopöie*. 1863),姆特索普兹(Evanghélos Moutsopoulds)的《柏拉图著作中的音乐思想》(*La musique dans l'oevre de Platon*. Presses Universitaires de France,1959),等等。另外,古希腊的诗歌、悲剧、乐器、陶瓶绘画,如西蒙尼德斯(Simonides)的哀歌(elegiac poems),巴库里德斯(Bacchylides)的酒神赞美诗(dithyramb),萨福和品达的抒情诗(lyrics)等,都在参考之列。

希腊抒情诗之父特尔潘德(Terpander,公元前7世纪)的扬扬格祷文,就采用了这种调式。在古希腊早期众多诗人的作品中,也都或多或少地采用了多利亚调式。其中的代表人物包括多利亚歌舞诗派的领军人物阿尔克曼(Alcman,公元前7世纪),号称宫廷诗人的阿纳克里翁(Anacreon,约公元前570—公元前480),抒情诗人西蒙尼德斯(Simonides,约公元前556—公元前468),巴库里德斯(Bacchylides,公元前5世纪初期)和品达(Pindar,约公元前518—公元前438)。多利亚调式用于列队行进赞美诗(processionals)、派安诗(paeans)、爱情诗(songs of love)、悲剧诗(tragedy)和哀歌(laments)等体式,在歌舞合唱乐曲中最为常见,但与其他基调也能兼容,因此是一种相当通用的调式(a versatile mode),也是用来教青少年习弹里拉琴的第一调音。菲利吉亚调式与风笛(aulos)音乐联系密切,但并不局限于风笛吹奏曲。与阿尔克曼齐名的古希腊抒情诗人斯特西克拉斯(Stesichorus,约公元前640—公元前555)曾经指出,他的《俄瑞斯忒亚》(*Oresteia*)就是一首采用菲利吉亚调式的诗歌,吟唱时的伴奏乐器是拥有7到11根弦的克瑟拉琴(kithara),这种调式适应于多重基调,如欢快、虔诚、激越或宗教狂热等。按理说,柏拉图不会欣赏这种调式,但由于他只看到该调式虔诚与平和的一面,忽视了其激越与狂热的另一面,因此将其与多利亚调式并列一起,作为理想国诗乐教育的基本素材,以期在和平时期用它来培养人们明智的节制美德和敬神的虔诚心性。在以雅典为中心的阿提卡地区,菲利吉亚调式的定型和传播晚于多利亚调式。据说,古希腊悲剧诗人索福克勒斯率先将菲利吉亚调式引入悲剧创作,借以表现酒神赞美诗的狂热情调。欧里庇德斯(Euripides,公元前485—公元前406)曾经暗示,菲利吉亚调式与外来的亚洲曲调和狂热的酒神崇拜有关。用此调式谱写的风笛音乐,用于宗教仪式,祭献给希腊诸神的天国奥林帕斯,在崇拜诸神之母的教派中颇为流行。柏拉图和亚里士多德都称赞这一调式,主要是因为由此谱写的祭神音乐,具有激发人们敬神的宗教情感和精神需要。[1]

---

[1] Cf. M. L. West. *Ancient Greek Music*, pp. 179-181.

第二，从乐理的角度讲，古希腊音乐调式的区别，主要在于音调高低的不同。这方面的差异也是构成各个调式之伦理特性的主要根源。故此，调式(harmonia)与音调(tonos)在涉及音高标准(pitch)方面相类似。① 芒罗甚至断言说：从亚里士多德到普鲁塔克，在使用调式(harmonia)与音调(tonos)两词时，并非意味着两种不同的东西。后来的学者维斯特法尔(R. Westphal)等人认为两者有所区别，但依然承认两者有时互用。因此，"学者在调式与音调之间所作的区别，在古希腊音乐中是根本不存在的"②。在早期的八度音阶(octave or octachord system)中，多利亚调式居于中间，不高不低，随后音高由此逐阶

---

① According to Monro, "by harmoniai Plutarch (or the older author from whom he was quoting) meant particular keys. This is fully confirmed by the use of τονος in a passage a little further on (c. 8), where Plutarch gives an account of an innovation in this matter made by Sacadas of Argos (fl. 590 B. C.). 'There being three keys (tonoi) in the time of Polymnastus and Sacadas, viz. the Dorian, Phrygian and Lydian, it is said that Sacadas composed a strophe in each of these keys, and taught the chorus to sing them, the first in the Dorian, the second in the Phrygian, and the third in the Lydian key: and this composition was called three-part Nome (nomos trimerēs) on account of the change of key.'" Moreover, Monro argues that both Aristoxenus and Westphal "take τονος to mean αρμονια or 'mode' (in his language Tonart, not Transpositionsscala). For in the view of those who distinguish harmonia from tonos it is the αρμονια upon which the ethos of music depends. Plutarch himself had just been saying that Plato preferred the Dorian αρμονια on account of its grave and elevated character... In the course of the passage of Plutarch already refrred to (De Mus. C. 17) it is applied to the Dorian mode, which Plutarch has just called αρμονια. As tropos is always used in the later writers of the keys (tonoi) of Aristoxenus, this may be added to the places in which hàrmonià has the same meaning." (Monro. *The Modes of Ancient Greek Music*. pp. 25-27). Also according to Winnington-Ingram, "the nature of Ptolemy's theoretical system is fairly clear. Seven τονοι provided melodies which, like the αρμονιαι, different in character; and these τονοι were modes, being in essence species of the octave... Here the fragments come to our help... But, though they reveal diversity of mode, the number of different modalities that they illustrate with clarity is not enough to enable us to generalize from them; they neither prove nor disprove the validity of any of the neat schemes of tonics that have been postulated for the Greek modes. Such as they are, can we use them as evidence for the modes of an earlier day? Certainly the rich emotional associations of a less sophisticated music has been lost; certainly both theory and practice had reduced the anomalies of the old modes to order; certainly all but diatonic intonations had been practically eliminated, a fact which may well have affected the nature of all melody. Still there appears to be an unbroken tradition between the αρμονιαι and Ptolemy's τονοι." Cf. Winnington-Ingram. *Mode in Ancient Greek Music*, pp. 81-82.

② Cf. Monro. *The Modes of Ancient Greek Music*, pp. 29-30. According to Monro, "there was no such distinction in ancient Greek music as that which scholars have drawn between Modes (harmoniai) and key (tonoi or tropoi) (Cf. p. 101)."

上扬,最后到达最高音(nētē)。① 事实上,八度音阶是由两组四声音阶(tetrachord)构成的,或者说,是由四根弦的里拉琴增至八根弦的里拉琴而形成的,每根弦代表不同的音调与音高。下面四个音调是低音部分,上面四个音调是高音部分。多利安调式属于中调(mēsē),是低音部分里的最高音,没有进入高音部分,但却发挥着承上启下的关键作用。根据阿里托克西奴斯的七音调系统(seven keys),多利亚调式、菲利吉亚调式与吕底安调式位列其中,各有高低音变化。全音程的多利亚调式位于中调,其上就是菲利吉亚调式。② 两者均代表中正不偏的音高,既不太低,也不太高,易学好懂,不存在过犹不及的问题。多利亚调式之所以被认为是最佳音调,就在于它是低音调系列中的最高音调;而菲利吉亚调式之所以被认为是仅次于多利亚调式的最佳音调,就在于它是高音调系列中最低音调。从音高的等级看,菲利吉亚调式居于多利亚调式之上,音调略高,音乐效果与情感反应相对有别。实际上,菲利吉亚调式也善于表达激越与狂热的基调,这在前面已经谈到。相对而言,多利亚调式与菲利吉亚调式均属中调,基本符合亚里士多德所倡导的"中正不偏"之道,而其他调式的音调不是过高(尖厉),就是过低(低沉),因此在少年诗乐教育中应用这类音节和歌词

---

① Cf. Monro. *The Modes of Ancient Greek Music*, pp. 31-32. The octachaord system follows:
Nētē("highest" string)
Paranētē("next to Nētē")
Tritē("third" string)
Paramesē("next to Mēsē")
Mesē("middle string")
Lichanos("forefinger" string)
Parypate(string next to Hypate)
Hypate("lowest" string)

② 按照全音阶的音高音低进行上高下低的顺序排列如下:
Mixo-lydian...b-b
Lydian....c-c
Phrygian...d-d
Dorian.....e-e
Hypo-lydian...f-f
Hypo-phrygian...g-g
Hypo-dorian...a-a(Cf. Monro. *The Modes of Ancient Greek Music*, p. 59)

最为适宜。① 亚氏等人显然认同其业师柏拉图的调式选择,尽管修正了一般人对菲利吉亚调式的笼统性看法。总之,在乐理上,多利亚调式与菲利吉亚调式是关乎音调及其高低的。柏拉图自己也认为,只有了解高低长短的音调或调式的人,才有可能听懂音乐。② 可见,乐理知识与音乐欣赏是密切相关的。

第三,就音乐的技术性功能来看,古希腊的调式一方面是为里拉琴或七弦琴调音的,另一方面也是风格化歌曲的典型(epitome of stylized song)表现形式。这种歌曲带有某一特定地区、特定族群或特定职业的风格色彩,其品格特性的形成,在一定程度上是源于人们对其发源地所产生的联想;其品格特性的强化,或许是因为在歌曲流传过程中得到神话的附和与称赞。"中国音乐中的'调',印度音乐中的'拉格'(rāg),阿拉伯音乐中的'马卡姆'(maqam)是如此,古希腊音乐中的调式(harmonia)兴许也是如此。人们在聆听时,可以准确地感受到每个调式与每种歌曲的音色,极不情愿采用转调的方式将这些音调联合起来。然而,音乐商业交流打破了这种限制,致使音乐联想的效力逐渐淡化。尽管调式的多样化依然保持了下来(音阶因音调构成的内在关系而不同),但调式的品格特性主要取决于纯粹的音乐差异,结果,这些品格特性变得不那么鲜明了,各种调式与题材的亲和关系也不那么醒目了。"③这就是说,多利亚调式带有斯巴达音乐文化的地域

---

① 参阅亚里士多德:《政治学》(吴寿彭译,北京:商务印书馆,1997 年),第八卷,第七章,1342b5—20。

② Cf. Plato. *Philebus*, 17c-d. As he put it, "If you take the art of music, you must be able to put down a distinction between low, high, and level of pitch. You wouldn't be a person of real understanding in music if you knew no more than these three terms, though indeed if you don't know them you'd be of practically no account in musical matters."

③ Cf. R. P. Winnington-Ingram. *Mode in Ancient Greek Music*, p. 3. "Mode may be defined as the epitome of stylized song, of song stylized in a particular district or people or occupation; and it draws its character partly from associations contracted in its native home, reinforced perhaps by the sanctions of mythology. This is true of the Chinese *tyao*, the Indian *rāg*, and the Arabian *maqam*; and probably of the Greek harmonia. The colour of each mode, each type of song, is precisely felt; and there is great reluctance to combine them by modulation. But, as the commerce of music breaks down this reluctance, the associations gradually fall away; and, though there may still be modal variety of a sort (scales differing in the internal relations of their notes), the characters of modes must now depend principally upon purely musical differences: they will be less trenchant, and the affinities of mode and subject-matter will be less clearly marked."

色彩与民风习俗,聆听多利亚音调,容易使人联想起斯巴达人的生活风范;菲利吉亚调式亦然。这就如同我们聆听四川号子、陕北民歌或苏州小调,我们自然而然地会联想到地域色彩与当地民风。譬如,听唱陕北民歌《信天游》与苏州小调《茉莉花》,我们的确能感受到各自音色、音域、音调和品格特性的明显差异,由此而引发的情感反应与审美评价也不尽相同。前者使人觉得悲凉与放达中的酣畅,后者使人觉得悠然与雅致中的缠绵。

第四,就音乐所表现的精神而论,柏拉图通过苏格拉底之口,对不同调式所反映的精神或品格(ēthos)及其伦理价值作了比较,认定多利亚和菲利吉亚两种调式适合于理想国的公民教育。据说,品达在一首派安赞歌(paean)里宣称,多利亚韵律最为庄重或肃穆;①亚里士多德认为多利亚调式"庄重",适合于表达"勇毅的性情"(brave disposition);②普鲁塔克也认为多利亚调式"庄重",有益于塑造"高贵的品格"(elevated character)。③ 后两位显然进而确认了柏拉图的调式观。后来的学者也大都重复了这一点。牛津古典学者芒罗在总结和研究前人成果的基础上,最终得出如下结论:古希腊音乐作品的伦理品性(ethical character),诚如阿里斯蒂德斯所言,主要取决于音调的高低(pitch)。举凡调式(harmonia or mode),无论是多利亚还是菲利吉亚调式,均与音调的高低密切相关,其表现力会对人产生不同的感染效果。另外,变动的音程(moveable notes)也对音乐的伦理品性产生一定的影响。这是因为变动的音程决定音阶的种类(genus of the scale)。关于不同音乐种类或调式的伦理品性,阿里斯蒂德斯认为,全音程乐调(the Diatonic)表现出男性气概和庄重朴素的特性(masculine and austere);半音程乐调(the chromatic)表现出温馨甜美或悲情忧伤的感

---

① According to Aristoxenus, the Dorian mode was one of the most widely used in the fifth century and probably earlier, and it was always well regarded. It was used for processionals, paeans, songs of love, and in tragedy, especially for laments. Clearly it was a versatile mode, often employed for choral song but not confined to it, and compatible with more than one mood. Pratinas once said that Pindar certainly, in a paean, acclaimed the 'Dorian melody' as being the most dignifyied or solemn. Cf. M. L. West. *Ancient Greek Music* (Oxford: Clarendon Press, 1992), pp. 179-180.

② 参阅亚里士多德:《政治学》第八卷,第五一七章。Also see D. B. Monro. *The Modes of Ancient Greek Music*, p. 24.

③ 参阅亚里士多德:《政治学》第八卷,第七章,1342b10。Also see Monro. *The Modes of Ancient Greek Music*, p. 26.

受(sweet and plaintive);大半音程乐调(the Enharmonic)表现出动人心魄和欣然愉悦的气氛(stirring and pleasing)。这一评论无疑来自早期的看法。我们从古希腊权威学者托勒密(Ptolemy,约公元127—151)那里得知,音程种类的变化与音调高低的变化,是音乐韵律中的两种变调形式。① 由变调所产生的艺术效果,通常根据听众的反应予以修饰性的描述。就多利亚与菲利吉亚调式来讲,古希腊人采用了一连串修饰词来表示它们各自的精神与品性。他们认为多利亚调式"富有男子汉的果敢气概"(andrōsēs),"具有庄严恢宏的气势"(megaloprepēs),而且表现出"稳重"(stasimos)、"高贵"(semnos)、"雄强有力"(sphodros)和"朴实无华"(skuthrōpos)的风范。相形之下,菲利吉亚调式有一定的神秘色彩,"与祭祀酒神的宗教仪式有关"(orgisastikos),擅长表达"深刻的内心感受"(pathētikos)和"狂热的宗教情感"(enthousiastikos)。②

从我们聆听音乐或诗歌(甚至说话)的直接经验看,音调的高低强弱,音程的长短变化,会对人的生理(听觉)产生影响,同时也会对人的心理产生影响,现代音乐中的高低音变调与行板、快板或慢板在听众身上所引发的不同生理反应和情感反应,便是不争的事实。另外,原本自然的感官,在人类文明发展的实践过程中,不断人文化、社会化与理智化,已经不再是单纯生理性与情感性的了。对于来自外界的音响刺激,听众或多或少都会赋予一种解释或意义,甚至将自己的情思意趣自然而然地投射进去,构成一种带有主观色彩的"有我之境"。尽管如此,我们对柏拉图有关古希腊音乐调式的道德化评价与取舍,总是心存疑虑。因为,听众的个人经历、背景和心境不同,对音乐的感受也不尽相同。像柏拉图、亚里士多德、阿里斯蒂德斯和托勒密等人,也许

---

① Cf. D. B. Monro. *The Modes of Ancient Greek Music*, pp. 66-67. Talking about the ethical character of the moveable notes, Monro quotes from Aristides(p. III) who argues that "the Diatonic is masculine and austere, the Chromatic sweet and plaintive, the Enharmonic stirring and pleasing."

② Cf. Richard Lewis Nettleship. *Lectures on the Republic of Plato* (New York: St. Martin's Press, 1964), pp. 120-121. In addition, Nettleship states, "The Lydian is called glukus (sweet) and poikilos (varied); it is also said to be appropriate to the young. If the accepted theory about the modes is correct, both Plato's view of the Dorian mode and Aristotle's illustrate the fact that the present associations of the minor key are due to a late development of musical sentiment. In the early Christian Church grandness and sternness were associated with it; and early ecclesiastical music inherited the characteristics of Greek music."

能从多利亚调式里体味到庄严与勇毅的道德价值,其他人也会产生同感吗?另外,古希腊音乐调式的道德伦理意义,会不会因为一些名家如是说,后来者便拾人牙慧,重复旧说呢?人类语言有诸多奇妙或荒唐之处,其一就是某种说法重复多了就有可能成为定论,成为思想的遗教。要在今日澄清这些问题,那是极其困难的,尽管我们有理由从怀疑论的角度去反思。

目前,比较现实的做法,就是利用相关的历史文化背景,尽力搞清这些音乐要素是否包含那些突出的道德品性或伦理价值。譬如,从芒罗所列举的相关遗篇看,①多利亚音乐是斯巴达文化、文学、生活、习俗和精神的一个方面,多利亚调式概莫能外。音乐与诗歌不分,与舞蹈一体,当时的音乐或诗乐作品,不只用来参加艺术表演和比赛,而且大量用于实际生活娱乐、军事演练、征伐作战与身心教育。那么,在联想的作用下,人们聆听或高唱自己熟悉的乐调,譬如多利亚调,自然会将其与实际功用、斯巴达人的生活方式及其英武果敢的精神气质联系起来。② 不难想象,希腊军队在行军途中或演练场上,在军乐式的多利亚音乐伴奏下,引吭高歌,由此所激发和展示的自然是雄壮、激越、勇敢

---

① According to Monro's observation, "the Dorian mode is amply represented in the extant remains of Greek music. It is the mode of the two compositions of Dionysius, the Hymn to Calliope and the Hymn to Apollo(p. 88), perhaps also of Mr. Ramsay's musical inscription(p. 90). It would have been satisfactory if we could have found it in the much more important fragment of the *Orestes*. Such indications as that fragment presents seem to me to point to the Dorian mode(Cf. Monro. *The Modes of Ancient Greek Music*, p. 104).

② 斯巴达人除了每天锻炼身体之外,还经常在野外的营帐内唱歌。吃过晚饭,每人轮流连说带做,吟唱一段颂歌,最佳表演者由队长奖赏一块大肉。其场面颇为壮观,高大的青年长得健美而强壮,长发拢在头顶,身穿红背心,手拿大盾牌,做出英雄和运动员的手势,唱着下面的诗句:"我们要为这个地方,为我们的故乡英勇作战!/要为我们的子女而死,不吝惜我们的灵魂。/你们这般青年,你们要为肩战斗,顽强到底!/不能有一个人不顾羞耻地逃跑,不能表示害怕。/要在胸中养成一颗豪侠勇猛的心……/对你们的前辈、膝盖不灵活的老人,/不能遗弃,不能躲避!/如果让须发皆白的老兵倒在前列,倒在年轻士兵前面,岂不丢尽脸面!/看着老兵躺在尘埃,英勇的灵魂奄奄一息,/双手在裸露的皮肤上抓着流血的伤口,/这对你来说是多么可耻!/相反,受伤的应该是年富力强的青年。/他们受到男人的赞美,受到女人的爱,/他们倒在前列也一样俊美……/但愿人人热情奋发,坚持不屈,/两脚牢牢地钉在地上,牙齿紧咬着嘴唇,/大腿,小腿,肩膀,从胸部到肚子,到整个身体,/都有阔大的盾牌掩护/作战的时候就得脚顶着脚,盾牌顶着盾牌,/头盔顶着头盔,羽毛顶着羽毛,胸脯顶着胸脯,/身体贴着身体,用长枪或利剑,/洞穿敌人的身体,把他刺死在地。"当时有许多这一类的歌曲,配合军队生活的各个方面,特别是在笛子声中冲锋用的二短一长格的战歌(参阅丹纳:《艺术哲学》,第 303—304 页)。

的情怀和品性了。同理,我们现在聆听四川号子与吴越小调所产生的联想与感受,显然是不一样的。前者灌注着拉纤夫的吃苦坚韧精神,后者流溢着江南淑女般的闲情逸致。由此假定,柏拉图所言的音乐调式与风格精神,是有一定根据的。他试图用多利亚调式来激发勇敢的美德,用菲利吉亚调式培养节制的美德,于是基于道德理想主义的考虑,对音乐调式进行了工具性的筛选。这种做法尽管有武断与专制之嫌,但从他所追求的理想化和道德化的教育角度看,是符合逻辑的。

当然,《理想国》对调式的描述也存在一定的出入,譬如反对用风笛来进行音乐伴奏。亚里士多德在《政治学》里,试图纠正这一缺失。他批评说:"在《理想国》中,苏格拉底在多利亚调式之外只选取菲利吉亚调式是错误的;他在先既反对笛声,后来又存录菲利吉亚调式,则他的谬误尤为可异。菲利吉亚调式之于其他调式,恰恰犹如笛管之于其他乐器;两者都以凄楚激越、动人情感著称。这可以诗体为证。酒神狂热(bakcheia)以及类似的情感冲动[入于诗篇而谱于乐章者],只有用笛管最为谐和,若用其他乐器,便觉失其自然。就乐调说,也与此相似,菲利吉亚调式中的音乐最能表达狂热心境。酒神赞美诗[热狂诗体]以狂热而闻名,通常都知道这诗与菲利吉亚调式的音节相适应……据说诗乐家菲洛克色诺就曾拟以多利亚调式为谱,填制一篇题为《米苏人们》的酒神赞美诗或狂热诗章,他终究没有成功;后来他不得不仍旧沿用菲利吉亚调式来编写。"①亚氏的补正是中肯的,从菲利吉亚调式的历史沿革和品格特性看也是如此。按照亚氏的"净化说"(katharsis),以菲利吉亚调式谱写的狂热而激越的酒神赞美诗,会使听众经过酣畅淋漓的情感宣泄与审美体验之后,最终如跌宕奔涌的江河归于大海,归于平静。但柏拉图似乎看不到这一点,他向来对情感问题十分敏感,总担心人们在忘情之中丧失理智,没有节制。因此,他也许只是看中了菲利吉亚调式在平时祭祀仪式上所呈现出来的虔诚与静穆特征,或者说仅想利用这一具有宗教色彩的伦理品性,将其纳入道德理想主义的心灵诗学实践之中,以期移风易俗,教化民众,提高与节制相关的心理素养和精神气质。他之所以有意忽略其他方面,坚决反对使用风笛,恐怕也是为了回避或削弱菲利吉亚调式的激越和狂热的品性。

---

① 参阅亚里士多德:《政治学》第八卷,第七章,1342b1—15。

四　简约明快的节奏：Enoplios, Daktulos 与 Herōos

在诗乐教育制度化的古代雅典，诗乐舞是人们生活中的重要组成部分，一般公民大多享有超凡的节奏感，因此对诗歌、音乐以及演说的节奏要求甚高。一般说来，音响的轻重缓急、音程的长短相间和音调的高低起伏形成节奏，其中的节拍按照一定的规律强弱变化，交替出现，具有便于吟唱的功能和怡情悦性的美感。因此，柏拉图特别强调要运用"好的节奏"（ευρυθμια／euruthmia）而摒弃"坏的节奏"（αρρυθμω／arruthmō）。好的节奏铿锵有力，令人精神振作，会陶冶出好的性情，培养出真正优良的品格和头脑。相反，坏的节奏所采用的音步或格律生硬勉强，只能刺激或诱发"吝啬褊狭、傲慢无礼或疯狂等等坏毛病"[1]。那么，什么是"好的节奏"呢？其衡量的尺度是什么呢？

在《理想国》第三卷里，对话者在探讨好的节奏之前，柏拉图先通过苏格拉底之口设定了前提，确立了目的，那就是要利用好的音乐节奏来"净化这个城邦"。用他的话说，

> 让我们来继续做净化的工作吧（ta loipa kathairōmen）！调式之后应当考虑节奏。我们不应该追求复杂的节奏与多种多样的韵律，我们应该考虑什么节奏可以表现有秩序的和勇敢的生活。找到这些节奏之后，我们就使音步和曲调配合歌词，用来表现这种生活，但是不能使歌词迁就音步和曲调。因此，我们需要搞清哪些节奏适宜于表现卑鄙、凶暴、疯狂或其他邪恶，哪些节奏适宜于表现与此相反的内容。[2]

在接下来的对话中，先是提到"三种节奏"和"四种音阶"，[3]随后

---

[1]　Plato. *Republic*, 399e-401a.
[2]　Ibid., 400a-d.
[3]　参阅前一章"节奏即格律"部分。相关解释主要采用了芒罗的观点。三种节奏代表最普通的三种音步排列方式或诗歌格律：一是先短音后长音的"短长格"（dactyl）；二是先长音后短音的"长短格"（spondee）；三是一个长音后面两个短音的"长短短格"（anapaest）。由这种长短音有规律地排列而见节奏。至于"四种音调"（tois phthoggois tettara），可能是指在四弦琴基础上归纳出来的"四度音阶"（tetrachord）。目前对此尚无定论。但我们可以假定，"四度音阶"而两之，后演化为"八度音阶"（octave）。随着古代乐器的不断发展，音阶也逐步变得丰富多样起来。譬如，因五弦琴而有"五度音阶"，因六弦琴而有"六度音阶"，因七弦琴而有"七度音阶"。中国的五音六律十二音律也是逐步发展起来的。仅从发展逻辑上推导，似乎可以理解。这方面的问题暂且悬置，有待新的研究成果和新的考古发现来证实。

根据公元前 5 世纪著名理论家戴蒙(Damon)的有关说法,列举了以下几种格律范式:第一种是表现战争气势的复合节奏或军乐调(enoplios),第二种是长短短格节奏(daktulos),第三种是英雄诗体节奏(hērōos)。根据这些格律来安排成节奏,主要根据每个音步的高低起伏,均衡有致,并将其归结为长短不一的音节。戴蒙还把一种音步称之为短长格(iambos),把另一种音步称之为长短格(trochaios),这两者均以音的长短来定节奏。戴蒙在评价好坏时,既顾及每一音节的快慢,也顾及全章的节奏,而且还顾及两种效果的混合。① 由于引述的论说不太清楚,柏拉图通过苏格拉底做出如下断语:

> 美与不美,要看节奏的好坏。节奏的好坏要看歌词的好坏,正如音乐的好坏要看歌词的好坏一样。我们已经说过,应该是节奏和乐调符合歌词,不应该使歌词迁就节奏和乐调。所以,好的歌词,好的乐调,好的德行,以及好的节奏,均有赖于好的性情。所谓好的性情,并不是我们通常拿来恭维愚笨人的那个意思,而是心灵真正尽善尽美。总之,坏的德行,坏的节奏,坏的乐调,都由于坏的歌词和坏的性情所致。相反地,好的德行,好的节奏,好的乐调,都由于节制而善良的性情所致。②

根据上列陈述,我们至少可以看出以下两点:一是以道德为本位的净化工作,二是表现理想生活的简约范式。这两者显然与柏拉图的道德理想主义和政治工具主义有着密切的关联。

---

① Plato. *Republic*,400c.
② 在表示上述好坏之间的关系时,柏拉图在原文中使用了"姐妹关系"(adelpha)一词,表示双方之间密不可分、相互连带的关系。这里所谓"节制而善良的性情"是我个人根据原文翻译的。原希腊文是 sōphronos,一方面表示"聪明的头脑"(sound or soberminded),另一方面表示"节制欲望之心或自我控制"(having control over the desired mind, temperate, self-controlled)。在柏拉图所推崇的四大美德中,节制居于其一,而且一再强调,反复教导。因此翻译成"节制"或"内心的节制"似乎更为妥当一些。这个希腊文短语是 sōphronos te kai agathou ēthous,可以顺便译为"节制而善良的性情或精神",郭斌和、张竹明将其译为"明智、美好的品格";朱光潜将其翻译成"心灵的聪明和善良";估计是参照了 Paul Shorey 或 Davies-Vaughan 的英译本。前者的英译是"the sober and good disposition"后者的英译为"brave and soberminded"(Cf. Plato. *Republic*,401a. 另参阅朱光潜译:《柏拉图文艺对话集》,第61—62页;郭斌和、张竹明译本 401A)。

1. 以道德为本位的净化工作

柏拉图所言的"净化工作"(kathairōmen),不仅是探讨好的节奏如何确立的前提,也是通过好的节奏所要达到的最终目的,此乃倡导诗乐教育的目的论使然。这种目的论,无疑是其道德理想主义和政治工具主义思想在诗乐教育中的具体表现。首先,净化工作是对道德内容与道德理想而言。前者的根本任务在于清除那些表现"鄙俗、凶暴和疯狂等邪恶"(aneleutherias kai hubreōs ē manias allēs kakias)的节奏;后者则在于利用好的节奏来表现与这些邪恶相反的美德,譬如"节制、勇敢、大度、高尚等美德"(sōphrosunēs kai andreias kai eleutheriotētos kai megaloprepeias kai osa toutōn adelpha)。① 这些美德是道德理想的重要组成部分,是城邦护卫者务必认识的对象,也是需要他们身体力行的准则。

其次,净化工作虽然是对理想城邦的年轻护卫者来讲的,是从理想国的社会理想角度出发的,所参照的现实模式应当是雅典城邦。因此可以说,净化工作在很大程度上是针对当时雅典的社会风气而言的,柏拉图试图借此将放纵的娱乐生活纳入道德化的轨道。相关的历史资料告诉我们,古希腊雅典人的日常娱乐文化与饮宴活动密不可分,享乐主义色彩极其浓厚。一次饮宴集会(symposion),不仅是社交活动,而且是饮酒、闲谈、论辩、歌舞、吟诗、纵欲、做爱、口交和同性恋等活动的大杂烩,这在现存的古希腊陶瓶绘画上和描写饮宴的情诗里可以找到足够的证据。② 会饮期间,人们各尽其兴;饮宴散后,人们沿

---

① Cf. Plato. *Republic*, 400b, 402c.

② Cf. "The Ways of Love in the Poetry in the *Thiasos* and Symposium," in Bruno Gentili. *Poetry and Its Public in Ancient Greece* (tr. A. Thomas Cole, Baltimore and London: The Johns Hopkins University Press, 1990), pp. 72-104. 在有些饮宴上,色情与淫荡是寻欢作乐的内容。吹笛的姑娘与舞女通常是饮宴者娱乐的对象,来自女性同性恋胜地——莱斯博斯岛——的姑娘或妓女也是提供娱乐的工具。吕西坡(Leucippe)是来自莱斯博斯岛的一位年轻美貌的姑娘,在当时的雅典相当有名。阿纳克里翁(Anacreon)在一首诗里描写了他自己与这位姑娘在饮宴期间的一段插曲:A ball of many hues/hurled once again/by golden-haired Eros/invites me to sport/with a girl/in bright-colored sandals. /She, though-she is from Lesbos with its fine houses—/looks with distain on my hair-which is while—/and stands open-mouthed, gaping after another. (fr. 13 Gent.)该诗的大意是说:满头金发的爱欲女神/再一次抛起/一个五颜六色的彩球/邀请我去玩弄/一位拖着艳丽便鞋的姑娘/这姑娘来自莱斯博斯岛,家里的住房好漂亮/她虽然妖媚多情,但却蔑视我的满头银发/她站在那里大张着嘴巴,眼睛瞟着另外一个[年轻的美男]。(Cf. Bruno Gentili, pp. 94-95.)

途高歌,从一家到另一家继续饮酒作乐,甚至彻夜狂欢,当时的雅典人对此都习以为常。柏拉图作为一个道德理想主义者,反对无节制地追求快感刺激的饮宴生活方式,认为音乐舞蹈在有些场合没有起好的作用。当然,饮宴有好有坏,品位有高有低。他自己在《普罗泰戈拉篇》中有过这样的批评和比较:

> 谈论诗歌让我回想起许多普通人组织的二流饮宴。这些人没有教养,娱乐的方式俗不可耐,他们饮酒时吵吵嚷嚷,胡唱瞎说,哄抬女乐师的出场价格,出高价聘用善歌善舞的高手,使用风笛伴奏,在靡靡之音中寻欢作乐。然而,在文人雅士举办的饮宴上,你会发现没有吹风笛或弹奏竖琴的姑娘,也没有舞女。文人雅士们相互谈经论道,其乐融融,根本无需那些轻浮无聊的玩艺儿。他们侃侃而谈,相互交流,或说或听,即便酒喝多了,谈兴依然不减。与我们同一类的人在饮宴时也是如此,不需要请人来唱歌助兴,甚至连诗人也不邀请。没有人会向诗人询问他们所说的意思,因为在很多情况下每谈到诗人的作品,大家总是意见不一,各说一套,总难达成一致。上等人避免讨论这样的话题,他们喜欢各抒己见,表述自己的思想,彼此启发娱乐对方,彼此检验对方交谈的勇气。①

显然,柏拉图不喜欢那种没有品位、没有教养、以唱歌跳舞为娱乐目的和单纯追求感官刺激的饮宴,认为那种靡靡之音消磨人的意志,使人变得轻浮和粗俗,甚至放纵或堕落。然而,他对另一种旨在清谈玄理、坐以论道的饮宴则倍加赞赏和推崇,认为那是思想的启蒙,智慧的交流,哲学的盛宴,有识之士的精神娱乐,因此有意把唱歌跳舞的声色娱乐排除在外。从道德理想主义角度审视,柏拉图的这一见地是符合其思想逻辑的。但是,其褊狭之处也显而易见。难道就没有一种包容歌舞娱乐与思想交流的饮宴吗?难道基于歌舞的审美佐餐与充满哲学论辩的精神佳肴就无法融通吗?答案无疑是否定的。柏拉图的同辈色诺芬(Xenophon,约公元前434—公元前355)所记述的饮宴,可谓两全其美,既有歌舞表演,也有哲学交谈,因此赢得苏格拉底对主办

---

① Cf. Plato. *Protagoras*, 347c-348a.

者的高度称赞:"卡利阿斯,今天的饮宴真是完美至极。美味佳肴,尽享口福;歌舞表演,尽享眼福耳福。美哉妙哉!"①另外,普鲁塔克所记述的饮宴,也是饮酒、歌舞与交谈并存,但却达到两全其美的境界。因此,我们不妨这样推测:柏拉图不是厌弃传统的娱乐性饮宴文化,就是不满当时流行的歌舞表演形式,因此想独辟蹊径,探寻适合于诗乐教育和道德修养的好节奏、好诗歌。

2. 表现理想生活的简约范式

柏拉图一再强调,"我们不应该追求复杂的节奏与多种多样的韵律,我们应该考虑什么节奏可以表现有秩序的和勇敢的生活"。按照我们的理解,"复杂"与"多种多样"的反面就是简约。简约并不等于简单,应当是简练质朴,是淘洗抽象与删繁就简后的精华部分。在柏拉图看来,好的歌曲与乐调应当简约而质朴,因为"复杂的音乐产生放纵,质朴的音乐文艺教育则能产生心灵方面的节制(akolasian ē poikilia enetikten,... ē ds aplotēs kata men mousikēn en psychais sōphrosunēn)"②,所以不需要琴弦太多和音阶复杂的乐器。笛子是声音最多的乐器,多音阶的乐器都是摹仿笛音的结果。故此,理想国内不要制造像笛子(aulos)一类的"多弦多音阶乐器"(organōn osa poluchorda kai pluarmonia),应当禁止笛子演奏家进入城邦,但要鼓励使用音乐之神阿波罗所代表的

---

① Cf. Xenophon. *Symposium 2*,1-3. The narration goes as follows:The tables were cleared, a libation offered and a hymn sung. A man from Syracuse now came in to entertain the guests. He had with him a flute-girl, a dancing-girl with spectacular abilities, and a boy, a good-looker, to play the lute and dance. The Syracusan made his living by producing this show. The flute-girl and the boy played on their instruments, and there was general satisfaction with their performance. Socrates commented, "The perfect dinner-party, Callias! An unexceptionall meal, followed by a feast for eyes and ears.""How about ordering some perfume," said Callias, "to have a feast for the nose as well?" "Also see Plutarch. *Cimon 9*,1-2. Plutarch records," Ion says that while still a teenager he came from Chios to Athens and dined with Cimon [507-449 BC] at Laomedon's house. When the wine was served Cimon was invited to sing. He gave quite a pleasant performance and the guests favored him as a cleverer man than Themistocles, who knew how to make his country prosperous and powerful, but not how to sing or play the lyre. After that, as you would expect with the drink circulating, conversation turned easily to Cimon's achievements. They recalled his outstanding exploits, and he himself recounted one of his own stratagems which he thought particularly shrewd. [cited from John Ferguson & Kitty Chrisholm(ed. s). *Political and Social Life in the Great Age of Athens*. (London: The Open University Press,1978),pp. 208-209.]

② Cf. Plato. *Republic*,404e.

琴类乐器(如里拉琴)。①

柏拉图提倡简约的节奏范式以及乐器,必然有其特殊用意。质而论之,那就是要借此表现"有秩序的和勇敢的生活"(alla biou kosmiou te kai andreiou)。这种生活不仅因秩序(kosmiou)而和谐而美好,而且因秩序而守纪而节制;不仅因勇敢(andreiou)而雄壮而善战,而且因勇敢而发展而富强。这实际上是优秀的护卫者所追求的职业道德和理想生活,是理想城邦所应有的公共伦理和幸福生活。一般说来,秩序与勇敢涉及城邦公共伦理和个体品德修养问题。要通过音乐节奏来表现基于这两种卓越品质或美德(arētē)的生活,就需要所采用的节奏具有相应的品质。从逻辑上讲,能表现这种生活的节奏,自然就是"好的节奏"了。在柏拉图眼里,凡是表现秩序与勇敢的节奏,就不能繁复杂多、混淆视听,也不能模糊不清、晦涩难解,更不能情切切软绵绵、诲淫诲盗,而是要简约、明快、雄浑、有力,要一听就懂,方便易学,催人奋进。这就是衡量节奏美的基本尺度。我们知道,古希腊艺术的总体特征是单纯静穆、朴实无华。柏拉图有意识地提倡简化而反对繁复,或许是认为伟大的作品本身应当如此,否则就失去了其感人之处与魅力所在。而繁复或杂多的东西,看起来五花八门,格外唬人,但实际上却虚有其表,华丽而夸张的外表掩盖不住内容的苍白与无力。这在人类文学与艺术史上,是可以找到诸多证据的。另外,以单纯或简约的节奏构成的作品,除了便于理解和欣赏之外,还有利于表现单纯而明确的理念,避免不必要的无序或歧义,更有利于教育年轻的城邦护卫者。那么,这到底是些什么样的节奏呢?有何艺术特征呢?让我们还是从具体的节奏范式谈起。

柏拉图推重的第一种范式是"表现战争气势的复合节奏(enoplios)"。我们知道,诗歌节奏的形成有赖于音步的长短变化,音乐节奏的形成取决于音势的波动起伏。古希腊的音步②,从舞蹈与军乐(如进行曲)的表现方式看,与人脚按照一定间隙踏步有关。古希腊人

---

① Cf. Plato. *Republic*, 399c-e.
② 在古希腊,构成诗歌与音乐节奏的基本单元,一是涉及声响的音调(note),二是涉及时间的节拍(time)。这两者在诗歌中合称为音步(foot),在音乐中合称为音节(bar)。诗歌中的短长格和长短短格等音步,类似于音乐中的相应音节。音步或音乐通过其中的音势(stress)或重音(accent)而协调一体(unity)。

将韵律中每个音步的重音和轻音分别称之为 thesia 和 arsis，这两者原本表示在舞蹈或行军过程中的"踏步"与"起步"，行话称其为"长格"与"短格"，现代诗歌则将它们分别称之为"扬格"与"抑格"，现代音乐则将其分别称之为"重拍"与"弱拍"。柏拉图所说的那种短长格包含两个音步，前半截为重音，后半截为轻音。而与此相对的长短格，也具有类似的特点。这两种音步所形成的节奏简约明快，铿锵有力，容易操作，适合于进行曲，有助于排兵布阵，统一步伐，鼓舞军队的士气。若与其他格律组合起来，可以谱写出节奏明快气势雄壮的军乐，这或许就是柏拉图所讲的那种"表现战争气势的复合节奏"。

柏拉图列举的第二种节奏范式是长短短格（daktulos），代表"多利亚音乐传统的典型特征，其扩展形式为短长格和长短格，结果使长短短节奏在由两个以上的格律群所构成的乐段中占有主导地位，并且凌驾于与其相邻的节奏之上"①。原则上讲，古希腊诗乐中的长格，在音程比值上约等于两个短格。希腊史诗中常用的六音步诗行，是由六个长短短格组成的格律群，其图解与体例如下：

```
  1     2     3     4     5     6
— ∪ ∪ — ∪ ∪ — ∪ ∪ — ∪ ∪ — ∪ ∪ — ‖.
```

hos ke theois epipeithētai, ǀ mala t' ekluon autou.

ēdē gar kai deuro ǀ pot' ēluthe dios Odyseus.②

---

① Cf. M. L. West. *Greek Metre*, p. 48.

② Cf. Richard Nettleship. *Lectures on the Republic of Plato*, pp. 121-123. Nettleship sums up that "Ancient metre is based upon quantity, that is to say upon the length of time which is taken in uttering a given syllable. Modern metre is based upon accent, stress of ictus, that is the increased loudness of the voice on a given syllable... The Greeks divided every foot of metre and every bar of music into two by distinguishing thesis and arsis (the stressed part and the unstressed), we shall understand the following simple classification of metres or times, to which Plato alludes... Of this the dactyl and the anapaest are types; each represents a bar of four beats (quavers), and is divisible into two parts of two beats each, of which parts one is stressed and the other unstressed. There is next the diplasongenos (our three time), in which the stressed part is to the unstressed as 2 to 1. The iambus and trochee are types of this... Plato does not give instances of this, but the type of it is the paeon. Throughout it must be remembered that a short syllable answers to a single beat of the music, and that a long syllable equals two short." Also see M. L. West. *Greek Metre* (Oxford: Clarendon Press, 1996), pp. 18-25; 35-36. According to West, 'Ancient metricians regard a long as equal to two shorts. We have just seen that a long syllable may take the place of two shorts (contraction); and in some metres two short syllables may take the place of a princeps-long (resolution)." (p. 20)

（如果服从神，多数获自由。

可直到现在，尤里西斯来找宙斯。）

这种韵律节奏，既然具有多利亚音乐传统的典型特征，那么也必然带有多利亚调式的精神品性，或雄浑壮美，或勇猛激越，或表现果敢，或使人联想起斯巴达的军旅风范……总之，这种节奏不仅与前面所推崇的表现战争气势的复合节奏相关联，而且与柏拉图培养护卫者的乐教宗旨相吻合。

柏拉图推荐的第三种节奏是英雄诗体（hērōos）。这种诗体主要用于歌颂英雄的史诗，其文体或语言风格具有高雅、豪壮与雄辩等审美特性，其节奏通常采用长短短格六音步韵律（dactylic hexameter）或者短长格五音步韵律（iambic pentameter）。这两种节奏的特点如上所述，均属于豪放雄浑一派，具有中国人所言的"阳刚"或"壮美"品性。

如此看来，柏拉图所列举的节奏范式，与前面的调式选择是一致的，都是从道德教化和实际功用的角度出发的。音乐节奏关乎美感体验，直接打动心灵，但柏拉图是想借用其中隐含或象征的道德与精神品性，在对城邦护卫者进行诗乐教育的过程中，将美感与良知同时灌注给他们，借以滋润他们的心田，培养他们的美德，塑造他们的性格。另外，由于音乐与诗歌在古希腊文化与政治生活中发挥着特殊的作用，而多利亚音乐调式与节奏又具有适合军旅和军训的实际功能，所以对培养保家卫国的英勇战士是极其有用的，从心志、意志、斗志到战法或体操，都需要有针对性的训练。在此过程中，相应的音乐总是伴随着他们，或陶情冶性，或操练战法，或统一步调，或冲锋陷阵，总离不开音乐，特别是多利亚音乐。知道了这一点，我们也就不难理解柏拉图要选择合适的调式与节奏的良苦用心了。

柏拉图对调式与节奏的审美心理效应十分关注。他认为，由调式构成的音乐旋律与由音步构成的音乐节奏，都会对观众的心灵产生直接的影响，因此要断绝那些一味表现和刺激非理性快感的东西。诚如他在《蒂迈欧篇》（*Timaeus*）中所言：

许多适合歌唱和聆听的音乐，因其音调而提供给我们欣赏。音调的运动形式与我们心灵的运转活动十分类似。文艺女神的信徒们并不将其视为给人以非理性享乐的东西，而当今的音乐却把这类享乐当作自身追求的目的。相反地，我们认为音乐音调旨在矫正心灵活动过程中可能出现的不和谐因素。这些音乐音调协同我们一起采取行动,将心灵恢复到和谐一致的状态之中。音乐节奏的目的也在于此。鉴于杂乱无章与粗野无礼在一般人类中十分盛行,我们应当启用音乐音调及其节奏来协助我们抵制那些劣习。①

显然,柏拉图的上述论调,与其道德化的理想教育宗旨以及伦理审美思想是完全一致的。另外,这与孔子所倡导的"温柔敦厚"式的诗教思想和"成于乐"的人格修养范式,确有近似相类之处。

那么,诗乐节奏果真具有如此神奇的道德影响力吗?柏拉图是否有夸大其词之嫌呢?从现代人的角度看,我们会发现柏氏为了推行其道德理想主义和政治工具主义,对诗乐教育的道德价值和情感价值的确有所夸大,有时甚至到了令人难以置信的程度,这很容易使人想起中国先秦思想家荀子的乐教理念和政治期待。但同时也要看到,时过境迁,我们终究距柏拉图所经历的社会文化语境甚远,再也不可能体验到古代雅典的饮宴文化与制度化的诗乐教育,当然也无法像古代先贤那样了解诗乐节奏对人的感化教育作用了。柏氏的门生亚里士多德也曾指出,"现在,人们研习音乐,目的大都在于娱乐,但在从前,音乐之所以列为教育的一门,则基于比较高尚的意义"②。亚氏认为音乐有三益,分别为教育、净化情感和操修心灵,后者与憩息和消除疲劳相关联,可采用各种调式。但若目的在于教育,就应当选取最优良的调式以便培养人的品德。③ 亚氏确信音乐摹仿人的品德,同时也会影响人的品德。据此,他把音乐调式分为三类:一是伦理型调式(ēthika),注重表现那种伴随道德抉择的感受;二是能动型调式(praktika),主要像军乐一样以标题音乐的方式来激发人的外显行为;三是热情型调式(enthousiastika),旨在煽情鼓动,净化激动者的情感。④ 颇有意思的是,古希腊人对音乐调式所引发的情绪反应和道德意味十分

---

① Plato. *Timaeus*,47c-e.
② 参阅亚里士多德:《政治学》第八卷,第三章,1338a28—30。
③ 同上书,第八卷,第七章,1341b37—1342a3。
④ 同上书,1341b 33—35. Also see Louis Harap. "Some Hellenic Ideas on Music and Character," in *The Musical Quaterly*. As Harap states, "According to Aristotle the modes are of three kinds: the ethical, representing the feeling which accompanies a moral decision; the active, which incites to overt action, as in military music, or represents overt actions somewhat in the manner of program music; and the enthusiastic, the mode of extreme agitation, which is homeopathically administered as a purgative to excited persons."

敏感,很有研究。他们分析当时所流行的七种音乐,认为 E 调安定,D 调热烈,C 调和蔼,B 调哀怨,A 调发扬,G 调浮躁,F 调淫荡。柏拉图最推重的多利亚调式为表现安定的 E 调,菲利吉亚调为表现热烈的 D 调,也有人将后者归于表现平和的 C 小调。① 不过,低音的多利亚调式则被归于表现发扬的 A 调,低音的菲利吉亚调式则被归于表现浮躁的 G 调。看来,这种类比是相对而非绝对的,因此不可武断。但我们不可否认,乐音的轻重、长短和色调确与情绪相关。古代中国的《乐记》中也有许多精彩的论断。譬如,

> 乐者音之所由生也,其本在人心之感于物也。是故其哀心感者,其声噍以杀;其乐心感者,其声啴以缓;其喜心感者,其声发以散;其怒心感者,其声粗以厉;其敬心感者,其声直以廉;其爱心感者,其声和以柔。六者非性也,感于物而后动。

迄今,现代科学证明,音调变动与情绪波动的关系相当密切,也就是说,声音的高低起伏对听众的生理和心理会产生一定的影响。譬如,美国心理学家舍恩(Schoen)的实验告诉我们,每种音乐都各表现一种特殊的情绪,动物确实能随着音调的变化而产生种种情绪,做出种种动作。根据朱光潜的推测,近代英国乐理学家鲍威尔(E. Power)通过研究所得的结论,似乎与上述观点相似,即:

> 高而促的音易引起筋肉及相关器官的紧张激昂,低而缓的音易引起它们的弛懈安适。联想也有影响。有些声音是响亮清脆的,容易使人联想起快乐的情绪;有些声音是重浊阴暗的,容易使人联想起忧郁的情绪。②

众所周知,情绪不只是生理与心理问题。个人的情绪通常与自身的修养、品性和精神追求相关,由音乐引发的审美情绪更是如此。不同的音乐歌舞表现形式,会激发不同的情绪、联想乃至行为反应,或高

---

① Cf. D. B. Monro. *The Modes of Ancient Greek Music*, p. 127. Monro mentions later in the same book that "The music of the hymn to Apollo is written in the vocal notation. The metre is the Cretic or Paeonic, and the key, as M. Reinach has shown, is the Phrygian-the scale of C minor, with the conjuct tetrachord c—d b—d—f." (Ibid., p.134)

② 参阅朱光潜:《诗论》,见《朱光潜美学文集》(第二集,上海:上海文艺出版社,1982年),第 115 页。

山流水,思贤而慕远;或杀伐之声,振奋而激昂;或淫靡小调,寻欢而作乐;凡此种种,不一而足。

五 适宜的文本与节制的情感

有了"好的歌词,好的乐调,好的节奏",就等于有了好的诗乐作品。古希腊的英雄史诗就是明证。但所有这些作品是否均可用作教材呢?是否均有益于教育年轻的城邦护卫者呢?柏拉图对此持怀疑态度。他从理想化的道德教育角度出发,认为现有的传统文学作品尽管是千古绝唱,诚如荷马与赫西俄德的史诗,但不能直接用作教材,不能没有选择地通过家长或学校教师传授给少年儿童,而是需要在实施教育的过程中注意文本的选择和情感表现的尺度。原则上,用做教材的诗乐作品,应当根据教育对象的认知能力有所选择;其中的情感表现,也应遵循道德教育的需要有所取舍。选择文本或教材的基本标准是"适宜",表现情感的一般尺度是"节制"。前者要求所采用的诗乐作品适合于年轻的城邦卫士所能理解和接受的水平,后者要求所表现的情感把握一定的度,不流于放纵泛滥或一味追求过度的感官刺激与快感享受。对此,柏拉图有过明确的论述。

1. 文本的选择

柏拉图认为,好的诗乐教育应有好的开端,而好的开端要靠好的文本或教材。这一方面是因为青少年阶段的心性相对稚嫩,单纯而好奇,摹仿兴致高,最容易受同化;另一方面是因为艺术感染力大,陶情冶性能力强,青少年会由于缺乏辨别能力而受其影响,从而会左右其品性人格的定型。那么,青少年既要接受艺术教育,又要排除其消极作用,这一矛盾应当如何解决呢?柏拉图的做法直截了当,那就是从道德理想出发,采用文艺审查制度,选用适合的教材。如他所言:

> 我们首先要审查故事的编者,接受他们编得好的故事,而拒绝那些编得坏的故事。我们鼓励母亲和保姆给孩子们讲那些已经审定的故事,用这些故事铸造他们的心灵,这比用手去塑造他们的身体还要精心。我们必须抛弃他们现在讲的大多数故事,必

须痛加谴责所有丑恶的假故事。①

柏拉图所谓"丑恶的假故事",纯属一种道德化的夸张说法。我们知道,丑恶与美善对立,假与真相别。但就故事而言,柏氏所言的"丑恶"与"假",纯属道德评价,而非审美判断,更不是艺术分析。因为,柏拉图力图恪守"神为善因"的道德理想主义假设,极力否定那些"把伟大的神描写得丑恶不堪"的"大多数故事"。为此,他首先否定了赫西俄德的《神谱》,因为该诗把伟大的天神和主神描写得如此疯狂与凶残:

> 广大的天神乌兰诺斯来了,
> 带来夜幕,他渴求爱情,
> 拥抱地神该亚,
> 展开肢体整个地覆盖了大地。
> 此时,克罗诺斯从埋伏处伸出左手,
> 右手握着那把有锯齿的大镰刀,
> 飞快地割下父亲的生殖器,……
> 把它扔进翻腾的大海。②

这种惨烈的原始"割礼",即便在今天读来也会让人倒吸一口冷气。这一幕报复性的悲剧,是夫妻反目成仇与母子合谋篡位的结果。惨遭阉割的天神乌兰诺斯,原本是大地该亚所生的儿子,他娶母为妻,生了克罗诺斯等神祇。性欲旺盛而凶残无耻的乌兰诺斯憎恨所有子女,他们刚一落地就被其父藏到一个不见阳光的隐秘之处。母亲该亚内心悲伤,便与儿子克罗诺斯设计埋伏,惩罚天神。克罗诺斯依计而行,在父王向母亲求爱时,用一把缺口如锯齿的大镰刀,飞快地割下了父亲的生殖器,随之将其扔进大海,化为浪花,继而生出爱神。③ 克罗

---

① Cf. Plato. *Republic*, 377c-d.
② 参阅赫西俄德:《神谱》(张竹明、蒋平译,北京:商务印书馆,1997年),125—202,164—203,453—535。
③ 如赫西俄德在《神谱》中所述:"这东西在海上漂流了很长一段时间,忽然一簇白色的浪花从这不朽的肉块周围扩展开去,浪花中诞生了一位少女。起初,她向神圣的库忒拉靠近;尔后,她从那儿来到四面环海的塞浦路斯,成了一位庄重可爱的女神,在她娇美的脚下绿草成茵。由于她是在浪花('阿佛洛')中诞生的,故诸神和人类都称她'阿佛洛狄特'[即'浪花所生的女神'];由于她到过库忒拉,因此也称'库忒瑞亚';又因为她出生在波涛滚滚的塞浦路斯,故又称'塞浦洛格尼亚';又因为她是从男性生殖器产生的,故又名'爱阴茎的'。"(190—203)

诺斯继位主神之位后,强娶其妹瑞亚为妻,因怕失去王位,将所生儿女逐一吞食。瑞亚再次临盆,在父母乌兰诺斯和该亚的帮助下,以偷梁换柱的方法救走刚刚生下来的宙斯。诗中是这样描述的:

> 尽管天神克罗诺斯十分强大,
> 但注定要被自己的一个儿子推翻。
> 克罗诺斯因此提高警惕,注意观察,
> 把自己的孩子一个个吞到肚里。
> 其妻瑞亚为此悲痛不已。
> 诸神和人类之神宙斯将要出生,
> 瑞亚恳求自己亲爱的父母——乌兰诺斯和该亚,
> 替她想个办法,把这个孩子的出世瞒过天神,
> 好让他将来推翻强大狡猾的父王克罗诺斯。
> 老两口爽快地听从了爱女的建议。……
> 广阔的大地该亚从瑞亚手里接过刚生下来的宙斯,
> 在克里特将他抚养长大。
> 在黑夜的掩护下,
> 地神……将他藏在秘密的地下洞穴里。
> 之后,瑞亚把一块大石头裹进襁褓,
> 送给强大的统治者克罗诺斯。
> 天神接过襁褓,吞进腹中。
> 这个倒霉的家伙!
> 他心里不知道吞下去的是石块,
> 他的儿子存活下来,
> 既没有被消灭,也没有受到威胁。
> 这个儿子不久就要凭强力打败他,
> 剥夺他的一切尊荣,
> 取而代之成为众神之王。[①]

这个被藏在"地下洞穴里"的孩子,就是第三代天神宙斯。宙斯长大成人,打败父亲,自立为王,随后又干出惩罚普罗米修斯和偷情寻欢

---

① 参阅赫西俄德:《神谱》,460—494。

等一系列罪恶勾当。在这方面,古希腊神话记载着诸多耸人听闻的故事和胆大妄为的艳遇。这一切在提倡道德理性的柏拉图看来,不仅有亵渎神灵之嫌,而且有误导读者、毒害心灵之弊,自然会遭到他的否定。出于类似的道德原因,柏拉图也否定了荷马的史诗《伊利亚特》,因为该诗在许多地方揭示了诸神之间的明争暗斗、阴谋诡计和冤冤相报等征战杀伐之举。譬如,主神宙斯捆打妻子赫拉,儿子赫菲斯托斯于心不忍,上前援救母亲时,被暴怒的父亲宙斯抄起一只脚,从天上扔到地下,摔得半死不活,后被岛民救起。① 另外,在特洛伊战争期间,诸神参与纷争,各显神通,拉帮结派,相互仇杀,惨绝人寰。② 所有这些在柏拉图看来,都是少儿不宜、理应杜绝的神话故事。

需要指出的是,作为诗人哲学家,柏拉图并非不知诗歌或神话故事的艺术表现特征,也并非不知文艺作品与道德说教的根本差别。从传统神话的角度看,他本人也明白赫西俄德与荷马对诸神的描述,并

---

① Cf. Homer. *The Iliad*. I. 586-594. 按照 Robert Fitzgeral 的英译文,这几行诗歌是以赫菲斯托斯在救援母亲赫拉时以自述的方式描写的。他对母亲说:"快向父亲求饶吧,否则他会用闪电把我们击成碎片/您知道他只要想干/他就会用强大的霹雳闪电/把我们震得魂飞魄散……亲爱的母亲,不管您遭受多大的委屈/请您强忍勿言/我不忍心看着您被打得皮开肉绽/我最亲爱的母亲啊/我想帮你,可我真是无能为力/要不然反倒会害了我自己/奥林匹亚的主神宙斯难以抗击/有一次我因为与您合伙/被他抓起我的脚脖一下子扔到天上/我被抛向云端,向上呼呼飞了一个整天/直到太阳落山时我才跌落到地面/我被摔得半死不活/是兰姆诺斯的岛民们/将我这位落难的神祇救起。"(Better make up to Father, or he'll start/his thundering and shake our feast to bits. /You know how he can shock us if he cares to/out of our seats with thundering bolts!... Dear Mother, patience, hold your tongue/no matter how upset you are. I would not/see you battered, dearest. It would hurt me,/and yet I could not help you, not a bit. /The Olympian is difficult to oppose. /One other time I took your part he caught me/around one foot and flung me/into the sky from our tremendous terrace. /I soared all day! Just as the sun dropped down/I dropped down, too, on Lemnos-nearly dead. /The island people nursed a fallen god. ") (Cf. Homer. *The Iliad*. I. 586 fr. , Tr. Robert Fitzgerald, Oxford: Oxford University Press, 1995.)

② Ibid. xxi. 385-513. 这段一开始所描述的场面既有你死我活的搏斗,也有幸灾乐祸的观望:"听到母亲赫拉的命令,赫菲斯图熄灭了自己的天火/把滚滚浪涛赶回蓝色的渠道/既然克散图斯已经被征服/两位神祇也就不再撕打/赫拉怒不可遏,制止了他们/可是,其余的神灵/吵吵闹闹,气冲霄汉/杀声震天,传遍广野/端坐在奥林匹亚王位上的主神宙斯/看到诸神即将展开厮杀/心里窃喜,笑声哈哈。……"(At this Hephaestus quenched his heavenly fire/and back in its blue channels ran the wave/And now that Xanthus had been overcome/the two gods dropped their combat/Hera, Still/Angry, checked them. Heavy and harsh strife/however, came upon the rest, whose hearts/grew stormy on both sides against each other/Now they attacked in uproar. The broad earth/resounded, and great heaven blared around them/and Zeus, who heard from his Olympian seat/laughed in his heart for joy, seeing the gods/about to meet in strife. . .)

非都是"丑恶的假故事",诸神的所有作为也并非都那么正义或磊落。所以,他借苏格拉底之口一再暗示:"即是这些故事是真的,我认为也不应该随便讲给天真单纯的年轻人听。最好闭口不谈这些故事。如果非讲不可的话,也只能许可极少数人听,并须秘密宣誓,先行献牲,然后听讲,而且献的牲还不是一头猪,而是一种难以弄到的庞然大物,意在使能听到这种故事的人尽可能的少。"①

那么,谁能享受这种特权呢?柏拉图的本意也许是指有辨别能力的知识阶层或少数研究人员,但实际上这种特权很有可能被有钱有势之人所包揽。当然,这一建议的深层含义,脱离不开柏拉图的道德理想主义的教育观念。他需要的是正面而积极的诱导式教育,而非因袭传统的娱乐型教育;他所推重的是关乎人格塑造的道德教化,而非单纯猎奇的审美享乐。无疑,他最担心的是传统的神话故事,因为这些故事远远超过了青少年的理解水平,随意讲述这些东西会影响他们的道德情操、宗教观念和英雄意识,会给他们的心灵投下难以磨灭的阴影。一句话,这些东西不适合他们的认知能力,不利于他们的道德教育。所以他特别强调:"荷马所描述的诸神之间的战争等等,作为寓言故事来讲也罢,不作为寓言故事来讲也罢,无论如何不该让它们混进我们的城邦里来。因为年轻人分辨不出什么是寓言故事,什么不是寓言故事。先入为主,早年接受的见解总是根深蒂固不容易更改的。因此,我们要特别注意,为了培养美德,儿童们最初听到的应该是最优美最高尚的故事。"②其后,他从"神为善因"的原则出发,对教材的选择标准和"美好文词"的衡量尺度,作了一系列界定。前文已表,此处不赘。

2. 情感的表现

在柏拉图看来,适宜的诗教文本,不仅关乎故事的一般内容,而且涉及情感的表现程度。我们知道,举凡文艺作品,其感人动人之处,就在于以特有的艺术方式,充分表现了喜怒哀乐等不同情感。古希腊的英雄史诗与悲剧,更是无所顾忌地把情感宣泄(katharsis)推向极致。

---

① Cf. Plato. *Republic*, 378a.
② Ibid., 378d-e.

无论是神,还是人,或者是半神半人,他们似乎从未困囿于日后那些人为的道德约束或伦理规范,而是嬉笑怒骂,自我张扬,率性而行,其多棱镜的人格与多样化的情感,都以本真的姿态和自由的面目,淋漓尽致地展现在读者面前。

譬如,主神宙斯的淫荡成性,可以不加掩饰地暴露在荷马的笔下:当其他诸神,已入睡乡,宙斯色欲炽烈,辗转反侧,瞥见妻子赫拉浓妆艳抹,两情缱绻,竟然迫不及待走进内室,在露天交合。其间还对妻子说:

> 来吧,赫拉,快快躺下!
> 咱们俩就在这儿交欢。
> 我对姑娘或女神的爱恋,
> 从来没有现在这样汹涌澎湃。……
> 你在我身上所激发的色欲
> 是那样甜美,真是无与伦比!……
> 别担心神或人看见咱俩在这儿做爱。
> 我会用金色的云霞把你我都裹藏起来。
> 说着,他把赫拉揽进怀里,按倒在地,
> 身下娇嫩的野草点缀着盛开的花朵,
> 湿淋淋的三叶草撒下滴滴露水……①

类似这样的色情描写,在史诗《伊利亚特》里颇为常见。神与神或神与人之间的浪漫与恋(乱)爱,通常没有那么多扭扭捏捏的推诿或虚虚假假的深沉,而是大胆直接,随兴所至,自然而然。在史诗《奥德赛》里,神与神之间的偷情与捉奸,渲染得更具戏剧性,更能揭示神祇的本色,其多情、嫉妒、狡诈与愤怒等等习性品行,与人类相若,没有什么两

---

① Cf. Homer. *The Iliad*. XIV. 294-348. 英译文中有这么几行:and there Zeus, lord of cloud, saw her arrive. /He gazed at her, and as he gazed desire/veiled his mind like mist, as in those days/when they had first slipped from their parents' eyes/to bed, to mingle by the hour in love. /... Hera. Come, lie down. We two/must give ourselves to love-making. Desire/for girl of goddess in so wild a flood/never came over me!... No lust/as sweet as this for you has ever taken me! /... No fear/this act will be observed by god or man, /I shall enshroud us in such golden cloud. /... At this he took his wife in his embrace, /and under them earth flowered delicate grass/and clover wet with dew;...

样。譬如,火神赫菲斯托斯(Hephaestus)的妻子爱神阿弗洛狄特(Aphrodite)与战神阿瑞斯(Ares)偷情,被太阳神首先发现。火神得知此讯后,嫉恨不已。于是自己动手打造了一个特制的大网,暗自埋设在他和妻子的婚床底下,假借外出而诱使两位偷情者幽会,结果双双落网,人赃俱获。火神暴跳如雷,向众神大声吼叫:

> 快来吧,主神宙斯;
> 快来吧,各位神祇!
> 看看这里发生了什么?
> 供人笑谈,情何以堪?
> 阿弗洛狄特是宙斯的女儿;
> 只因为我腿瘸,她总是拿我出气;
> 只因为战神阿瑞斯是个美男,她就把爱奉献。
> 阿瑞斯腿脚利落,而我生来腿瘸;
> 我从心眼里谴责我的双亲,
> 真希望他们没有养育我这个废人。
> 瞧这两个情人躺在我的床上交欢;
> 这光景真让我感到恶心。
> 我怀疑他俩的色欲不会到此为止,
> 绝对不会,一刻也不会!
> 瞧他俩那副情意绵绵的样子!
> ……这个荡妇,
> 虽然娇美,但恬不知耻。①

盛怒中的火神自哀自怜,有些语无伦次。既诅咒偷汉的妻子,同时也谴责自己的父母。如今捉奸得手,他竟然外扬家丑,昭示于众,明

---

① Cf. Homer. *The Odyssey*. (tr. Walter Shewring, Oxford University Press, 1995), VIII. 295 ff. "Come, Father Zeus; Come, all you blessed immortals with him; see what has happened here-no matter for laughter nor yet forbearance. Aphrodite had Zeus for father; because I am lame she never ceases to do me outrage and give her love to destructive Ares, since he is handsome and sound-footed and I am a cripple from my birth; yet for that my two parents are to blame, no one else at all, and I wish they had never begotten me. You will see the pair of lovers now as they lie embracing in my bed; the sight of them makes me sick at heart. Yet I doubt their desire to rest there longer, even a moment longer, fond as they are... his wanton daughter, beauty she has, but no sense of shame."

目张胆地顶着"绿帽子"申诉自己的苦衷。可是,古希腊人无心嘲笑他。在雅典,对火神赫菲斯托斯的祭祀,总是同对智慧女神雅典娜的祭祀紧紧地连在一起,让他们分享共同的神庙和祭日。在祭祀过程中,青年人手执火炬进行接力赛跑,有的地方还把赫菲斯托斯视为保护健康的神明。看来,古希腊人是十分宽容的,他们把神祇之间的感情纠葛与男欢女爱不当回事。该祭祀的祭祀,该崇拜的崇拜。诚如他们对待英雄阿喀琉斯的态度一样,总是一如既往地颂扬和推崇。尽管这位半神半人的英雄,在荷马的笔下显得"性格如此混乱,内心里竟有两种毛病:卑鄙贪婪与蔑视神、人"①。其实,阿喀琉斯是一位性格多样、棱角分明的人物。在他身上,傲慢、残暴、刚猛和懦弱是交织在一起的。傲慢使他把神、人不放在眼里,我行我素;凶残使他用战马托着赫克特的尸体绕着亡友帕特洛克罗斯的墓走,把俘虏杀死扔到柴堆上烧烤;刚猛使他不顾神谕劝告,为朋友两肋插刀,战胜强敌,最终也牺牲自己;而懦弱则使他留恋人世,惧怕阴间,当奥德赛游历冥府与其邂逅、当面赞扬和劝慰他"勇如天神,受人尊敬;阴间统帅,死而无憾"时,他竟然在感叹之中流露出好死不如赖活的思想:

> 我宁愿在人间做奴隶,
> 跟着贫苦无地的人当雇工,
> 也不愿丢开生命到阴间,
> 在死人丛中摆皇帝的威风。②

所有这等酣畅淋漓、直抒胸臆的情感表现,从艺术创作与人物描写上讲,本是无可非议的,而且正是希腊史诗引人入胜的审美特征之一。但是,在柏拉图的眼里,它们一个个却成了问题。因为,这样的情感表现,如宙斯纵欲、神祇偷情、英雄落魄,等等,不仅有悖于柏拉图所设定的神为善因的宗教原则,而且偏离了他所期待的道德化的理想教

---

① Cf. Plato. *Republic*, 391c.

② Cf. Homer. *The Odyssey*. XI. 489-491. "Before you died we Achaeans honoured you like a god, and now in this place you lord it among the dead. No, do not repine in death, Achilles." So I spoke, but at once he answered: "Odyssey, do not gloss over death to me. I would rather be above ground still and labouring for some poor portionless man, than be lord over all the lifeless dead." 此处的译文可参照朱光潜的译本。郭斌和与张竹明的译文是:"宁愿活在人世做奴隶啊/跟着一个不算富裕的主人/不愿在黄泉之下/统帅鬼魂。"

育宗旨。相关的描写,没有节制,过于泛滥,丧失了道德教化的基本范式,会在"青年人心中引起犯罪作恶的念头"①。那些被诗人过度渲染的爱情、愤怒、欲望与苦乐,是在满足和迎合心灵中本性渴望以求发泄的部分,是在"激励、培育和加强心灵的低贱部分而毁坏理性部分",这如同给应当干枯死去的不良情感浇水施肥一样。② 也就是说,这些东西所彰显的艺术魅力,容易打动听众,但同时却会激发他们的摹仿热情,进而会污染他们的心灵,有损于他们向善求美的德行。就青少年来讲,摹仿是他们的天性,学什么会像什么,在娱乐性的游戏活动中尤其如此。但作为未来的城邦护卫者,他们接受诗乐教育不只是为了单纯的娱乐,而是为了良好品格的塑造。他们所要摹仿的对象,务必符合道德理想,务必适合护卫者事业的性格,因此"只能摹仿勇敢,节制,虔诚,宽宏之类的品德;绝不可从事或摹仿任何卑鄙丑恶的东西。因为摹仿惯了,就会弄假成真。如果从小摹仿这类玩意儿,一直继续下去,那就会成为习惯,成为第二天性,必然影响身体、声音和心理等等"③。

说到底,柏拉图反对没有节制的情感表现,如同他反对过度渲染的感观刺激或快感享受一样。按照他本人的意思,处理这类问题至少要从两方面入手:一是根据审查制度及其相关规定,删去史诗中不符合宗教准则与道德教育的段落或章节;二是依照自律性的节制原则,迫使诗人在表现情感时有意识地增强理性成分,自觉地抵制纵情任性的做法。所谓节制,作为一种美德,主要在于自我克制。"对于一般人来讲,最重要的自我克制是服从统治者;对于统治者来讲,最重要的自我克制是控制饮食等肉体上快乐的欲望。"④如前所述,诗乐教育阶段的主要对象是青少年,他们是未来的护卫者,其中的佼佼者将会成为未来的统治者。对他们而言,培养节制之德的终极目的,是要他们恪尽职守,正义行事,成为保护城邦利益的坚强卫士或英明领袖。仅从政治上看,"服从统治者"的自我克制,明显带有驯服工具论的色彩,这在独断专行的僭主政体或巧取豪夺的寡头政体中,往往会走向负面;

---

① Cf. Plato. *Republic*, 391e.
② Ibid., 605b-606d.
③ Ibid., 395c-d.
④ Ibid., 389d-e.

在草菅人命的极权专制社会,甚至会助纣为虐,是万万要不得的。但从道德上考量,对于"饮食等肉体快乐欲望"的自我克制,既是修身养性的需要,也是正义廉洁的重要环节。"一般人"要如此,"统治者"更要如此。恰恰是在这层意义上,强调自律的节制原则,具有更为广泛的适用性,不仅适用于表现情感的诗学和体验快感的美学,而且适用于统一意志的政治学和提高修为的伦理学。

六 超载的道德负荷

从上述分析中不难看出,柏拉图出于建构理想城邦的目的,基于道德理想主义和政治工具论的立场,对诗乐教育的重视程度和相关要求是很高的。无论是对诗歌的创作,诗人的定位,音乐的调式,歌词的内容,施教的对象与方法,还是儿童的心理与认知水平,柏拉图均做了相当具体的规定。在这里,教育立国的方策在建构理想城邦的过程中具有举足轻重的作用。这种国策与教育救国的思想是一个硬币的两面。卫士的教育、人格的形成、社会的风气与城邦的安危,似乎都无一例外地系于一线,取决于教育,尤其是蒙学时期的文艺教育。这样便使人心生疑窦:艺术尽管与道德不无关系,但单凭诗乐教育就能担当起这些道德重任吗?或者说,超载的道德负荷会给艺术创作与发展带来什么样的影响呢?

"寓教于乐"是古今中外文化中的普遍现象,通常也是艺术与道德的互动关系所在。但就艺术与道德的本质而论,前者表情达意,诉诸感性形象,以审美的自由享受为主要特征;后者规范行为,诉诸理性认识,以自律的自由意志为基本特征。这些根本性的差异,决定了它们各自所依重的不同趋向。更何况人作为主体,无论是涉及艺术作品的创作与欣赏,还是涉及道德律条的制定与施行,都不能不考虑到人性的本然。这种本然就是与生俱来的七情六欲。要想把七情六欲调控到合乎情理的程度,别说艺术教育难以胜任,就是连伦理学以及法律也不易办到。否则,人类社会还需要设置用于惩戒的条例和机构吗?还需要去苦思冥想一套道德行为规范吗?还需要警察、法院和监狱吗?

人生系一情字。人情、性情、心情、爱情、悲情、怨情、哀情、同情、移情……凡此种种,不一而足。如果翻阅荷马的史诗,观看古代的悲剧,把玩希腊的瓶画,遥想盛行于古代雅典的酒宴及其歌舞表演,其中最感人动人的莫过于各式各样的情感表现。在艺术领域,古希腊人所崇敬的两大神灵,一是象征生命冲创意志的酒神狄奥尼索斯,二是象征优美造型艺术的日神阿波罗,都不是单纯的道学家或说教先生,而是到处播撒柔情蜜意的情种或抒情吟唱的高手。深谙艺术特性的柏拉图也不是不明白这一点。他虽然在开初也宣讲了一系列伦理法则与道德家言,但最终除了抬高哲学贬低诗歌之外,也只是在无可奈何之际提出了一条中和性原则,设法把可能泛滥的情欲表现与过度的享乐追求节制到一定程度而已。仅此一点,就已经遭到尼采的强烈抨击,认为这种理性化的道德原则毁掉了古希腊悲剧的继续发展。

必须看到,柏拉图的道德化诗学,是以培养和建立公共性的城邦伦理为目的,所谓的智慧、勇敢、节制与正义等四德,就是明证。然而,人之为人,除了群体性和社会性之外,还具有相对独立的个体性,有属于他自己的生活天地与情趣爱好。这种个体性使人在遵从公共伦理的同时,也会在可能或允许的情况下践行某些个体化的私人伦理。特别是在古雅典的民主政体下,私人伦理享有相当大的空间。因此,在具体而现实的社会生活中,这两种伦理系统在有些场合,自然可能会发生相互抵触或彼此冲突的现象。譬如,在张扬个性和极为盛行的酒宴活动中,有些学者喜欢坐以论道,清谈玄理,从而发展了哲学、诗学与科学;而不少老百姓则喜欢饮酒作乐,声色犬马,从而助长了表演艺术、流行艺术以及色情艺术。真可谓"萝卜青菜,各有所爱"。由此可想而知,在言论与行为自由的古雅典,任何简单的说教不仅无济于事,恐怕还会引起人们的反感或嘲笑。或许是出于这一原因,柏拉图利用理想城邦的构想,仅以委婉的方式指陈了放纵情感的艺术表现的可能弊端,强调了道德化艺术教育的必要性和重要性。

那么,当艺术教育难以承载道德教育的重负时,柏拉图的道德化诗学将会导致什么样的结果呢?单从他的宗教意识、英雄崇拜情结以及他所提出的那些道德化清规戒律来看,艺术创作可能会面临这样一种尴尬的困境,那就是限制艺术家创作的自由,这种限制类似于普罗库鲁斯特的那张铁床(Procrustean bed)。在古希腊神话中,阿蒂卡巨人普罗库鲁斯特以此床为尺度,羁留旅客,缚之床榻,体长者截其下肢,体短者拔之与床齐长。不难想象,柏拉图为艺术所规定的那些道德化与工具性原则,在极端情况下就好像是在打造一张用来摆平艺术的"铁床"。这张床也许会把燃烧着充盈生命力与强烈情感冲动的艺术打磨得奄奄一息,把原本需要彰显个性特征的艺术作品裁剪得千篇一律,把原本旨在表情达意和审美自由享受的艺术创作演变为程式化的道德说教与政治宣传。从柏拉图对待荷马的态度来看,改写或删减史诗或许是那张"铁床"所要招待的首位客人。

综上所述,柏拉图的诗学,是基于道德理想主义的心灵诗学,所关注的焦点是人生的幸福与内在的道德,尤其是城邦卫士的心灵塑造与和谐之美。在柏氏看来,这一目的首先要靠以善为本、治心为上的诗乐艺术教育来实现。作为诗人,他深知艺术的审美特征与心理效应;作为道德理想主义哲学家,他又十分明确艺术教育的终极目的。故此,他一方面强调诗乐的艺术性,标举"好的文词"、"好的调式"与"好的节奏"的有机统一性,并且正确地指出诗乐的融合性,认为"音乐性成分所造成的诗歌魅力是巨大的;如果去掉了诗的音乐色彩,那就会把它变成平淡无奇的散文";[1]但在另一方面,他又把艺术理想统摄于道德理想之中,断言"诗乐教育的最终目的在于达到对美的爱"[2]。这里所言的"美",不是感性意义上的"美",而是道德意义上的"善",是符合道德理想的尽善尽美,等同于"节制、勇敢、大度和高尚等美德"的总称。这里所言的"爱",也不是普通意义上的"爱",而是符合道德理想的"爱",是一种"正确的爱",是"对美的和有序的事物的一种有节制的、和谐的爱",不仅与"纵情任性泾渭分明",而且与"淫荡之徒水火不容"。[3] 唯此,以诗乐教育为主要内容的心灵诗学,才算呵护了心灵,尽到了职责,为年轻卫士的成长奠定了道德基础。不过,艺术尽管与道德相关,但仅靠艺术教育来承担道德教育的重任是远远不够的。反过来,强制性的和工具性的道德化原则,有可能限制艺术的创作及其合规律性的发展。

---

[1] Cf. Plato. *Republic*, 601b.
[2] Ibid., 403c.
[3] Ibid., 403a-b.

第五章　身体诗学的境界与追求

古希腊的体操艺术，既是奥林匹亚运动发展的基石，也是古希腊文化理想的象征。柏拉图所倡导的体操训练，将健美、舞蹈、竞技和军训融为一体，具有多重的实用功能。有史以来令人惊叹不已的希腊精神，更为直观地体现在体操艺术之中。以诗乐教育为主要内容的心灵诗学，旨在培养健康的心灵、敏锐的美感、理性的精神、智善合一的德行，以便参与管理城邦的政治生活。相应地，以体操训练为主要内容的身体诗学，旨在练就健美的身材、坚韧的意志、高超的武功、美善兼备的品质，以便适应保家卫国的军旅生活。心灵诗学以善为本，治心为上。身体诗学以德为宗，强身为用。柏拉图正是想通过心灵诗学与身体诗学的互补性实践，来达到内外双修、文武全才的教育目的，造就身心和谐、美善兼备的理想人格。

这里所谓的"德（性）"（aretiē），是指出类拔萃的素养和能力，不仅包含勇敢与节制等优秀品质，而且意味着将人的天赋体能发挥到极致。人经过系统而严格的体育锻炼，不仅要身材健美，英勇善战，而且应趣味高雅，文武双全，参加竞赛能取得优异的成绩，从军打仗能建立卓越的功勋，保家卫国能恪守正义的原则。这些都是"德性"的最佳表现，是合格卫士的素养要求，也是身体诗学的追求目标。

那么，古希腊人是如何锤炼和健美自己的身体的呢？柏拉图的身体诗学所追求的最高境界是什么呢？其最终的价值主要体现在何处呢？这便是本章所要讨论的主要问题。

一　强身为用的体操艺术

在古代人类历史上，恐怕没有一个民族像古希腊人那样喜爱体育运动。奥林匹亚运动会之所以诞生在古希腊，除了气候环境和种族因素之外,城邦社会制度与军旅生活方式也是不可或缺的重要条件。据载,公元前776年在奥林匹亚举行的运动会,确立了希腊纪年开始的年份。随后历经200年的发展,逐步由单程赛跑增加到多种项目,共有24项之多。① 如今,我们很难想象当年古希腊奥运会的盛况,遑论感受其热烈庄严的气氛。好在希腊诗人品达遗留下数篇运动会颂诗,多少还能给我们提供一定的想象空间与诗意的感受。譬如,对于首届奥运会的历史盛况和第十一届皮西亚运动会的游行场面,品达作过这样的描绘——

  水是万物的精华;金像黑夜里燃烧的焰火,
  使周围的一切财物黯然失色。
  我的心,常常赞美运动会的盛况,
  从未越过白日里照耀的太阳
  看到过任何比这还要灿烂的星光……
  也从未看到过任何比奥林匹亚
  更为壮观的比赛值得如此讴歌颂扬。

  阿波罗和满头紫发的缪斯
  共弹一把金色的里拉琴;
  节日的头领,看到欢快的舞步;
  歌手们合着琴声载歌载舞。
  当受到音乐的震撼,你轻拨琴弦,
  引得舞蹈家同声高唱,欢歌不断。②

  这种人神共舞的游行队伍,就像是一场盛大的化装舞会,歌舞升平,热闹非凡。类似这样的古代体育文化景观,在很大程度上是体育训练制度化的产物。在古希腊,体育制度化的风俗可以追溯到斯巴达人的军旅生活方式。斯巴达人以强悍出名,占领的地盘大,需要以一当十地对付被奴役的族群。他们是全身戴甲的步兵,打仗全靠肉搏,没有强壮的身体与灵活的步伐就等于送死。在他们的观念中,理想的教育就在于能培养出最勇敢、最结实和最灵活的斗士。为此,他们对

---

① 参阅丹纳:《艺术哲学》(傅雷译,北京:人民文学出版社,1983年),第312—313页。
② 参阅沃尔佩:《趣味批判》(王柯平、田时纲译,北京:光明日报出版社,1990年),第31—39页。

新生婴儿进行严格的挑选，只养育身强体壮与发育正常者，因为养育身体不健全的儿童对城邦、家庭和个人都不利。他们不但锻炼男人，也锻炼女人，使儿童从父母双方那里都能禀受勇敢和强壮的天赋。年轻的姑娘有单独的练身场，不是完全裸体就是身穿一件短背心，像男子一样操练，跑跳、扔铁饼，掷标枪。他们平均锻炼身体的各个部分，如头颈、手臂、肩膀、腿部等。这种锻炼不限于少年时代，而是天天不断地终身锻炼，在军营中一天也要锻炼两次。正是通过全面而普及的体育锻炼，斯巴达人不仅练就了希腊人中最健美的体魄，而且培养了无数能征善战的军事人才，在漫长的希波战争和后来的伯罗奔尼撒等战争中，取得了赫赫战功。特别在一致抗击波斯帝国入侵的希腊盟军中，斯巴达人的军事才能极高，在海陆军中担任统帅者最多，连雅典人在内的所有希腊人对此均无异议。①

在斯巴达人的影响下，希腊各城邦逐步将体育制度化。在雅典，最早的练身场(gymnasion)设立于700年。远在公元前594年梭伦(Solon)当政的时代，雅典就有三个大型公共体育场和不少小型体育场。16到18岁的青年，整天在练身场上训练，有时连语文和音乐课也要停止，好让他们进入更高级的训练班。"练身场是一大块方形的场地，有回廊，有种着杨树的走道，往往靠近一处泉水或一条河流，四周陈列着许多神像和优胜运动员的雕像。场中有主任，有辅导，有助教，有敬奉赫尔美斯神的庆祝会。休息时间青年人可以自由游戏；公民可以随意进出；跑道四周设有座位，外边的人常来散步，观看青年人练习；这是一个谈天的场所，后来哲学也在这里产生。学业结束的时候举行会考，竞争的激烈达于极点，往往出现奇迹。有些人竟然持之以恒，锻炼一生。训练规则严明，要求进场受训的青年必须发誓至少连续用功10个月。但实际上他们一练就是几年，一直练到壮年；生活起居均有定规，他们按时进餐，食量甚大；用铁耙和冷水来锻炼肌肉；避免刺激；不寻欢作乐，自愿过禁欲生活。某些运动员的事迹和神话中的英雄不相上下。据说[雕塑家]米隆能肩上扛一头公牛，能从后面拖住一辆套着牲口的车不让前进。"②可见，练身场就是一所学校，体育

---

① 参阅丹纳：《艺术哲学》，第311—312页；另参阅 M. I. Finley. *The Ancient Greeks*. pp. 30—93；Stringfellow Barr. *The Will of Zeus：A History of Greece*, pp. 166-232。

② 参阅丹纳：《艺术哲学》，第313页。

是教育中的重要环节。当时的城邦公民没有一个不曾在练身场受过严格训练。按照当时的习俗,只有这样才算有教养,才能应征入伍,才能成为一流的公民,否则就将沦为手工艺者和出身低贱的人。

那么,柏拉图所言的体操到底是指什么呢?在《理想国》里,他仅就此谈到"教育和培养公民的原则纲要"(tupoi tēs paideias te kai trophēs),同时列举了"团体歌舞、打猎、赛狗、竞技和赛马"(choreias, thēras, kunēgesia gymnikous agōnas kai ippikous)等主要项目,认为把握原则最为重要,没有必要细表"体操"所涉及的具体内容。① 不过,从所列项目看,他所说的体操是一个宽泛的概念,所包括的项目类别不少,相当于体育运动的总称。仅"竞技"一类,那就等于把田径等项目全都包容其中。如赛跑(dromos)、跳远(alma)、标枪(akontion)、铁饼(diskobolia)、拳击(pugmē)、角力或摔跤(palē)、拳击加角力(pagkration)、驾车比赛(armatēlasia)、骑马比赛(ipposromia)、抛球游戏(sphairistikē)、五项全能(pentathlon,包括赛跑、跳远、摔跤、铁饼、标枪),等等。② 根据相关的研究结果,古希腊的体育项目可以划分为三类:③(1)健身类(Gymnastikē):主要包括所有旨在强身健体或增加单个肢体力量的身体锻炼活动,其中也包含由数人参与的竞赛项目。(2)竞技类(Agōnistikē):主要包括培训角力或摔跤手的竞技性练习,为此专门建有角力学校(palaestra)。角力比赛是城邦节庆活动的重要内容,是每五年举办一次的奥林匹亚运动会的重点项目,具有高贵而神圣的特性。参赛运动员最起码要接受十个月以上的系统训练。选拔过程也相当严格,只有品行端正的希腊公民才有资格报名参赛。初选以抽签的方式进行,最后的优胜者将获得宙斯王冠,赢得诗人的赞颂,戴着裁判给他的花环去拜谒宙斯神庙,其雕像如英雄一样陈列在公共场所供后世瞻仰。(3)职业运动类(Athlētikē):由于比赛活动中的人情世故因素,致使体操艺术的道德伦理目的日益被人忽视,最终由一种高尚的艺术衰变为一种技术性的职业运动形式。这就是说,体育项目依然如故,但职业运动员的出现却改变了原来的体育道德与精神实质。

---

① Plato. *Republic*, 412b.
② Cf. E. Guhl & W. Koner. *The Greeks:Their Life and Customs*, pp. 212-231. 抛球游戏是用不同颜色和皮革制成的圆球,几个人围成一圈,相互抛接。球有大有小,男女皆宜。这种锻炼有益于培养人的敏感反应和优雅的体态等。
③ Ibid., pp. 214-215.

值得指出的是,古希腊人的教育观念是非常独特的。他们普遍认为:体育和智育同样重要,二者不可偏废;肢体的和谐与健美有利于加强个人的意志和毅力;体育锻炼有益于身心的健康和全面的发展。古希腊作家琉善(Lucian,120—180)在一篇为体育辩护的文章中写道,体育活动对青年人的心灵会产生道德影响,从而引导他们选择人生的正道,防止他们游手好闲,无事生非,同时还会赋予他们以良好的综合素质,即"美善兼备"(kalokagathia)素质。① 这种素质,实质上是将健美、审美与道德修养熔铸在一起的。柏拉图所倡导的"身心和谐说"与"美善兼备说",原本就是此意。另外,古希腊时期的城邦很多,各自的体育和智育模式不同,均带有所属族群的某些个性特点。比较而论,有两种训练模式最具代表性。一是斯巴达模式(Spartan Model),二是雅典模式(Athenian Model)。斯巴达模式侧重增强年轻人的体质和吃苦忍耐的能力,在多里克族群(Doric tribes)中间占主导地位。雅典模式侧重身心的和谐发展,强调温文尔雅的风度举止,在爱奥尼族群(Ionian Model)中十分流行。这两种模式各有千秋,前者更适合于军旅征战,后者更适合于内外双修。但两者都成功地培养了大量身材健美的城邦英雄。他们健美的体魄,在日晒雨淋中更显得色泽鲜明,精力充沛,英姿勃发。在希波战争中,有的将军为了鼓舞士气,便派人脱去波斯俘虏的衣服。当在场的希腊人看到波斯人一身软绵绵的白肉时,都哈哈大笑,从此瞧不起敌人,作战更加勇敢。另外,这种健美的身体,也为艺术创作提供了难得的模特儿。我们只要闭上眼睛,想一想米隆的著名雕塑《掷铁饼者》,那健美、匀称、富有弹性的肌肉,优雅、自如而富于爆发力的姿势,就会历历在目,让人惊羡不已。在斐迪亚斯的《雅典娜神像》和帕拉克西特的《赫尔美斯》等许多雕塑作品中,人物在不经意间的举手投足,都让人觉得是那样自然从容,所流露出来的优雅姿态,绝非假模假式的作秀,而是诚于中而形于外的内外和谐之美。

对此,温克尔曼在《希腊人的艺术》一书中大发感慨。他说:我们中间最优美的人体,与最优美的希腊人体不尽相同。天空的柔和与明洁,给希腊人最初的发展以积极影响,而早期的身体锻炼又给予人体以优美的形态。正是通过这样的锻炼,他们获得了雄健魁梧的身体。

---

① Cf. E. Guhl & W. Koner. *The Greeks:Their Life and Customs*, p. 213.

那些最为完美的裸体,以多样的、自然的和优雅的运动和姿势,展现在希腊大师的眼前,现如今美术学院雇来的模特儿难以望其项背。① 历史地看,希腊种族本身是美的,但他们用制度使自己更美。锻炼身体的两个制度,舞蹈(orchēsis)与体育(gymnastikē),在两百年间从诞生到发展,遍及整个希腊,为战争与宗教服务,从此年代有了纪元,培养完美的身体成为人生的主要目的。结果,希腊的雕塑艺术不但造出了最美的人,而且造出了神明。当时的人们,对于经过锻炼的健美身体,除了感觉特别深刻以外,还有一种特殊的宗教情绪,一种现在已经泯灭无存的世界观,一种设想、尊敬、崇拜自然力与神力的特殊方式。② 这种把人的美升华为神的美,将神人合一的塑像方式,是古希腊人特有的艺术表现方式。他们高超的审美品位和辉煌的艺术成就,除了与社会发展形式相关之外,也与古希腊的体操和舞蹈教育有着直接的因果关系。

　　古希腊时期的舞蹈,通常是人们聚会饮宴时最受欢迎的娱乐项目。据荷马本人讲,饮宴的主要乐趣之一就是舞蹈。宗教祈祷与祭祀活动也离不开舞蹈。祭拜某个神祇,需要选用适宜的舞蹈与相应的赞美诗乐密切配合,相得益彰。此外,与各种节日、农猎丰收、战争胜利和运动会有关的庆典仪式,也都需要相宜的舞蹈来表达人们的愿望和心情。早期的舞蹈主要是以摹仿的形式表现神话里的故事与情景。后来的舞蹈在原有形式上逐步演变和丰富起来。譬如,法阿凯伊(Phaiakai)青年人所跳的舞就很有艺术性。"在舞蹈过程中,青年人围绕着一名歌手组成圆圈进行旋转,有时圈中会有两名技艺高超的舞蹈家合跳双人舞。根据荷马的描述,舞蹈时有节奏的运动姿态,并不只限于双腿,而且像现代舞蹈一样,也扩展到身体上段和手臂。"③ 据琉善所述,舞蹈旨在借助舞姿来表达情感、愿望和行动。舞蹈在自身发展过程中,融会了古希腊特有的韵律节奏,很快成为一种高级的艺术美表现形式。如同体操和运动艺术那样,舞蹈因其特殊的审美、宗教

---

　　① 参阅温克尔曼:《希腊人的艺术》(邵大箴译,桂林:广西师范大学出版社,2001年),第3—6页。

　　② 参阅丹纳:《艺术哲学》,第318页。不过,古希腊人对于健美肉体的崇拜,后来在有些方面也流为恶习。这种恶习不仅与盛行古希腊的同性恋现象有关,而且与追求感性享乐的生活方式有涉。柏拉图在谈论诗乐的审美与快感的关系时,一再强调节制或中和原则,无疑是有针对性的,是从道德理想出发的。

　　③ Cf. E. Guhl & W. Koner. *The Greeks: Their Life and Customs*, p. 272.

与社会功能而风靡希腊。不过,久而久之,精湛的技艺也会演变为机械的东西,逐渐取代了真正的艺术创构原理。①

柏拉图将舞蹈分为两大类别:战争之舞(to polemikon eidos)与和平之舞(to eirēnikon eidos)。② 前者表现战争,演练战术,用于军训,有利于培养英勇善战的品格。后者表现和平,用于祭祀,有利于陶冶情操,培养节制与自律的美德。③ 这种划分,主要是根据舞蹈的动作摹仿特征、节拍的强度与风格及其特定的社会和宗教职能。战争之舞以多利亚风格为基本特征,简明有力,气势勇猛,舞姿主要摹仿作战动作,音乐节拍能够鼓舞士气。譬如,与斯巴达尚武精神密切相关的皮力克舞蹈(Pyrrikos),由数位青年扮演为战士,头戴盔甲,手执兵器,在舞蹈中手臂结合,摹仿攻击和防守等多种实用性作战动作,这其中就包括一切攻击、招架、后退、跳跃、弯身、拉弓、投掷标枪的姿态和手势。这种舞蹈形式古老但深受欢迎,是当时多利亚年度体操竞赛的代表项目。日后流行于雅典,军队主帅正是通过这种舞蹈展示自己的作战技术而得以当选的。其后,酒神狂欢节的一些舞蹈成分也吸收到皮力克舞蹈之中,从而更增强了战争之舞的强悍和热烈的气氛。④ 和平之舞

---

① Cf. E. Guhl & W. Koner. *The Greeks: Their Life and Customs*, p. 273.

② 这种分类原则也引起异议。因为,古希腊的诗乐舞蹈等艺术,总是与神话故事和宗教祭祀活动密切相关。所以,很难说战争与和平之舞完全各司其职,如楚河汉界那样分明。参阅上书273页。

③ Cf. Plato. *Laws*, 804-805, 813-816.

④ Ibid. Also see E. Guhl & W. koner. *The Greeks: Their Life and Customs*, p. 273. 现在,原来的舞蹈已经失传,但是,现代人可以从古希腊的陶瓶与建筑雕刻遗迹中窥其一斑。譬如,在一块大理石中楣上,可以看到浮雕残片所描写的部分舞蹈场面:居中而舞的是喜欢娱乐的森林之神萨提儿(Satyr),他一手高举桂冠,一手紧握顶端为松果形的手杖,在两个举盾挥刀的士兵之间跳着动作狂烈的酒神舞。战争舞蹈中还有一种名为卡尔拍亚(Karpaia)形式,属于哑剧式的摹仿舞蹈,表现一名战士在强盗逼迫下拉犁耕地,由此在双方之间引起一场混战。这种舞蹈通常由笛子伴奏。另外,还有许多其他形式的战争舞蹈,有的是专门为青年男子设计的,有的是专门为青年姑娘提供的,包括剧烈的跳跃,冲刺的奔跑,"飘着头发,像小马一般把场地弄得尘埃滚滚"(阿里斯托芬语)。其中最为激烈的阿纳巴尔舞,源于一种特别允许拳打脚踢、无所不可,但严禁口咬的摔跤,用此来教青年男子角斗和摔跤动作,具有一定的实战作用。显然,战争舞蹈具有很强的军事操练功能与军训目的,是古希腊城邦中的青年男女热衷的活动。用丹纳的话说,"舞蹈也是变相的兵操或阅兵式。……城邦的全体公民分成许多合唱队与舞蹈队,一律参加大检阅。……其步伐,队形变化,声调,动作,大家从小学习,反复不已地练习;没有一个地方的合唱与舞蹈队伍比这里规模更大,调度更好的了。倘使今日想找出一个千载之下还相仿佛,而事实上也相去不远的场面,我们可以列举法国圣西尔军校的检阅和操练作为例子"(参阅丹纳:《艺术哲学》,第310—311页)。

为数甚多,动作、速度、节拍以及所表现的内容都显得平和柔缓,加上伴唱的赞美诗,根据歌舞自身与神祇的个性特点,用于相关的宗教祭祀等仪式活动。舞蹈围绕祭坛展开,动作幅度很有节制,合于节拍,以优美的节奏而著名。柏拉图所推崇的那种名为"爱梅雷亚"(emmeleia)的和平之舞,就具有以上特征,但有音乐伴奏。还有一种名为"霍尔摩斯"(hormos)的连环舞,在斯巴达贵族少女中十分流行,有时也有青年男子参加。舞蹈者人数较多,男女相间手拉手连成环状,一起共舞。男女各自根据性别表现出不同的舞姿,女的舞蹈动作比较柔和,男的舞蹈动作比较刚猛,接近于战争之舞中的作战动作。这样,便把男子汉的勇敢气魄与女性的谦和优雅融合在一起,形成刚柔并济的风格。[1]

按照柏拉图的说法,理想国的青年在20岁之前要接受系统的体操训练,其中自然包括舞蹈训练。这实际上是延续了古希腊雅典的文化传统。据说,雅典的青年人在16岁之前所接受的全部教育就是舞蹈。他们喜欢成为舞蹈与歌唱的高手,喜欢在一切可能的场合来炫耀自己所受的教育。他们经常自编自演,自得其乐,真正懂得表现人体的艺术。的确,"希腊文化用合唱与舞蹈培养人;教他姿态,动作,一切与雕塑有关的因素;把人编入队伍,而这队伍就等于活的浮雕;把人塑造一个自发的演员,凭着热情,为了兴趣而表演,为了娱乐而表演,在跑龙套的动作和舞蹈家的手势之间,流露出公民的傲气,严肃,自由,朴素,尊严。舞蹈把姿势,动作,衣褶,构图,传授给雕塑;巴底隆神庙楣带上的主题就是庆祝雅典娜神的游行,另外两处雕塑也是受皮力克舞蹈的启发"[2]。

古希腊的舞蹈丰富多样,最有特色的是一种混合歌舞形式。英语里的"合唱"(chorus)一词,源于古希腊语 choros,原义是指"舞蹈、合唱、歌队与舞蹈场地"等。混合型歌舞起源于多利亚人,后在雅典酒神节上所跳的圆圈舞蹈(choros kuklikos)中臻于完善。这种歌舞表演通常由50人组成,场面相当壮观。被引入雅典时期的戏剧表演中之后,逐步形成以下三种表演歌队:一是"悲剧歌队"(choros tragikos),由12或15人组成;二是"喜剧歌队"(choros kōmikos),由24人组成;三是"欢喜神歌队"(choros satyrikos),其规模与悲剧歌队相若,[3]侧重表现生殖崇拜,表演

---

[1] Cf. E. Guhl & W. koner. *The Greeks: Their Life and Customs*, p.274.
[2] 参阅丹纳:《艺术哲学》,第308页。
[3] Cf. P. E. Easterling. *Greek Tragedy*, p.157.

者有特定服装,佩戴有生殖器官道具。所有这些歌队,在描述剧情和表现人物性格与思想时,不是通过吟诵格律文词或诗歌,就是通过出场退场时的大段合唱,同时在左右方向的来回移动中常常伴随着有声有色的舞蹈姿势。与此同时,所唱的诗句也有一定讲究,于音调韵律上也有一定差异。通常,歌队在舞台(orchēstra)上向左舞动时,习惯采用一个或多个乐段构成的诗歌段落 strophē。向右舞动时所应和的诗歌段落名为 antistrophē。在边歌边舞的演唱中,由于同一形式可以来回重复,使得韵律序列在复现时扩展为上百个音节,从而反映出音乐或乐调重复不断的特点。① 正是由于这种综合的表演形式,结果使诗乐舞在很多情况下浑然一体,到了相辅相成、你中有我、我中有你的密切程度。② 实际上,上述歌队是诗乐舞的综合表演团体。在当时,诗歌被看作"言说的舞蹈"(speaking dance);③舞蹈被视为"无字的诗歌"(poetry without words),④音乐则是"文艺女神缪斯的艺术"(the art of the Muses),⑤伴随诗舞的调式演奏或吟唱,集声音与诗舞艺术之大成。古希腊早期的公共演出活动,"实为诗乐舞的融合结果"。⑥ 古希腊戏剧表演,也是诗乐舞的会通过程。这三者"和谐地融为一体,相得益

---

① Cf. Liddell & Scott (ed. s). *Greek-English Lexicon* (Oxford: Oxford University Press, 1999), p. 786; p. 655. Also see M. L. West. *Greek Metre*, p. 5.

② Cf. Richard Lewis Nettleship. *Lectures on The Republic of Plato* (London/New York: MacMlillan/St. Martin's Press, 1964), p. 121. 实际上,古希腊诗乐中的"音步"源于舞蹈时"脚步"的移动或行军时步伐的起落。诗乐韵律中每个音步的"重音"与"轻音"部分,被称之为 thesis 与 arsis,这两者原本都是舞蹈与军事操练语汇,分别表示"踏步"和"起步"。从这些细微之处中,可以看到诗乐舞在发展和表演过程中的三位一体性。而三位一体的诗乐舞是希腊戏剧中的有机组成部分。

③ Cf. Bruno Gentili. *Poetry and Its Public in Ancient Greece*. (tr. A. Thomas Cole, Baltimore/London: The Johns Hopkins University Press, 1990), p. 24.

④ Cf. A. E. Haigh. *The Attic Theatre*, p. 313.

⑤ Cf. Bruno Gentili. *Poetry and Its Public in Ancient Greece*, p. 24.

⑥ Ibid. "From earliest times, public performances in Greece were a matter of words linked to music and dance. It is no accident that poetry, at least in the case of certain melic forms like the hyporcheme, was called a 'speaking dance,' so close was the association of the verbal sign with the musical and gestural one. This is why the term *mousike*, 'the art of the Muses,' was taken over to indicate not only the art of sounds but also that of poetry and dance-the basic means of communication in a culture that transmitted its messages publicly through the medium of performance. The composer of choral songs for festivals and the poet-performer of solo pieces for various social occasions in the life of the community were agents in the diffusion of a culture that used the resources of the poetic language and the harmonies of rhythm and melody to facilitate listening and memorizing."

彰,各自从与其他两者的整合中得到补充和增强。绝大多数合唱歌曲,都有某种形式的舞蹈伴随。在希腊人的意识中,歌舞是从来不分的,任何没有伴舞的合唱观念都是奇异反常的"①。研究古希腊文化理想的学者耶戈尔在论及希腊艺术时,不由自主地发出这样的感慨:古希腊的"史诗与悲剧是两条气势恢宏的山脉,由山麓小丘组成的一条连线将二者衔接了起来"②。我们不难设想,在这些山麓小丘中,不能没有乐舞。否则,这两条山脉不仅会分离,而且也不会壮观如斯。

综上所述,古希腊时期的体操艺术是融会舞蹈和诗乐的综合性艺术,体操训练是出于健美、竞技、军训和身心和谐等多重目的。体操的综合性艺术魅力,一般是在高声吟唱与翩翩起舞的动态中展现出来的。③令现代人叹为观止的是,古希腊人的教养使他们把体操与军训、娱乐与审美结合得契合无间,不仅把艺术生活化,而且也把生活艺术化了。然而,他们在忘情的娱乐、审美的陶醉或诗化的狂欢中,不会忘记作为城邦公民的基本职责。马克思在《政治经济学批判》导言中宣称,同一定社会发展形式结合的希腊艺术和史诗,"仍然能够给我们以艺术享受,而且就某方面说还是一种规范和高不可及的范本"④。我们有同样的理由以为,希腊人的生活情趣,就其艺术化的方式来说,也是一种规范和高不可及的范本。事实上也正是出于这一原因,希腊人才成为马克思所称赞的那种"正常的儿童"。他们健全而有教养,绝非粗野或者早熟。

二 身体诗学的境界:Kalokagathia

按理说,以诗乐教育为主要内容的心灵诗学有别于以体操训练为

---

① Cf. A. E. Haigh. *The Attic Theatre*, p. 311.
② Cf. Werner Jaeger. *Paideia:The Ideals of Greek Culture*, p. 241.
③ 参阅丹纳:《艺术哲学》,第299页。在这方面,傲慢的法兰西人向来自视甚高,不会服气任何其他民族。但在古希腊人面前,他们不得不有所收敛。丹纳曾就法国与古希腊的抒情诗做过这样的比较:我们[法国人]心目中的抒情诗,不外乎雨果的短诗或拉马丁的分节诗;那是用眼睛看的,至多在幽静的书斋中对一个朋友低声吟哦,我们的文化把诗变成两个人之间倾吐心腹的东西。希腊人的诗不但高声宣读,并且在乐器的伴奏声中朗诵和歌唱,并且用手势和舞蹈来表演。那时整个的人,心灵与肉体,都一下子沉浸在载歌载舞的表演里面。
④ 参阅马克思:《政治经济学批判·导言》,见北京大学中文系文艺理论教研室编:《马恩列斯论文艺》(北京:人民文学出版社,1980年),第83页。

主要内容的身体诗学。前者旨在陶情冶性,塑造心灵。后者旨在塑造身体,讲求实用。但在柏拉图看来,要成为合格的城邦卫士,头脑简单、四肢发达不行;反之,头脑发达、四肢不勤也不行。身体诗学与心灵诗学虽有分工,但在追求最高境界和培养理想人格方面却是殊途同归,有机统一。为此,身体诗学在其具体的实践过程中,要求受教育者在"美善兼备"(kalokagathia)的原则下,通过苦其心志的体操训练(包括军训在内),强身为用,习武卫国,培养忠勇节制和坚韧耐劳的优良品质;同时,还要通过改革旧制,施行男女裸体操练的方式,使男女卫士的体魄、战斗力和道德情操达到理想的高度。

在谈到尊崇勇敢好胜的斯巴达式的荣誉政体时,柏拉图特意批评了那种片面的教育模式。该模式轻视真正的文艺女神,重视体育而放弃了音乐教育,施行强制教育而忽略了说服教育,致使人们秘密地寻欢作乐,躲避法律的监督,就像孩子逃避父亲的监督一样。他们喜爱锻炼身体,喜爱打猎,遵守纪律,恭顺长官,战功显赫,充满自信,对奴隶态度严厉,对自由人态度和蔼,具有军人应有的良好素质。然而,他们比较缺乏教养,随着年龄的增长,开始滋生爱财之心,变得傲慢而自大,失去了最善的保障,向善之心也大打折扣。究其原由,主要是缺乏掺和着音乐的理性所致。因为这一理性,是人一生之美德的内在保障,存在于拥有美德的心灵之中。①

可见,片面的教育,必然导致片面的结果和单维的人格(one-dimensional personality)。这与柏拉图倡导的"最佳教育"尚存差距。柏氏的教育理念强调人的全面发展,旨在追求"美善兼备"的境界。"如果一个人,在心灵里有内在的精神状态美,在有形的体态举止上也有一种与之相应的协调美,那就成为一个兼有内秀外美者,这不仅是最美的境界,而且是最可爱的境界。"②为此,受教育者要通过体育使身体健美,同时要通过乐教使心灵和善。前者使身体得到力和美(ē sōma ischun te kai kallos),与健康结合(meta ugieias)在一起,达到一种可贵的境界。后者使心灵确立天性中最善的部分(ē psychē eis tēn beltistēn physin),获得节制和正义(sōphrosunēn te kai dikaiosunēn),并与

---

① Cf. Plato. *Republic*,548b-549b.
② Ibid.,402d.

思想智慧结合(meta phrnēseōs)在一起,达到一种难能可贵的境界。相形之下,心灵比身体更重要,心灵所达到的境界也自然比身体所达到的境界更可贵(to soutō osōper psychē sōmatos timiōtera)。举凡身心两种境界均衡发展的人,或者说将两者融为一体的人,必然会关注和守卫自己心灵里的宪法,保持常态,不受外界的恭维与财富的诱惑。"在身体的习惯和锻炼方面,他不仅不会听任自己贪图无理性的野蛮的快乐,把生活的志趣放在这方面,甚至也不会把身体的健康作为自己的主要目标,将强壮与健美的方法放在首要地位,除非这些事情有益于培养自律或节制精神(sōphronēsein mēllē)。总之,他会时刻为自己心灵的和谐而协调自己的身体(sōmati harmonian tēs en tē psychē eneka symphōnias armottomenos phaneitai)。"①

这就是说,"美善兼备"的境界,是身体的健美和心灵的和善有机统一的结果,或者说是外美与内秀高度融合的产物。达此境界者,其灵与肉、言与行、内与外、理智与情感、形体与风度,均和谐互补,相得益彰。但就柏拉图的灵肉二元论而言,外在的身体之美为辅,可当作手段;内在的心灵之善为主,可视为目的;协调自己的身体,是为了维系心灵的和谐;增强自己的力与美,不仅是为了健康和优雅,而且是为了协助心灵确立善良的天性,获得节制与正义的美德。不过,按照柏拉图的逻辑,"单凭一个好的身体,不一定能造就好的心灵与好的品格。相反,有了好的心灵与好的品格,就能使天赋的体质达到最佳状态"②。那么,从灵与肉之间的这种因果关系中,是否可以得出某种先验主义的结论呢?是否可以认定只要有了内秀,有了心平气和的"内功",自然就会形成外美,会造就身强体壮的"外功"呢?答案无疑是否定的。在古希腊体育文化中,这种解释无异于白日梦呓,因为希腊人的科学精神远远大于神秘的幻想。在他们的心目中,锻炼身体是一件实实在在的事,是终其一生的活动,是生活方式的重要组成部分,来不得半点的虚伪与自欺。柏拉图也一再强调,"我们的卫士必须从童年起就接受严格的训练以至一生"③。尽管他出于二元学说的假设,

---

① Cf. Plato. *Republic*, 591c-d.
② Ibid., 403d.
③ Ibid., 403e.

重心灵而轻肉体,但他深知锻炼身体的重要性和持续性。他之所以一再强调心灵的主导作用,那是因为心灵在很大程度上能引导和决定人的行为,更何况"充分加以训练的心灵,还承担着保养和锻炼身体的细则"①。事实上,参与体操训练和军事训练的人们,其起居、饮食、房事、野营、气候、量度、难度、项目选择、参与竞技、实战演习等,都需要心灵的筹划、调控、把握和鼓励。而心灵三分天下,包含爱智(理性)、激情(意志)与欲望(感性)三者。好的心灵将三者统摄于爱智部分,教人善于理智行事;而坏的心灵却使三者受制于欲望部分,使人容易感情用事。要想坚持不懈地锻炼好身体、学习好武艺,而不是"三天打鱼、两天晒网"式的随兴所至,好的心灵和理智的行为则是成功的关键。柏氏反复强调心灵的用意,恐怕就在于此。

那么,如何才能达到"美善兼备"的理想境界呢?在具体的实践过程中会遇到什么样的问题呢?理应采取何种举措呢?这将是接下来所要讨论的内容。

三 内外结合的教育方式

在柏拉图看来,实现"美善兼备"境界的主要途径,首先是内外结合的教育方式。所谓"内",是指内在精神或心灵的培养,靠的是诗乐教育;所谓"外",是指外在形象或身体的塑造,靠的是体操训练。两者的结合,构成体乐教育(mousikē kai gymnastikē paideiein)的互补形式,旨在使灵与肉健康发展,使内在的心灵之善与外在的形体之美融合无间,达到和谐统一的至高境界。这一过程尽管以道德化为导向,但又要符合城邦卫士的实用性职业要求。也就是说,柏拉图所推重的"美善兼备",绝非中看不中用的绣花枕头,而是城邦卫士梦寐以求的理想化人格范式。

柏拉图把内外结合的体乐教育,与优秀的医道和司法相提并论,认为都是在"以心护体"(alla psychē sōma)或"以心治心"(psychē psychēs archei)的道德化原则指导下,对人的灵肉进行全面的拯救和塑造。于是,极有本领的医生,对各种疾病都有亲身的体验,但他们不

---

① Cf. Plato. *Republic*, 403e.

是简单地以身体来医治身体,而是用心灵来医治身体。如果一个人心灵美,有精神,身体上的疾病就容易治愈,否则就难以为继。最高贵的法官,自身心灵美好,为人正义,与坏人坏事毫不沾边,敏于识别善恶,依法判决正确,因此能够服众。城邦的卫士,经过质朴的音乐陶冶,就会养成心灵的节制(psychais sōphrosunēn);经过质朴的体操训练,就会增进身体的健康(sōmasinu gieian)。心灵的节制能使自己监督自己,言行举止合乎情理,就不需要打官司;身体的健康能使自己抗击疾病,工作起来尽职尽责,就不需要什么医术,除非万不得已。①

所谓"质朴的音乐"(aplotēs kata men mousikēn),也就是好的音乐。这种音乐由好的歌词、好的调式与好的节奏构成,它"用习惯教育卫士,用乐调和谐精神,用韵律节奏培养优雅得体,还用故事的语言培养与此相近的品质"②。所谓"质朴的体操"(aplotēs kata de gymnastikē),显然不是指那些花拳绣腿式的复杂运动,而是指"简单而灵活的体操(aplē pou kai epieikēs gymnastikē),尤其是只为了备战(peri ton polemon)而进行的那种体育锻炼"③。这其中主要包括骑马、赛马、射箭、标枪、摔跤、击剑、铁饼、舞蹈(和平之舞与战争之舞)以及海上陆地的攻防战术等项目。参与训练的过程,是十分艰辛的,这不仅关乎平时个人与家庭的荣誉,④而且还关乎战时社稷与民生的安危。因为一个人如果体能差,不健全,就无法从军打仗,保卫城邦。这种人在当时的古希腊人眼里,如同废物,既得不到同情与尊敬,也没有任何出路与地位。特别需要指出的是,柏拉图之所以把体育锻炼与医疗和司法之术联系起来谈论,实际上还包含着另外一层意思:那就是如何处理那些身体不健全或不可救药的人。照柏氏的说法,"城邦的医疗与司法制度,对那些天赋健全的公民的身体和心灵抱有好感;而对那些身体不健全的人,就让其死去;那些心灵天赋邪恶且又不可救药的

---

① Cf. Plato. *Republic*, 408e–410b.
② Ibid., 522a.
③ Ibid., 404b.
④ 根据品达关于运动会和运动员的颂诗,我们很容易看到这一点。譬如,在描写第11届尼米亚运动会的一首诗里,他以赞叹的笔调颂扬那位立志为个人和家庭争取荣誉的健美运动员。其中有这么几行:祝愿他为父亲阿革西里斯"赢得荣耀/从容地舒展四肢/但愿他在保存财产的同时/也能在健美中取胜/在运动会上/显示自己的力量,一举夺魁/让他切记自己长着人的四肢/他必须脚踏实地/这是万物的根基"(参阅沃尔佩:《趣味批判》,第32页)。

人,就毫不姑息处之以死。这样做已被证明最有益于被处理者个人与城邦"①。这显然是斯巴达式的处理方式,近乎残忍而无人道,但却以城邦利益作为其冠冕堂皇的理由。不难设想,在那个战争频仍、充满血与火的年代,强健的体魄与尚武的精神起着主导作用,左右着人们的价值判断或生存的机遇。现代的人权观念与人道主义,对他们来讲如同儿戏或笑话。可见,历史的演变不乏戏剧性,往往使许多事情要么昨是而今非,要么昨非而今是。故此,我们很难从现在的角度去审视他们那些不近人情的做法。我们的所有诧异、惊愕与谴责,均被久远的时空悄然割断了。

"善美兼备"作为灵与肉的道德指归,必然使乐教与体育内外结合,殊途同归。在此意义上,柏拉图及时修正了原来的观点,也就是"用音乐照顾心灵,用体育照顾身体"的分工观点。他最终断言:这两者都主要是为了培育心灵(amphotepra tēs psychēs eneka to megiston kathistanai)。因为,专搞体育运动而忽视音乐教育,会使人变得野蛮与残暴(agriotētoa te kai sklērotētos);反之,专搞音乐教育而忽视体育运动,会使人变得软弱与柔顺(malakias te kai ēmerotētos)。这主要是因为,心灵结构中的激情部分,如果加以适当训练,就有可能成为勇敢;如果搞得过了头,就会变成严酷粗暴(agriōtepoi)。而心灵结构中的爱智部分,如果通过适当的音乐调教,就会变得温文尔雅且井然有序;如果搞得过了头,便会变得过分软弱(malakōteroi)。而合格的城邦卫士,需要两种品质兼而有之。也就是说,他既要温文,而且要勇敢;其心灵中的爱智与激情部分,分别通过音乐熏陶和体育锻炼,彼此张弛皆宜配合得当,最终使灵与肉达到和谐,"美善兼备",成为刚柔并济、文武兼修或全面发展之人。举凡能把音乐和体育配合得当、并将两者运用于身心健康的人,如同最完美最和谐的音乐家一样,必将是最优秀最卓越的城邦卫士,必将最善于保护国家的利益。②

值得指出的是,古希腊人尤其重视理论与实践的结合,雅典人更是率先垂范。在追求美善兼备的境界与身心和谐的理想人格的过程中,他们不是停留在理论话语或清谈玄理之上,而是尽可能地付诸生

---

① Cf. Plato. *Republic*, 410a.
② Ibid., 410-412.

活实践与切身体验之中。譬如,朗读荷马的史诗或品达的抒情诗就会发现,其中的思想都化为形象,所有的字眼儿都能唤起色彩鲜丽的形体,练身场和田径场上的回忆,神庙、风景、光艳的大海与海滨,均能唤起一大堆生动而神奇的景致,特别是那些身材健美、气概不凡的青年歌队。他们挺起肌肉宽厚的胸部,伴随着简单的手势,齐声高唱一支气贯长虹的颂歌,浩浩荡荡的声音直上云霄:

> 在地上,
> 在桀骜不驯的海洋上,
> 只有丘比特不喜欢的生灵,
> 才憎恶彼厄利提斯的美妙歌喉。
> 譬如那个神明的敌人,
> 长着一百个脑袋,
> 躲在丑恶的地狱里的泰封。
> 西西里压着他多毛的胸脯;
> 高耸入云,白雪皑皑的埃德那火山,
> 孕育冰雾的乳母,
> 抑止着他的力量……
> 然后从深坑中吐出耀眼的火浆。
> 白天,火浆的溪流中升起一道红红的浓烟;
> 晚上,回旋飞卷的鲜红的火焰,
> 把岩石轰隆隆地推向深不可测的海洋……
> 奇大无比的巨蟒,
> 被镇压在埃德那的高峰、森林和平原之下,
> 背上遭受着铁链的折磨,狂嚎怒吼:
> 真是奇观异景。

诗歌中的形象越来越多,随时被出其不意的飞泉、回流、激流所阻断,那种大胆与夸张是无法翻译的。这种极致的意境,不可能同我们迟钝的感官和深思熟虑的文化配合。希腊文化用舞蹈与合唱培养人,教他们姿态,动作,一切与雕塑有关的因素,把人编入队伍,而这队伍就等于活的浮雕;把人造成一个自发的演员,凭着热情,为了兴趣而表演,为了娱乐而表演,在跑龙套的动作和舞蹈家的手势之间,流露出公

民的傲气,庄重,自由,朴素与尊严。①

  实际上,在古希腊的日常社会文化生活中,类似的歌舞与体操融为一体,如同饮食睡眠一样,都是不可或缺的重要内容。体育与比赛,习武与娱乐,宗教和政治,平时和战时,祭祀祖先和祷告神灵,节日庆典和宴请宾客,纪念死者和表扬胜利的英雄,都用到舞蹈。其中,崇拜神明的节庆活动所提供的舞蹈与颂诗素材最多,用于展现希腊人教育成果的场面也最大,把诗乐舞体操健美有机融合在一起的文化景观也最为宏壮。按照古希腊人的生活观念,崇拜神明与娱乐神明是一回事,其最好的方式莫过于在神明面前展现自己俊美娇艳的肉体,表现健康和力量的姿势。所以,他们在神前舞蹈与合唱的人,经常是特选的公民;他们参加最庄严的庆典或赛会,就如同参加狂欢节的游行或到歌剧院观看芭蕾舞一样。譬如,每年一度在九月初举行的雅典娜庆典大会,历时三天之多。全雅典的人都去看竞技,先是到专门表演音乐与诗歌的公共建筑奥台翁,那里有场面豪华的舞蹈,有荷马史诗的朗诵,有歌唱比赛,七弦琴比赛,笛子比赛,有裸体的青年舞蹈队跳皮力克舞,有穿衣服的合唱队列成圆周唱酒神颂歌;接着,田径场上举行各种裸体健美竞赛,还有男子和儿童的角斗,拳击,摔跤,有裸体或武装的运动员的单程赛跑,双城赛跑,火炬赛跑,有赛马,有驾两匹马的和四匹马的赛车,由普通车比赛,有战车比赛……第四天开始游行。领队的是高级的祭司,随后是特别挑选出来的最美的老人,世家的处女,手捧祭品的加盟城邦的代表团,然后是手捧金银镂刻的杯盘器皿

---

① 参阅丹纳:《艺术哲学》,第 306—307 页。丘比特(Cupido),在罗马神话中表示小爱神,等于希腊神话中的小爱神厄罗斯(Eros),是希腊神话中最古老的神祇之一。相传,厄罗斯诞生时,主神宙斯曾想把他杀死,爱神阿佛洛狄忒将他藏在密林里,由母狮养大。爱洛斯即是爱神的化身,也是爱神的使者。他随身携带着爱情的弓箭。被射中的人或神便产生爱情。这种爱情会带来幸福与快乐,也会带来痛苦或死亡。彼厄利提斯(Pierides)也译为皮厄里得斯,是文艺女神缪斯(Musae)的别名之一。在荷马史诗中,缪斯有时一个,有时数个,均喜爱歌手或诗人,并鼓舞他们。在赫西俄德的史诗里,缪斯共有九位,统管文艺。各司其职。若由谁感于同缪斯较量,就会受到严酷的惩罚。对文艺女神缪斯的崇拜遍及整个希腊,被尊为诗人的保护神,因此别名甚多。泰封(Typhon)又译梯丰,生于众神战胜巨人神提坦之后。泰封长着一百只蛇头,口中喷火,能发出各种声音。其子辈都是怪物。泰封曾与宙斯争夺过宇宙的统治权。被宙斯打入小亚细亚某处的地下,中年遭受宙斯雷电的打击。据另一传说,泰封被压在埃特纳的山下,仍然喷射火焰,震撼大地。泰封实际上是火山的化身,其故事反映了古代人对火山运动的解释(参阅鲁刚、郑述谱编译:《希腊罗马神话词典》,北京:中国社会科学出版社,1993 年,第 155 页,第 102 页,第 214 页,第 177—178 页,第 256—257 页)。

的客人,然后是步行、骑马或驾车的运动员,然后是一长串主持祭祀的人与作为祭礼的牺牲,最后是盛装华服的民众。① 他们一路载歌载舞,走街串巷,乐此不疲,从中可见诗乐舞和体育的普及、发展与繁荣程度。据说,在希腊语中,仅舞蹈一项就有代表不同风格和形式的 200 多种名称存留至今。② 这些舞蹈所包含和释放出的审美与教育价值,对塑造古希腊人(特别是雅典公民)的情趣、品位、性格、德行等等,起着不可估量的作用。这也是柏拉图缘何重视体操与诗乐舞教育的原因所在。

自不待言,实现"美善兼备"的境界、塑造外柔内刚的人格并非易事,行使内外结合的体乐教育也不容易。接受体乐教育的年轻人,大多血性未定,凡事会根据个人的喜好而沉溺其一、顾此失彼,抑或纵情于音乐而忽视体育,抑或偏执于体育而抛弃音乐。"譬如,纵情于乐曲者,把耳朵当作漏斗,让甜腻腻、软绵绵与哭哭啼啼的各种曲调唱腔,醍醐灌顶似地注入心灵深处;假使他全部时间都沉溺于丝弦杂奏歌声婉转之间,开始会使心灵中的激情部分由铁一般的粗硬变得柔软,尚可制成有用的器具。倘若他这样继续下去,像是走火入魔似的,不能适可而止,他就开始融化了,液化了,分解了,结果就会使心灵中的激情部分烟消云散,变得萎靡不振,成为'软弱的战士'(malthakon aichmētēn)。"③需要说明的是,在荷马笔下,这种战士是指缺乏战斗勇气和坚韧精神的长矛手,通常因为软弱无能而遭人嘲笑和唾弃。柏拉图借用此说,其意在于否定这种片面的教育和片面的人格。在《会饮篇》里,他重复引用了这一说法,④表面上是在奚落海伦的丈夫墨涅拉俄斯(Menelaus),反衬其能征善战的兄长阿伽门农,实际上是以抑此扬彼的对比方式,极力贬低软弱的性情,推崇勇敢的品格。

---

① 参阅丹纳:《艺术哲学》,第 328—329 页。
② 同上书,第 301 页。
③ Cf. Plato. *Republic*, 411b. Also see Homer. *The Iliad*. xvii. 588. The English translation by Robert Fitzgerald is "no tough man with a spear." Paul Shorey renders is as "feeble warrior." We could translate it as "feeble or spiritless spearman".
④ Cf. Plato. *Symposium*, 174c. According to Paul Shorey's translation, it is referred to "a spearman spiritless". The passage concerned goes as follows: "For after setting forth Agamemnon as a man eminently good at warfare, and Menelaus as only 'a spearman spiritless,' he makes the latter come unbidden to the banquet of the former, who was offering sacrifice and holding a feast; so the worst man was the guest of the better."

与软弱相对的是刚强(thumoeidous)。刚强本来是造就勇敢(andreia)这一美德的基础。但若培养不当,也会走向反面。譬如,刚强的人,经过刺激会变得容易生气上火,进而会变得喜怒无常、性情乖张(duskolias empleou)。如果他把全部精力投入到体育锻炼之中,能吃能喝,不学音乐与哲学,起初他会变得身强力壮,心灵充满自信和自豪,整个人变得比原来更加勇敢。但久而久之,他心灵深处可能存在的爱智之光(philomathes en tē psychē),就会变得黯淡微弱起来。由于心灵没有得到必要的启发和培育,感觉能力没有得到相应的磨练,他会变得耳不聪目不明,厌恶理性的交谈,不懂文艺的妙处,像野兽一样用暴力与蛮干(bia de kai agriotēti)来达到自己的一切目的,在粗野无知中过一种不和谐的、无礼貌的生活(arrythmias te kai acharistias)。① 这种人显然不可取,更不适合作城邦卫士。他们易怒乖张,一旦疯狂起来,会不管不顾,只贪图自己痛快。在紧急危难关头,非但对城邦无益,反而有害;参加作战,往往会成为野蛮的战士,可能会不服管束,肆意妄为,滥杀无辜。看来,软弱与野蛮这两类人,各自处于两个极端。按照"中正不偏"的原理,介于软弱的战士与野蛮的战士之间者,方为勇敢而理智的战士。他们温文尔雅,英勇果敢,正是理想国所期待的理想卫士。而柏拉图所推崇的内外结合式的体乐教育与"美善兼备"的理想,最终目的就在于培养和打造这样的人格品性。

四 苦其心志的训练与饮食

在理想国里,培养卫士的过程,也是筛选统治者的过程。柏拉图为此设定了诸多标准。要而言之,首先是护卫城邦的智慧与能力,其次是忠于城邦利益的诚意与信念,再下来就是"苦其心志"的严峻考验和"劳其筋骨"的艰苦锤炼。② 前两者与研究哲学、探索真知、主持正义和爱国精神关系密切,后两点则与体育锻炼和军事训练直接相关。

针对筛选过程,柏拉图如此要求:"我们必须寻找那些坚持原则孜孜不倦地城邦利益服务的卫士。我们必须从他们幼年时起,就开始考

---

① Cf. Plato. *Republic*, 411d-e.
② Ibid., 412d-413e.

察他们,在实际工作中考验他们,我们必须选择那些不忘原则、不易受骗的人来作城邦卫士。再者,要劳其筋骨,苦其心志,鼓励他们见贤思齐。另外,就像把小马带到嘈杂喧哗的地方去训练其胆量那样,我们也要把年轻人放在贫穷忧患中去,然后再把他们放到锦衣玉食的环境中去,同时,要比人们用烈火炼金打造金器还要细心得多地去考察他们,看他们受不受外界的引诱,是不是能泰然处之,守身如玉,做一个有自尊、有教养的优秀卫士(phulax autou agathos kai mousikēs)。这样一来,他们不仅能在各种情况下洁身自好,保持身心的真正节奏与和谐,而且能够保持那种对自己和城邦最为有用的品格。对于那些从童年、青年以至成年历经考验和无懈可击的人,我们务必将其定为统治者或卫士,在其生时授予荣誉,死后追悼纪念。而对于那些不合格的人,我们务必予以摒弃。"①

不难看出,整个筛选过程,从童年到成年,始终伴随着各种苦其心志的道德化考察工作。贫穷忧患的生活与锦衣玉食的环境所形成的巨大反差,更是磨砺意志、检验人品的绝佳机会。烈火炼金打造金器的工作固然不易,但培养卫士的工作更为艰辛。这一点从相关的体育锻炼与饮食要求中可见一斑。譬如,少年时代,除了刻苦的身体锻炼之外,还必须骑着马到战场上亲自观看打仗,在安全的地方靠近前线,像小野兽一样尝试血腥味。凡是在学习和战争中表现优异的孩子,才会被挑选出来进一步参加体育训练。② 这其中为了备战所进行的摔跤运动,拳打脚踢,角斗肉搏,近乎实战,不仅需要强健的体格,有力的臂膀和抗击打能力,而且需要灵活实用的技巧和勇往直前的精神,没有艰苦的训练是不可想象的。因此,要完成包括军事训练在内的所有体育课程,要做最大竞赛中的出色斗士,就必须"百折不挠,喜爱一切意义上的劳苦,同时情愿忍受肉体上的一切劳苦"③。

在日常生活方面,参加训练者要理性地保养身体,以适应自己的职责。为此,必须戒除酗酒,以免误事;必须严格遵守饮食与作息制度,不可贪吃贪睡;必须效仿荷马史诗中的英雄,不吃鱼、炖肉和甜食,

---

① Cf. Plato. *Republic*,413c-414b.
② Ibid. ,537a.
③ Ibid. ,535c.

因为这些食品烹制工序复杂,不利于行军打战,也不利于身体健康,反倒会娇惯人的胃口。一般情况下,只许吃烤肉,因为这种食品简易,只要有火,随处可做,而且无需随身携带许多坛坛罐罐,增加辎重。另外,房事必须节制,绝不许弄一个柯林斯女郎来做情妇,这样会导致纵欲而毁坏身体。总之,要做战争中的优秀斗士,就必须懂得节制,必须从事多样训练。据亚里士多德所述,青春期以前,主要接受的是轻便的体操与竞技训练,避免任何有碍生理发育的剧烈运动与严格的饮食限制,因为早期的过度锻炼会损耗儿童的体魄。到了 18 岁的青年,则要从事剧烈的运动并接受严格的饮食规定。① 通过这种艰苦的训练,人的各种潜能将充分发挥出来,人的身体耐力与敏感性也将达到很高的程度。用柏拉图的话说,他们要像终宵不眠的警犬一样,视觉与听觉都要极端敏锐;在战斗生活中,能饮用各种水和食品;在烈日骄阳狂风暴雨下,都能处之若素。② 柏氏所期望的这类人,显然具有吃苦、耐劳、忠勇、守纪、爱国、能干、简朴、节制等美德。否则,也就不能成为合格的卫士。有趣的是,柏拉图把英勇善战的卫士比作"终宵不眠的警犬"。早些时候,他曾用 skulax(警犬)与 phulax(卫士)这两个谐音词,以特有的幽默比较了两者的某些共性。他认为从保卫工作的性质来讲,一条出色的警犬与出色的卫士具有近似的天赋,即有温和驯服的一面,也有刚烈凶狠的一面。前者要求对自己人友善,服从主人的调遣,当行则行,当止则止;后者要求斗志昂扬,感觉敏锐,反应迅速,发现敌人能追得快,与敌作战能斗得凶,无所畏惧能斗得胜。③ 这实际上是对真正意义上的"勇敢"品质作了较为全面的阐释,对优秀的卫士品格作了生动而形象的刻画。

然而,人各有志,差别难免。志存高远者,为了自身的理想而会毅然忍受其他方面的剥夺;意志坚定者,为了实现确定的目标而严格遵守相关的规定;但凡随兴所至者,则会出于个人的喜好而朝三暮四,寻欢作乐。"他一天天沉沦于快乐享受之中。今天是饮酒,女人,歌唱,明天又喝清水,破例享用禁食;第一天是剧烈的体育锻炼,第二天又游

---

① 参阅亚里士多德:《政治学》(吴寿彭译,北京:商务印书馆,1997 年),第八卷,第四章,1338b40—1339a7。
② Cf. Plato. Republic, 404a-b.
③ Ibid., 375.

手好闲，无所事事；然后一段时间里，又研究起哲学。他常常想搞政治，经常心血来潮，想起什么就干什么，想到什么就说什么。有的时候，他雄心勃勃，把所有努力都集中在军事上；有的时候，他向往发财，把所有心思都耗费在买卖上。他的生活没有秩序，没有节制。他自以为这种生活方式幸福快乐、自由自在，所以一意孤行，不计后果。"①柏拉图认为，这种人无疑滥用了平民政体所提供的社会福利与民主权利。他们心灵空虚，生活腐败，道德低下，过分考虑自己的喜好与得失，漠视城邦的集体利益与公共伦理，不负责任且一事无成，结果给社会造成不应有的负担。按照理想国公民的社会分层，黄金阶层（chrusos）最为高贵，是统治者；白银阶层（arguros）位居第二，是卫士；铜铁阶层（sidēron te kai chalkon）地位低下，是农民与其他技工。上述那种朝三暮四之人，其心灵里混入了废铜烂铁，个人私欲膨胀，无心为国效劳，不配作卫士。他们就像是没有管教好的牧羊犬，既可怕又可耻，会因自身的放纵、饥饿或坏脾气，监守自盗，去攻击和伤害所保管的羊群，干起豺狼而非猎犬的勾当来。② 对于这类人，绝不能姑息迁就，而应当将他们安置在社会底层，让其从事劳役工艺活动。否则，就会乱了国家的法度，就会像神谕所说："铜铁当道，国破家亡"（tēn polin diaphthrēnai, otan autēn o sidēros ē o chalkos phulaxē），追求整体幸福的理想城邦，从而化为水中泡影。这里所谓的"铜铁当道"，是指不合格的、素质低下的卫士（phulaxē）占据要职，他们非但没有能力和献身精神来保卫城邦，反倒像没有管教好的牧羊犬一样招致祸害内乱。

五 破旧立新的男女裸体操练

罗斯金有句名言，声称自己"从来没有看见过一座希腊女神雕像，有一位血色鲜丽的英国姑娘的一半美"③。从比较的两个对象看，前者是艺术，后者是活人。艺术大多给人以美感，活人大多给人以快感。如果从性爱的角度考虑，以生理和情欲冲动为主要特点的快感，显然

---

① Cf. Plato. Republic, 561c-e.
② Ibid., 415-416a.
③ 转引自朱光潜：《谈美》，见《朱光潜美学文集》（上海：上海文艺出版社，1982年），第一卷，第468页。

要比相对静态的艺术美感强烈得多。在此意义上,罗氏或许真是蔽于快感而无视美感。不过,如果把希腊女神雕像的模特儿还原为活人,或者把英国姑娘按照希腊裸体艺术的要求雕刻成女神,这样再进行一番比较的话,估计连罗斯金在内的观众,可能会得出一种相反的结论。

希腊人的美,是垂范千古的;其存留在艺术中的印迹,给人以无尽的遐想。如今,在大英博物馆或巴黎卢浮宫等地,当我们参观古希腊的钱币、陶瓶和雕塑等藏品时,从中所看到的各种优美的人体形象,常常让人流连忘返,感慨不已。无论是表现女性的爱神和智慧神,还是表现男性的战神与太阳神,我们不仅能直接体味到"高贵的单纯和静穆的伟大"①这一突出的艺术特征,而且能够从整体到细微之处观察到他们各自健美的肌肉和匀称的体型,其和谐而苗实的结构是现代人所望尘莫及的。举凡这些裸体或半裸体的雕像,形式上象征的是神,实际上展现的是人。这神人合一之美,是自然形美与体育健美达到高度和谐的产物。我们不难设想,如果古希腊没有制度化的体育与舞蹈文化,这些难以企及的古典艺术范式将是不可能问世的。

温克尔曼在研究古希腊人的艺术时发现:正是通过体育锻炼和全民的比赛,希腊人获得了雄健魁梧的身体,希腊大师们则把这种不松弛、没有多余脂肪的造型赋予他们的雕像。最为完美的裸体以多样的、自然的和优雅的运动和姿态,展现在人们的眼前;我们美术学院里雇用的模特儿不可能表现出这些动作。② 其中,裸体操练与舞蹈最具代表性。那时的操练场,实际上是艺术学校,是青年人全身裸露进行健身活动的地方,同时也是雕刻大师们观看肌肉运动、研究人体变化和汲取艺术灵感的场所。节庆与运动会期间,希腊人选择最为健美和良善的青年男女,全身裸露着出现在神庙前和舞台上,载歌载舞,祭祀

---

① 参阅温克尔曼:《希腊人的艺术》(邵大箴译,桂林:广西师范大学出版社,2001年),第17页。温克尔曼认为:"希腊杰作有一种普遍和主要的特点,这便是高贵的单纯和静穆的伟大。正如海水表面波涛汹涌,但深处总是静止一样,希腊艺术家所雕塑的形象,在一切剧烈情感中都表现出一种伟大和平衡的心灵。这种心灵就显现在拉奥孔的面部,并且不仅显现在面部,虽然他处于极端的痛苦之中。他的疼痛在周身的全部肌肉和筋脉上都有所显现,即使不看面部和其他部位,只要看他因疼痛而抽搐的腹部,我们也仿佛身临其境,感到自己也将遭受这种痛苦。……身体感受到的痛苦和心灵的伟大,以同等的力量分布在雕像的全部结构中,似乎是经过平衡了似的。……表现这样一个伟大的心灵远远超越了描绘优美的自然。艺术家必须先在自己身上感觉到刻在云石上的精神力量。"

② 同上书,第4—6页。

神灵,以示人对神的虔敬,同时也炫耀自身,展现人体健美的成就。

在《理想国》里,裸体操练(gymnous)的传统被追溯到克利特人和斯巴达人。最初,这种赤身露体的活动也曾惹来才子派戏剧家的笑话。但随着这种体育文化在整个希腊的普及和制度化,人们也就习以为常了。后来,在运动场上和健身房里,赤身露体的女子也参与进来,同赤身露体的男子一起锻炼。除了年轻的姑娘之外,还有年纪大的妇女,她们像健身房里的老头一样,皱纹满面,看上去滑稽可笑,很不顺眼。① 但是,这并不构成阻碍人们参加锻炼的理由。相反,柏拉图通过苏格拉底之口,积极地肯定了这种男女裸体操练方式,同时还依据理想国的政治需要进行了建设性的改革。首先,他认为保护和使用妇女的唯一正确方式是男女平等,让她们接受与男子一样的培养和训练,使双方都成为城邦的卫士。就像一对警犬一样,尽管公犬较强,母犬较弱,但让双方一起在外追寻搜索,参加一切警卫工作,远胜于只让母犬躲在窝里,只管生育和抚养小犬的保守做法。因此,要不分彼此地使用男女,让其接受同样的教育。也就是说,除了音乐和体操教育之外,女子也要接受军事训练,如携带兵器和骑马等。这一点是破旧立新的关键,务必坚持下去,不要怕文人雅士的挖苦和嘲笑。

其次,柏拉图认为男女裸体一起操练是一件正大光明的事,其目的是为了锻炼身体和学习军事,提高自身的战斗力,为保家卫国服务。与此同时,让卫士的妻子接受音乐和体育锻炼,并不违背自然,而是有利于充分发挥她们的天赋。根据自然,各种职务男女均可参与,因为女人也像男人一样,会有不同的天赋和秉性。有的擅长运动与战斗,有的擅长音乐与医学,有的爱智而刚烈,有的厌智而懦弱,凡此种种,不一而足,只要选择和培养得当就行。一个国家最要紧的事情,就是能造就出出类拔萃的男人和女人。通常,优秀的卫士等于最好的公民,是男人奋斗的目标。如今,优秀的女卫士不仅是最好的公民,而且是最好的女人,成了女人追慕的理想。

再者,女的卫士既然以美德做衣服,就必须裸体操练。这样有利于她们日后同男人一起参战,履行自己的职责。如果任何男人嘲笑女人裸体操练,那只能表明自己不智,反笑人愚,显然不懂得自己在笑什

---

① Cf. Plato. *Republic*, 452a-d.

么、在做什么。要知道,"有益的则美,有害的则丑"(oti to men ōphelimon kalon, to de blaberon aischron)这句话,无论是现在还是将来,都是至理名言。① 这里所言的"有益",一方面是就城邦利益而言,另一方面是就道德修为而论。裸体操练,是为了强健体魄,做一名合格的战士,意在保家卫国,可谓"有益";同场操练,赤身露体,眼可见而"思无邪",习以为常,合乎道德,可谓"有益"。"有益"自然就"美",就"善",就无可非议。否则,就"有害",就"丑",就要不得。

值得说明的是,男女裸体一同操练,的确隐含着道德修炼的目的。一个人如果专注于自己的正当事业,就会全神贯注而非心猿意马。一个人如果心灵纯正而努力向善,就会以修身为本而涤除一切邪念。一个人如果具有节制的美德,就会讲究理性而不受诱惑。柏拉图有意鼓励男女同场裸体操练,一方面是古希腊体育文化的开放传统使然,另一方面也是为了考验男女双方的道德修为,以便在未来并肩作战时彼此配合,不受干扰,便于建功立业。释迦牟尼成佛之前,摩罗故意捣乱,以色诱惑,派遣裸体的美女环绕其周围,用挑逗的方式试图干扰其定力。可佛祖坐怀不乱,终成正果。我们无意假设柏拉图有"临摹"之嫌,但凭他对人性及其弱点的深刻理解,借用男女裸体同场操练的环境来考验卫士的德行,是合乎道德化教育的逻辑要求的。希腊人向来认为,真理是赤裸裸的,不加掩饰的,人体之美也应如此。针对裸体操练问题,柏拉图本人也明确表示,"赤身露体的操练比遮遮掩掩的要好。在理性认为最善的事物面前,眼睛看来可笑的事物往往会变得不可笑。这说明下述这种人的话是一派胡言:他们不认为邪恶是可笑的,反倒认为别的都是可笑的;他们不去讽刺愚昧和邪恶,却眼睛盯着别的现象加以讥讽;他们一本正经地努力建立某种别的美的标准,但却将以善为美的标准弃置不顾"②。显然,柏拉图对伪善的假道学家提出了严厉的批评。批评他们善恶不分,美丑不辨;判断事物时,只见其表,不知其里;观看裸体时,只见肉身,无视美德;制定美的标准时,吹毛求疵,舍本求末。在回击这种人的同时,柏拉图还从城邦利益的大局出发,基于优生优育的原则,对男女情欲和婚配生殖作了进一步

---

① Cf. Plato. *Republic*, 452-457b.
② Ibid., 452d-e.

的探讨。他认为应尽最大的努力选择最优秀的男女加以联姻,让他们在年轻力壮时结婚生育,不仅让他们生出优良的下一代,而且鼓励夫妻比翼双飞,争做优秀公民。城邦按照法律,应当提供婚假。新郎新娘欢聚饮宴,祭享神明,诗人作赞美诗,祝贺嘉礼。结婚人数的多寡,要考虑到战争和疾病等因素。凡是英勇卫国、功勋卓著的年轻人,除了授予荣誉和奖金之外,还要给他们更多的机会,与妇女交合,以便从他们身上获得尽量多的后裔。生下来的孩子将由管理幼儿园的官员带走,交给专职的保姆去精心抚养。至于一般人或其他人生下来的孩子,如果发现有先天缺陷,就将其秘密处理。总之,要设法让那些对国家有贡献的优秀父母所生下的孩子,成为"青出于蓝而胜于蓝"的新一代,成为对国家更有益的卫士。[1] 看来,这种城邦福利与儿童养育政策,在很大程度上凸现了斯巴达式共产主义理想社会的特色。只可惜那种奖励性的"共妻"制度与秘密处死残障儿童的做法,遮蔽了一大片原本让人向往的空间。

综上所述,身体诗学所追求的最高境界是"美善兼备"。这不仅要有健美强壮的身体,更要有善良节制的心灵。通常的理解,总习惯于把体育和乐教分开,认定前者照顾身体,后者照顾心灵,好像各自为政似的。实际上,在内外结合的教育过程中,此两者互动互补,殊途同归,最终是要用心灵的善来增强身体的美,通过苦其心志的实战训练来塑造忠勇节制的优秀卫士。从培养的方式和具体的要求来看,这一切都在假设中施行柏拉图的道德主义理想与政治工具论原则。另外,在男女平等、裸体操练、婚配生殖和养育子女等问题上,柏拉图显然是

---

[1] Cf. Plato. Republic, 459-461b. 这里所谓的"秘密处理",实际上就是暗地里由管理幼儿园的官员偷偷加以处死。这种做法在斯巴达人那里颇为普遍。柏拉图所设想的"美的城邦"或"理想国",在这方面无疑参照了斯巴达的传统方式,其主要目的是为了培养身强力壮、能征善战的卫士或战士。这与前面处理残疾人和不可救药的病人的做法同出一辙。另外,在妇女问题上,柏拉图试图越过两个浪头。一是改革旧制,提倡男女平等,鼓励妇女参与乐教、体育和军训,赞同男女裸体同场操练,为国并肩作战;二是打破组成一夫一妻的家庭惯例,把城邦内的女人归男人所有,进而使孩子成为公有,让父母不知谁是他们的子女,也让子女不知谁是他们的父母,以便让所有公民抛开家庭私有观念的连累,以城邦利益为利益,以公共伦理为伦理。这一点因遭到格劳孔的异议,怕难行通,故此没有深入谈论。用苏格拉底的话说:"我现在腹背受敌。原来还希望你会同意这个建议是有益的。那样的话,我就只好避重就轻地来讨论是否行得通的问题了。"(457e)于是,便转而讨论起男女婚配和优生优育的问题。

用城邦利益统摄私人利益,用公共伦理涵盖个体伦理。这实际上也是其道德理想主义和政治工具主义的重要组成部分。

六　理想人格的两个维度

从逻辑上讲,心灵诗学侧重养心育善,身体诗学侧重修身健美,两者的有机结合,使人身心和谐,美善兼备,成就理想的境界与人格。细究起来,身心和谐最终归于心灵和谐,美善兼备最终归于文武兼修。前者是理想境界的体现,后者是理想人格的范式。

1. 心灵和谐

对于心灵和谐的理想境界,柏拉图借用马车之喻揭示了其演进的过程。他把心灵一分为三,前两部分如两匹马(ippomorphō),第三部分像御车人(ēniochikos)。这两匹马中一匹驯良(agathos),一匹顽劣(kakos)。良马身材俊美,白毛黑眼,善解人意,谦逊而节制,驾驭时无需鞭策,只消劝导一声即可。劣马形体丑陋,黑毛灰眼,狂野骄横,耳聋而放肆,鞭打脚踢都难驾驭。

　　所以,每逢御车人看到诱发爱情的对象时,整个心灵让感觉惹得发烧,情欲刺戳得他又痛又痒。那匹良马知羞识耻,不肯向爱人贸然跳去;劣马却不顾主人的鞭策,乱蹦乱跳,给主人和马伴惹出说不尽的麻烦,强迫主人跑向爱人,去追求爱情的快乐。起初,其主人和马伴对这种怂恿违法抗礼的罪行都愤然抗拒,可最后被劣马闹得不可开交,只好顺从了它的要求。当来到那位满面红光的爱人美少年面前时,御车人想起并肩站在神座上的美之本体与节制之德(tou kallous physin meta sōphrosunēs),恐慌之间立刻肃然起敬,不觉失足仰面倒地,顺手将缰绳往后一拉,两匹马顿时屁股坐地,良马驯服不动,劣马挣扎不休。人马倒退了几步之后,良马又羞又惧,浑身汗湿;劣马刚喘过气就破口大骂,骂主人和马伴懦弱违约,随之又催促他们冲向前去,追赶爱人。……后来快要赶上目标,劣马埋头咬紧口铁,死劲往前拖拉。但是,御车人再次感到前次那种感受,而且更加强烈,像赛跑人跑到终点的栅栏一样,猛然倒退,缰绳比前次拉得更猛,把那匹劣马的口铁往后猛扯,扯得它口破血流,屁股和腿都栽倒在地,痛不堪言。这种经验重复多次后,劣马终于学乖了,丢掉了野性,低头贴耳地听从御车人的调度。当再次看到那美的爱人时,就吓得浑身发抖。到了这个时候,情人的心灵才带着肃静和畏惧去追随那爱人。

因此,那爱人受到无限的崇拜,就像一尊神,而那情人并非开玩笑,而是出自真心。……言论与风采使双方的情感日渐亲昵,恩爱有加,觉得其亲友对他的友谊累计一起,也万万比不上这位神灵凭附的爱人给他的恩情。此后,他继续亲近那爱人,在健身场或别的聚会场上与其拥抱,情波(erōs)流射……一部分注入他的身躯,装满之后又流溢出来。像一阵风或一个声音,碰到平滑而坚硬的东西就往回窜,源于美的情波便蹿回到那位美少年,经由天然的渠道——眼睛——流入他的心灵。等心灵注满了,羽翼就得到滋润,开始生出新的毛羽,如此一来,这对情侣的心灵都装满爱情了……

最终,在心灵各部分的本性中,高尚的成分取得优胜地位,彼此过着节制而爱智的生活,在世时就会一生和谐快乐,能作自己的主宰,循规蹈矩,降伏恶根,开放善源。临终时,就能身轻如燕,举翼升天。这是最大的福分,凡人所能凭借人类节制或神灵迷狂而得到的福分,都莫过于此(ou meizon agathon oute sōphrosunē anthrōpinē oute theia mania dunatē porisai anprōpō)。[①]

上述比喻对心灵的刻画,自然让我们回想起柏拉图的"心灵三分说"。良马类似于理性部分,爱智而节制;劣马类似于欲望部分,多情而粗野;御车人类似于意志或精神部分,虽然左右摇摆于理性与欲望之间,但却具有向善求美的秉性,因此"近朱者赤",关键时刻会做出明智的抉择。介于良马与劣马这两极之间,御车人在美的本体的引导下,凭借良马的协助,发挥着调控劣马的作用。在追求爱欲对象的过

---

① Cf. Plato. *Phaedrus*(tr. H. N. Fowler, Loeb ed. , Harvard University Press, 1999). , vol. 36. 253d-256b. 另参阅《柏拉图文艺对话集》(朱光潜译,北京:人民文学出版社,1980 年),第131—134 页。最后一句话的英译文为:"Neither human wisdom nor divine inspiration can confer upon man any greater blessing than this." 按照希腊原文,sōphrosuē anthrōpinē 英译为 human temperament or self-control(人类的节制或人类的自律)instead of human wisdom,θεια μανια 英译为 divine maniac or madness(神性的迷狂)instead of divine inspiration。

程中,历尽矛盾冲突,最终驯服劣马,使其改弦更辙,浪子回头。至此,心灵的三部分彼此配合,融为一体,达到相互无间的和谐与至福境界。这一境界以节制的美德为特征,上可羽翼升天,接近神明;下可积善成德,享尽福分。这既是心灵诗学的归宿,也是理想境界的象征。从目的论看,马车之喻是基于二元学说的思想,一方面旨在表明理智与情欲的紧张关系,另一方面旨在印证人心的多面性与可塑性。柏拉图从理智主义出发,认定理智终究战胜情欲;同时也从道德理想主义出发,认定人心在美之本体的烛照和滋养下,终将趋于和谐,走向完善,实现"美善兼备"的理想人格。

2. 文武兼修

在古希腊,"美善兼备"的理想人格,是心灵诗学与身体诗学内外结合、修炼而成的结果。这种人格,要求文武兼修,既要有善良的心灵、卓越的智慧和高贵的情趣,而且要有健美的身体,高超的武功和英勇的斗志。这一切不仅具有道德教化的示范作用,而且具有保家卫国的工具价值。那么,这种理想人格的实存性何在呢?如果从人格相似理论的角度讲,文能治国、武能安邦的古雅典领袖伯里克利(Pericles,前495—前429),可谓率先垂范的典型人物了。

伯里克利是古雅典民主派领导人(前460—前429),后成为雅典城邦的著名执政官,在位期间使雅典的文化与军事达到全盛,而且广纳贤才,繁荣艺术与科学,使当时的雅典成为"全希腊的学校",成为人类历史上少有的文昌之地。在柏拉图出生的前两年,伯里克利去世。但柏拉图家族的一些成员与其授业恩师苏格拉底等人,均与伯里克利交往匪浅。伯里克利的政治智慧与军事才能,在他所发表的诸多演说里和领导的重大战役中均有所展示。其中有些事迹,载于相关的历史文献或史学著述之中,譬如古希腊史学家修昔底德的《伯罗奔尼撒战争史》(*The Pelopennesian War*)、汉密尔顿(Edith Hamilton)的《希腊方式》(*The Greek Way*)等。这里,我们不妨摘取伯里克利的一段言论和逸闻,借以审视一下这位文武兼修的雅典荣誉公民。这段言论选自伯里克利的一篇演说,发表于伯罗奔尼撒战争的第一年(前431):

> 我们的宪法自成一体,是邻邦的范式。我们的政府为多数人

服务,而非为少数人效劳。因此,我们称其为平民政体。我们的法律,为所有不同背景的个人提供平等正义的机会。每人的社会地位,每人在公众生活中的发展,均取决于个人的能力。我们不允许阶层划分来干预个人的才能,也不允许贫困阻碍个人上进的道路。举凡立志报效国家者,都不会受到个人境遇与出身的困扰。政府所享受的自由权力,也同样扩展到日常生活之中。我们彼此和睦相处,邻里没有嫉妒怨恨。我们遵纪守法,自由自在的私人交往并没有使我们成为无法无天的公民。

为了保持清醒的头脑与活跃的思维,我们采取了许许多多的方式方法。我们一年四季都举行运动会和祭祀庆典活动,与此同时,私人娱乐也成为日常生活中的愉悦之源,有助于消除忧郁与烦闷。我们的城邦把世界各地的产品运进自己的海港,我们雅典人能享用来自异国他乡的各种鲜果。我们与敌国不同。我们的城邦对全世界开放,我们从来没有将来此学习或考察的外国人拒之门外,哪怕敌人的眼睛有时会利用我们的自由来达到他们的目的。我们相信自己公民的爱国精神,远胜过相信制度与政策。

我们的敌手斯巴达人从幼年时起就通过艰苦的训练来增强体力,我们雅典人却无忧无虑,敢冒任何合乎情理的危险。斯巴达人不是独自进犯我们的国家,而是与多国联军合伙。而我们雅典人独立作战,保家卫国。在迎击敌人时,与其说我们是经过深思熟虑以后采取对策,不如说我们是从容不迫;与其说我们是靠战术的果敢,不如说我们是靠天赋的勇气与豁达的激情。在艰难时刻,我们英勇奋战,毫不畏惧,我们坚信自己能够克敌制胜。我们热爱没有繁琐的典雅,也热爱没有柔弱的智慧。我们使用财富,而无意炫耀财富;我们鄙视那些害怕贫困的人,但从不鄙视那些遭受贫困的人。我们的优势在于,我们为创造伟大的功勋而生。我们的城邦是全希腊的学校(the school of Hellas)。[1]

这次讲演的现实背景是大兵压境的伯罗奔尼撒战争,具体场合是

---

[1] Cf. Thucydides. *The Peloponnesian War*(tr. Joseph Gavorse,Random House,1934),Book II,Ch. VI,37-41. Also see Stringfellow Barr. *The Will of Zeus:A History of Greece*(A Delta Book, 1965),pp. 161-162.

盛大的国葬,主要目的是悼念为国捐躯的死者和鼓舞雅典公民临危不惧的士气。然而,伯里克利没有从悲天悯人的安慰切入,而是从政治、贸易、生活、军事、教育和公民素养等几大方面着手,勾画出古雅典民主社会的整体特征及其公民的道德品格,用此来激励他们的自豪感和保家卫国的决心。在讲演中,伯里克利充分展现了自己作为政治家和军事家的卓越才智。他激扬文字,以理性的智慧和内敛的豪情,使在场的听众血脉贲张,气贯长虹,在日后的战事中表现得无比忠勇。通过讲演词可以看到,古雅典人那民主与自由的观念,开放而豁达的胸怀,丰富而多彩的生活,率性而勇敢的气概,乐观而进取的精神,朴实而无华的追求,即使在今天看来,依然具有积极的借鉴意义。事实上,在古雅典这面镜子面前,人类历史上的所有专制极权国家及其腐败的社会体制,都应该感到汗颜与形秽。

伯里克利绝非一位擅长鼓动、"作秀"或"口惠而实不至"的无聊政客,而是一位文武兼修、知行合一的实干家。这一点在汉密尔顿所记述的故事里得到进一步的展现:

> 公元前450年左右,一支雅典舰队于黄昏时分在爱琴海上的一座岛屿附近停泊。雅典人把这座岛比作爱琴海上的一位少女。攻打该岛的战斗将在翌日清晨打响。当天傍晚,舰队司令官伯里克利本人邀请他的副将到旗舰上共进晚餐。旗舰尾部甲板上搭着遮露的天篷,两人稳坐其上。侍者是一位美少年。当他为主人斟酒时,伯里克利看了他一眼,不由联想起一些诗人,并且诗兴大发,顺口引用了一行描写美少年脸上闪着"紫光"的诗句。作陪的那位年轻副将评论说:他一直认为那个表现面部色彩的形容词选用不当。他更喜欢另一位诗人使用玫瑰色来形容年轻美貌。对此,伯里克利提出异议:说在谈论美少年可爱的光彩时,这位诗人以同样赞叹的方式使用了紫色一词。两人你来我往地交谈着,彼此不断引征诗句,各抒己见。晚餐桌上的整个交谈都是关于文学评论的精妙之处与奇思怪想。翌日清晨,战斗打响后,两人都勇猛无比,指挥若定,很快就攻占了这座岛屿。①

---

① Cf. Edith Hamilton. *The Greek Way*(New York: W. W. Norton, 1942), pp. 104-105. 另参阅列维·史密斯:《艺术教育:批评的必要性》(王柯平译,成都:四川人民出版社,1998年),第8页。

汉密尔顿对此作了如下评述:"这个故事来自野史,但却真实地描绘了雅典人在伟大的雅典时代的生活情调。故事向我们展现出两位有教养的绅士,他们品位高雅,字斟句酌,与诗人为伴,竟然在激战的前夜沉浸于文学评论的幽微精妙之中。由此可见,任何时代建功立业的伟人,如战士,水手,将军和政治家等等,都无法超过他们。这种结合在历史文献上是罕见的。这是一种完全文明的表现,在此过程中,任何具有价值的东西都显得完好无损。"[1]在这里,"具有价值的东西"包罗甚广,爱琴海的黄昏美景,旗舰上的美酒佳肴,侍奉主帅的美少年,美的诗句与美的鉴赏,儒雅的绅士与善战的将领,都尽列其中。我们知道,古希腊兼顾灵与肉的艺术教育传统,以诗乐来陶冶和谐的心灵与高雅的趣味,以体育来锻炼健美的体魄与作战的技艺。这种内外结合的教育方式,旨在培养刚柔并济的文武全才,而非那种虽精通"琴棋书画"但"手无缚鸡之力"的文弱书生。伯里克利与他的副将在激战前夜饮酒论诗,通宵达旦,翌日勇猛无敌,大获全胜。这等丰功伟业本身,就像一首英雄的颂诗,与当时流行的希腊社会风尚以及相应的艺术特征是一致的。他们均表现出优雅、崇高、果敢和超凡的气度,在生死攸关之际,依然保持一颗伟大而平静的心灵与诗魂。这无疑是一种完全文明的表现,一种富有价值和富有教养的文明表现。

历史上的希腊生活方式,是灵与肉、趣味与体魄、情感与理智、审美活动与社会职责和谐发展的方式。古希腊人所谓的美,不仅指灵魂,也指体魄;不仅表示容貌漂亮、风度潇洒的金童玉女,也包括制作精致、扬威沙场的长矛戈盾;不仅追求智慧与节制,也追求勇敢与正义。可见,举凡真正代表希腊方式的人物典范,与我们有史以来所推崇的"文能治国,武能安邦"的理想人格如出一辙。深究起来,这与古希腊当时自由的社会文化、教育理念和民主政体息息相关。那种"自由",用史学家希罗多德的话说,"乃是雅典城邦繁荣强盛的唯一源泉"。而在自由中孕育出来的希腊思想方式,犹如健壮树干上优良的

---

[1] Cf. Edith Hamilton. *The Greek Way* (New York : W. W. Norton, 1942), p. 57. 另参阅列维、史密斯:《艺术教育:批评的重要性》,第 9 页。列维与史密斯引用这一故事的目的,主要是为了表明"最为刚毅的男子气概与最为敏锐的审美感知绝非水火不容的两样东西",进而借此来帮助当代美国人克服他们固有的偏见,习惯于把男子气概与爱好文艺割裂开来,结果使当代美国人的审美趣味相当低下,艺术教育难以顺利开展。

枝叶一样,使希腊人在观念和精神等方面更为高尚和开阔通达,完全有别于在强权统治下生活的民族。他们确如马克思所称赞的那样,属于"正常的儿童",其成长过程从一开始就建立在高起点上。同时,他们也像温克尔曼所感慨的那样,不仅志存高远、心胸豁达,而且"在风华正茂时就善于沉思,比我们通常开始独立思考要早 20 余年。当青春的火焰引燃后,他们便在精力旺盛的体格的支持下开始训练自己的心灵;而我们的心灵所吸收的是低等的养料,一直到它走向衰亡"[1]。相比之下,迫使我们摄入的那些"低等的养料",只能导致"不成熟的理智,只能陶冶于空洞而无思想内容的声响之中,只能充满梦想而无处存放真理"[2],更不用侈谈什么革新创造了。如今看来,上述那种注重全面发展的人格培养方式与文体并重的古典教育宗旨,以及那种以"精力旺盛的体格"和有益的思想"养料"来协助点燃智慧之火的自由精神,对现代教育或艺术教育仍然具有一定的启示意义。而这一切,也与柏拉图所倡导的诗学实践与理想人格有着潜在的对应关系。对此,我们兴许会在"温故而知新"中获得新的灵知与体悟,继而重新去反思教育的根本职能与国民素质的现状。

---

[1] Cf. Johann J. Wincke/mann, *History of Art of Antiquity* (trans Harry F. Mallgrave, Los Angeles:Getty publications,2006),p. 188. 另参阅温克尔曼:《希腊人的艺术》(邵大箴译,桂林:广西师范大学出版社,2001 年),第 111 页。

[2] Ibid.

第六章　多维视野中的美善论

如前所述,柏拉图的教育体系以"诗乐和体操教育"(mousikē kai gymnastikē paideuen)为发端。治心为上的诗乐教育旨在培养爱美之心,强身为用的体操教育旨在塑造健美之身。前者关照心灵(psychē),服务于爱智部分(to philosophon);后者关照身体(sōma),服务于激情部分(to thumoeides)。此两者如果相得益彰,就会使心灵中的爱智和激情这两部分张弛有度,达到和谐(synarmosthēton)。具有这种和谐品质的人,温文而又勇敢,会成长为杰出的卫士,善于保家卫国;没有这种和谐品质的人,怯懦而又粗野,会堕落为软弱的卫士,有损城邦利益。

但要看到,在柏拉图那里,杰出的城邦卫士所追求的"美"(kallos),不只是诗意乐调构成的艺术美,也不只是筋肉形体组合的外表美,还涉及爱憎分明的道德判断之美和区别真伪的认识价值之美。这些美之为美的根源,就在于"美自体或美自体的理式"(auto men kalon kai idean tina autou kallous)。① 不过,比"美自体"更具本体性的则是"善

---

① Cf. Plato. Republic,479a. Paul Shorey 将其英译为"beautiful in itself or any idea of beauty in itself"。B. Jowett 将其英译为 "absolute or unchanging Idea of beauty"(cf. Republic. Oxford University Press,1953); Allan Bloom 将其英译为"fair in itself and an idea of the beautiful itself"(cf. The Republic of Plato. Basic Books,1968); Robin Waterfield 将其英译为 "beauty itself or... beauty itself has any permanent and unvarying character"(cf. Republic. Oxford University Press,1993); F. Cornford 将其英译为"Beauty itself or an essential Form of Beauty"(cf. The Republic of Plato. Oxford University Press,1941); G. M. A. Grube 将其英译为"the beautiful itself or any form of the beautiful itself"(cf. Plato. Complete Works. Hackett Publishing Company,1997); Tom Griffith 将其英译为 "beauty in itself... form or character of beauty"(The Republic. Cambridge University Press,2000)。原文(auto men kalon kai idean tina autou kallous)中的第一个 kalon 是形容词,表示"beautiful"(美的),第二个 kallous 是名词,表示"beauty"(美)。各加上表示"itself"(自身或自体)的反身代词 αυτο,便有了上列的英译。比较说来,Paul Shorey 的英译文符合原文中表示"美"的词性,显得更为准确一些。英译中的"idea"(理式或理念)一词,是原文中的希腊词 ιδεα 的拉丁化。而 F. Cornford 等人将其英译为"Form"(形式或理式),估计是为了避免人们对 idea 一词的习惯性理解,即把该词的特殊用意(柏拉图式的用意)与其一般用意——"思想、观念,想法,打算或主意"等——混同起来。

的理式"(agathou idea)。① 这"善的理式",不仅是美之为美的终极原因,而且是万事万物的普遍性相。其中所言的"善",是完美的至善;其中所言的"理式",是最高的理式。

因此,就柏氏的教育逻辑来讲,理想的人格或杰出的卫士可以说是"兴于诗乐,立于体育,成于至善"。"兴于诗乐",旨在培养和谐的美感;"立于体育",重在付诸实际的功用;"成于至善",志在追求完善的过程。就柏氏的诗学而论,美与善的关系到底如何呢?在柏氏的对话文本中,对美与善各有论述。有时两者处于彼此互换的等同关系,有时处于以此统彼的包容关系,有时处于因此而彼的因果关系。不管两者处于哪一种情况,我们都发现美与善在柏氏道德理想主义诗学中是彼此关联的一对重要范畴。为了说明这一点,本章将把重点放在《理想国》的相关论述上。

一 "美"的意味与范围

古希腊文中的 kalos,英译为 beauty,汉译为"美"。其实,kalos 的原义颇为宽泛,不限于此义。在古希腊人的意识中,"美"有广义与狭义之分。广义上的"美",是指所有使人愉悦的、令人赞赏的和吸引人的东西,这其中包括物质、心理、社会、政治、制度、精神或道德等不同对象,以及悦耳、悦目、赏心、认知、正义与人品等不同类别。譬如,特尔斐阿波罗神庙的著名神谕就说:"最正义的便是最美的(The most just is the most beautiful)。"狭义上的"美"是后来逐渐形成的一种观念,意指更为具体的审美之美或感性美的观念(more specific concept of aesthetic beauty)。源于古希腊文 aisthētikos 的所谓"审美"(aesthetic),原本表示感观对外物形象的"感知能力"(capable of perception)。这样,"审美之美"(aesthetic beauty)表示基于感知能力的美的对象,主要涉及具有感性特征的形状、肉体、色彩、声音与旋律等。以诗人和雕刻家为代表的古希腊人,试图用其他术语来表示"审美之美",如"和

---

① Cf. Plato. *Republic*,505a. Paul Shorey 将其英译为"the idea of good"。中译文中也有"善的理式"之类的译法。陈康将其译为"善之相",同时将一般所说的"理式论"译为"相论"。参阅陈康:《陈康论希腊哲学》(北京:商务印书馆,1990年)。

谐"(harmonia)、"对称"(symmetria)、"尺度"(metron)和"节奏"(rythmos)等。①

在《会饮篇》里,柏拉图断言:假如真有什么是人生值得一过的东西,那就是观看美。那么,"美"在柏拉图的眼里到底是指什么呢?是"审美之美"还是广义之美?可以说,两者兼而有之,而且还涉及"美自体"或"美本身"的形上之美。

在《大希庇阿斯篇》里,柏拉图通过苏格拉底与希庇阿斯的讨论,试图对美的观念进行初步的界定。他们在交谈之间列举了诸多例证来澄清美的本质。首先列举的是美的少女、美的马匹、美的乐器和美的陶瓶等,用以说明狭义上的、纯粹的感性审美之美。接着列举的是美的人物、彩色的图案与绘画、优美的旋律和雕刻等,用以说明美的多样性。然后列举的是美的职业、美的法律、政治之美与城邦之美等,用以说明美的社会性。形成鲜明对照的是,信奉功利主义观念的希匹阿斯认为,最美的东西就是发财致富、健康长寿与赢得荣誉。持守道德主义立场的苏格拉底则认为在一切事物中最美的东西就是智慧。双方各持己见,不欢而散,得出的著名结论是:"美的事物是难以说清的(chalepa ta kala)。"②这个并非结论的结论,原本是古希腊的一则谚语。引用此处,正好表明美的谜语特征。实际上,在这个关于美的讨论中,也曾提出了美在外表、美在快感、美在适合、美在效用、美在恰当等不同界说,但随着辩驳与分析的深入,都逐一被推翻。譬如,倘若美在外表,那么,原本被视为美的少女,与神相比,犹如一只猴子,反倒是丑的对象了。倘若美在快感或美在适合,那么,所有给人以快感或适合某一目的的东西,并不都是善的,而美总是善的,这便不符合美的要求。倘若美在效用,和平时期用于农耕劳作的粪筐要比金盾有用,难道前者美而后者丑吗?看来,柏拉图所追问的是美之为美的根本原因或形而上的美自体,而非普通的具有某种良好功能的美的事物。不过,有一点值得注意:那就是所列举的美的对象,一般是从感性和具体的类别入手,进而逐步涉入更为抽象的范畴,由此形成一个从狭义之

---

① Cf. W. Tatarkiewicz. *History of Aesthetics* (ed. J. Harrell, vol. 1, Bristol: Thoemmes Press, 1999), pp. 25-26, 113.

② Cf. Plato. *Greater Hippias*, 304e.

美到广义之美的论述过程。这种论述方式在《会饮篇》里表现得更为突出,下文所述的美的阶梯论和善的理式说便是其重要的成果形式。

概而论之,柏拉图对美的理解在许多方面有别于智者学派。第一,柏拉图认为美是多种多样的,不能局限于单纯的感性审美对象(sensuous objects);第二,美是内在于美的事物中的一种客观属性(objective property inherent in beautiful things),而不是个人对美做出的一种主观反应(subjective reation to beauty);第三,美的检验方式取决于一种与生俱来的美感(inborn sense of beauty),而非一种短暂的愉悦感受或快感(transient feeling of pleasure);第四,美固然是我们喜爱的对象,但所有令人喜欢的事物并非都是真正美的东西(not everything we like is truly beautiful)。① 第五,美是美之为美的根本原因,最高的美在于美自体(beauty in itself),与善的理式(Idea of good)有着不解之缘。第六,柏拉图倾向于美善并重,因此最早区分了两种人和两种美。"一种人是声色的爱好者,喜欢美的声调、美的色彩、美的形状以及一切由此组成的艺术作品,但他们的思想不能认识并喜爱美本身(auto to kalon)。另一种人则能够理解美本身,就美本身领会到美本身。"②前一种人是普通的爱美者,前一种美是表象之美(apparent beauty);后一种人是真正的爱美者,后一种美是实在之美(real beauty)。普通的爱美者满足于悦耳悦目,真正的爱美者追问于美的本质。总之,作为古希腊哲学的集大成者,柏拉图兼容并蓄,一方面继承了广义之美的传统意识,另一方面也不忽视狭义之美的客观存在,同时,还率先把各种美的观念引入其哲学体系之中,使感性的审美之美、理性的形上之美、精神的道德之美与工具性的政治之美与制度之美形成互动的网络,成为美学、诗学、哲学、伦理学乃至政治学共同探讨的话题。

二 美与善的语义与语境关联

在柏拉图的对话文本中,美善共谈、论述不一的地方不少,两者的关系也因此显得复杂多样起来。这其中既有趋同的一面,也有别异的

---

① Cf. W. Tatarkiewicz. *History of Aesthetics*, vol. 1, p. 116.
② Cf. Plato. *Republic*, 476b.

一面。我们不妨先从两者的语义关联入手,然后在结合相关的具体语境,了解一下美与善的异同之处。

1. Kalos 与 Agathos 的语义异同

在古希腊语中,主要用来表示"美"的词是 kalos。根据里德尔和斯考特(Liddell & Scott)的《希腊—英语词典》所释,kalos 是形容词,kallos 是名词,其含义一般分为三层:

(1) beautiful(美的),fair(漂亮的),fine(美好的);

(2) serving a good purpose(善意的),good(善的或好的),auspicious(吉祥的);

(3) morally beautiful,good,right,noble(道德上美的,善良的,正确的,高贵的)。

古希腊语中表示"善"的词主要是 αγαθοs/agathos,① 其基本意思分为三层:

(1) in Homer usu. of heroes,brave,noble(荷马史诗中用以描写英雄人物,表示勇敢的,高贵的);

(2) later in moral sense,good,virtuous(后来含有道德用意,表示善良的,有德的);

(3) of things, etc. , good in their kind,wealth(用来描写事物之类,表示一种好的东西或财富等)。

值得注意的是,作为形容词,agathos 的比较级和最高级词形变化相当复杂,涉及三种不同用意:即道德,能力或价值,力量。如下表所示:②

---

① 该词的名词形式为 agathōsunē,但因其形容词与名词可以互用,人们一般使用 agathos。

② Cf. Anne H. Groton. *From Alpha to Omega:A Beginning Course in Classical Greek*(USA:Focus Information Group,1995),p.219. 这里所列举的所有词形变化仅限于阳性。属于阴性和中性的词性变化略去。

用意＼级别	比较级	最高级
表示道德	beltiōn （更善良的）	beltistos （最善良的）
表示能力/价值	ameinōn （更好的/较值的）	aristos （最佳的/最值的）
表示力量	kreittōn （更强壮的）	kratistos （最强壮的）

相比之下，kalos 的比较级和最高级词形颇为简单，仅限于词尾变化，分别是 kalliōn 与 kallistos，用于修饰事物特征时表示"更美/更漂亮/更美好的"或"最美/最漂亮/最美好的"，用于描述道德水平时则表示"更善良/更正确/更高贵的"或"最善良/最正确/最高贵的"。显然，若将 kalos 和 agathos 均用于事关道德的语境里，都将表示"善良/良好/正确"等义，彼此用意接近，甚至到了可以互换的程度。正因为如此，在使用 kalos（美）一词的某些地方，有时表示 agathos（善）的用意；而在使用 agathos（善）的某些地方，有时包含 kalos（美）的内涵。譬如，古希腊文中的 to kalon 这一短语，不仅表示"美自体"（the beautiful itself），同时还表示"道德美"（moral virtue）。下面我们将从相关的语境切入，进而比较一下这两个概念。

2. Kalos 与 agathos 趋同与别异的语境

在柏拉图成熟时期和后期的对话作品中，与其诗学或美学思想密切相关的作品除了《理想国》以外，还有《斐多篇》（*Phaidon*）、《斐德罗篇》（*Phaidros*）、《美诺篇》（*Meno*）、《会饮篇》（*Symposiom*）、《普罗泰戈拉篇》（*Protagoras*）、《斐利布斯篇》（*Philēbos*）和《法律篇》（*Nomoi*）等。这里我们选用两个具有代表性的例子，借以表明 kalos 与 gathos 的趋同与别异情况。

众所周知，柏拉图在《会饮篇》里，看起来是在谈"爱"（erōs），实际上更侧重论"美"（kalos），并且提出了美的"阶梯说"（epanabathmois）。这里所论的"美"，在具体的语境中与"善"（agathos）的用意相趋同。

凡是想依正道达到真爱境界的人，应从幼年起就倾心向往美的形体。如果他的向导将其引入正道,他第一步应从爱一个美的形体或肉身(sōmatos kalos)开始,凭一个美的形体来孕育美的道理或话语(logous kalous)。第二步他就学会了解此一形体或彼一形体的美与其他形体的美是贯通的。这就要在许多个别美的形体中见出形体美的理式或共相(eidei kalon)。假定是这样,那就只有大愚不解的人,才会不明白一切形体的美都是同一个美了。想通了这个道理,他就应该把他的爱推广到一切美的形体,不再把过烈的热情专注于某一个美的形体,这单个形体在他看来渺乎其小。再进一步,他应该学会把心灵的美(psychais kallos)看得比形体的美更为珍贵,如果遇见一个美的心灵,纵然他在形体上不甚美观,也应该对他起爱慕之心,凭他来孕育最适宜于使青年人得益的道理。从此再进一步,他应该学会见到行为和制度的美(to en tois epitēdeumasi kai tois nomois kalon),看出这种美也是到处贯通的,因此就把形体的美看得更为微末。从此再进一步,他应该接受向导的指引,进到各种学问知识之中,看出知识的美(epistēmōn kallos)。于是,放眼一看这已经走过的广大的美的领域,他从此就不再像一个卑微的奴隶,只把爱情专注于某一个个别的美的对象上,譬如某一个孩子,某一个成人,或某一种行为上。这时,他凭临美的汪洋大海(pelagos tetrammenos tou kalou),凝神观照,心中起无限欣喜,于是孕育无量数的优美崇高的道理,得到丰富的哲学收获。如此精力弥漫之际,他终于豁然贯通唯一的涵盖一切的学问,以美为对象(ē esti kalou toioude)的学问。①

这是本篇对话人物狄奥提马(Diotima)的一席高论。此论深得同道苏格拉底等人的赞赏与喝彩。不难看出,追求真爱在这里也就是追求真美。在此过程中,对美的追求与认识是不断深化的,经历了由低而高、由浅入深、从感性到理性、从表象到本质的几个阶段。首先从美的形体开始,逐渐提升到最高境界的美自体。整个过程如同登梯一样,第一阶段涉及感性审美直观的自然人体美,即在欣赏单个形体美

---

① 参阅《柏拉图文艺对话集》(朱光潜译,北京:人民文学出版社,1980年),第271—272页。Cf. Plato. *Symposium* (tr. W. M. Lamb, Loeb edition), 210a-e. 中译文根据英译文和希腊文做了一点调整。

的同时,引出一番美的言词话语,借以描述相关的道理。第二阶段涉及综合概括能力的审美分析,即从比较和审视诸多形体美中,归纳出所有形体美的共相,从而拓宽审美的视域,不再偏执于一隅,只专注于一个美的形体,而是专注具有共相美的众多形体。第三阶段涉及道德评价的审美判断,所欣赏的对象不再是外在的形体美,而是内在的心灵美,这对青年人的精神修养十分有益。第四阶段涉及道德和政治生活内容的社会美,所鉴赏的对象是人的行为美和社会制度美,在这里形体美显得微不足道。第五阶段涉及理智思索和理论探讨的知识美,这里注重研究学问,以期从中发现知识的美,这种美关乎真理和智慧的美,在此显然已登堂入室,进入到哲学与科学的审美王国。最后阶段涉及形而上学和本体论的"美自体"(to kalon),经过多年探索和积淀而成的学问,也就是以美自体为对象的学问,使人最终彻悟了美的本质或美之为美的终极原因。"一个人在凝神观照这种本质意义上的美时,他会发现人生的确值得一过(biōton anthrōpō, theōmenō auto to kalon)。"①所谓"本质意义上的美",也就是"美自体"或"绝对美"。"这种美是永恒的,无始无终,不生不灭,不增不减。它不是在此点美,在另一点丑;在此时美,在另一时丑;它也不是因人而异,对某些人美,对另一些人丑。还不仅此,这种美并不是表现于某一面孔,某一双手,或是身体的某一其他部分;它也不是存在于某一篇文章,某一种学问,或是任何某一个别物体,例如动物、大地或天空之类。这种美只是永恒地自存自在,以形式的整一与其自身(即美自体)同一;一切美的事物都以它为泉源,有了它那一切美的事物才成其为美(ta de alla pala ekeinou metechonta tropon tima toiouton)。不过,美的事物时而生,时而灭,而美自体却毫不因之有所增或有所减。"②显然,美自体作为一种绝对美,是涵盖一切的,独一无二的,永恒自在的,是天下万物成其为美的根源或本质所在。基于这一美的本体论,美的"分有论"(metechonta)与美的"凝神观照论"(theōmenō)也顺便提了出来,只不过论述得过于简略、空泛,颇为神秘罢了。

---

① Cf. Plato. *Symposium*, 211d. 兰姆的英译文为"a man finds it truly worth while to live, as he contemplates essential beauty"。根据原文所用的形容词性 to kalon,应该将其英译为"as he contemplates the essentially beautiful",实际上也是指"the beautiful itself"(美自体)。

② Ibid., 211b. 参阅《柏拉图文艺对话集》,第 272—273 页。

需要提醒的是,我们所要讨论的重点不是柏拉图的形而上学的美学理论,而是美与善两个范畴概念的彼此关系。从上述引文中我们发现,用 kalos 来描述人的形体美以及各种形体美的共相,是恰如其分、无可非议的。对赏心悦目的外观和形象,我们习惯于使用"美"来修饰其基本特征。而用 kalos 及其名词形式 kallos 来表示心灵的美,行为的美和制度的美,显然已经超出了普通意义上的"美"的含义,这里实际上是在道德意义上使用 kalos 或 kallos 一词的,其用意类同于"善"(agathos)。所谓"行为与制度中的美"(to en tois epitēdeumasi kai tois nomois kalon),按古希腊原文的意思分别是指"追求、事业与实践活动"(epitēdeumasi)中的"美","法律、行为规范或社会制度"(nomois)中的"美"。这里所言的"美",无所谓美观的形象或形体,而是表示良好的德行、完善的制度及其有益的程度。至于"美自体"这个抽象的形而上学概念,不仅是永恒自在、不增不减的"一",而且是诸"多"事物成其为美的原因,其本体论的理论意义与后面所要论述的"善的理式"没有什么两样。因此可以说,《会饮篇》里的所论的 kalos,既含有"美"意思,也表示"善"的内涵,两者在语义层面上几乎是平等的互换关系。在《理想国》《斐多篇》和《斐德罗篇》中,可以找到有关"美自体"或"绝对美"(auto to kalon)的类似说法。①

从道德理想主义的诗学角度看,柏氏将美与善有意混同起来一起讨论,理应有其特殊的用意。他把肉身或形体、话语或道理、心灵、行为、制度、学问知识和美自体等,都纳入"美"的名下,一方面旨在拓宽和丰富"美"的范围与内容,另一方面旨在强化和深化人们的"爱美之心",并以"寓善于美"的巧妙方式,引导人们以形体或表象之美为起点,不断追求道德和理智之美,最终达到一种至善至美的境界。沃利(J. G. Warry)认为,柏拉图的美论基于一种浪漫的情怀。这种具有浪漫色彩的美(romantic beauty),兴于"爱美之心"(love of beauty),始于"肉身之美"(physical beauty)与"表象之美"(apparent beauty),通过"寓善于美"(beget the good upon the beautiful)的方式,确立"美育系统的起点",引导人们从爱恋肉身的美逐步转化为热爱"心灵与品格的

---

① Cf. Plato. *Republic*, 476, 479; *Phaedo*, 78d-e; *Phaedrus*, 250b. 在这些地方,都无一例外地使用了 auto to kalon 这个概念,表示"美自体"、"美本身"或"绝对美"。

美"(beauty of mind and character)。①

美善趋同也罢,寓善于美也罢,能否从此得出美善同一的结论呢?恐怕还为时尚早。诚如前文所说,在柏拉图的对话文本中,想要表明美与善趋同的人,可以找到相关的出处;而想要表明美与善别异的人,也可以找到相关的佐证。譬如,在《斐利布斯篇》里,就有现成的范例,是专论善与美等因素的:

> 如果说我们现在就站在善(agathou)的门厅里,也就是善的居所的门厅里,我们不就是在谈论某种风尚背后的真理吗?那么,这种混合体(tē symmixei)中的什么要素在我们看来是最为珍贵的呢?并且是所有人喜爱这一境界的主要起因呢?发现了这一点时,我们再考虑它是否与真正的快乐或宇宙之心有着更为密切的联系。……任何复合体(sugkrasis),无论是怎样构成的,一旦缺少尺度与比例(metrou kai symmetrou),就必然会毁掉其所有成分,而且首当其冲的是毁掉自身。……事实上这绝非什么复合体,而是一团杂乱无章的拼凑;谁要是摊上这样的东西,那总要倒霉的。……因此,善的力量现已潜入到美的本质里面去了(katapepheugen ēmin ē tou agathou sunamis eis tēn tou kalou physin),尺度与比例处处都与美和德性(kallos kai aretē)等同起来了。我们发现真理(alētheia)也同上述复合体杂糅到一起了。如此一来,倘若我们凭借一个理式把握不住善自体(to agathon)的话,我们就可以将其一分为三:美、比例和真理(sun trisi labontes, kallei kai xummitria kai alētheia)。我们也可以把这三种要素视为一,在这个混合体中,这三者要比其他成分更有理由被当作原因,正是通过这三者的好处,这个混合体自身才成为善的。……现在,任何人便可对快乐和智慧做出评判,便可确定到底是快乐还是智慧更接近人与神所拥有的至善与最高价值(tou aristou kai timiōteronen anthrōpois te esti theois)。②

这篇对话主要论"善"。代表享乐主义思想的斐利布斯将"善"界

---

① J. G. Warry. *Greek Aesthetic Theory* (London: Methuen & Co. Ltd. ,1962), pp. 15-24.

② Cf. Plato. *Philebus* (Loeb edition, tr. Harold N. Fowler) ,64c-65b. 中译文为笔者所为,引文中省去了对话者无关紧要的插话和简单的随声附和。

定为"快乐"(hēdonē),苏格拉底表示异议,逐一将"善"的范围扩大到美、比例、完善、尺度、节制、健康、科学、真理、智慧以及纯粹的快乐,等等。这里,柏拉图笔下的苏格拉底采用了隐喻的方式,把"善自体"(to agathon)比作一个"混合体"(tē summixei)或"复合体"(sugkrasia)。这个"混合体"的成分较多,但主要因素有三,那就是"美"、"真理"和"比例"。此三者抑或一分为三,抑或三位一体,从而构成了"善"的基本内涵与复合特征。柏氏所说的"善自体",是绝对善或至善,如同代表绝对美或至美的"美自体"(to kalon)一样。"善自体"作为"至善与最高价值",是人神共仰的对象。要想接近或认识"善自体",需要实在的"智慧",而非一般的"快乐"。所谓"真正的快乐",是指纯粹的、理智的、源于真知灼见的快乐;所谓"宇宙之心",是指认识宇宙科学和事物本质的能力;这两者均与美、比例、真理、科学和智慧联系在一起。

有趣的是,柏拉图觉得单凭一个理式难以把握"善自体",因此建议采用"混合体",把"美、真理和比例"三者视为"善"的组成要素,实际上是用"善"来统摄这三者。此三者中,"美"是美的事物成其为美的原因,"真理"是理智的对象与认识的目的,"比例"(包括尺度在内)涉及科学与功用,不仅是事物与宇宙和谐的法则,而且与事物的功用及其美的结构息息相关。如此一来,"善"的内容和范围被大大地丰富和扩展了。单凭任何一个成分,均不能构成"善"的全部,结果"美"也就被顺理成章地挂在了"善"的名下。这就是说,"美"与"善"虽然彼此相关,但亦有别,两者不再享有平等的互换关系。相反地,"美"附属于"善",与"比例"相谐和,成为善的组成部分了。也就是说,美与善尽管密切相关,但善可以统合美,而美不能替换善。

萨耶尔(Kenneth M. Sayre)认为,柏拉图所谓的"善",至少具有三重用意。在《会饮篇》里,突出了美的一面;在《斐利布斯篇》里,强调了比例谐和的一面;而在《理想国》里,更关注的则是真的一面。[①] 下文将围绕《理想国》里有关美与善的主要论述,谈谈个人的看法。

---

① Cf. Kenneth M. Sayre. *Plato's Literary Garden* (London: University of Notre Dame Press, 1995), pp.182-194.

三 因善而美的因果关系

在方法论上,柏拉图是一位形而上学的二元论者。面对众象纷纭的大千世界,他总试图寻找一个万象归一的基点,确定一个月印万川式的本体论原则,从理论架构上解决"一与多"的问题。有时他把"美自体"奉为"一",有时他把"善的理式"奉为"一",似乎处于或此或彼的摇摆之中。倘若我们真正理解了古希腊语中"美"与"善"在语义上的互通性,真正搞清了《理想国》里的相关探讨,就会发现柏拉图更倾向于以善为本,这样便使美与善的关系表现为一种因善而美的因果关系。

在《理想国》第五卷里,柏拉图区别了两种爱美之人,同时比较集中地论述了美的事物与美自体的关系。他认为,

> 一种人爱好声色,喜欢美的声调、美的色彩、美的形状以及一切由此而组成的艺术作品。但是,他们的思想不能认识并喜爱美自体或绝对美(auto to kalon)。另一种人能理解美自体,就美本身领会到美本身。一个人能够认识许多美的东西,但不能认识美自体,别人引导他去认识美自体,他还总是跟不上。你认为这种人的一生是如在梦中呢还是清醒的呢?请你想想看,一个人无论是睡着还是醒着,他把相似的东西当成了事物本身,他还不等于在梦中吗?再说相反的一种人,这种人认识美自体,能够分别美自体和分享(metechonta)了美自体的许多具体事物,又不把美自体与含有美的许多个别事物彼此混淆起来。这个人的一生,显然头脑清醒,不在梦中。……前一种人不相信有永远不变的美自体或美自体的理式(auto men kalon kai idean tina autou kallous),而只相信有许多美的东西,他绝不信任何人的话,不信美自体是"一"(εν/en)……这些只看到许许多多美的东西(polla kala)……的人,虽然有人指导,但他们始终不能认识美自体(to kalon)。他们对一切都只能有意见(doxazein),对于那些他们具有意见的东西谈不上有所知(gignōskein)。而那些能认识每一事物本身,甚至永恒事物的人,应该说是具有知识而不是意见。这

种人专注于知识的对象(ois gnōsis),而另一种人只关注意见的对象(ois doxa)。如前所述,后者专注于声色之美以及其他种种,绝对想不到世上会有实在的美自体(auto de to kalon...on)。①

从上述引文中可以看出如下几点:(1)世界上有两种人,一种只喜爱声色之美,只能看到美的表象或美的事物,而不知道"美自体"或美的本质;另一种人不仅知其然而且知其所以然,他们能够透过现象看到本质,能够认识美自体,能够知道事物如何成其为美。(2)"美自体"是美之为美的根本原因,许多美的东西之所以美,并非自身就美,而是"分享"(metechonta)"美自体"的结果。前一种人既看不出也不想搞清这两者的区别,而后一种人则能同时欣赏观照这两者,并能将它们区别开来。(3)"美自体"或"美自体的理式"是"一",是绝对或始基(archē),是永恒不变的本体存在。"许许多多美的东西"(polla kala)则是"多",是表象或现象,是变化不定的、或美或丑的。(4)知识(gnōsis)与无知(agnoias)是对立的两极,介于这两者之间的便是似是而非、基于经验或自作聪明的"意见"(doxa)。专注于"美自体"的人,就等于关注"知识的对象",获取真正的"知识",因此属于"爱智者"(philosophous);专注于声色之美的人,就等于关注"意见"的对象,获取一般的"意见",因此属于"爱意见者"(philodoxous)。

显然,柏拉图看重"知识",轻视"意见";推崇"爱智者",贬低"爱意见者"。为此,他鼓励人们走出"梦境",超越"声色之美",进入"清醒"境界,在欣赏美的事物之时,认识"美自体"或"美自体的理式"。这种把"知识"与"美自体"联系起来的做法,已经超出了审美的范围。结果,"美自体"与其说是审美的对象,毋宁说是认识的对象。在这里,感性让位于理智,意见臣服于知识,美还原于真。

不消说,这里主要是围绕"美自体"来阐述本质主义的"知识"论的。我们只能猜想:柏拉图试图把"美自体"定于一尊,奉为绝对的本体或至高的理式,或者说是形而上学领域里的"定海神针",用来解决"一与多"的本质—现象问题。但随后专论美与善的关系时,他又换掉了手中的"王牌",毅然决然地把目光转向了"善的理式"或"善自体"。

---

① Cf. Plato. *Republic*,476-480. 另参阅柏拉图:《理想国》(郭斌和/张竹明译,北京:商务印书馆,1995年),476B—480。中译文根据娄布版稍做修正。

在《理想国》第六卷里,柏拉图如是说:

> 善的理式(tou agathou idea)是最大的知识问题……如果我们不知道善,那么别的知识再多,对我们也没有任何益处。……在正义和美的问题上,大多数人都宁可要基于意见所认定的正义和美,也不要实在的正义和美(ōs dikaia men kai kala polloi an elointo ta dokounta, kan mē eiē),无论是在做事、说话,还是拥有什么时都是如此。至于善,就没有人满足于单凭一个意见所认定的善了,大家都追求实在的善(agatha de oudeni eti arkei ta dokounta krasthai, alla ta ovta zētousi),在这里,"意见"是不受任何人尊重的。每一个灵魂都追求善,都把它作为自己全部行动的目标。……一个人如果不知道正义和美怎样才是善,他就没有足够的资格做正义和美的保护者。我揣测,没有一个人在知道善之前能足够地知道正义和美。……这个给予知识的对象以真理、给予知识的主体以认识能力的东西,就是善的理式。该理式乃是知识和真理的原因。知识和真理都是美的,但善的理式比这两者更美(tou agathou idean... aitian d' epistēmēs ousan kai alētheias... outō de kalōn amphoterōn ontōn gnōseōs te kai alētheias, allo kai kallion eti toutōn)。①

在这里,"善的理式"被提升到最高的位置。作为"最大的知识问题",实际上就等于至高的知识对象或认识对象,从知识的重要性上已经超过了前述的"美的理式"或"美自体"。"正义与美"(dikaia kai kala)均是古希腊人十分看重的美德或卓越的德性(aretē),"正义"甚至是"智慧、果敢、节制"等美德的综合结果,是柏拉图所构想的理想城邦的基本伦理准则。但在实际生活中,"正义与美"往往受到一般"意见"的左右,因此表现出相对性,与不义和丑相邻为伴。那么,这类意见从何而来呢?通常是从经验中来,与个人的得失、利益的驱动、视界的大小以及不同的审美趣味密切相关。所以,人们往往适可而止,一

---

① Cf. Plato. *Republic*, 505-509a. 另参阅郭斌和、张竹明的《理想国》中译本。引文作了归纳性的筛选,这样使观点更集中一些。与苏格拉底对话的格劳孔随后以赞赏的口吻强调总结说:Amēchanon kallos, ei epistēmēn men kai alētheian parechei, auto d' uper tauta kallei estin "它[善的理式]真是美不胜言,不仅是知识和真理的原因,而且美方面超过了知识和真理两者"。原文中的 Amēchanon kallos, 也可以为"非同寻常的美"。

且实用目的达到,个人利益满足,也就不会再特别关注"实在的正义与美"了。但就"善"而言,人们或许可以抛开个人的意见或偏见,追求具有普遍意义和价值取向的"实在的善"或真正的善。这种"善"不仅是道德意义上的正确性原则,而且是知识意义上的绝对真理和人生意义上的终极目标。因此,"善的理式"被视为正义、美、知识和真理的"原因"(aitia)。这样,正义之所以正义,美之所以美,知识之所以是知识,真理之所以是真理,都无一例外地源于"善"这个本体。相应地,只有从本质上彻悟了"善"的真谛,才有可能正确理解、贯彻和保护"正义和美",才有可能深入体验和欣赏"知识和真理"(gnōseōs te kai alētheias)之美。这里所说的"正义与美"的保护者,不是别人,而是理想城邦的"哲王";这里所说的"知识与真理"之美,是一种伴随着理智快乐的认识与科学价值判断。

如此一来,美与善的关系发生了根本性的转换。"善"成为"美"的原因,美因善而美,美善之间嬗变为一种以善为本的因果关系,"善的理式"或"善自体"因此成为至高无上的本体或绝对。那么,柏拉图又是如何论述"善的理式"的呢?我们又应当如何认识这种"善"呢?下面的讨论或许有助于厘清这一点。

四 "善的理式"的多面性相

在论及 agathou idea(善的理式)时,柏拉图本可以借苏格拉底之口侃侃而谈,像已往那样直接罗列出一套要旨。然而,他却以"对善的理式我们知之甚少"(toutō oti autēn [agathou idea] ouch ikanōs ismen)[①]为托辞,采用了日喻、线喻和洞喻等一连串诗化的描述,使读者依据自己的想象和理解,进而去体味和推导"善"的可能含义。可以设想,如果柏拉图提供给我们的是一番抽象的议论,我们也许只记得其中的片言只语,而这种诗化的比喻,却给我们留下了难忘的印象。举凡读过《理想国》的人,大都对日喻、线喻,尤其是洞喻记忆犹新。不过,这种形象而生动的诗化比喻,也给我们的理解造成很大的困难与歧义。

---

① Cf. Plato. *Republic*, 505a.

但有两点需要引起我们的注意,这恐怕是理解"善自体"的有效途径。其一,我们在解读"善的理式"时,首先要设法抛开普通道德意义上的"善良"或"良好"等日常概念,譬如"善良的母亲"或"良好的民风"等生活道德表述中的一般含义。在古希腊,无论是哲学家还是普通民众,他们都把"善"或"善自体"首先视为一种欲求的对象(the object of desire),一种最值得拥有和最需要追求的对象。这意味着"善"如同一种终极真理(ultimate truth),是人之为人的本质基础与终极目标。其二,人之为人,不只是讲人的道德化,更重要的是讲人的理智化。古希腊哲学家普遍认为,人是理智动物(rational animal)或理性存在(rational being)。作为理性存在,人就必然要追求某一目标。人之所为,通常也就成了实现其追求目标的一种手段。这样一来,人集手段与目的于一身。与此同时,善与逻各斯或理性密不可分。这便是古希腊道德哲学的基点所在。据此,内特什珀(R. L. Nettelship)断言:"善有三义:一为人生目的(end of life),是所有欲求和抱负的至高对象;二为知识条件(condition of knowledge),是让世界与人心可知或可认识的条件;三为原因(cause),是这个世界的创造因和维系因。"[1]看来,"善"不仅涉及至高的道德和知识问题,而且涉及世界本体的形上维度。目前,根据我们的理解,具有多面性相的"善",其中至少包括本体论、认识论、伦理、审美和目的论等几个方面。

1. 本体向度

"理式是思想的对象,是看不见的东西(au ideas noeisthai, orasthai d' ou)。"[2]"善的理式"作为形而上的本体更是如此。所谓形而上或形而上学,希腊原文为"meta ta physika",其意是"behind the physical or what belonging to external nature"(在具体事物的背后,在属于外部自然之物的背后)。具体的事物与属于外部自然的事物,都是可见的或直观的;而在其背后的东西,则是不可见的或非直观的,但却可以通过思想或理智去接近或认识。古希腊文中的所谓"本体"(noen),源于动词

---

[1] Cf. Richard Lewes Nettleship. *Lectures on the Republic of Plato* (London: Macmillan & Co Ltd., 1964), p.218.

[2] Ibid., 507c.

"思索"(noeō),本意为"被思想的事物"或"理智的事物",表示可理解的对象或终极的实在,相对于现象,"即显现的或可感的事物"。①"善的理式"作为形而上的本体,正好具有上述特征。

为了形象地描绘"善的理式",柏拉图借助著名的"日喻"(hēlios),将"善的理式"比作"太阳"。不过,这"太阳"并非与"善的理式"处于对等的地位,而是"善所生的儿子(ekgonos)"。这"太阳在可见世界里跟视觉和可见事物的关系,正好像可知世界(tō noētō topō)里善自体与理智和可知对象的关系一样(o ti per auto [to agathon] en tō noētō topō pros te noun kai ta nooumena, touto touton en tō oratō pros te opsin kai ta orōmena)。当事物的颜色不再被白天的阳光所照耀而陷于夜晚的微光中时,你用眼睛去看它们,就会觉得模模糊糊,差不多就像眼瞎了一样,就好像你的眼睛里根本没有清楚的视觉一样。但当你的眼睛朝着太阳所照耀的东西看时,就会看得十分清楚,同是一双眼睛,却显得有了视觉。人的灵魂就好像眼睛一样,当他注视被真理与实在所照耀的对象时,便能认识了解它们,这显然是有了理智。但是,当灵魂转而去看那黯淡的生灭世界时,便模糊起来了,只有意见了,只有变动不定的意见了,又显得好像是没有理智了"②。

不难看出,在这个"可见世界"(tō oratō topō)里,"太阳"产生光,光使眼睛有了视觉,视觉使人可以看清事物,这些被看清的事物因此成了"可见事物"(ta orōmena),各种"可见事物"进而形成了这个五彩缤纷的世界。另外,"万物生长靠太阳",所有生命的生成与生物的生长,都有赖于阳光的照拂与养育。这表明"太阳"不仅是引导人们从模糊走向澄明的灯塔,而且是化育万物的原因,可见世界的主宰。相应地,在"可知世界"(tō noētō topō)里,"善"产生理智,这理智使人能够看清或认识事物的本质特征,这样的事物因此成为"可知对象"(ta nooumena),各种"可知对象"激发了人们的思维活动,提高了人们的认

---

① 动词 noeō 的本意为"思索出来"(to think out)或"思量某物本是如此"(to think that a thing is so)。有的西方哲学辞典是这样解释的:Noumenon(本体)means "a thing as intelligible object or ultimate reality, in contrast to a phenomenon, which is a thing as it appears or is sensed. This ancient distinction was carefully explored in Plato's theory of ideas."参阅尼古拉斯·布宁、余纪元编著:《西方哲学英汉对照辞典》(北京:人民出版社,2001年),第690页。

② Cf. Plato. *Republic*,508c-d. 另参阅郭斌和、张竹明的中译本。

识能力,同时也提供了更为可靠的真知与玄妙的智慧。如前所述,"善"是最高的理式,犹如"可知世界"里的太阳,所有正义、美、知识和真理等理式,都因"善"而成,因"善"而彰,因"善"而确立了自身的价值地位,从幽暗不明的角落或冷落忽视的境遇中凸现了出来,成为人们重视的对象和追求的目标。在此意义上,地位高于太阳、作用胜过一切"善",近乎于完美的神,万能的造物主或宇宙间的"第一推动力"(the first mover)。

2. 认识层面

在柏拉图的思想体系中,"善"这个被思想出来的本体,是最高的认识对象。因此,要认识"善",就得经历一个循序渐进的过程。该过程通常被分为若干不同阶段。柏氏利用"线喻"(grammē)对此作了图示性说明。

"线喻"原本是对"日喻"的一种细化。如本书第二章所述,"线喻"中的四节线段分别象征四个不同的认识阶段,柏拉图称其为四种"心灵状态"(pathēmataen tē psychē)。按照由低而高的次序排列,第一是"猜想"(eikasia)阶段,所涉及的对象主要是"影像"(eikones),即外物的阴影和水面反射出来的倒影等。根据相似性或形象进行猜想时,"假作真来真亦假",外物的阴影或水中的倒影会迷惑人的视觉判断,使人以假(象)当真(物)。第二是"信念"(pistis)阶段,所涉及的对象是外在的实物,即"动植物与人造物"。在此阶段,人们仅凭基于感性经验的信念,把周围的所见所闻视为实在或本真的东西,只满足于可见事物及其现象,而不再深究或探讨其本质特征,结果是"知其然而不知其所以然"。第三是"理解"或"思想"(dianoia)阶段,古希腊时期所谓的"理解",是与心灵和观念相关的理智活动,这里所"理解"的对象主要是数学或几何学(geōmetrias)内容,要从奇数、偶数、三角和各种几何图形中提出假设并上升为定理,所得出的结论应当具有普遍的适用性。第四是"理智"(noēsis)阶段,这种"理智"类似于纯粹的理性思维,所要研究的对象是各种"理式"。在此阶段,逻各斯(logos)或理性本身通过"辩证的力量"(dialegesthai dynamei)来把握有关各种"理式"的知识。"在此过程中,不靠使用任何感性事物,而只使用理式,从一个理式到另一个理式,并且最后归结到理式。"① 我们知道,"善的理式"是所有理式中最高的理式。在研究和贯通各种理式之后,最终归结到的理式应当是"善的理式"。整个认识过程,从感性到理性的发展,犹如登山,到此才算达到顶点。那么,在诸多登山者中,到底会有多少人能够知难而上,最终取得这一成就呢?接下来柏拉图用"洞喻"(spēlaion)作了富有诗意的解答。

本书第二章对"洞喻"有过描述,这里不再赘述。需要指出的是,洞内被缚的囚徒(desmōtas atopous),是"和我们一样的人"(Omoious ēmin)②,其中有些人是错误教育或社会政治的牺牲品,被缚于象征无知或愚昧的洞中;而有些人则是自身认识能力或人性弱点的俘虏,自愿受缚于"不思改悔"的个人成见、偏见或约定俗成的陈规旧习之中。从这些囚徒中间转身走出洞外者,被称之为实现"心灵转向"的人。他们历尽艰险,看到了外部世界的实存真相。根据柏拉图的描述,这种人屈指可数,连同那位"硬拉他走上一条陡峭崎岖的坡道"③的人加在一起,也不过两人。这尽管是一个比喻,但现实告诉我们:举凡追求真理、达到顶点的人总是极少数。如同理想城邦里的哲王一样,也总是极少数。值得注意的是,"洞喻"的寓意是丰富而深刻的。一方面揭示了人性的局限性及其认知心理和教育问题,另一方面更形象地图解了可见世界与可知世界的差异与联系。如果把"洞喻"与"线喻"并置在一起进行比较的话,我们可以发现两者彼此对应的部分。观看洞壁上的影像,如同观看外物阴影或水中倒影的"猜想"阶段;转身看到那些木偶与火堆,如同感知动植物和人造物的"信念"阶段;走出洞外审视水中的倒影,如同推导和归纳数学与几何定理的"思想"阶段;看到阳光下的实物,如同研究和思索各种理式的"理智"阶段;最后直观太阳,如同达到认识的顶点,体悟到"善的理式"。

应当看到,"洞喻"给我们展示了两种决然对立的图景:一是黑暗、愚昧和悲观的图景,二是光明、智慧与乐观的图景。从前者进入后者,不仅是从模糊走向澄明,从无知走向真知,而且是从困顿走向自由,从

---

① Cf. Plato. *Republic*, 511b.
② Ibid., 515a.
③ Ibid., 515e.

丑恶走向美善。从洞底到洞外,象征一次追求精神解放的自由之旅,这一艰苦的行程始终伴随着自我拯救和自我超越的过程。毛泽东喜欢庐山的洞天福地,故而赋诗赞美说:"天生一个仙人洞,无限风光在险峰。"相比之下,柏拉图笔下的"洞",虽有"天生一个"的可能,但绝非什么"仙人洞"。不过,只要走出洞外,想必也会领略到昊昊阳午时分的"无限风光"。

3. 伦理范畴

一般说来,善是一个伦理范畴。普通意义上的善,以做正确之事为基础(based on doing what is right)。在道德心理学中,善的作用主要在于促动人的行为,解释人的激情。在伦理学中,善的作用往往被还原为一种性质,如幸福、快乐和满足欲等。柏拉图所言的"善"或"善的理式",尽管是指存在的本体、知识的源泉或绝对的真理,但我认为它并不排除普通意义上的伦理与道德内涵,譬如行为正确、心地善良与正义合理等。柏拉图把"善的理式"视为"正义"的原因,而"正义"是城邦公共伦理的基础,这本身表明"善"本身关乎具体的伦理实践活动。更何况柏拉图在结论中还曾强调指出:善的理式"的确是一切正确和美的事物的原因(autē orthōn te kai kalōn aitia),是可见世界中创造光和光源者,在可知世界中它本身就是真理和理性的决定性源泉;任何人凡能在私人生活或公共生活中行事合乎理性的,必定是看见了善的理式(oti dei tautēn [agathou idea] idein ton mellonta emphronōs praxein ē idia ē dēmosia)"①。

相形之下,柏拉图更为看重的仍是"善"的形上意义。一方面,追求至善本身就是一种美德。认识了至善,就等于认识了真理。举凡追求至善或真理的人,通常不屑于用谎言欺骗自己和别人。另一方面,追求这种至善的人,往往体现为一种自我超越的精神境界,他们不仅超越个人的利益与现实的意识,而且能够从小我进入到大我,甘冒损己利人的风险,矢志追求具有普遍意义的价值。譬如,"洞喻"中的那位实现"灵魂转向"的哲人,在洞外看到太阳、发现真相(即认识真理和至善)之后,最初他"宁愿在人间做一个穷人的奴隶去受苦受难,也

---

① Cf. Plato. *Republic*, 517c.

不愿返回洞里与囚徒享有相同的意见,再过同样的生活"①,但最终他还是毅然决然地返回洞中,怀着传播真理的目的,试图解救被缚的囚徒。这是一种崇高的使命感,一种超越个人利益的伟大善举。这个喻示着理想城邦的哲王,如同"救民于水火"中的英雄,自愿选择了一条不归之路。他应当清楚那里潜在的危险。这种危险不只是他个人会遭到囚徒的拒绝、冷遇与孤立,还会因为囚徒的狭隘、昏庸、嫉妒与敌视而使他身遭不测,死于非命。正如柏拉图在对话中所说的那样:囚徒们一定会把"这个打算释放他们并把他们带到洞上面去的人逮住杀掉"。这是一幅充满英雄主义和悲情色彩的图景,不仅使人回想起苏格拉底的历史悲剧,而且使人联想到"我不下地狱,谁下地狱"的神灵耶稣。

4. 审美领域

"善"的认识过程,始于猜想,终于理性。猜想作为认识的第一阶段,也被视为想象阶段。绍瑞(Paul Shorey)在翻译柏氏原文中的 eikasia 一词时,将其意释为 picture-thinking or conjecture(图画思维或猜想)。图画思维也可以说是形象思维,eikasia(猜想)本身就包含着形象、意象或相像(image and likeness)等义。在此阶段,所涉及的对象主要是"外物的影像或水中的倒影"。这类对象并非实物,而是形象或幻象,类似于艺术作品中所描绘的东西。就像柏氏论"摹仿"时所讲的那样,"摹仿型"艺术所描绘、表现或创造的通常也是外物的影像或形象。可见,猜想阶段的感知对象,与艺术形象创造有关,因此也与审美活动有关。

值得说明的是,现代意义上的美学或审美(aesthetic)概念,是源于古希腊文中的 aisthetikos 一词,原意为"感性知觉或通过感官的感知活动"(capable of perception or perception by senses),后来也有西方学者将其英译为"science of perception"(感知学或感性知觉科学)。因此,所谓的审美,原本首先是对形象、表象或声色之美的感知与欣赏。前文所说的那种"迷惑人的视觉判断,使人以假(象)当真(物)"之类的现象,正是猜想或想象的结果,在审美或感知活动中颇为常见。喜欢

---

① Cf. Plato. *Republic*, 516e.

这一审美现象的人,也正是《理想国》第五卷中所描述的那种爱美之人,也就是那些"爱好声色,喜欢美的声调、美的色彩、美的形状以及一切由此而组成的艺术作品"的人。① 当然,柏拉图并不鼓励这种审美品位,可他也从未否定这种现象的存在。在与艺术"摹仿论"(mimēsis)相关的"床喻"(klinē)中,我们可以找到相关的佐证。

那么,柏拉图到底看重什么样的审美活动呢? 我以为,他除了提倡展示和欣赏道德化的诗乐等艺术作品之外,还鼓励和引导人们去体悟与探索真理的美,智慧的美,伦理的美,特别是善的美。或许正是出于这一考虑,他有意把真善美融为一体,构成整体上相当实用、具体和颇有人情味的道德与审美范式。

5. 目的追求

"一切技艺、一切研究以及一切行为和追求,在人们看来,似乎都以某种善为目标。因此,善被人们正确地界定为'一切事物所向往的目的'。"②从目的论角度看,亚里士多德的这番话,兴许是弟子对业师柏拉图论"善"的最佳注脚之一。

在柏拉图那里,"善"不仅是"一切事物所向往的目的",而且是成就一切事物的动力。也可以说,举凡追求善者,其自身之所以有益、正确、发展乃至完美,均以善自体为根本原因。那么,柏拉图设定善自体这个最高理式,"如日中天",泽被万物,其终极目的(telos)到底何在呢? 我们以为,柏氏的善论,是以善为本的教育哲学和道德理想主义诗学的集中体现,其终极目的与其说是追求实在的知识或真正的智慧,毋宁说是实现理想的人格或培养爱智的哲王。如前所述,柏氏所倡导的"七科"教育体系,从诗乐教育开始,接着是体操教育,然后修数

---

① Cf. Plato. *Republic*, 476.

② Cf. Aristotle. *Ethics* (tr. J. A. K. Thomson, London: Penguin Books, rep. 1977, I, i, 1094a1-2), p. 63. 此版本的英译文为"Every art and every investigation, and similarly every action and pursuit, is considered to aim at some good; hence the Good has been rightly defined as 'that at which all things aim'"。国内影印的版本是 Aristotle. *The Nicomachean Ethics of Aristotle* (tr. D. P. Chase, Dutton & Co., 1934, China Social Sciences Publishing House, 1999), 其英译文稍有出入,但大意相同——"Every art, and every science reduced to a teachable form, and in like manner every action and moral choice, aims, it is thought, at some good; for which reason a common and by no means a bad description of the Chief Good is, 'that which all things aim at.'"

学、几何学、和声学和天文学,最后研究哲学辩证法,历时多达35个春秋。此外,凡学业与资质杰出之士,不能只限于纸上谈兵,还要选拔出来从事15年的社会实践;其中成就卓著者,大公无私者,智慧高超者,德行完满者,方能委以重任,成为哲王,领导城邦。这是一个漫长而严格的教育和修炼过程,其间尽管要学会有关诗艺、乐调、表演、竞技、体育、军事、数理、乐理、天体和辩证法等各种知识,但更为侧重的是人格的塑造与道德的修养。作为城邦公共伦理准则的"智慧、勇敢、正义和节制"等四德,也是塑造与培养理想人格的基本要素。在四德中,正义最高,统摄其余。但与作为万物本体的"善"相比,正义之德连同美、知识和真理等,均因"善"而生成,而自证,而有价值和功用。所以,"善"可谓诸德之宗。只有认识了"善"的真谛,才有可能了悟其他美德,才有可能成就理想人格。因此可以说,柏拉图式的理想人格,应是一个四重奏式的发展过程,它兴于诗乐,立于体操,长于科学,成于至善。

所谓"兴于诗乐",那是以诗乐教育为蒙学初阶,根据人的认知规律与情感需要,以优美的诗乐艺术浸润心灵,净化情感,培养良好的鉴赏趣味或基于和谐的爱美之心,从而使人知美而求善,形成一种内在的动因。所谓"立于体操",那是以体操训练来强健身体,打下为社会服务的物理基础,学会保家卫国的军事技术,养成勇敢善战但又温文尔雅的美善兼备品格,这实际上也是对城邦卫士的基本要求。所谓"长于科学",不仅是要通过学习数学、几何、乐理与天文等科目,擅长或精通这些学问知识并能鉴赏其价值之美,而且要通过学习这些科目来掌握真正的科学精神,提高自己的思想境界和理性认识水平,使自己的人格不断成长或随之相长。最终,以"善"为鹄,孜孜以求,在自觉地践行与超越中,实现理想,"成于至善"。以上便是我们所理解的柏氏理想人格的发展逻辑,同时也是柏氏推崇"善自体"的目的论归宿。至此,人们不禁要问:人类历史上到底有多少"成于至善"的理想人格呢?那将是另一个问题。

五 成于至善的过程意味

到底有多少"成于至善"的理想人格呢?这恐怕是一个难以回答的问题。因为,在有文字记载以来的人类历史上,虽然才俊辈出,数不胜数,但要从中标举出世所公认的理想人格,则少之又少,实可谓"滚滚长江东逝水,浪花淘尽英雄"。

据史料所记,那些伟烈丰功、名垂千古的圣雄贤达,大多是拉开一定时空距离加以美化或神化的人物。若将他们还原到盖棺论定前的现实生活之中,其人格大多不无瑕疵,遑论完善尽美。譬如,在古希腊雅典的黄金时期,著名的首席执政官伯里克利,集政治家、哲学家、军事家、外交家和诗人于一身,算得上是美善兼备的典型、举世罕见的人杰了,但他在生前也曾为政失察,殃及社稷,被判流放。柏拉图自己也曾三顾叙拉古城邦,刻意想把狄奥尼索斯二世培养成一位哲王,但却以失败告终,因为这位统治者喜欢权势的热情总是大于追求美善的兴致。在中国,人们也谈"至善",所谓"大学之道,在明明德,在新民,在止于至善",显然是以"至善"为终极目的,追求的是才德完备的最高境界。举凡明德于天下者,革除旧习移风易俗者,才德完备无缺者,便可实现"修齐治平"的宏大理想,成为人世间的圣王明君。在这方面,古往今来为人乐道的尧舜,被尊为明达仁厚的内圣外王典范。但在很大程度上,他们只不过是偶像化的产物,是人们借助历史时空中的"苍烟落照",为当时那些争权夺利、为政不仁的统治者有意创设出的理想化参照模式而已。总之,无论古今中外,人类历史上"成于至善"的理想人格实属凤毛麟角。

然而,"成于至善"作为一种理想,一种追求过程,则意味深长。首先,理想如光,具有引导和昭示作用。在具有超越潜能的现实人生中,没有理想就会陷入盲目。当然,在众生之中,执著于至善理想的人通常是极少数,决然不会构成大张旗鼓的群众运动,但只要有万分之一的人认同和追求,那已经是人类的福分了。至善犹如太阳,泽被万物,化成天下,为生命之源;理想犹如光照,所见者明,所受者慧,为道德之本。其次,大凡理想,总难完全实现,但作为追求的过程,其本身就是目的。如果说"天地之大德曰生",那么人生之大德理当曰善。只要人自觉而实在地追求至善的境界,这本身就是一个自我完善的过程,有谁会责问自己最终能否如愿以偿呢?这就像真正的学佛参禅者一样,只要设法戒除机心澄怀体道,有谁会烦问自己最终能否修成正果获得圆满呢?不过,庸俗的实用主义者则另当别论。再次,追求理想的过程具有自身的动态性。这不仅仅是因为理想具有活力,具有精神动力或推动作用,而且还因为在追求的过程中,理想与现实都彼此朝着对方运动。这当然不是简单的交叉换位,而是一点一滴地融会贯通,理想逐步下贯,不再挂空;现实逐步上达,不断提升。在西方,这一动态过程犹如神人以合的超凡入圣之理;在东方,这一动态过程则如天人合一的上达下贯之道。另外,追求理想的过程还涉及一种独特的有机性。这种有机性强调整体构成因素之间的关联性或不可分割性。那么,在过程这个有机体中,理想与现实都处于不断地变化生成和彼此摄入之中。理想之为理想,相对于现实而立;反之,现实之为现实,相对于理想而定。两者通过彼此的互动与摄入,不是形成杂糅与衰变,而是不断激活与升华。在这里,理想与现实的关系,或许类似于上帝与生成(God and becoming)的关系。按照过程哲学的思路,上帝对每一种生成活动来说都是必要的,而任何生成活动对上帝即结果的发展(development of God as Consequence)来说也是必要的。如同任何现实的实体(actual entity)一样,上帝也是一个生成过程(a process of becoming)。这一假设与"上帝即结果"的独断论相比,更富有形而上的亲和力,而且在隐喻意义上是对理想即"追求过程"一说的莫大支持。颇为有趣的是,怀特海(A. N. Whitehead)在论述过程思想时,将过程划分为两种类型,即宏观过程与微观过程。"宏观过程使'现实的'(actual)转化为'纯粹实在的'(real),微观过程使'实在的'增长为'现实的'。前一过程是直接生效的,后一过程是目的论的。"[①]倘若借用过程思维来审视理想追求过程,把"实在的"替换为"理想的"(ideal),把追求过程划分为上达过程与下贯过程,同时从动态性与有机性的角度来看,我们似乎可以这样表述:上达过程使"现实的"转化为"理想的",下贯过程使"理想的"增长为"现实的"。前后两个过程均是逐步生效的,均是目的论的。自不待言,人类面对的是现实人生,但遥望的是理想彼岸,而且一直处于"路漫漫其修远兮"的追求过程之中。

综上所述,柏拉图的美善论,在有的语境中表现为趋同,而在有的语境中却表现为别异,但从《理想国》的重点论述中,我们发现善是最高的理式,是美、正义、真理和知识的原因;美与善的关系,因此嬗变为一种因善而美的因果关系。柏氏的善论,凭借日喻、线喻和洞喻的诗

[①] 参阅怀特海:《过程与实在》(杨富斌译,北京:中国城市出版社,2003年),第391页。

化描述,使其多面性相生动而丰富地展现了出来。我们从中不仅看到本体论、认识论、目的论、伦理与审美等不同维度,而且看到理想人格"成于至善"的终极目的和追求过程。另外,我们也看到,在柏氏的诗学中,以善为本的道德理想主义是其最为突出的特点。这种从善的理式出发来界定美的方式,很容易把艺术审美及其创作予以道德化和理想化,很容易导致一种抽象的形而上学。如此一来,尽管会给美与艺术赋予更多的精神与道德内涵,但同时也会使美的逻辑成为问题,会给艺术创作者戴上无形的桎梏。以善为本的艺术,犹如其他各种形式的主题先行一样,很有可能违背艺术的发展规律,使其沦为道德观念或政治宣传的奴婢,这显然无法满足现代心灵那更为丰富多样的审美追求。

第七章 "摹仿论"的喻说与真谛

《理想国》第九卷末,柏拉图将音乐与体操教育所成就的理想人格称之为"真正的音乐家"(alētheia mousikos)。这种音乐家实际上是"哲王"的化身。① 他不仅精通音乐与体操艺术,而且谙悉政治与军事艺术;不仅身心和谐、美善兼备,而且不受外在名缰利锁的干扰,严于律己,清廉自守;不仅使魄力和优美、天性和善良、健康与志趣等素养有机地统一起来,而且使节制与正义、智慧与勇敢等美德达到融会贯通的境界。这种人格习惯于恪守"达则兼济天下,穷则独善其身"的道德原则,通常只愿在"合乎天道的"(theia tis sumbē tuchē)或"理想中的城邦"(polei en logois)里参与政治。不过,这种城邦在地上无处可寻,或许天上建有其范型,举凡看到她的人,都想成为那里的居民。至于她现在还是将来存在,都无关紧要。② 显然,该城邦是理想的天堂,精神的王国,心灵的福地。虽然它在时空中的存在与否无关紧要,但在人类心灵中的构想与憧憬却非同寻常,因为后者不仅有助于激发人们超越现实社会的意识,而且有助于强化人们追求自我完善的动力。可见,这一点会聚了柏拉图的诗学、教育、政治与社会等多种理想因素,是其道德理想主义的集中体现。

按理说,《理想国》一书到此文义已足,理当结尾,未料作者笔锋一转,再辟一卷。作者到底意欲何在呢? 对此,西方一些古典学者持两

---

① 在柏拉图那里,"真正的音乐家"还可以喻示精通各门艺术的哲学家或富有智慧的政治家。在《理想国》里,哲学与政治涉及至尊至上的思想艺术与领导艺术。在《斐多篇》里,柏拉图在论及哲学时,也同样使用了"音乐"一词(mousikē)。该词主要表示文艺女神缪斯所辖司的所有艺术,一般也特指音乐或者配乐的抒情诗歌。在这里,柏拉图的原话是说:[我]从事音乐创作,因为哲学是一门最伟大的音乐艺术(mousikēn poiein, ōs philosophias men ousēs megistēs mousikēs)(61a)。

② Cf. Plato. *Republic*, 591-592.

种观点:一种观点认为第三卷认可摹仿型诗歌,而第十卷则否定摹仿型诗歌,两者前后矛盾,缺乏逻辑的连贯性。柏拉图写完第九卷本应收笔,但却回过头来再次讨论诗歌问题,故此使第十卷看起来如同一篇后记,旨在表达作者本人事后的想法与补正的意愿。① 另一种观点则认为,第十卷既非"离题"或"尾声",也非"附录"或"反省",而是精心谋篇的结果,其要旨在于深入探讨和总结心灵为何难以完善、正义生活为何得不到回报的原因。《理想国》八、九两卷主要讨论危害心灵与城邦融合统一的诸多因素,第十卷上承前文,表明诗歌乃是其危害之一。②

在我个人看来,柏氏撰写第十卷,确给人言犹未尽、一吐为快之

---

① 坚持这一看法的代表学者有 Gerald Else 和 Laszlo Versenyi 等人。Cf. Gerald F. Else. *The Structure and Date of Book 10 of Plato's Republic*(Heidelberg,1972). Cited from Alexander Nehamas. "Plato on Imitation and Poetry in Republic," in Julius Moravcsik & Philip Temko(eds). *Plato on Beauty, Wisdom and the Arts*. (New Jersey:Rowman and Littlefield,1982),p. 51. Gerald F. Else argues that there is a conflict between Book 3 and 10:The former seems to allow imitative poetry, the latter to forbid it. Plato seems to return to the question of poetry in Book 10, something that has made this last part of the Republic seem suspiciously like an afterthought. This observation is shared and followed by Laszlo Versenyi in his paper "Plato and Poetry:the Academician's Dilemma," in John H. D'Arms and John W. Eadie(eds). *Ancient and Modern:Essays in Honor of Gerald Else*(Ann Arbor:University of Michigan Press,1977),pp. 119-138.

② 认同这一观点的学者包括 Richard Nettleship(cf. *Lectures on the Republic of Plato*,. p. 340),Crombie(cf. *An Examination of Plato's Doctrines*,. Vol. I, p. 143),Paul Shorey(cf. *The Republic of Plato*, Vol. II, p. lxi),Julia Adam(cf. *The Republic of Plato*, Vol. II, p. 384, n. on 595a-597e)。本书作者与 Alexander Nehamas 持同一观点。如他所言,"I shall suggest that Plato does not clearly return to the banishment of poetry in Book 10, but that he raises the question in a systematic form for the first time. Books 8 and 9 of the Republic consists mainly of a discussion of threats against the unity of the soul and of the city. Book 10 belongs primarily with them, and shows that poetry is one of these threats and that the city is proof against it... Book 10, therefore, can be seen on a part of the long discussion of the perversions of the soul and of the city that begins with Book 8:Poetry creates a 'bad constitution'(kaken politeian,605b7-8)in the soul just as, for example, an excess or defect of wealth can destroy the 'constitution within' the wise man(ten en hauto politeian,591e1). Though not perfectly consistent with Books 2 and 3, Book 10 is not simply an incomprehensive return to a subject that these two books seem to have exhausted; for a crucial part of its function is to justify the omission of poetry from the life of the city's adult inhabitants-a subject not accounted for in Books 2 and 3. Thus Book 10 is neither a 'digression' nor a 'coda,' neither an 'appendix' nor a 'retrospect.' It is, rather, a step of a carefully constructed description of the ways in which the soul can be less than perfect and thus lose the rewards of the life of justice-a final accounting of which Plato significantly turns in the last part of Book 10."[cf. Alexander Nehamas. "Plato on Imitation and Poetry in Republic," in Julius Moravcsik & Philip Temko(eds). *Plato on Beauty, Wisdom and the Arts*, pp. 51-54.]

感。但从整体内容来看,均是深思熟虑、另有新悟之作,并且表明柏氏(1)对诗歌艺术效应或感染力十分敏感;(2)对诗歌与哲学之争心存疑虑;(3)对摹仿或写实艺术鄙视贬斥;(4)对心灵诗学及其道德化完善途径高度重视。当然,柏氏的有关论述存在偏颇之处,譬如对诗歌激发、宣泄与净化情感的审美妙用与心理价值估计不足等,因而走向道德绝对化的死胡同,随后引起学生亚里士多德的进一步反思,成就了《诗学》一书及其著名的情感"净化说"(katharsis)。事实上,柏氏笔下的诘难式辩证法,其真谛并非在于提供千篇一律的观点或最终的答案,而是力图激活读者的思想,启发人们进行新的思索,进而提出不同的理论学说,为探索真理而不断拓宽智慧的视阈,这无疑符合对话哲学作为一种动态性思想追问过程的基本要求。因此,阅读柏拉图的对话,不可拘泥于貌似结论的片言只语,而要从不同语境和角度予以审视和反思。

比较而言,《理想国》第十卷对摹仿理论与心灵学说进行了归纳性和类比性的论述,是表达柏拉图诗学思想的代表性文本。该卷在结构上可分为前后两段:前段以床喻论摹仿绘画,进而谴责诗歌,否定荷马,抬高哲学;后段用灵喻谈业报轮回,继而惩恶扬善,推崇美德,呵护心灵。① 此番苦心孤诣,一方面表明柏拉图对心灵诗学的特别关注,另一方面也表明柏氏道德理想主义诗学所蕴含的实用特点。

值得强调的是,柏拉图所开启的艺术"摹仿论",作为西方诗学和美学理论的重要基石,历经两千余年的流变,从"摹仿自然(外物)"到"摹仿生活(人生)"再到"摹仿现实(社会)"等艺术本体学说,从写实

---

① 从行文结构与内容上分,前段从第十卷开始到谴责"诗歌诱使我们漫不经心地对待正义和一切美德"之处(参阅《理想国》郭斌和、张竹明中译本第397—409页第一行)。后段由此开始直到结尾(同上书,第409—426页)。按照斯戴佛纳斯编号(Stephonus Number)来分,主论诗歌的前段为595—608b;主论心灵归宿的后段为608c—621。这一分段也参考了Nettleship的做法,他将前者称之为"偏离前说的诗论",将后者称之为"心灵的来世生活"(Cf. Richard Nettleship. *Lectures on the Republic of Plato*. pp. 340-364)。所谓"偏离前说的诗论",就是认为柏拉图在《理想国》第二—三卷与第十卷所表述的诗学观点相互牴牾,前后矛盾,第十卷的开篇与本书的其余部分没有什么联系,在这里一下子转向艺术与诗歌话题给人一种"突兀而不自然"的感觉。According to Nettleship, "The first half of Book X is disconnected with the rest of the *Republic*, and the transition to the subject of art and poetry, which is here made, is sudden and unnatural. We may, indeed, gather from the opening sentences what is the connection of ideas in Plato's mind."

主义到古典主义以及从浪漫主义再到批判现实主义等艺术表现理想，俨然积淀成一部"曲径通幽"乃至"柳暗花明"的摹仿美学史。① 这部内容丰富的历史，不仅记录着"摹仿论"的衰变沉浮，而且昭示出相关艺术流派的生成原则，若想穷尽原委，足可撰写一部乃至几部大书。在西方诗学与美学的整个发展历史过程中，"摹仿论"犹如一条红线，贯穿始终，其作用确如德里达（Jacque Derrida）所说，一直处于这部历史的中心地位。在专论文学本质的《双重表演》（La double séance, 1972）一文中，德里达还特意从形上学的角度强调指出：源自希腊语 mimesis 这一概念，"在翻译时不可草率行事，尤其不要以摹仿一词取而代之（qu'il ne faut pas se hater de traduire surtout par imitation）"。在他本人看来，希腊语 mimesis 从本质上代表柏拉图式的呈现方式，与实在和本体（l'ontologique）有关，涉及真实性的形而上学问题。因此，摹仿的历史"完全受到真实性价值的支配（tout entière réglée par la valeur de vérité）"。② 可见，从古希腊到现在，从柏拉图到德里达，无论摹仿的对象是自然外物、人类生活还是社会现实，摹仿与艺术形象及其真实总是彼此交汇、相互联系在一起。由此在文学、诗学、美学、心理学、伦理学、社会学、政治学或艺术哲学中所引发的重要性和复杂性，远远大于我们通常所理解或认定的程度。事实上，在柏拉图的诗学里，"摹仿论"的重要地位，如"理式论"在其哲学中的核心地位。就此而论，研究

---

① 参阅 Stephen Halliwell. The Aesthetics of Mimesis (Princeton and Oxford: Princeton University Press, 2002)。在豪利威尔这部最新出版的《摹仿美学》专著里，不仅系统地分析了"摹仿论"的缘起与相关的古代文本，而且从艺术史的角度揭示了现代艺术理论中的摹仿问题。在此之前，有关摹仿的论文甚多，但具有代表性的专著要数奥尔巴赫（E. Auerbach）的《论摹仿：西方文学中的现实表现》（Mimesis: The Representation of Reality in Western Literature. Tr. W. R. Trask, Princeton: Princeton University Press, 1953）和克勒尔（H. Koller）的《古代的摹仿论》（Die Mimesis in der Antike. Bern: A. Franche, 1954）。

② Cf. J. Derrida. "La double séance," in La dissémination（论传播, Paris: éditions du Seuil, 1972），pp. 208-209. 豪利威尔认为，德里达在批判摹仿时，正误兼有。譬如，德里达"认为摹仿总是以不言而喻的方式，假定一种想象的实在，这种实在从原则上讲可能是外在于作品的（再现务必再现某种东西）。这一点是正确的。然而，德里达的另一观点则是错误的，即：他认为上述需要涉及一种'在场的形上学'（metaphysics of presence），或者说是涉及一种实在的平面，而这一平面在他看来完全独立于艺术的表现。一般说来，人类的思想与想象如果是可行的或可知的（德里达本人意在思索这些问题），那么，艺术摹仿就有其需要的唯一基础。无论是内在于艺术还是外在于艺术的再现，均有赖于某些为公众所共享的理解力所能理解的东西，但是，这种再现对于超验真实性并无任何内在的要求。"参阅 Stephen Halliwell. The Aesthetics of Mimesis, pp. 375-376. Also see footnotes on p. 375。

柏拉图的哲学,务必从"理式论"入手;而研究柏拉图的诗学,则需从"摹仿论"切入。但这并非是说,研究柏氏诗学就可以随意撇开"理式论"。目前所面临的首要问题是:"摹仿论"的实质或真谛何在?为了搞清这个问题,我们有必要溯本探源,从柏拉图的床喻入手,尽可能从相关的历史文化语境出发,深入地考察和揭示"摹仿论"的缘起及其理论意义。

一 源于床喻(Klinē)的"摹仿论"

前文在论述心灵诗学的实践准则时,主要列举了《理想国》第二、三卷所推行的种种规约。这些规约是柏拉图从宗教和道德角度出发而设定的,表明了他对摹仿型诗歌的实用性宽容态度与道德理想主义诗学立场。根据神为善因、因善而美等道德主义原则,诗人或音乐家可以采用颂诗的方式,摹仿或再现诸神的美德与英雄的行为,这样可以使"近朱者赤,近墨者黑"的年轻卫士受到良好的艺术教育,借以鼓励他们"闻贤思齐",习仿诸神与英雄的各种善举,塑造自身的道德人格,以便成为优秀的战士与公民。

然而,在第十卷里,柏拉图改变了以前的态度,专就所谓的摹仿问题进行了否定性的批判与探讨。这里不妨先看看这段经过压缩了的对话:

> 在凡是我们能用同一名称来表示多数事物的场合,我们总是假定它们只有一个理式(eidos)。统摄许多家具的理式只有两个:床(klinai)的理式与桌子(trapezai)的理式。制造床或桌子的工匠,注视着各自的理式,分别制造出我们使用的床和桌子。制造其他事物也是如此。但理式本身则不是任何工匠所能制造出来的。但有一种万能的匠人,他能制作出各行各业的匠人所造的一切东西(os panta poiei)。他不仅能制作一切用具,而且还能制作一切植物、动物,以及他自身。此外他还能制造天、地、诸神、天体和冥间的一切。其实,你自己也能在"某种意义上"制作出所有这些东西。假如你拿一面镜子(katoptron)到处照的话,你就能很快地做到这一点。然而,这种制作不是真实的制作,而是影像的制作(phainomna, ou mentoi onta ge tou tē alētheia)。如同画家"在某

种意义上"制作一张床一样,那只是床的影像而已。要知道,如果一个匠人不能制造事物的本质,那他也就不能制造真实体,而只能制造一种近似(但并非)真实体的东西。

假定有三种床,一种是自然的床(klinai en tē physei),我认为那是神造的(theon ergasasthai)。一种是木匠造的床(mia de ge ēn o teknōn),再一种是画家画的床(mia de ēn o zōgraphos)。画家,木匠(klinopoios)与神分别是三种床的制造者。神制造了一个本质的床,真正的床。神从未造过两个以上这样的床,以后也不会再造新的了,因此是床的"自然制造者"(phytourgon)。自然的床以及所有其他自然的事物都是神的创造。木匠是某一特定床的制造者。(画家则是神与木匠所造东西的摹仿者。)我们把与自然隔着两层的作品的制作者称为摹仿者(tritou ara gennēmatos apo tēs physeōs mimētēn kaleis)。悲剧诗人既然是摹仿者,那他就像所有其他摹仿者一样,自然而然地与代表真实相的王者相隔两层(tragōdopoios eiper mimētēs esti, tritos tis apo basileōs tēs alētheias pephukōs)。

画家摹仿的是工匠的作品。画家在画每一事物时,是在摹仿事物实在的本身还是其看上去的样子呢?是在摹仿影像还是真实呢?显然是在摹仿影像。摹仿术和真实体之间的差距很大。摹仿术之所以无所不能,正因为它只要把握了事物的一小部分(而且还是表象的一小部分)就能制造任何事物。譬如说,一个画家能给我们画出鞋匠、木匠或别的什么工匠。虽然他自己对这些技术都一窍不通,但他若是一个优秀画家的话,他就可以画出一个木匠的肖像,只要将其摆在一定的距离之外去看,就能骗过小孩和一些愚笨的观众,会使他们信以为真。因此,我们务必牢记:当有人告诉我们说,他遇到过一位精通一切技艺、懂得一切事物的人,其精通的程度还要超过任何行家里手的人,那我们就必须告诫他:"你是一个傻瓜,显然是上了魔术师或摹仿者的当。你以为那人全知全能(passophos),是因为你分不清什么是知识、无知与摹仿这三件东西(mē oios teinai epistēmēn kai anepistēmosunēn kai mimēsin exetasai)。"①

---

① Cf. Plato. *Republic*, 596-598d.

上述三种床的假设,基于一种价值层次理论与判断。所谓神造的"自然之床",即本质存在或原创之床,是床的原型或典型(architype),属于想象中的"理式"范畴,故而用"王者"(basileōs)象征其至高无上的地位。所谓"工匠之床",是人工所为或实用工具,是直接仿造床之原型的产物,与代表"实在"的理式仅隔一层。所谓"画家之床",是影像描绘或观赏对象,是模拟"工匠之床"的结果,或者说是一种摹仿之摹仿,与床之理式相隔两层。如果说床之理式喻示着真实与本体,工匠之床喻示着器具与功用,那么,画家之床则喻示着物象与游戏。这种物象与游戏,虽无真正的学问知识,但却能以假乱真,骗人耳目,特别是欺骗那些幼稚的孩童与愚笨的观众。与神这位无所不能的造物主相比,工匠与画家同属于摹仿者,但各自的价值与地位差别甚大。前者多识,后者无知;前者仿真,后者摹象;前者诚实,后者行骗。类似的骗子,不仅有画家,还有诗人等艺术家。

看得出,这段对话是柏拉图借苏格拉底之口,根据形而上学的原则来阐发"摹仿论"的。反过来说,形而上学的原则正是通过"摹仿论"得以明确表述的。鲍桑葵在论及希腊美学思想时指出,"希腊人关于美的性质和价值的学说的基础,是由三条相互关联的原则构成的,其中只有一条可以称得起是'美学理论'"[①]。那就是审美原则,另外两条是道德主义原则与形而上学原则。柏拉图的上述"摹仿论",主要是针对再现艺术而发的。因此,我们也可以顺势推导出这一结论:再现艺术的性质与价值的学说基础,是由三条彼此关联的原则构成的。不过,这种学说无论是在本体论意义上,还是在价值论领域里,不仅与形而上学、道德主义和审美等三条原则相关,而且与当时希腊流行的

---

① 参阅鲍桑葵:《美学史》(张今译,北京:商务印书馆,1985年),第24页。原文是这样陈述的:"For of the three connected principles which constitute the framework of Hellenic speculation upon the nature and value of beauty, there is one only that can claim the more convenient title of 'aesthetic theory.' The two other principles in question might be respectively described as moralistic and as metaphysical, although the common root of both is itself a metaphysical assumption which is also responsible for the limitation of true aesthetic analysis in the third principle to the abstract conditions of expression." (Cf. Bernard Bosanquet. *A History of Aesthetic*. New York: Meridian Books, 1957, p. 16.)

实在论、理念论、人本论和批驳法等四种思潮有涉,①尤其是与柏氏本人

---

① 英国古典学者洛齐(Rupert C. Lodge)认为,柏拉图的美学思想是其哲学思想的组成部分,与当时的主要思潮关联密切。在洛齐等人看来,古希腊的哲学思潮主要分为四种:一是实在论(realism),其思想根源主要来自追求和尊重事实的爱奥尼亚学派(Ionian school of philosophy),赫拉克利特是其代表人物。二是理式论(idealism),其思想根源主要来自埃利亚学派的抽象辩证法(abstract dialectics of the Eleatics),与毕达哥拉斯学派的数学密不可分。三是人本论(humanism),其思想根源主要来自一些智者学派(the sophists)及其修辞学等知识,其中的代表人物有普罗泰戈拉和高尔吉亚等。四是批判论(criticism),主要思想根源主要来自苏格拉底的怀疑主义和诘难哲学。这四种思潮的共同趋向在于探寻万物永恒变化的普遍性,研究如何通过人类的智能来把握现象背后的实质或真实体,研究事件外显的形态和范式以便揭示人类存在意义与价值的理性线索。这四大思潮与三种趋向为柏拉图提供了写作和思索的背景和参照系,同时也影响到柏拉图有关艺术的思想理论。用洛齐自己的话说,The four movements and the three tendencies in common, say, "the universality of change, the search for an underlying substance, and the study of form and pattern in events, provide the constant background and frame of reference for the distinctive theorizings of which Plato writes, and for their special applications to the theory of art." (Cf. Rupert Lodge. *The Philosophy of Plato*. London: Routledge & Kegan Paul, 1956, pp. 113-114.)

概而言之,实在论坚信一切都在不断地流变,认为生命的节奏需顺应宇宙的节奏,艺术家、艺术题材与媒介、艺术作品的范式和关乎其艺术效果的节奏规律等,都孕育于大自然,来自大自然(It is plainly nature which furnishes the artist with his data, with his medium, with the patterns among which his choice must lie, and with the rhythmic law to which, if his work is to be effective, the artist must, whether consciously or unconsciously, conform)。在艺术家与大自然的互动关系中,万物的不同形态给人以启示,产生了艺术作品。譬如,人类的音乐是对宇宙交响乐的复制,人类的建筑是对森林和洞穴结构的效仿,人类的言语是对狂风呼啸与微风低吟的模拟。于是,艺术是为人所用的,是通往实在的渠道。这种现实是物理学研究的对象,是古希腊自然神宗教中令人敬畏的实在,主要涉及什么是什么的实在(reality of what is),也就是物理世界(the physical world)。柏拉图个人认为实在论是某种基础性的理论,比较朴素,肤浅,粗糙,缺乏理念论的思想深度及其理论的精致程度。

理念论推崇人的灵智,认为人的头脑至关重要,富有主动性和创造力,有助于拓宽单纯自然界的空间,有助于建构一个由超越性的、超宇宙的和心灵创立的价值观念所组成的有序世界。在理念论者看来,爱奥尼亚学派所推重的自然或物理世界,是不够真实的,看起来就像某种非在(non-being),如同没有理智意义的梦中影像(dream-images without intelligible meaning)。这样的世界是混沌无序的,既无系统,也无永久的结构。毕达哥拉斯学派习惯于把人类感官所看到的这种物理世界,视为纯粹的幻象之网或一系列空洞无物的流动影像(a web of pure illusion or an unsubstantial tissue of floating images)。从理念论的观点看,柏拉图认为艺术具有以下三种功能:(1)技艺功能(technical)。真正的技艺应当是数学家和逻辑学家的技艺,普通的技艺则是诗人荷马及其同类艺术家的技艺。后者主要描述社会生理情景,社会生理感受,以及社会生理思索,从而形成表现社会生理人性的民间文学。(2)辅助功能(auxiliary)。鉴于理念论者不是纯然的理性个体,因为其本性既有理性的一面,也有经验的一面,同时也有情感的一面和社会的一面。在这些非逻辑性的关系中,艺术不仅吸引他的理性,也吸引他的情感,因此艺术所擅长的形象思维(pictorial thinking)具有很高的实用功能和社会价值。(3)进攻和防御功能(offence and defence)。艺术可以当作进攻与防御的武器,用来对付那些外来人,也就是那些不理解、不欣赏也不尊重父老乡亲们所作所为的男男女女。理念论者会把这些在精神上的格格不入的外来人拒之门外,尽可能地让他们退避三舍,最好

情有独钟的二元学说和道德理想密切相联。

(接上页)是自愿地远远离开。另外,还可以运用艺术的感染力,来教化那些粗俗不堪的同胞与公民,来疏导思想上的不满或怨恨。

　　人本论的主要人物不相信全能全知的"诸神"会将人类命运导向神秘与超越目的的神话。他们认为神学装腔作势,愚弄人们。人类没有能力和时间去研究这些问题。他们也不相信尊重事实的科学家所提出的主张,认为实在论所谓的"实在体",或者不存在,或者不可知,或者不可言传。要正确地研究人类就需要研究人本身,研究普普通通的人,日常生活中的享有民主的人,研究其动物性和人性的兴趣,其动物性和人性的愿望,其动物性和人性的能力,而不是神,实在体或者超越的智慧。他们认为人是衡量万物的尺度,一切事物都脱离不开人类的利益范围。在人类进行价值判断的领域里,真正具有可操作性的东西绝非某种抽象或遥远的东西,譬如像真善美的理念等,而是某种朴素而具体的东西,某种真正容易理解的东西,只要你睁眼去看,就能一目了然。衡量艺术的尺度源于以下三者:(1)艺术家的个性与天赋;(2)进行创作的专业技艺;(3)社会的影响与公众的鉴赏力。从人本论的立场出发,社会或社团的影响会将艺术人化,以免艺术变成遥不可及或奇思怪想的东西。信奉人本论的智者会迎合公众的趣味,投其所好。在他们那里,艺术问题并非事实的问题,也非数学问题,而是事关看法和价值判断的问题。对于这些问题的判断,通常是多数人说了算。而流行的趣味一般与最佳评判者的趣味颇为吻合。他们所崇尚的艺术是修辞术,利用修辞术的行家里手,是成功的艺术家,因为他们能够利用全能的艺术去赢得朋友,影响公众。

　　批判论是以苏格拉底的诘难法和辩证法为特色的。苏格拉底总是擅长批驳他人的观点,但他本人几乎没有进一步发展自己的任何观点。他总是等待别人先陈述自己的见解,同时鼓励对方言无不尽,表明现有的思想立场。然后,他再根据对方的观点抽丝剥茧,逐一分析批驳,指陈其中的不足之处与前后矛盾之处,并且建议连他自己本人在内的所有相关人士,务必继续努力,深入探讨,摆脱不懂装懂的无知状态。在对话中,苏格拉底习惯于采用追问的方式,不断地诘难对方,旨在澄清对方所渴求的真善美理想与其实际阐述的思想之间所存在的差别。最终的结果往往表明,实际取得的成就远远不及原来追求的理想目标。因此,还需要进一步搞清理想目标的真正含义,进而探询如何取得令人满意的结果。对于尊崇事实科学的实在论,标举数学与逻辑知识的理念论,以及宣扬人本论的修辞家或智者学派,苏格拉底总是力图指出他们的理想目标与其实际成就之间的差距或鸿沟,进而督促他们继续努力探索真理。针对爱奥尼亚学派的"摹仿论"艺术观,苏格拉底持怀疑和拒绝态度,认为把艺术局限在摹仿领域或师法自然的范围里是幼稚的做法。那样制作出来的艺术只能是二等的或机械的艺术。这样的艺术只能表达人类理智的最低层次,与可能满足发达心智的理想相去甚远。至于工匠的技艺,也就是那种用来生产一些不同于骗人耳目的梦中影像的实用艺术,苏格拉底作为工匠的儿子对此的确怀有一定的敬意。他认为这类实实在在的人工制品,作为具体的物质工具,譬如标枪、盾牌、盔甲、桌椅板凳等,是可以用手触摸、使用、举起或放下的东西,可用来实现人类特定的目的。工匠的作品可分为两个档次,一种是低档的,制作者只是运用自己的手艺和相关的材料制作,但并不知道其成功的秘诀或内在的原理,只知道其工具价值或有用性,但不知道为何如此。另一种是高档的,制作者总是心中有数,知道采用什么数学原理或相关技艺来完成他们的作品与设计,而且知道要达到什么样的实际效果。他们不仅知其然,而且知其所以然。不过,苏格拉底与人本论者一道,批评理念论者蔽于抽象的技艺而忽视人类面临的实际问题,因此容易使其形而上学的"存在"理念挂空,结果对人类的艺术和科学不仅知之甚少,而且胡说八道,不着边际。对热衷人本论的智者学派及其生物社会学意义上的价值判断和自诩万能的辩论术(修辞学),苏格拉底也提出了批评,指出他们尽管在辩论中获胜,但是没有能够实现他们追求的理想。修辞学这门艺术的前提是非常不确定的,在很大程度上属于猜测。修辞艺术旨在提高能言善辩的能力,但其中所

总之,从以上描述来看,我们起码发现五个相关的问题:(1)柏拉图

(接上页)隐含的结构原理在教科书中并未得到详尽的阐述,只是提供了一套术语表而已。这门所谓的"万能艺术"(master-art)也是漏洞百出。

总体而言,苏格拉底批判论的直接结果显示出否定性的倾向。不过,人们从中经常得到这样一种暗示,假定每个特定的理论家遭到批驳之后,他将会百尺竿头,更进一步,在认识论的阶梯上"更上一层楼",会学到对自己有益的东西。另外,人们还发现苏格拉底式的批判论通常把人本论的弱点归于客观性的缺失。假如人本论者尊重事实,能从猜测的层次上升到确确实实的客观性或尊重事实的科学层次,那就是一大进步。相应地,如果尊重事实的科学能够上升到数学科学家所达到的境界,那也是一大进步。那样就不会再拘泥于事实,而是有赖于理念,有赖于理智规律。因此,如果数学家能够成为辩证哲学家,他们就会成为了不起的人物,就会把自己的思想建立在更为可靠的基础与更为完善的技艺之上。最后,人们还从中得出这样一种印象,假定抽象的辩证哲学家如果能够学会积极参与解决社会生活管理中的实际问题,以此来改正自己的片面性,并且在洞察伦理学和政治学真谛的同时,能够平衡他们的思想倾向,不再去发展单纯供人凝思观照的形而上学理论,那么他们的工作也会取得巨大的进步。

苏格拉底对实在论、理念论、人本论的看法,在很大程度上也代表着柏拉图的看法。苏格拉底没有留下书面的文字,他的观点是通过柏拉图对话中的主要人物苏格拉底来陈述的。历史人物苏格拉底与柏氏笔下的苏格拉底经常是浑然一体、彼此难分的。因此,一般认为柏拉图是借苏格拉底之口来表达自己的见解的,在诸多地方或语境中如同儒家经典中虚设的"子曰"一样。这当然不是出于尊师的世俗性礼节考虑,而是在很大程度上体现了苏格拉底的对话哲学特点,意在加强话语的分量和引起读者的注意。在柏拉图的对话中,读者的注意力经常被吸引到否定性的一面,这样便从柏氏哲学中得出怀疑主义的结论。在对话中,实在论显得幼稚,粗糙,甚至有些荒诞,因此遭到驳斥和摒弃;理念论显得精致,练达,抽象,但由于潜在的经验主义使理念论者未能达到应有的理论高度,因此也遭到驳斥和摒弃;人本论带有智者学派论据不足的毛病,再加上立论前提所存在的弱点,推理过程的松散,眼光短浅的贪婪,以及其他一些道德与个人的弊端,因此也遭到驳斥与摒弃。最后,批判论本身对柏拉图影响甚巨,但最终是对无知的坦诚:这很能体现出苏格拉底的风格,孰优孰劣仅在其中。在柏拉图那里,批判论提倡刨根问底,借以澄清所讨论的思想观点;反对教条主义和武断主义的做法,以便澄清客观存在的问题;激活读者的思想,邀请对方参与讨论,一道寻求真理。这一切使得柏氏的哲学类似于一种批判哲学。在其对话文本中,这种批判论通常鼓励读者培养自我诘难的问题意识(self-questioning consciousness),诱发读者谦虚的态度和重新思索的精神,要求人们在陈述自己的立场和与人合作的过程之中谦虚谨慎,不可妄自尊大,对研究结果匆匆忙忙乱下结论。这种批判论本身对未来的科学与哲学发展具有巨大的价值,有利于培养一种不断设问、不断思索、不断追求真理的苏格拉底式的诘难精神。也正是得益于这精神和方法,柏拉图能从四大思潮中汲取精华,将沉睡在大理石中的理式雕刻成形,并且以灵活的平衡方式,最大限度地彰显出其中的潜在价值,也就是说,通过对有关自然、理性和社会生理等主导思想进行明智的整合,使各自包含的价值意义昭然于世,获得新生。正是在这一点上,柏拉图被称之为古希腊哲学思想的集大成者。仅就艺术而言,柏拉图认为艺术基本上不是研究事实或形式科学的技艺,也不是用富有音乐节奏的诗句歌词把示意的动作与姿态予以风格化的技艺,当然也不是那种被人本论者捧上天的"修辞术"。艺术有别于这些特定的技艺。艺术具有更广泛和更普遍的用途。柏拉图对话中有不少篇章,要求人们承认一种更为高级的艺术(a higher art),即一种名副其实的万能艺术(a veritable master-art),与此相比,科学与表现示意动作和姿态的各种艺术或许只能被视为辅助性的工具而已。这门艺术正是哲王付诸实践的"皇家"艺术("royal" art),即城邦管理艺术(art of political administration)。

在谈论艺术的本质时,为何提出"摹仿论"而非其他理论?(2)柏拉图在谈"摹仿论"时,为何将绘画与诗歌这两种不同的艺术门类等同起来?(3)《理想国》第十卷里的"摹仿论"与其第二卷和第三卷里的"摹仿论"有何异同?(4)柏拉图对"摹仿论"的评价,与其道德理想主义诗学有何实质性的联系?(5)"摹仿论"的理论要义何在?是否涉及一种形而上学的艺术观与艺术形象创造论?下面将针对这些问题,逐一揭示"摹仿论"的真谛。

二 Mimēsis 的源起与转义

现代人所谓的 imitation(摹仿)概念,源于古希腊语 mimēsis。该词的原动词形式为 miméomai 或 mimēteos,主要表示惟妙惟肖的哑剧表演,角色扮演或摹仿别人的言行笑貌。相关的名词形式,也就是以

(接上页)不过,将城邦管理艺术视为万能的艺术,只是就研究柏拉图艺术本质与功能学说的方法而言。柏拉图是把《理想国》里的哲王和《法礼篇》中的执政官都视为"艺术家",但如果把他们假定为最高艺术的唯一实践者的话,那就大错特错了。每次提到艺术家的功能,柏氏对话中的所有人物都认为是辅助性的服务功能。木匠的功能在于实现其理想的目标,为城邦里的公民建造美好的房屋与优质的家具。画家的功能在于实现其理想的目标,为城邦里的公民制作上乘的绘画作品。音乐家的功能在于实现其理想的目标,为城邦里的公民制作尽可能优秀的歌舞与戏剧。一句话,城邦的生活方式才是这门万能艺术的主人(It is the community's way of living that is the master of the master-art)。正是为了改善城邦的生活,这些画家、音乐家和执政官等人才从事艺术实践活动。

对柏拉图来讲,理想城邦的生活本身才是最终的艺术作品(For Plato it is the life of the model community which is itself the final art-product),所有社会成员都参与其中,无论是执政官,祭师,教育家与卫士,还是艺术家与农民,每个人都各有所为。由此看来,柏拉图采用兼容并蓄的方式,将实在论、理式论、人本论与批判论中的积极成分整合为一种更高级、更综合的理想。从更高级的哲学洞识中获得灵感的艺术家,定会专心致志地把生活本身当作自己所要创造的艺术对象。当他竭尽全力去改善理想城邦的生活时,他会发觉自己的艺术冲动最终将得到极大的满足。这就需要他把美的理念与真和善的理念融为一体,同时也需要他始终让真善美的全部思想始终保持实用、具体和人性的特征(According to Lodge, "The artist inspired by the higher insight of philosophy, makes nothing narrower than life itself the object of his art. He finds his artistic impulses finally satisfied in proportion as he devotes his powers to enhancing the life of model citizenship: fusing the idea of 'the beautiful' with the ideas of 'the true' and 'the good', and yet keeping the whole intensely practical, concrete, and human." Cf. Rupert Lodge. *The Philosophy of Plato*. pp. 113-154)。可见,作为一种理想的追求,我们可以假定理想城邦的生活理应是正义而幸福的,理应是真善美的有机统一。在这里,艺术家的辅助作用与功能就在于努力提高城邦公民的生活质量,充分利用自己的技艺与才赋为他们提供包括绘画、雕塑、音乐、舞蹈、诗歌与家具等艺术在内的优秀作品。

mim-为词根的同源词,如 mimētēs 与 mimos,一般表示摹仿者,仿制者或哑剧表演者;至于 mimēsis 与 mimēma,一般则表示摹仿与再现活动,仿制与拷贝结果。① 严格说来,在现代中西语言中,委实找不出一个与古希腊语 mimēsia 相对应的词,如今将其强译为 imitation(摹仿),实属不得已而为之。出于纠偏的目的,西方还流行另外一种译法,那就是常言所道的 representation(再现)。不过,迄今为止,许多从事古典诗学与美学研究的学者,每次使用 mimēsis 这一概念时,并不是照搬其中一种译法,而是习惯于给出相应的解释,有的甚至还根据相关的语境,借用 enactment(扮演)、impersonation(饰演)、performance(表演)、reproduction or copying(仿制或拷贝)、making or creation(制作或创作)等词,来解释 mimēsis 的不同侧面和不同性相。

1. Mimēsis 的源起

长期以来,探讨古希腊 mimēsis 概念之根源的学术研究,虽然吸引了不少学者,但收获比较有限。仅从词源学上看,以 mim-为词根的同源词,在现存的历史文献中不多。按照克勒尔(H. Koller)、埃尔斯(G. Else)、索尔邦(G. Sörbom)、克尔斯(E. Keuls)与豪利威尔(S. Halliwell)等人的探寻结果,在色诺芬和柏拉图之前(即公元前 5 世纪)使用与 mimēsis 相关词语的残存文献约计 63 处。使用者包括埃斯库罗斯、品达、希罗多德、欧里庇得斯、德谟克利特和阿里斯托芬等人。索尔邦将这些与 mimēsis 相关的词组称之为"mimeisthai-group"。根据他的鉴别结果,"在使用这一相关词组的 63 处中,共有 19 处属于审美语境,也就是说,这些与 mimēsis 相关的词组在使用时总是以这种或那种方式与艺术作品联系在一起"②。根据我个人的阅读理解,这 19 处中涉

---

① Mimētēs 与 mimos 一般表示 an imitator, copyist; a mime, a kind of drama; mimēsis 与 mimēma 一般表示 imitation, representation or a copy。

② Göran Sörbom. *Mimesis and Art*. (Bonniers, 1966), p. 27. 具体说来,这 19 处包括: Aeschylus: *P Oxy*. 2162; Frag. 57 Nauke; Homeric Hymn to the Delian Apollo 156-164; Pindar: *Pythian ode* XII. 18-21; *Parthenia* II. 6-20; Herodotus: 2.78; 2.86; 2.132; 2.169; 3.37; Euripides: *Iphigeneia in Aulis* 573-578; Ion 1429; Democritus: Frag. Diels 154; Aristophanes: *Clouds* 559; *Plutus* 290-291; *Themophorriazusae* 850; *Wasps* 1017-1020; *Thesmophoriazusae* 146-172. 参阅 "Contents" in Göran Sörbom's *Mimesis and Art*. 另参阅索尔邦在该书第 41—77 页里所提供的英文翻译及其分析。这里不妨根据索尔邦的引文顺序,将其逐一翻译成中文,仅供读者参考。

及音乐歌舞和戏剧表演艺术的有 8 处,涉及绘画与雕刻艺术的有 6 处,

（接上页）(1) 埃斯库勒斯（P Oxy. 2162）:"这个面具真像我的容貌,的确是德达鲁斯的复制品（to Daidalou mimēma）;所缺少的只是声音。"麦特（H. J. Mette）的德译本将 mimēma 译为"das Bilde"（画像）,埃尔斯将其英译为"reproduction"（复制品）。看来这个 mimēma 是描绘人物的图像。

(2) 埃斯库罗斯（Frag. 57 *Nauck*）:"一位手握风笛,吹出用指弹奏的乐调,听起来杂乱无章。另一位手拿铜钹,拍出当当的声响,令人痛苦不堪。一群看不见、不知名、声如牛吼的模拟演员（mimoi）,撕心裂肺地应声高喊;此时铃鼓的回音,犹如地下滚动的雷声,轰隆隆令人胆战心惊。"这里的 mimoi 一词,是 mimos 的复数形式。英译文为 mimes,表示参与某种仪式表演的模拟演员,埃尔斯认为这些人是吹奏吼板、牛叫的表演者。这些人或许是职业演员,或许是我们中国人所说的"客串"或"票友"。不管属于哪一类,他们均与戏剧（特别是哑剧）表演活动或扮演某种角色有关。

(3) 《献给德洛斯岛阿波罗的荷马式颂歌》（*Homeric Hymn to the Delian Apollo* 156-164）:"在德洛斯岛的仙女身旁/出现一种伟大的奇迹——名垂千古,永恒不朽……她们开口先赞美日神阿波罗/同时颂扬勒托,还有喜欢射箭的月神阿尔特米斯/接着歌唱已往男男女女的所作所为/还有古时部落先民的种种事迹/她们能够学说（mimeisth'）所有人的方言,还能唧唧呱呱地一起闲谈。/人人都说他在尽情歌唱,认为自己甜美的歌曲如此接近真理。"在这里,mimeisth' 是动词 mimeisthai 的缩略形式。埃维林—怀特（Hugh G. Evelyin-White）将其英译为"imitate"（摹仿或模拟）,我这里根据语境将其译为"学说[所有人的方言]"。仙女们所摹仿或学说的是各种不同的方言,一切都被置于富有诗意、歌声荡漾的氛围之中。

(4) 品达的《皮提亚颂》之十二（*XII. Pythian Ode*, lines 18-21）:"女神将她的忠诚追随者/从各种劳役中解救出来/试图发明一种多音部的风笛音乐/女神借助于音乐/能够模拟（mimēsait）出惊天动地的叫喊声/就好像从女怪欧律阿勒的巨腮中迸发出来。"在这里,mimēsait 是动词 mimeithai 的一种变位形式,桑蒂斯（John Sandys）将其英译为"might imitate"（兴许会模拟）。从语境看,模拟者是艺术女神,模拟工具主要是风笛,模拟的对象是一种惊天动地的叫喊声。这位女神既然能有这样的"法力",想必也能随兴所至地模拟出其他声音。

(5) 品达的《帕台农颂》之二（*II. Parthenian Ode*, Snell Frag. 94b, lines 6-20）:"我头戴花环,喜不自胜/飞快地拎起长袍/手捧一束鲜美的桂枝/高歌赞美埃拉达斯与其儿子帕贡达斯的家园/合着荷花排笛的乐调/我在歌唱时模拟（mimēsom'）出海妖的迷人之声/赢得听众一片赞扬……"属于 mimēeisthai 词组的另一种动词变位形式 mimēsom 在这里被英译为"mimic"（模拟）。译者保拉（C. M. Bowra）评论说:歌声在这里营造出一种欢乐的气氛与心态,有助于驱除恐惧与忧虑。我们从中可以看到由模拟海上女妖的歌声所表现出的生动性。

(6) 品达的《残篇107》（Frag. 107 a snell）:"在你拔腿赛跑时/在你追随韵律的变化时/培拉斯基的赛马或阿米克拉的猎犬/成为你的榜样（mimeo）/它沿着鲜花盛开的多提翁平原飞驰/寻求一种死亡的方式……"桑巴赫（F. H. Sandbach）将品达诗行中的 mimeo 英译为"model"（样板或榜样）。赛马与猎犬的比喻,在这里创造了一个生动而具体的形象。

(7) 希罗多德的《历史》(2.78):"在富豪的宴会上,一个男人在饭后行走一圈,手里捧着棺材里一具尸体的木头雕像,那是一个刻画得惟妙惟肖的摹本（memimēmenon es ta malista）,大约有一两个肘尺的长度。他将此物展示给所有在场的宾客,逢人便说:'饮酒作乐,看看这个;各位死后,形同此物。'这便是埃及人饮宴时的风俗。"高德雷（A. D. Godley）将包含"摹仿"成分的这个短语 memimēmenon es ta malista 英译为"in exact imitation"（惟妙惟肖或准确无误的摹本）。这里描述的是古代埃及的风俗习惯,所刻画的摹本是一个死者。我以为这与古代埃及的木乃伊传统文化密切相关。不过,把死者的形象用木头刻画得如此惟妙惟肖,委

涉及诗歌写作与修辞艺术的有 5 处。读者如有兴趣,可查阅注释中的

(接上页)实算是一门独特的艺术。用此来招待和愉悦客人,不仅具有审美的意味,而且兼有哲理的训诲。

(8)希罗多德的《历史》(2.86):"有许多人以此[木乃伊制作艺术]为业,身怀绝技。当送来一个死人时,他们就向运尸者展示不同尸体的木头模型,一个个刻画得惟妙惟肖(memimēmena);这些模型分为三等,工艺不同,价格不等,可供运尸者选择……"同上例一样,memimemena 也被英译为"in exact imitation"(惟妙惟肖或准确无误的摹本)。这里尽管是在做生意,但不妨将其设想为一种特殊的寿材艺术展览。

(9)希罗多德的《历史》(2.132):"瞧那头牛,身上披着紫色的长袍,只露出牛头与脖颈,上面结着一层厚厚的金铂。在两个牛角之间,竖有一尊太阳球状的金像(memimēmenos)。这头牛并非站着,而是跪在那里,与一头活着的巨牛一样高大。"希罗多德笔下的这头牛,实际上是他在埃及看到的一件雕刻作品,即一件以牛为题材的雕刻作品。那尊圆形的金像(golden figure)是 memimēmevos 的英译,也是作品所要突出的重点。

(10)希罗多德的《历史》(2.169):"这是一座石砌的巨大廊柱,装饰华丽丰富,上面点缀的那些支柱,形如(memimēmenoisi)棕榈树"。含有 mimēsis 成分的 memimēmevoisi 一词,在这里被英译为"in the form of [palm trees]"(形如[棕榈树])。看来这多少表示棕榈树的"种类特征"。

(11)希罗多德的《历史》(3.37):"我将向他描绘其形状如何,因为他没有见过的这些人物:那形状就像(mimēsis)一个侏儒。"根据具体的语境,通常被习惯性译为 imitation(摹仿)的 mimēsis,在这里被英译为"likeness",整句话为"It is in the likeness(mimēsis)of a dwarf"。

(12)欧里庇得斯的《伊菲格涅》(Iphegeneia in Aulis 573-578):"帕里斯,你总算返回故乡/在这里你和伊达饲养的牲畜一起长大/你用潘神排箫吹奏出疯狂的乐调/吹奏出奥林帕斯的弗里吉亚调式用风笛所表现的结果(μιμηματα/mimēmata)。"这是欧里庇得斯剧作中一首合唱歌曲的部分内容。用排箫吹奏风笛调式,不仅是一种疯狂而奇异的做法,而且会把这种调式搞得似是而非。按照一般的理解,mimēmata 表示诸多摹仿的结果,但英译者根据语境将其译为"representations"(表现或再现的结果)。

(13)欧里庇得斯的《伊安》(Ion 1427-1429):"雅典娜的礼物/老一套的做法/张着金口的蛇像/赠给床上的婴儿/这些蛇像都是从埃利希特涅斯的两条老蛇那里仿造出来的(Moulded from Erichtonius' snakes of old/Erichthoniou ge tou palai mimēmata)。"据希腊神话所载,雅典娜赠送给新生儿埃利希特涅斯两条蛇作为他的保镖。按照古希腊雅典人的传统习俗,人们总把金蛇雕像当作礼物赠给新生儿作为护身符。这种习俗是受雅典娜神话的影响。上列诗行实际上描写的布料上所绣的两条金蛇,这块布料正好裹在新生儿伊安的身上。英译者将 μιμηματα(mimēmata)译为"moulded from"(从……仿造而来),其实也可将其译为"copied from"(仿自)或"imitations of"(是……的摹本)。

(14)德谟克利特(Frag. Diels 154):"人类最初开始从事不同的艺术时,并非是无中生有(create them out of nothing)。他先观察各种动物的劳作,惊叹它们处理各种问题的方式,然后决定自己如法炮制,因此,人类采用动物处理问题的方式,通过效仿(kata mimēsin)动物的活动中学会了唱歌等艺术与技艺。"英译者将 kata mimēsin 这个短语译为"reenacted their [animals'] actions"(效仿它们[动物]的活动),实际上也可直译为"by imitating"或"by reenacting"。这种效仿不仅意味着"使此物相似于彼物",而且表示一种学习或习得过程。

(15)阿里斯托芬的《云》(Clouds 559):"依样画瓢似的照搬(mimoumenoi)我的鳗鱼比喻(Aped my simile of the eels)。"阿里斯托芬曾经在《骑士》(Knights 864-867)里,把当时雅典的某些蛊惑民众的政客比作捕捞鳗鱼的渔民。在这里,他主要借以谴责那些剽窃他人成果的同时代作家,认为他们在进行写作时,往往有拾人牙慧之嫌。英译者把 mimoumenoi 译为"aped"(照搬或效仿),我们也可以认为这里面包含着批评性的指责意味,是最早反对剽窃的

19 段译文。

目前,古典学者一般认为,mimēsis 一词源于 mimos 一词,后者在现存文献中较早见诸埃斯库罗斯的一出悲剧,其意在于描述酒神狄奥尼索斯出场时所演奏的一种纵酒狂欢的音乐。就我所知,对 mimos 一词所作的代表性解释,目前主要有两种:一是认为该词表示"宗教崇拜仪式戏剧中的表演者"(actor in a cult drama);①,二是认为该词意指

(接上页)呼声之一。

(16)阿里斯托芬的《财神普鲁图斯》(Plutus 290-292):"我忠实地扮演着库克罗普斯(tou Kuklōpa mimoumenos)/就这样塔拉塔拉地一蹦一跳/走在前面给你们带路。"这里描述的是开罗(Cairo)带人回家的情景。由于喜出望外,他们一路欢歌笑语。库克罗普斯是希腊神话中的独眼巨人,开罗学着他的样子走路,更显得滑稽、开心。这里将 mimoumenos 英译为"acting"(扮演或表演),可见该词与戏剧表演或扮演艺术是密切相关的。

(17)阿里斯托芬(Thesmophoriazusae 850):"我已经望眼欲穿,而我的诗人/'他不见踪影'。到底为何?/他或许因为年老僵化的帕拉米德而感到羞愧/什么游戏可以将他带来?啊,我知道/只有他眼中的新人海伦吧?我将扮成海伦(Helenēn mimēsomai)/我有这位女人所用的衣服。"从上下文看,这些衣服是作为道具的,是供此人扮装成海伦,去吸引那位(望眼欲穿但却不见踪影)的诗人。用来表示"扮装"或"扮演"的 mimēsomai,在此涉及相关的技巧因素。

(18)阿里斯托芬的《马蜂群》(Wasps 1017-1020):"他说过,你冤枉了他;在暗地里帮助其他诗人之前,他为你做了许多善事,譬如运用(mimēsamenos)欧里克利斯的先知与理解能力,偷偷地溜进别人的腹中倒腾出许多笑料。"在这里,罗杰斯(Benjamin Bickley Rogers)将 mimesomai 英译为"using"(运用或使用),这本身也符合该词的原意,即:"像他人一样做相同之事。"

(19)阿里斯托芬(Thesmophoriazusae 146-172):这段诗描写的是阿加芬(Agathon)与姆尼丝洛克斯(Mnesilochus)之间讨论诗人与诗风的对话。"阿:我选穿的衣服要符合我的诗才灵感/先生,一位诗人需要使自己的生活方式/适应那些激活其灵魂的崇高思想/当他歌颂女人的时候/能抓住女人的心思/能装出女人的派头。/姆:那你在描写菲德拉时,是否也养成她的各种习惯?/阿:当他歌颂男人的时候,他的整个外表/要符合堂堂男儿的相貌/人的灵魂总想效仿(mimēsis)我们没有的天赋。/姆:臧恩斯,你在描写萨提儿时,我要是亲眼目睹那有多好!/阿:另外,作为诗人,永远不要野蛮或粗鲁/我的话不乏见证/阿那克瑞,阿尔瑟斯,埃卜克斯/他们温文尔雅,风度翩翩/所作的歌曲干净清纯/先生,你也许看见过弗里尼科斯/他仪表堂堂,衣着漂亮/所写的剧本是那样优美/真可谓文如其人。/姆:所以,粗野的菲洛克里斯为什么文笔粗野/鄙俗的克西诺克勒为什么文笔鄙俗/冷峻的特厄格尼斯为什么文笔僵化。/阿:此言不差,原来如此/我知道是什么把我搞得女里女气。"这段对话是在讨论诗与诗人的关系,以及诗的风格与诗人生活方式之间的相互影响。希腊词 mimēsis 在此处被英译为"imitate"(摹仿或效仿),主要是指诗人要通过学习他人,来提高自己的诗才,来丰富自己的天赋。阿加芬喜欢而且擅长描写女人,坦言自己的生活方式乃至诗风都相当贴近女人,因此沾染上脂粉气,显得"女里女气"(womanlike)。看来,摹仿或效仿作为一种从事艺术创作的必要条件,类似于体验和洞透相关的生活(日常的与情感的),这会使作品更形象、更生动或者更入微,但同时也会从外在的生活方式上和内在的情感心理上影响诗人自身。在这方面,阿加芬就是一个范例,对话中所列举的其他诗人也是如此。

① H. Koller. *Die Mimesis in der Antike* (Bern, 1954), pp. 13-14. Also see Eva Keuls. *Plato and Greek Painting* (Leiden: E. J. Brill, 1978), p. 10; S. Halliwell. *The Aesthetics of Mimesis*, p. 17.

幕后演员吹奏吼板来"模拟牛叫声(imitations of the voices of bulls)"。①

前一种解释主要是克勒尔(Hermann Koller)的看法。据此,他认为 mimēsis 是 mimos 的派生词,其真正的传播媒质是古希腊集诗乐舞为一体的戏剧表演。从本质上讲,戏剧是人的艺术实践活动,因此自然而然地成为 mimēsis 的主要涉及对象,并且造就了 mimos 这类善于饰演不同角色的戏剧表演者。克勒尔进而指出,不能把 mimēsis 的动词形式 mimeisthai 等同于"对现实事物进行机械的、照相式的复制"(eine mechanicshe, photographische Wiedergabe des Realen),那样的看法未免失之荒唐。因为,与 mimēsis 的动词形式 mimeisthai 相关的这类词,其来源与原义并非人们通常所想。在使用这类词的诸多语境里,音乐和舞蹈占有主导地位。这表明此类词的原义不是用来表示普通意义上的"摹仿"或"复制"(Nachahmung)。只是到了后来,才有了这层意思。不过,与其原义相比,这层意思显得苍白无力,平淡无奇。因为,该词原本是用来表示音乐与舞蹈表演活动的,具体说来是指"凭借音乐与舞蹈进行再现(Darstellung)和表现(Ausdruck)的"②。

至于另一种解释,主要来自埃尔斯(Gerald Else)和豪利威尔(Stephen Halliwell)等人的看法。在 1958 年发表的专论《公元前 5 世纪的摹仿说》一文中,埃尔斯试图修正克勒尔的假设。埃尔斯认为,在埃斯库罗斯的那出悲剧中,mimos 一词被用来表示低沉的隆隆作响之音,此音发自原始乐器吼板(bull-roarer),早先专门用于祭祀神灵的神秘仪式。先前,克勒尔断言 mimos 是指描写酒神信徒的戏剧中那些善于摹仿动作的戏剧演员,而埃尔斯则予以反驳,认为 mimos 在此是指"模拟公牛的不同声音",该声音是由舞台后面的演员借助吼板这一原始乐器吹奏出来的,

---

① G. F. Else. "Imitation in the Fifth Century," *Classical Philosophy* 53:73-90,1958, pp. 74-76. Also see S. Halliwell. p. 17.

② Cf. H. Koller. *Die Mimesis in der Antike*, pp. 10-18; Göran Sörbom. *Mimesis and Art*, pp. 13-14. 克勒尔所用的德文术语 Nachahmung 一般可英译为 copy-making; Darstellung 可英译为 representation, Ausdruck 可英译为 expression。索尔邦在《摹仿与艺术》一书中的英文表述如下:"Koller argues... that... the words belonging to the mimeisthai-group were originally used to denote the activity of music and dance performances, these words also mean to 'represent, express by means of music and dance'."

因此 mimos 表示模拟牛叫声。① 按照豪利威尔的看法，mimos 在这里构成一种隐喻，表面上是指吼板发出的模拟性声音，实际上喻示着台下幕后吹奏吼板的戏剧表演者或协助演出的"票友"（quasi-dramatic actors）。表面上看，mimos 固然是利用乐器吼板所进行的一种"声音模拟"（vocal mimicry），但实际上很可能与戏剧表演或扮演活动联系在一起。②

值得指出的是，埃尔斯把对 mimēsis 及其相关词组的语义研究范围限定在公元前 5 世纪。通过更为细致的文本分析，他认为与 mimēsis 相关的 mimesthai 词组（mimeisthai-group），原本包含三层不同用意：(1) 模拟表演（Miming），通过言语或歌舞来直接再现动物或人的表情、行为或声音。(2) 效仿活动（Imitation），在不涉及实际模拟表演的情况下由一个人效仿另一个人的行为。(3) 复制活动（Replication），用物态的形式来复制人或物的形象或肖像。诚如埃尔斯在其结论中所说：

> 在公元前 5 世纪，我们发现尚无一种[有关 mimēsis 的]理论，但却发现了一连串与[mimēsis]一词相关的用法。其来源的确表明，[mimēsis 的动词形式]mimeisthai 原本似乎意味着凭借声音或姿势来"模拟或扮演"（miming or mimicking）人或动物。通常所用的媒介是音乐与舞蹈，但也并非一成不变。无论怎么说，这种扮演活动的根本念头在于通过人类的手段来表示富有特征的表情、行为与音响。因此有理由相信，该词的这种用法是从哑剧的故乡西西里传入古希腊的，最后整个词组在爱奥尼亚—阿提卡地区逐渐被人接纳，直到公元前 5 世纪下半叶才被完全吸收采用（对 mimos[模拟表演者或哑剧]一词的吸收采用甚至未到此时）。在阿里斯托芬的喜剧中依然保留着哑剧或模拟表演者一词的基本要义，但在其他地方则派生出一种更为平淡的用法：即表示"效仿"另一个人的言行。与此同时或随后不久，特别是在第二个派生词 mimema [摹本或模拟结果]里，模拟（mimecry）的概念被转化为

---

① 根据豪利威尔的转述，埃斯库罗斯的这出悲剧名为 *Edonians*。Cf. S. Halliwell. *The Aesthetics of Mimesis*, p.17. 这一行有时被英译为 "bull-voiced... frightening mimoi"（哞哞的牛叫声……可怕的表演者）；有时则被英译为 "terrifying, bull-voiced performers bellow from somewhere out of sight"（真可怕呀，摹仿牛叫的表演者在看不见的幕后大声咆哮）。豪利威尔推崇后一种译法。

② Cf. G. F. Else. Also see S. Hallwell, pp.17-18.

物质"形象"（images）了：亦如图画和雕像之类的东西。Mimēsis 一词出现于公元前 5 世纪后期，主要局限于爱奥尼亚—阿提卡地区。该词使用的频率甚少，看起来像是爱奥尼亚人所造，但却包含着上述三种用意。不过，这三种用意在柏拉图诞生时就已流行。柏拉图的 mimēsis 理念比较复杂，它一方面源于这三种用意，另一方面整合了不同领域的其他思想。①

看来，无论是声音模拟还是人物扮相，派生于 mimos 的 mimēsis 一说，在柏拉图之前就与戏剧或歌舞表演艺术有着密切的关系。诚如索尔邦所总结的那样："从语言学的观点看，最早与 mimēsis 相关的重要词组成分可以排序如下：mimos 似乎是词源，动词 mimeisthai 从中派生而来，其后再从动词 mimeisthai 中派生出 mimēsis, mimēma, mimētēs …… mimētikos 等词。在传统意义上，所有这些词与'imitation'的[语义]联系如下：mimeisthai 表示'摹仿、再现或描绘'（imitating, representing, or portraying）之类的活动；mimos 与 mimētēs 意指从事这一活动表演的人士，另外，mimos 还可能表示一种戏剧表演（dramatic performance），也就是所谓的'哑剧'（mime）。Mimēma 表示摹仿活动的结果，名词 mimēsis 表示摹仿活动（尽管该词与 mimema 的意思相近，也可用来表示摹仿活动的实际结果），mimētikos 则表示某种能够摹仿或者可以摹仿的东西或对象。"②

---

① Gerald F. Else. "Imitation in the fifth century," in *Classical Philosophy* vol. LIII, 2. 1958, pp. 73-90, p. 87.

② Göran Sörbom. *Mimesis and Art*, pp. 12-13. 这段英文描述比较简洁，有必要转录于此，以便读者对照查阅："It is a well-known fact that mimesis and related words were used before Plato and Aristotle even in connection with works of art. Koller's and Else's interpretations investigate the 'pre-Platonic' history of the word group. Koller discusses some of the earliest occurrences of the words belonging to this word group whereas Else has collected and commented upon all known occurrences down to about 400 B. C. The earliest and most important members of this word group are, from a linguistic point of view, ordered in the following way: *mimos* is, it seems, the original word from which the verb *mimeisthai* is derived, and then the words *mimesis*, *mimema*, *mimetes* (which is not used until the fourth century...) and *mimetikos* are, in their turn, derived from *mimeisthai*. All these words are traditionally connected with 'imitation' in such a way that '*mimeisthai*' denotes the activity of 'imitating, representting, or portraying'; *mimos* and *mimetes* are the persons performing this activity, although *mimos* may also denote a certain kind of dramatic performance, namely the 'mime'. Further, *mimema* is the outcome of the activity of imitating, *mimesis* is a noun which denotes the activity of imitating (although it may also be used to denote the same thing as *mimema* does, namely the concrete result of the activity), and mimetikos points out that something is able to imitate or imitative."

那么,在搞清上述词组的派生序列之后,我们不仅要问:古希腊语中的 mimēsis 一词,最早是在何时出现的呢? 该词在当时到底有多少含义呢? 根据现有的研究结果,我们发现 mimēsis 最早出现在德谟克利特的残篇第 154 节之中,主要是就音乐而言的。① 这里所说的"音乐"(mousikē),实际上是包括诗乐舞等文艺门类在内的总称。推而论之,与音乐相关的 mimēsis,自然涉及表演、摹仿和再现等活动。不过,在克勒尔等人看来,把 mimēsis 翻译成 imitation(摹仿)或 representation (再现),如果不是误译,至少也是误导,因为这两个现代词无法传达希腊语 mimēsis 的原旨。在他看来, mimēsis 源于戏剧性的而非静态性的思想观念。在古希腊戏剧这种集诗乐舞为一体的艺术表演形式中, mimēsis 与舞蹈的关系最为密切。因此,用 enactment(扮演)、impersonation(饰演)或 performance(表演)来翻译 mimēsis 更为合适。至于 mimēsis 所包含的 imitation(摹仿)与 representation(再现)等义,那是后来的语义外延结果。②

按照埃尔斯、豪利威尔和克尔斯等人的观点, mimēsis 主要指"诗乐表演活动"(musical performance)中的"声音模拟"(vocal mimicry)或"声音仿制"(reproduction of sound)。在希腊悲剧之父埃斯库罗斯时代, mimēsis 已经同三位一体的诗乐艺术(mousikē or musicopoetic arts)及其表演活动紧密地联系在一起。③ 只是到了柏拉图那里, mimēsis 才发生转义,不仅用来表示诗乐艺术的特征,而且用来界定视觉艺术的本质。④ 对此,克尔斯(Eva Keuls)沿着相关的历史线索,以柏拉图之前与柏拉图之后为历史分界,结合现有的研究成果,对 mimēsis 一词

---

① H. Koller. *Die Mimesis in der Antike*, pp. 13-14. Also see S. Halliwell. *The Aesthetics of Mimesis*. p 17.

② H. Koller. *Die Mimesis in der Antike*, pp. 12-14, 81-84. Also see Eva Keuls. *Plato and Greek Painting*, pp. 9-10; S. Halliwell. *The Aesthetics of Mimesis*, p. 17.

③ Cf. S. Halliwell. *The Aesthetics of Mimesis*, pp. 18-19; Eva C. Keuls. *Plato and Greek Painting* (Leiden: E. J. Brill, 1978), p. 18.

④ 豪利威尔认为, mimētēs 在公元前 5 世纪上半叶就已经与视觉艺术联系在一起了。他得出这一结论的主要根据,来自埃斯库罗斯描写萨提儿的剧作 Theoroi。在这部剧作里,埃斯库罗斯使用了 mimēma 这一名词,意在描写萨提儿歌队赞叹扮演者那酷似他们的形象,所欠缺的只是与他们相同的声音而已。这种形象是摹仿的产物,是以惟妙惟肖、令人信服的方式,把别人的外表活灵活现地展示了出来 (Cf. S. Halliwell. *The Aesthetics of Mimesis*, p. 19)。不过,从理论形态上讲,我认为克尔斯的论点更有根据,他明确假定是柏拉图明白无误地将 mimēsis 引入了绘画等视觉艺术。

的原义与转义情况,作了颇为系统的梳理和厘清。

根据有关文献及其考察结果,mimos 一类的同源词(1)直接源于戏剧,主要表示"扮演"(enactment),"出演[剧中]角色"(playing the part of),通过效仿动作和声调等戏剧表演手法来"表达一种身份,性别或抽象的思想"(the conveyance of an identity, of sex or of an abstract notion)等;(2)派生于身份认同的观念,主要表示"仿效"(emulation),"以[某人]为榜样[进行习仿]"(following the example of),"设想自己成为[某人]的化身"(considering oneself the reincarnation of)等;(3)意指摹仿声音,即用吼板和风笛等乐器,模拟声音;(4)意指通过静态的和象征性的手段,来表达一种思想观念,但并不涉及"对[事物]表象的仿制"(copying of appearance)。①

基于上述情况,克尔斯认为,从 mimos 中演化出来的 mimēsis 一词,在柏拉图之前的含义可以简要概括如下:(1) mimēsis 概念涉及戏剧表演,主要意指饰演(impersonation)、重现(reembodiment)、伪装(disguise)或以桃代李的表现(one phenomenon posing as another)。在最为幽微的隐喻意义上,作为 mimēsis 活动之成果的 mimēma,也只是替换物(substitute),而不可能是原样的拷贝(copy)。(2)在很多情况下,mimēsis 概念与其说是静态的,不如说是动态的,其侧重点在于突出饰演动作或扮演行为(act of impersonation),尤其是通过哑剧表演的姿势或其他动作,来展现饰演动作或扮演行为。② 豪利威尔在新出版的《摹仿美学》一书里,也对此作了类似的总结。他认为,在柏拉图之前,与 mimēsis 相关的用法至少可以归纳为五类:(1)表示视觉相似之物(visual resemblance);(2)表示行为效仿与摹仿(behavioral emulation/imitation);(3)表示戏剧角色饰演(impersonation or dramatic enactment);(4)表示声音或音乐制作(vocal or musical production);(5)表示形而上的顺从行为(metaphysical conformity),也就是按照毕达哥拉斯的观点,确信物质世界是摹仿非物质的数字领域的结果。上述五类用法有一共性,涉及一种对应观念,即摹仿性作品、活动和表演

---

① Cf. E. Keuls. *Plato and Greek Painting*, p. 12.
② Ibid., p. 22.

与其假定的现实界对等物之间的对应关系。①

可见,古希腊语 mimēsis 的内涵是相当特殊的,主要与当时历史文化语境中的戏剧表演传统密切相关。或者说,mimēsis 作为一个专业术语,主要指戏剧扮演活动或舞台表演艺术的技巧与方法。用现代语词 imitation(摹仿)、representation(再现)、expression(表现)或 portraying(描绘)来翻译古希腊的 mimēsis 这一概念,充其量也只是一种简单而宽泛的诠释而已,其令人可以接受的范围是相当有限的。另外,这种翻译由于无法把捉 mimēsis 的核心意义,也无法涵盖 mimēsis 的诸多微妙之处,因此确有误导之嫌,即导致人们望文生义或按字索骥,习惯于把 mimēsis 等同于机械性地仿制或照搬外在对象,照床画床或照猫画虎式地摹仿或描绘对象的外表。有鉴于此,有的西方学者建议使用 enactment(扮演)一词,来代替 imitation(摹仿)与 representation(再现),以便把握 mimēsis 的要义,同时又不忽视由此派生的上述其他翻译用词。②

2. Mimēsis 的转义

在柏拉图的对话文本里,首次使用 mimēsis 的动词形式 mimeisthai,见诸于《普罗泰戈拉篇》,其原话如是说:

> 儿童就学之后,教师的工作重点是培养儿童良好的行为,而非一味地阅读文学或学习音乐。一旦学童们能够阅读和理解书写的文学故事时,教师要特别关照他们,要让他们阅读优秀诗人的作品,使他们铭刻于心,能够出口成章。诗中包含着老一辈人

---

① Cf. S. Halliwell. *The Aesthetics of Mimesis*, p. 15. "Our evidence for pre-Platonic instances of mimesis terminology, as I have argued elsewhere, cannot be reduced to a chronologically neat semantic development. It does establish, however, that we need to allow for its usage in relation to at least five categories of phenomena: first, visual resemblance (including figurative works of art); second, behavioral emulation/imitation; third, impersonation, including dramatic enactment; fourth, vocal or musical production of significant or expressive structures of sound; fifth, metaphysical conformity, as in the Pythagorean belief, reported by Aristotle, that the material world is a mimesis of the immaterial domain of numbers. The common thread running through these otherwise various uses is an idea of correspondence or equivalence-correspondence between mimetic works, activities, or performances and their putative real-world equivalents, whether the latter are taken to be externally given and independent or only hypothetically projectable from the mimetic works themselves."

② Cf. E. Keuls, p. 22.

杰所提出的许多告诫，以及关乎他们所作所为的种种故事和赞美歌颂之辞。要用这些诗歌来激励学童们学习效仿他们，渴望成为与他们一样的人(hina o pais zēlōn mimētai kai oregētai toioutos genesthai)。①

这里的 mimētai 是 mimeisthai 的动词变位形式，其用意是"以某某为榜样"(follow the example of someone)，旨在表示儿童在受教育阶段，要通过阅读诗歌等文学故事，学习和效仿书中所塑造的老一辈人杰或好人(这其中自然包括那些英雄豪杰与智慧的神明)，要以他们为表率，使自己在艺术化的陶情冶性过程中，从心性到行动都能以杰出人物或英雄神明为榜样，长大后也能成为类似的人。

尔后，在《理想国》第三卷和第十卷里，柏拉图又多次使用了 mimeisthai 与 mimēsis 的变位形式，如 mimōntai、mimēteon、mimoito、mimēsaito、mimēseōs、mimēmata、mimētikous、mimētikē、mimētēs、mimēsin 等。② 其中，他先在第三卷里把 mimēsis 概念应用于荷马的史诗，应用于音乐艺术，并且把诗歌分为叙事(diēgēsei)和摹仿(mimēseōs)两种体式，认为酒神颂歌直抒胸臆，自言自语，属于叙事诗；悲剧与喜剧侧重扮演，代人表述，故属于摹仿诗；荷马史诗则混用这两种叙事和表达体式。与此同时，柏拉图还区别了正面的摹仿与反面的摹仿，把学习效仿勇敢、节制、虔诚、自由的人物归于前者，而将学习效仿可耻的反面人物归于后者。③ 后来，也就是《理想国》的第十卷里，柏拉图又放弃了上述两种诗歌的分类方式，而把所有诗歌都划归为摹仿诗歌(poiēseōs mimētikē)，并且破天荒地将 mimēsis 概念运用于绘画这一视觉艺术，以期从艺术哲学的角度来界定艺术的生成与存在本质。④ 就摹

---

① Cf. Plato. *Protagoras*, 326a.
② Ibid., 392d-399a, 595-603.
③ Ibid., 392d, 393-394, 395.
④ 克尔斯等人持类似看法。他们认为从柏拉图开始，mimēsis 被灌注了照像式地摹仿或复制原来物象的意思。参阅 E. Keuls's *Plato and Greek Painting* (p. 2, 12, etc)。S. Halliwell 则认为，mimēsis 与视觉艺术的联系在公元前 5 世纪上半叶就已出现。他发现在埃斯库罗斯的羊人剧《观众》(*Theoroi*)中，由扮演羊人萨提儿的演员组成的歌队，十分赞赏他们彼此相似的形象，而且还专门使用了"形象"(image/eidolon)一词，用其表示他们形态相似，"只缺嗓音"，认为那是希腊传说中的能工巧匠"代达罗斯的仿制作品"(the mimetic work of Daedalus)。参阅 *The Aesthetics of Mimesis* 第 19 页。豪利威尔后来还进一步总结说："迄今对 mimēsis 一类词组在古代希腊和古典希腊早期的用法所作的研究和取证，收效不大，我们暂且

仿诗歌而言,他认为那主要"就是摹仿被迫或自愿行动的人,并通过他们的行动后果来设想他们是交了好运还是厄运,同时借此表示他们的苦乐感受"。就摹仿绘画而言,他认为那主要就是摹仿"事物的表象而非实在与真理(phainomena ou mentoi onta ge pou alētheia)";摹仿者本人,也就成了"形象的创造者(o tou eidōlou poiētēs)","只知道表象而不认识实在"。②

概言之,柏拉图一方面保留了 mimēsis 的原义,用来表示戏剧中或生活中扮演和习仿他者的行为与经验。当然,这种扮演或习仿,是有条件、有选择的,是以道德理想为指导原则的,其终极目的在于闻贤思齐,学习模范,塑造道德的人格,提高自身的修养,造就卓越的城邦公民。另一方面,柏拉图也给 mimēsis 灌注了新的含义,认为 mimēsis 意味着仿造或复制事物的表象,同时将其奉为所有艺术生成与存在的本质特征,运用于诗歌和戏剧艺术之外的绘画艺术领域,从而实现了 mimēsis 的转义,创设了著名的艺术"摹仿说"。

值得强调的是,柏拉图笔下的 mimēsis,如同亚里士多德所言的 mimēsis 一样,不仅仅是摹仿或描绘可见事物的表象,创造艺术形象,而且也习仿对象的品格,传递和表达相关的情绪与感受。柏拉图把文艺的总称"音乐"说成是最具有摹仿特性的艺术。这种艺术对于受过良好音乐教育的人来说,其"节奏与调式"能够直接"浸入心灵"(entos tēs psychēs o te rythmos kai harmonia),在那里牢牢生根,使人变得温文

(接上页)需要避免认定该词背后的语义发展变化的有序性和明确性。但本书现有的论述足以表明,mimēsis 这一术语是在公元前 5 世纪上半叶应用于诗乐艺术和视觉艺术领域的。在此阶段,将所有这些艺术门类归入摹仿艺术的基础已经存在——斯蒙尼德斯(Simonides)就曾提出了著名的诗画比较说,这一学说道出了当时出现的一种同感,认为艺术处于再现加表现的重叠性情形之中。古代和古典希腊美学发展中的这一过程,直接导致了公元前 4 世纪摹仿艺术统一范畴化的建立,这是一种基本的文化论据。柏拉图与亚里士多德两人,均明确地谈到当时这一范畴化的情形,一种人们广为接受的情形。这两位思想家,各自以其不同的方式,将其奉为各自对艺术问题进行理论反思的起点。(Cf. *The Aesthetics of Mimesis*, p.22)不过,在我看来,埃斯库罗斯只是用 eidolon 与 mimēma 来描述剧中的一种现象,而柏拉图确实是从艺术哲学的分析和自觉的理论反思角度来论述 mimēsis(摹仿)的。诚如豪利威尔本人所说,是柏拉图和亚里士多德"分别以各自不同的方式,将其奉为各自对艺术问题进行理论反思的起点"。柏拉图是亚里士多德的业师,前者在这方面显然要早于后者,就如同《理想国》的成书年代早于《诗学》的成书年代一样。

② Cf. Plato. *Republic*, 603c-d, 596e, 601b.

尔雅。① 这种效果本身就意味着摹仿艺术具有表现或缘情的功能,绝非一味简单地摹仿外表。更何况任何艺术摹仿,都是通过艺术家的眼睛、心灵和双手制造出来的,本身就伴随着主体性的判断、选择以及个人情思意趣的渗入。包括诗乐舞在内的音乐本身,更是一种情感性、表现性和创造性很强的艺术形式,不可能是简单而机械的摹仿结果。柏拉图的《伊安篇》是论诗歌吟诵与创作的。尽管吟诵荷马史诗的表演家伊安备受苏格拉底的奚落与嘲笑,但他一流的吟诵天赋和表演技巧给人留下深刻的印象。这种戏剧性摹仿或饰演的颂诗技艺,加上荷马史诗中的动人故事与艺术魅力,产生了魔术般的"磁石"效应(stone of Heraclea),竟让台下如醉如痴的观众,心旌摇曳,无限神弛,坠入"神性的迷狂境界"(divine maniac or divine possession)。② 这难道不是艺术的表现力在起作用吗?

其实,只要沿着柏拉图的思路,细读一下所谓的摹仿诗歌的艺术感染力及其对人的道德心理的影响力,我们就不会轻易地把柏拉图的摹仿概念与艺术表现完全隔绝开来。在此意义上,我个人更倾向于用"再现加表现(representation-cum-expression)"③来翻译柏拉图意下的mimēsis("摹仿"),这样或许有助于接近古希腊 mimēsis 理论的本原面目,同时也有助于澄清某些令人困惑的误解,摆脱那种将其等同于机械摹仿物象的简单做法。再说,柏拉图针对绘画与诗歌艺术的生成所提出的 mimēsis 一说,尽管置于批判话语之中,但终究涉及艺术的本质特征及其存在可能的问题。在此意义上,索尔邦将柏氏的 mimēsis 界定为"艺术创作"(artistic creation)的说法,是值得我们借鉴的。这一结论是在逐一分析了色诺芬、柏拉图和亚里士多德的相关用法及其语

---

① Cf. Plato. *Republic*,401e.
② Cf. Plato. *Ion*,533d-536.
③ 奥尔巴赫在《论摹仿》(吴麟绶等译,百花文艺出版社,2002 年)一书中,将希腊语 mimēsis,简要地阐释为"对现实的再现"(the representation of reality)。这种"现实"主要限于"西方文学中现实"(reality in Western literature)。国内译者将其译为"西方文学中所描述的现实"。豪利威尔在《摹仿美学》里,使用了"representational-cum-expressive character"(再现加表现的特性)来描述公元前 4 世纪的艺术特征。他说,"在公元前 4 世纪,人们普遍认为,柏拉图和亚里士多德均明确证实,在一定的艺术实践及其产品范围内,尤其是诗歌、绘画、雕刻、舞蹈、音乐,以及某些其他活动,譬如声音模拟与戏剧表演等,在人们看来均享有再现加表现的特性,这便使人们将上列艺术视为彼此关联的摹仿艺术群体具有了合法性"(英文版第 7 页)。

境之后得出的。他认为：与 mimēsis 相关的词组（mimeisthai-group）在公元前 5 世纪的用法，大多具有隐喻作用，主要意味着以"具体而生动的方式"（concreteness and vividness），"使此物相似于彼物"（to make something similar to something else），"像他人一样做同一件事"（to do the same thing as someone else does）。作为 mimēsis 的对象，不一定都是指个别的实存现象，有时则是指艺术创作的题材（subject-matter）。希腊造型艺术的某些特征表明，该艺术很少描绘个别的实存现象，而是竭力想要认识各种现象的属性特征（species-characteristic traits of phenomena），并以具体的形式将这一类型的现象彰显出来。色诺芬、柏拉图和亚里士多德显然已经意识到这一艺术创作特性（character of artistic creation）的发展趋向。在《回忆苏格拉底》（Memorabilia）里，色诺芬指出艺术创作涉及三种要素，即题材（subject-matter）、相似性（likenesses）和整体结构（whole）；艺术再现（artistic representation）就是根据一种题材把各种具体的相似性聚合在一个整体之中。柏拉图与亚里士多德的艺术 mimēsis 论也隐含着类似的观点。总之，"在涉及艺术作品的用法中，与 mimēsis 相关的词组很可能已经获得一层新的意思。人们用这些词来表示艺术创作，而奠定艺术创作基础的便是这一观点：凭借色彩、形状和音响等艺术媒介中的相似性，在具体的形式中表现出已知的特定题材。在这里，与'mimēsis［摹仿］对象'相关联的模糊性，适合于 mimeisthai 词组的此类审美用法（aesthetic usage）。对这一［语义］发展过程十分重要的是，色诺芬的《回忆苏格拉底》中有几个词是用来表示艺术创作观的。其中有几个关键词属于 mimeisthai 词组，有的则不属于这一词组。在柏拉图的对话文本中也发现同样的情况，尽管那里突出的是 mimeisthai 词组的地位。最后，在亚里士多德的《诗学》里，［与摹仿相关的］词组几乎无一例外地用来表示艺术创作，此外没有别的词用于这一目的。我相信，这一审美用意与一般用意并非天各一方。两者的主要的差别是：审美 mimesis（摹仿）的手段有时是明确的，有时则是隐含的，再由于审美用意的不断增加，有关艺术创作的思想兴许会蔓延到属于 mimeisthai 词组的内涵之中。如此看来，这些词作为权宜性的术语，是用来表达艺术创作的观念与艺术作品的特性的。……另外，诚如当时相关的文本所证明的那样，最符合情理的假设或许是：在柏拉图与色诺芬所生活的那个时期，审美的用意已经出现,而一般的用意尚未废弃。除了表示'摹仿'这一普通用意外,mimeisthai 词组也被用来表示艺术创作,其内涵就包括着艺术创作的有关思想,即:艺术创作就是凭借色彩、形状与声响等艺术媒介中的诸多相似性,将一种题材具体地表现出来"①。

现在的问题是,柏拉图的 mimēsis 论既然包含着艺术再现、艺术表现和艺术创作等用意,旧译的"摹仿论"看来非但不能涵盖这些内容,而且还会导致习惯性的误解,即把 mimēsis 当作机械性的摹仿或照床画床式的临摹。那么,如何才能把 mimēsis 论译为比较恰当的中文呢?我曾想,古希腊的哲学范畴 λογος(logos),早先曾被汉译为"道",其后觉得有些张冠李戴之嫌,故此音译为"逻各斯",以便传承原义。无独有偶,中国的哲学范畴"道",早先被英译为"Way",其后觉得用意平淡且难以对应,因此音译为"Dao"或"Tao",以期包容原义。有鉴于此,我们不妨也把 mimēsis 音译为"弥美西斯"。这样,通常所谓的"摹仿论"便可置换为"弥美西斯论"。倘若坚持意译,也可将上述提议 mimēsis as representatio-cum-expression 汉译为"弥美西斯即再现加表

---

① Göran Sörbom. *Mimesis and Art*, pp. 204-206. 这段话代表了索尔邦研究古希腊摹仿与艺术之关系的主要结论,有选择地转录于此,对读者会有参考意义。"Greek plastic art... seldom portrays particular and existing phenomena; it strives to realize the species-characteristic traits of phenomena and to manifest the type of phenomena in concrete form... It is possible, then, that the word [mimeisthai] word group tended to acquire a new meaning when used in connection with works of art; these words came to denote artistic creation, and basic to artistic creation was the outlook sketched above: to manifest a given subject-matter in concrete form by means of likenesses in the artistic media colour, shape, and sound. Also the vagueness with regard to the 'objects of mimesis' was fitted for such an aesthetic usage of the mimeisthai-group. It may be significant for this development that several words were tentatively used in Xenophon's Memorabilia to express this outlook on artistic creation. Some of these key-words belonged to the mimeisthai-group, but others did not. The same thing is to be found in Plato's works but with certain predominance for the mimeisthai-group. Finally, in Aristotle's Poetics the word group was almost exclusively used to denote artistic creation; no other words were used for this purpose. This aesthetic sense is not too far away from the general one, I believe. The main difference is that the means of aesthetic mimesis were sometimes specified and in other instances probably implied and that ideas about artistic creation may have crept into the connotation of the words belonging to the mimeisthai-group because of this growing usage. It is likely, then, that these words were used as expedient terms in expressing an outlook on artistic creation and the character of works of art... Thus, as the textual evidence stands for the moment, the most plausible assumption seems to be that the aesthetic sense developed during Plato's and Xenophon's lifetime without making the general sense obsolete; apart from 'imitation' in general the mimeisthai-group was used to denote artistic creation as a concrete manifestation of a subject-matter by means of likenesses in the artistic media colour, shape, and sound."

现论",将 mimēsis as artistic creation 汉译为"弥美西斯即艺术创作论"。不过,这样绕口啰唆的译名,想必会使国内的读者望而生厌。为此,我们是否可以参照音译,将柏氏的 mimēsis 论简化为"弥美论",借以避免原译"摹仿论"中所包含的片面诠释及其可能的误导误解等问题。本书为了免于引起意外的生疏或唐突之感,依然因循守旧地使用了"摹仿论"这一传统译名,只不过有意采用了象征疑问或非议的引号加以标示的软性区别方式。

三 "摹仿论"生成的历史文化语境

那么,柏拉图为何提出"摹仿论"呢？或者说,柏拉图是在什么样的历史文化语境中、出于什么样的理论动机提出这一学说的呢？要回答这一问题,就不能不回顾古希腊的戏剧文化传统和绘画写实之风,同时也不能不联系古希腊人追求简明扼要和事物本质的形而上哲学精神。

1. 戏剧传统中的 mimēsis 现象

古希腊的戏剧大多取材于荷马史诗。公元前 9—前 8 世纪,以荷马为代表的吟游诗人,开始搜集颂扬其先祖、神祇与英雄的故事和传奇。以希腊联军攻陷特洛伊城邦这一战事为主要背景的史诗《奥德赛》和《伊利亚特》,是现存的代表作品。在《论摹仿》一书中,奥尔巴赫一开始就以《奥德赛》第十九卷那激动人心的场面入手,通过老女仆给奥德修斯洗脚时发现老伤疤等细节,具体入微地分析和揭示了荷马史诗注重写实或再现的突出特点。他总结说,荷马诗篇所再现或描绘的生活真实极其独特。在那里,

> 感官生活的愉悦就是一切,其最高追求就是让我们体验这种愉悦。在战斗与情欲之间,在冒险与险境之间,这些诗篇也给我们讲述了狩猎和庆宴,宫殿和牧羊人的小屋,赛事和洗浴场面,从而使我们能够真切地观察到主人公的生活,边观察边品味他们如何享受自己醇美的、植根于风俗、景色和日常生活所需之中的现实生活。就这样,只要我们听到或读到这些诗

篇,就会使我们陶醉,讨我们欢心,使我们共同经历他们生活的真实——至于我们是否知道这一切都只不过是传说,是"虚构",那倒是无关紧要的。人们常常谴责荷马是个骗子,但这种谴责丝毫无损他的影响;他无需坚持自己作品的历史真实性,他的真实已经足够了;他诱惑我们,使我们沉浸在其现实之中,对他来讲,这就足够了。①

奥尔巴赫显然在这里影射了柏拉图对荷马的态度。事实上,柏拉图在《理想国》第十卷里批评荷马史诗时,不仅谴责了其骗人耳目、迷惑人心的写实风格,而且讥讽了这位看来无所不能但却实无真知的诗人本身。他之所以把诗歌归入(再现加表现)的摹仿艺术,与史诗的上述写实风格或文体是有一定联系的。

取材于史诗的希腊戏剧,最早发端于酒神节庆的游行活动。古希腊人以为酒神生活在葡萄园里,日间常与一伙半人半羊(山羊)的怪物萨提儿相互嬉戏。所以,人们在参加庆典游行时,通常也披上山羊皮扮作萨提儿的样子,发出雄山羊一般的叫声。山羊的希腊字是 tragos,歌手的希腊字是 oidos,像山羊一样发出咩咩叫声的歌手因之成为 tragos-oidos,即山羊歌手。日后,这个奇怪的名称发展成 tragōdia 一词,表示一种基于演唱活动和不幸结局的悲剧或英雄剧。该活动最初只是那些化装成野山羊的人组成回旋踏行的嘈杂合唱,起先也曾引起人们的兴趣,引得一大群观众站在路旁发出阵阵笑声。久而久之,这个单调无味的咩咩叫行当令人厌烦了,于是在公元前 534 年,一位名叫希斯皮斯(Thespis)的希腊人,将其创造性地改造成为一种合唱剧式,组成羊人合唱队,让其中一人走向前来,与走在游行队伍前头和吹奏排箫的乐师领队交谈(以唱诗的方式叙述神话故事等)。这个出列的歌队成员挥舞双臂做出各种姿势,边表演边叙说,并向歌队长提出许多问题,歌队长则依照演出前书写在莎草纸卷上的答案来作答。这期间其他羊人合唱队员,只是站在一旁歌唱。公元前 5 世纪,这种合唱剧式最终演化为一种所谓的"悲剧"剧式。埃斯库罗斯把出列登场的演员从一人增加为两人,并缩短合唱,把韵文对白转变为悲剧的主要

---

① 参阅奥尔巴赫:《论摹仿》,第 13—14 页。

部分,从而使希腊悲剧渐趋完善。约 30 年后,索福克勒斯将登场演员增加到三人,并添设了彩画布景,改进了悲剧音乐,进一步丰富了戏剧的内容与表演艺术。到了欧里庇得斯时代,演员的人数没有硬性的规定,主要是根据剧情的需要自由安排,这样便使希腊悲剧形式完全成熟。

  古希腊戏剧文化成果非凡,在公元前 5 世纪达到鼎盛时期。当时的悲剧作家高达 150 多位,其中最为著名的悲剧作家有埃斯库罗斯,索福克勒斯和欧里庇得斯。仅这三人所创写的剧作就有 300 余部,现存 33 部。喜剧作家为数较少,其代表人物是阿里斯托芬(Aristophanes,约公元前 446—385 年),据说他一人的剧作有 44 部,现存 11 部。被尊为希腊"悲剧之父"的埃斯库罗斯一人,相传写有 80 余部剧本,现存 7 部,代表作为《被缚的普罗米修斯》和《阿伽门农》。在伯里克利时代,雅典政治民主,经济繁荣,人杰荟萃,是著名的文昌之地,因此被誉为"全希腊的学校"(school of Hellas)。当时,戏剧文化在政府的大力资助和积极倡导下,得到充分的发展和推广,迅速形成雅典文化生活中的一道靓丽的风景。他们凭借山地的天然优势,纷纷兴建剧场,举办各种戏剧表演比赛,政府从财政收入中拨出专款,给雅典公民观看戏剧演出提供一定的补贴。在剧场里,除了上演和观看戏剧外,还举行各种庆典活动,并在演出结束后召开大会,传达政令,沟通信息,参政议政。①

  这种独特的戏剧文化景观和氛围,不仅造就了杰出的剧作家和不朽的作品,而且培养了大量的戏剧观众。在当时,观看戏剧成为古雅典人生活中的组成部分。人们很认真地对待戏剧文化的发展,不只是为了调节一下精神才去剧场。据说,新剧的上演成了类似选举一样的重大事件,引起整个城邦的关注。成功的剧作所获得的荣誉,甚至高于凯旋的将军所获得的荣誉。另据普鲁塔克的故事记载,公元前 413 年一些雅典人在岛国叙拉古被俘后,居然凭借记忆朗诵欧里庇得斯的

---

① 参阅房龙:《人类的故事》(上海:上海文艺出版社,2003 年),第 88—89 页;《辞海》(艺术分册,上海:上海辞书出版社,1980 年),第 96—97 页。Also see M. I. Finley. *The Ancient Greeks*(Penguin Books,1975), pp. 104-106; E. Guhl and W. Koner. *The Greeks: Their Life and Customs*(London: Senate,1994), p. 122; Stringfellow Barr. *The Will of Zeus: A History of Greece*(Philadelphia & New York: Delta,1965), pp. 121-165.

悲剧诗句幸存了下来。① 无论这一说法是否真实,但足以表明雅典戏剧文化是多么深入人心。当然,这种独特的戏剧文化传统,如同音乐教育和体操教育一样,是制度化的产物,在希腊人的文化娱乐以及政治生活中占有很大的比重。但随着时代的变迁,这种戏剧文化在平民政体的社会语境中,后来几乎泛滥成一种类似现代流行歌手的露天演出。作品的好坏不是依靠行家来评定,而是"凭借群众的嘶吼,极其嘈杂的叫喊,或者鼓掌叫好等方式表现出来"。再加上剧作者"引进了庸俗的漫无法纪的革新,像酒神信徒一样如醉如癫,一味听从毫无节制的狂欢支配,把哀歌和颂歌,阿波罗颂歌和酒神颂歌都不分皂白地混在一起,在竖琴上摹仿笛音,结果搞得一团糟。他们还狂妄无知地宣称,音乐里没有真理,是好是坏,都只能任凭听众的快感来判定。他们创造出一些淫靡的作品,又加上一些淫靡的歌词,这样就在群众中养成一种无法无天胆大妄为的习气,使他们自以为有能力评判乐曲和歌曲的好坏。这样一来,剧场听众就由静默变为好说,喜欢夸夸其谈,自以为有能力去鉴别音乐与诗歌的好坏"②。这是柏拉图在《法律篇》第三卷里所谴责的那种"剧场政体"(theatrokratia)。他认为这是一种伤风败俗的低劣政体,也正是这种基于寻欢作乐的戏剧文化政体,在很大程度上强化了人们的欲望,腐化了人们的精神,败坏了人们的道德,最终摧毁和取代了原先政通民和的"最佳政体"或"贵族政体"(aristokratia)。③

我们追溯这段历史,不只是要说明古希腊戏剧演化的基本过程与戏剧文化传统的有关特点,更是要表明深入人心的戏剧传统,在古希腊人的文化、精神和政治生活中占有何等重要的地位。如前所说,mimēsis 源于戏剧,原本表示"扮演"、"饰演"和"表演"。这种演技既要演员从外形上进行化装(如扮演半人半羊的萨提儿以及酒神、太阳神、智慧女神等各路神明),而且要演员从演唱和对白风格上进行效仿(效仿所演角色的腔调与风格),这一切便凸现了 mimēsis 在戏剧表演

---

① 参阅房龙:《人类的故事》(上海:上海文艺出版社,2003 年),第 90 页。Also see Plutarch. *Life of Nicias* XXIX. Cited from M. I. Finley. *The Ancient Greeks*, p. 99-100.

② Cf. Plato. *Laws*, 700c-701a. 中译文参考《柏拉图文艺对话集》,第 310—311 页。

③ 最佳政体 aristokratia 通常汉译为"贵族政体",而古希腊语 aristos 是 agathos[好,善]的最高级形容词形式,其本义指能力与价值意义上的"最佳"或"最好"境界。

中的普遍特点。另外,从现存文献考察,最早使用 mimēsis 同源词 mimēma 的人,是古希腊"悲剧之父"埃斯库罗斯。在羊人剧《观众》(Theoroi)中,由扮演羊人萨提儿的演员组成的歌队,十分赞赏他们彼此相似的形象,而且还专门使用了"形象"(eidolon)一词,用其表示他们形态相似,"只缺嗓音",认为那是希腊传说中的能工巧匠"代达罗斯的仿制作品"(the mimetic work [mimēma] of Daedalus)。① 这实际上意味着惟妙惟肖的扮相。

据史料记载,在柏拉图青少年时期,也就是公元前 5 世纪末,著名的剧作家索福克勒斯、欧里庇得斯和阿里斯托芬等著名剧作家,在当时的戏剧舞台上各领风骚。欧氏的代表作之一《特洛伊妇女》(Trojan Women)公演于公元前 415 年。阿里斯托芬的喜剧名作《蛙》(Frogs)公演于公元前 405 年。公元前 410 年,七十高龄的欧氏应马其顿国王之邀,创作了《酒神》(Bakchai)这一著名的抒情诗剧,该剧在作者死后曾获得戏剧竞赛一等奖。几乎在同一时期,阿氏的喜剧《云》,以戏仿和讽刺苏格拉底著称,获得戏剧竞赛三等奖。② 生活在如此繁荣而盛行的戏剧文化氛围中的柏拉图,必然深受表演艺术的熏染和陶冶,甚至激发着他的创作灵感与热情。实际上,他本人不仅谙悉戏剧艺术,而且亲自动手写过一出诗剧。只是在后来立志师从苏格拉底改学哲学以后,才将其焚之一炬,与艺术创作分道扬镳。这一切足以说明柏拉图洞悉戏剧表演与诗歌吟唱的基本特点,他因此采用 mimēsis(即再现加表现的所谓"摹仿论")来总结戏剧与诗歌的艺术本质,自然也在情理之中,可谓逻辑发展的必然结果。

2. 写实画风中的 Mimēsis 现象

我们知道,柏拉图在《理想国》第十卷里,从床喻引申出来的 mimēsis(摹仿)论,是先谈绘画而后论诗歌的。在这里,柏拉图首次从理论形态上将源于戏剧表演或扮演的 mimēsis 应用于视觉艺术。那么,绘画艺术在古希腊时期处于一种什么样的状况呢?这种艺术与"摹仿论"会是一种什么关系呢?

---

① Cf. S. Halliwell. *The Aesthetics of Mimesis*, p.19.
② Cf. A. R. Burn. *The Pelican History of Greece*(Penguin Books, 1965), pp. 276-278.

从现存的绘画作品与艺术史料看,古希腊艺术家在木头上开始绘画的历史可以上溯到公元前 8 世纪,在石头或墙壁上绘画的历史也许更早。在古典希腊时期,雕塑家同时也从事绘画创作。但由于材料的不同,雕塑作品存世较多,绘画作品留下甚少,因此难以判别绘画艺术的实际成就。比较而言,古希腊的绘画艺术最早主要表现在瓶画(vase painting)和公共建筑物内的壁画(wall painting)上。在伯罗奔尼撒战争期间,也就是在柏拉图年轻的时候,画板画(panel painting)与壁画开始分道扬镳,与此同时,随着三维空间(three dimensions)、明暗对比(light and shade)和按照透视法缩短画面线条(foreshortening)等绘画技巧的发明与发展,以及立体彩画竞相摹写对象的深度,这不仅使素描(drawing)这一主要的绘图艺术开始衰落,而且催发出一种惟妙惟肖的写实画风。后来从古墓中发掘出来的壁画作品,尽管不能代表古希腊绘画艺术的上等水平,但从不同侧面反映出再现或摹仿人物与自然景物的真实性和形象性,公元前 5 世纪早期描绘渔猎场面的壁画和公元前 5 世纪末那幅绘制在大理石上的人物画,就是现存的实证。①

在古希腊绘画史上,经常提及四位著名画家。一是擅长壁画的珀鲁格诺托斯(Polygnotus,公元前 500—前 425 年),其作品善于刻画人物性格,表现时代精神。二是公元前 5 世纪末的宙克西斯(Zeuxis),其画作生动逼真,据说所绘的葡萄曾引来飞鸟啄食。三是同时代的阿珀鲁德罗斯(Apollodorus),他最先使用明暗对比,把崇尚写实的画家称之为"影子画家"(shadow painter),多少含有鄙视与贬抑的成分。四是公元前 4 世纪的后起之秀阿佩莱斯(Apelles),他擅长肖像画,据传所作《阿弗洛狄特图》表现的是爱神浮出海面的情景,形象逼真,可透过海水看到半淹在海浪下的肉身玉体。不过,因为没有作品传世,这类说法迄今难以证实。但是,我们从现存的古希腊瓶画与雕刻作品中,可以推测其绘画艺术的可能成就。雕刻与绘画同属于视觉艺术,或者说是实实在在的姊妹艺术,同时从事雕刻与绘画的艺术家,譬如菲迪

---

① Cf. R. M. Cook. *Greek Art*(Penguin Books,1972),pp.59-71;Eva Keuls. *Plato and Greek Painting*,pp.59-65;M. Finley. *The Ancient Greeks*. pp. 168-169. 所提到的两幅绘画,见于 Cook 的 *Greek Art*(《希腊艺术》)一书中的插图。其中第二幅是原作的摹本,临摹于公元前 1 世纪。

亚斯和米隆等人,既然能用大理石将人物雕刻得活灵活现,想必也会用画布和油彩把人物与景物描绘得惟妙惟肖。另外,古希腊人具有强烈的科学精神,矢志追求精确与真实。他们所发展的几何学、数学、色彩学、人体解剖学等科学知识,想必会不同程度地帮助和促使画家不断改变观察事物的视界,发现相关的绘画技巧,摹写自然的真实形象,成就技艺超群的写实画风。当时,以宙克西斯为代表的写实派画家,所标榜的就是逼真原则。这种逼真,是外观形象上的逼真,其视觉效果是靠神奇巧妙的摹仿术获得的,这样也就助长了观众的看画习惯。当时所举办的绘画竞赛,也主要靠观众的叫好声来决定胜负。据说宙克西斯那幅引来飞鸟啄食的葡萄画,败给了另一位画家的作品。后者所画的是一块白纱,挂起来就如同真的一样,使在场的观众看走了眼,都以为那是一块有意盖在画框上用来防尘的纱布,因此当得知那就是参赛的画作时竟然欢声雷动。

柏拉图作为当时一位伟大的思想家,必然要对写实艺术实践做出理论上的总结。不过,他本人作为追求真知的哲学家和推崇道德理想的教育家,不大看重这种笔墨游戏,也看不惯这些遭人欺哄的无知观众,对那些沽名钓誉、故弄玄虚的写实画家更没有什么好印象。所以,他从爱智慧崇理式的立场出发,用否定性的"摹仿论"来总结写实艺术的本质特征。看得出,柏氏对写实派绘画所持的否定性态度,含有"厚古薄今"的倾向,因为他本人喜欢朴素而富有道德精神的古朴画风,不喜欢这些讲究明暗对比、色彩层次和内容空洞的写实画风。用瑞奥(Rau)的话说:

> 在公元前5世纪末期,用画架来绘画成为时尚。原来的壁画形式转变为木刻形式,墙上装饰画转变为"陈列馆的展品"。所表现的题材不再是神话与传奇故事,而是形式美与技巧方法。绘画的目的不再是为了提高宗教和城邦公众生活的意义,而是为艺术而艺术。当时,雅典卫城入口的北配厅被辟为绘画展览馆。除了厌恶这种新的画风之外,柏拉图也鄙视绘画形式与意向的转变。或许是出于这一原因,柏拉图把艺术"摹仿"贬斥为无意义的娱乐和幼稚的活动。柏拉图自己清楚,富有活力的艺术具有社会功能,而收藏于陈列馆的艺术则死气沉沉,过于雕琢。在柏拉图看

来,若与珀鲁格诺托斯及其助手的大型壁画相比,在小小画板上绘出的静物画与小型组画实在微不足道。①

显然,追求逼真的写实画风,过多地热衷于"形似",结果导致了"神散",堕入了"太似为媚俗"的境地。如此一来,这类作品形似而神散,如同骗人耳目的游戏,所提供给人们的只是视觉的宴席与快感,而没有理想的诉求与道德教育的价值。因此,对崇尚道德理想与高贵精神的柏拉图来讲,这如同一种感官的亵渎与精神的污染,他之所以用讥讽的口吻和否定性的"摹仿论"来反思写实绘画的本质,也就不足为怪了。

3. 影响的聚合:众象归一

古希腊人的生活方式推崇简朴,相应的,其思维方式也强调简明,古希腊哲学家更是如此。当然,哲学家所热衷的简明,主要是从现象入手,运用理智的思索和逻辑的演绎,力图从众多的事物表象中归结出一种本质性的原理,也就是他们常说的一与多的问题。就大千世界的本源或宇宙万物的秩序而论,泰勒斯将其归于"水",毕达哥拉斯将其归于"数",赫拉克利特将其归于"火",巴门尼德将其归于永恒不变的"存在",德谟克利特将其归于"原子"。这一切恰恰表明了希腊古哲的思维习惯。对此,柏拉图在《理想国》第十卷里有过这样的描述:

> 举凡我们能用同一名称来称呼多数事物的场合,我认为我们总习惯于假定它们只有一个理式(episkopountes, ek tēs eiōthuias methodou; eidos gar pou ti en ekaston eiōthamen tithesthai peri ekasta ta polla)。②

---

① Cf. Catherine Rau. *Art and Society: An Interpretation of Plato* (New York: Richard Smith, 1951), pp. 46-47. Rau argues that " the new 'realistic' painting set itself to express emotion (pathos), but the old 'idealistic' painting had represented character (ethos); along with sophisticated in technique went deterioration of moral feeling. And Plato, in his strong moral preoccupation, would certainly have approved the old while he looked askance at the new. It is quite possible that perspective, light and shade, and gradation of color seemed to him mere appearance, the empty show of things, third-rate reality. A dislike of *trompe l'oeil* painting may well have prompted his remarks about illusions of the senses."

② Cf. Plato. *Republic*, 596a. According to Paul Shorey's translation, "We are in the habit, I take it, of positing a single idea or form in the case of the various multiplicities to which we give the same name."

这"同一名称"是指"理式"(eidos),是概括性的界定,是"一"(en);这"多数事物"是指表象,是多样性的纷呈,是"多"(polla)。以一统多,可谓"众象归一",是希腊人所钟爱的由表及里、化繁为简之法。柏拉图是古希腊哲学的集大成者。上述这种喜欢把"众象归一"的本体论或形而上哲学思维传统,不仅对柏拉图有着直接的影响,而且在他的哲学中进一步得到发挥和传承。他本人倡导的理式或理念论,就把世界万物的本质归结于"善"这一最高理式。该理式犹如"太阳",是万物生成的根源。

那么,就艺术而言,荷马史诗、戏剧表演与写实画风中的 mimēsis 现象及其影响,使柏拉图本人不能不从中感受到某种共性的东西。对于像他这样一位擅长归纳和概括的哲学家来说,"众象归一"的思维方式与相应的简明原则,无疑伴随着他对事物的观察与分析过程。结果,他根据诗歌、戏剧与绘画艺术的基本特征,最终抽象出 mimēsis(摹仿)这一概念,来涵盖一般艺术的本质,以此奠定了古希腊艺术哲学的第一块重要基石。当然,这种事关艺术本体的界定,与柏拉图的形上学二元论不无关系。在柏氏眼里,以再现加表现为主要特征的艺术摹仿,所成就的作品终究是可见世界的"影子"或外在事物的"表象"。它们作为直观和形象的人工制品,只是以象征的方式来喻示属于可知世界的"理式",即实在之本体。这种二元论思想方法,自然会把可见世界与可知世界分开,把直观的形象与认知的理式分开,进而在形象与理式之间加上实物,得出艺术摹仿实物、与理式相隔两层的结论。

为什么相隔两层而非一层呢?画家既然能摹仿实物(木匠之床),为什么不能直接摹仿床的理式呢?既然画家与木匠同属于人而非神,同属于艺术家而非造物主,为什么不具备相似的摹仿能力呢?我个人认为,这种"相隔两层"的说法,显然是一种先验论在作祟,是有意借用"绘画"与"床喻",来凸现工具性实物的用途,贬低非实用或观赏艺术品的价值,尤其是诗歌艺术的认知和教育价值。柏氏把诗人等同于创作幻象的摹仿艺术家,把诗歌等同于"华而不实"的摹仿艺术,同时直言不讳地把荷马斥之为"口惠而实不至"的"骗子",把荷马史诗视为激发欲望、迷惑心性、乃至败坏道德情操的"祸水",不仅掩饰不住他对诗歌魅力与心理效应的担忧,同时也表露出他对艺术道德问题的特别关注。这实际上也是其道德理想主义的诗学原则使然。

那么，我们又当如何进一步理解艺术"摹仿论"呢？首先需要谨记，柏拉图所谓的"摹仿"，并非基于单一的摹仿或摹写维度，而是包含扮演、表演、再现与表现等不同性相。另外需要注意，这种"摹仿论"，尽管带有明显的否定性，但绝非铁板一块，其真实的用意与深层的内涵还需要进一步挖掘。

四 "摹仿论"的真实用意与双重维度

柏拉图论"摹仿"，除了借用上述的床喻(klinē)之外，还涉及一种镜喻(katoptron)。在这里，那位手捧一面镜子四处映照的人，能够快速地制作出太阳与空中万象，大地与生灵植被。不过，他只是制作这些东西的影子或表象(phainomena)，而非实在或真理(alētheia)。"画家就属于这类[表象]制作者(dēmiourgōn kai o zōgraphos)"。[①] 看来，那位用镜映物的人，是随兴之所至地乱照一气，根本不在乎审视的焦点，也没有关注的对象，就像无目的地摇动万花筒一样，只是在幻变的物象中东看西瞧，自娱自乐，缺乏定性。柏拉图把这种没有头脑的影子制作者等同于画家，紧接着又把画家与诗人相提并论，将绘画与诗歌等同起来，这种论述逻辑，令人颇感唐突，容易从中归纳出一种诗画等式(painting-poetry equation)。那么，这种等式有何用意呢？或者说，柏拉图从艺术哲学的角度提出"摹仿论"是出于什么实际目的呢？相关的否定性批评主要是针对绘画还是针对诗歌？另外，柏拉图在《理想国》里前后两次论述摹仿，其中有何异同呢？这些都是我们需要进一步讨论和澄清的问题。

1. "项庄舞剑"式的修辞策略

柏拉图笔下所描绘的"诗画等式"，是颇为微妙的，甚至是全面理解或开启"摹仿论"真实用意的一把钥匙。举凡有意反思"床喻"的读者都知道，绘画属于视觉艺术，诗歌属于语言艺术，两者的表现媒介相去甚远，几乎到了风马牛不相及的程度。因此，每番阅读至此，不少人会觉得从绘画转向诗歌，颇显唐突，故而心存些许疑惑。

---

① Plato. *Republic*, 596d-e.

其实,"项庄舞剑,意在沛公"。只要我们接着"床喻"这段描述继续往下细读的话,就会发现柏拉图对绘画着墨甚少,继而很快越过画家,大谈诗人的毛病与诗歌的弊端。后来的分析与谴责,甚至包括有关文艺检查制度的设想,均与绘画无关,主要针对的是摹仿诗歌所表现的内容或题材,读者的观赏心理与道德影响。看来,柏拉图的真实用意并不在于否定复制或仿造视觉的表象,而在于抨击或取缔诱惑人心、伤风败俗的摹仿诗歌。

由此推测,绘画也只是作为一种借喻而已,其真实用意在于批评与绘画相比较的诗歌艺术。那么,柏拉图为什么要假道于绘画来抨击诗歌及其摹仿的本质呢?按照我们的理解,绘画具有比其他艺术更为显著的直观特征,作为借喻显然更具有说服力。如前所述,古希腊的写实绘画作品,如同其精致的雕刻作品一样,鲜明的色彩与逼真的形象,在光线的照耀与敏感的视觉面前,几乎不假思索或任何解读,便可一目了然,得其大要。因此,用绘画来图示现象世界,是最为常见的事情。诚如克尔斯所说:

> 柏拉图经常利用绘画艺术的审美感知性相,来标示现实世界(不真实的、幻象的、视觉的、感性的世界)与真实世界(抽象的和意识的世界)在认知领域中的区别。因为,如果视象(vision)可以代表感性知觉或幻象世界的话,那么,专门致力于复制视觉表象的再现艺术反过来也可以代表视象。在这方面,绘画所提供的隐喻作用,要比其他视觉艺术远胜一筹,这也正是柏拉图为何使用绘画来说明"摹仿论"的主要原因。究其本质,绘画是最具有幻象特征的艺术和技艺,这是因为绘画能够提供所用物质素材与其所制作的物质素材之幻象间的最大变体(greatest variation)。[①]

仅在《理想国》一书中,柏拉图谈及绘画与画家之处就有多起。在绝大多数情况下,他总是以比喻的方式,用其暗示的意思来衬托其他东西。譬如,在第三卷里,柏拉图假定一位技艺高超的画家,可以集数名模特儿的优点于一身,描画出一个"理想的美男子",这就像诗人用

---

① Cf. Eva Keuls. *Plato and Greek Painting*, p. 35.

最佳的词句,来"创造一个善的城邦一样"。① 尔后,在第六卷里,柏氏以类似的比喻,认为画家可运用"综合美"的技巧,画出一幅"鹿羊怪物"的杰作。在同一卷里,他还多次借画家之手,来喻示如何描绘"神圣的原型"(theiō paradeigmati),如何"把人的特性画成神所喜爱的样子",同时,还把立法者比作画家,期望在纯净的画板上描绘出完美的"政治制度图景"。② 紧接着,柏氏还把画家比作哲学家,提醒人们在审视正义之美德时,不要满足于"观其草图,而要关注其最后的成品"③。这表明,有关正义之德的优美言词和明确表达固然重要,但最重要最根本的是其最终的实施结果。可见,柏拉图不喜欢"巧言令色"的东西,正如他不喜欢玩弄摹仿术但不求神似的写实画匠与能言善辩但忽视德行的智者学派一样。

总之,把画与诗等同的说法,在很大程度上是一种借喻,即以画面的形象和画家的摹写技艺,来说明和强化诗歌作为一种摹仿艺术的类似特点。因为,"柏拉图喜欢把绘画当作一种隐喻,借以说明任何相对的、变化无常的和骗人耳目的东西"④。自不待言,"醉翁之意不在酒"。柏氏的真实用意不在于否定以绘画为代表的视觉艺术,而在于贬低以诗歌为代表的摹仿艺术,这其中主要是指荷马史诗和当时流行的诗剧表演艺术。在这里,柏拉图从绘画切入,以直观的方式让人理解摹仿与表象、幻象的关系,旋即把批评的矛头对准诗歌,从形式、内容到读者的心理反应,指陈详致,分析深入,从认知与道德两大方面,抨击诗人的骗术,谴责诗歌对人身心的危害,并且首倡文艺检查制度,其最终目的恐怕是要依照他所标举的道德理想准则,改革旧的教育模式,消除传统的流弊,重修原先的教材,禁止原封不动地使用传统史诗,为实施他所推崇的"七科教育"铺平道路。

2."摹仿论"的双重维度

在《理想国》里,柏拉图前后两次论及摹仿,既涉及效应,也关乎本

---

① Cf. Plato. *Republic*,472d-e.
② Ibid.,500-501.
③ Ibid.,504-505. 在《高尔吉亚篇》(503e-505)里,柏氏把画家与建筑师和造船工等"艺匠"(dēmiourgoi)一视同仁,认为他们可以制造出一种"合适与和谐的秩序"之美。
④ Cf. Eva Keuls. *Plato and Greek Painting*,p.47.

质,由此构成了"摹仿论"的双重维度。为了阐述方便,我们权且依照先后顺序,将其分别称之为第一"摹仿论"和第二"摹仿论"。

第一"摹仿论"主要见于第三卷,只限于诗人和吟诗的演员(或表演型的摹仿者)。柏氏断言,诗人通过"摹仿来叙述","使自己的音容笑貌,像是另外一人,即摹仿他所扮演的人"。与此同时,柏氏根据写诗与讲故事的具体"言说方式"(lekteon),把诗歌和故事(文学)的体式分为两类:一是以摹仿为主的摹仿体(mimēsis),二是以叙述为主的叙述体(diēgēsis)。诗人或吟诗者以自己的口气讲话,就是叙述体;若以别人的口气言说,便是摹仿体。① 譬如,在荷马史诗《伊利亚特》的开头几行里,诗人讲到克吕塞斯(Chryses)祈求阿伽门农释放自己的女儿未果时,其言说方式给人的印象是"诗人自己而非他人在讲述",没有假借任何摹仿他人的腔调而为,这便是所谓的"叙述体"。然而,在随后的几行里,"诗人好像变成了克吕塞斯,讲话的不再是荷马本人,而是一位垂垂老矣的祭司"。结果,诗人的音容笑貌似乎变成另外一人,使自己完全同化于故事里的角色,即"摹仿他所扮演的对象"(miměeisthai estin ekeinon ō an tis omoioi),这就是所谓的"摹仿体"。比较而言,悲剧与喜剧主要采用摹仿体,酒神颂诗主要采用叙述体,史诗则是兼而用之,属于摹仿体与叙述体的混合形式。② 需要说明的是,这里所说的悲剧、喜剧、酒神颂诗与史诗,均属于诗歌这一文类。柏拉

---

① Cf. Plato. *Republic*, 392d-394b.

② 在《理想国》第三卷 392d—397 处,柏拉图主要谈了"叙述"(diegesis)、"摹仿"(mimesis)与两者兼有的三种讲故事的方式。实际上,这三者都是广义上的"叙事方式"(narration)。柏拉图以荷马史诗《伊利亚特》开头赫吕塞斯向阿伽门农求情释放女儿为例,对三种叙事或描述方式做了区别。如柏氏所说:这里是诗人自己在讲话,没有使我们感到别人在讲话。在后面一段里,好像诗人变成了赫吕塞斯,在讲话的不是诗人荷马,而是那个老祭司了。(393b)照前者那种方式讲下去,不用赫吕塞斯的口气,一直用诗人自己的口气。他这样讲就没有摹仿而是纯粹的叙述(pure and simple diegesis without mimesis)。(393d)这里的"诗人",是指荷马。"没有摹仿的纯粹叙述",是指诗人自己的直接叙述,也就是直抒胸臆的表情达意方式,这是抒情诗或酒神颂诗(lyrics)体裁的基本特征。诗人"变成赫吕塞斯"讲话,不再是"纯粹的叙述",而是"通过摹仿来叙述"(diegesis through mimesis),诗人在这里完全同化于那个故事中的角色,使自己的音容笑貌像另外一个人,也就是说他在摹仿他所扮演的那一个人。(393d—c)悲剧和戏剧通常采用这种叙事方式。剧作家把诗人直述的部分删去,仅留下摹仿性的对话,以满足戏剧表演的需要。史诗所采用的叙述方式,就是两者兼用的叙述方式(integrated diegesis),既采用诗人直接叙述或不摹仿任何他人直抒胸怀的方式,也采用摹仿他人或以他人口气讲话的叙述方式,这在《伊利亚特》和《奥德赛》中十分常见。

图认为,诗歌在本质上是摹仿艺术。但他所说的摹仿,并非只是单纯地描绘或摹写可见可触的事物,而且也传递和表达情绪与感受,酒神颂诗作为一种抒情诗,更是如此。不过,从上述两种体式看,柏拉图是在狭义上使用摹仿概念的,用其来表示一种与叙述性道白相对的戏剧性对话方式,即一种摹仿他人音容笑貌的表演或吟诵方式。

另外,柏拉图在第三卷里还分析了诗歌、音乐与文学故事的内容、形式及其艺术效果,认为摹仿有好坏之分。在理想国里,好的摹仿可以允许,坏的摹仿务必禁绝。那么,什么是好的摹仿呢?据其所论,好的摹仿取决于两大要素:(1)正当的内容。如再现和表现勇敢、节制、虔诚和高尚的杰出人物。(2)有益的效果。如通过摹仿好人与善行而使自己成为类似的人。至于坏的摹仿,则指不正当的内容和有害的影响,譬如男人摹仿女人,演员摹仿坏人,常人摹仿疯子等。这样会"习惯成自然",养成"第二天性"。① 看来,柏拉图在这里所关切的主要是诗剧表演中的摹仿行为与心理影响。他之所以强调正当的内容和有益的效果,显然是从先验的道德理想出发,假定"染于苍则苍,染于黄则黄"的因果关系,因此对艺术的陶情冶性功能十分关注和警惕。

第二"摹仿论"见于《理想国》第十卷。在这里,(1)柏拉图将"摹仿论"首次运用于绘画艺术,继而以借喻的手法指陈了诗歌艺术的弊端。(2)柏拉图把艺术分为两类,一是包括木匠、鞋匠、皮匠和铜匠等工匠技艺在内的实用艺术,二是泛指画家、诗人和音乐家等创作艺术在内的观赏艺术。从工具价值角度看,前者高于后者;但从观赏价值角度看,后者胜于前者。(3)柏拉图讲"绘画与一般摹仿艺术"的本质,旨在以摹仿来统摄所有艺术的本质特征,以表演性摹仿为主的诗乐舞剧均包括其中。因此,第二"摹仿论"既是艺术特征论和创作论,也是艺术本体论。(4)摹仿诗人与诗歌更多地诉诸心灵中的欲望部分,存在着迷惑人的心性、刺激享乐思想的潜在危险,因此建议实施相应的文艺检查制度。(5)尽管如此,正当与有益的摹仿依然得到允许。与此同时,针对摹仿艺术的审美愉悦性,柏拉图不是完全摒弃这一艺术特征,而是继承了古希腊文化传统中"不走极端"或"中正不偏"的精神,引入了"适中原则",力图在确保道德教育准则的前提下,

---

① Cf. Plato. *Republic*,398.

容许艺术表现适度的愉悦感,使人从中得到审美享受的同时,不至于近欲望而远理性,重情爱而轻伦理,以免导致生活的腐化,心灵的失衡,人伦的败坏。① 否则,那不仅与柏氏所倡导的教育理想和心灵诗学背道而驰,而且会导致他本人最不愿意看到的恶果。

不难看出,柏氏前后阐述的两个"摹仿论",是相互关联、逐步深化的。相形之下,第一"摹仿论"侧重诗剧表演过程中的外在摹仿(行为)与诗艺体式(摹仿体与叙述体)的交替运用,第二"摹仿论"侧重诗剧听众的内在摹仿(心理)与德行要素(欲望与理智)的冲突关系。另外,第一"摹仿论"主要是从文艺社会学的角度,彰显了艺术特有的社会与道德职能;而第二"摹仿论"主要是从文艺本体论的角度,界定了一般艺术的本质特征,同时还从艺术审美心理学的角度,进一步分析了艺术的审美效应。在此意义上,第二"摹仿论"是第一"摹仿论"的发展结果,兼顾了艺术本质与效应的双重维度。②

综合前后两种"摹仿论",柏拉图不仅认为摹仿具有表演性、再现性和表现性,同时也表明摹仿艺术通过其特殊的魅力,会诱发人的摹仿本性,从而构成心理的内摹仿与行为的外摹仿,甚至构成人的"第二天性",同化人的言行品格。为了除弊兴利,消减艺术的负面影响而加强其正面影响,柏拉图先后为艺术设定了至少五条准则:(1)技艺准则。要求凭借相关的技艺,忠实地再现原物的形象或描绘对象的神态。(2)道德准则。要求艺术所表现的内容,有利于引导观众效仿好的榜样,培养善的品格。(3)审美准则。要求艺术创作遵从艺术的规律,通过艺术的魅力和愉悦性来打动人的情感,美化人的心灵。(4)适中准

---

① Cf. Plato. *Republic*, 603-605.
② 豪利威尔从心理学的角度对前后两种"摹仿论"作了如下总结:"在《理想国》里,对诗歌展开了两次重要的批判。第一次集中在第三卷里,侧重想象中的自我同化的心理学,主要涉及那些在戏剧模式中吟诵或表演诗歌的人;第二次集中在第十卷里,侧重强大的'移情作用',这种作用可使诗歌听众深深入迷,在情感上沉浸于诗歌所描绘的那些形形色色的人物经历中。……柏拉图对(最上乘的)艺术能够'透入心灵,动人魂魄'的魅力感同身受,终生不忘,这一点是其哲学(与创造)心理学中的一个深为矛盾的一面,因为,这不仅涉及一种积极而正面的意识,同时也涉及对想象力本身的潜在恐惧。有鉴于此,我认为柏拉图不是什么从骨子里坚决抵制艺术的人物,而是一位'浪漫主义的清教徒'(romantic puritan)。这一表述旨在把握柏拉图在美学史上的独特地位与双重意义。我以为,柏拉图对想象力的复杂态度(参阅《理想国》第十卷607e—608a),极具挑战性,与后浪漫主义时代所流行的文化价值观念依然息息相关。"(Cf. Stephen Halliwell. *The Aesthetics of Mimesis*, pp. 25-26.)

则。既反对抽象枯燥,也反对纵情享乐,要求艺术表现勿走极端,适可而止,类似儒家的"中和为美"原则。(5)正义准则。柏拉图所谓的"正义",是一种职业化准则,它要求每人各尽所能,从事自己所擅长的工作。这意味着每人只能在社会生活中扮演一种角色,担当一种职业,否则就做不好,就不义,就会一事无成,打乱城邦管理的秩序,颠覆幸福生活的条件。荷马在史诗里摹仿什么就像什么,无论是排兵布阵,还是造船航海,还是治理城邦,几乎是无所不能,被尊为全希腊的导师。殊不知他的实际本领不如鞋匠,恐怕连一双像样的鞋子也造不出来。因此,柏拉图反对人们不加区别地摹仿艺术,反对人们把艺术的想象等同于现实,反对人们把诗人的摹仿术当作学习或效仿的直接对象。为此,他还专门提出文艺检查制度。该制度并非是为了单纯地封杀艺术,而是为了保障上述五项准则的推广与实施。

五 "摹仿论"的理论意义分析

通过上述分析,我们知道"摹仿论"的由来及其不同的维度,如再现加表现维度,效应与本质维度,心理与行为同化维度,等等。那么,其理论意义到底何在呢?对此,可从四个方面予以归结:(1)形而上学的艺术观。这种艺术观总是受到二元论的影响,假定作为艺术表现对象的虚假的现实世界之外,还存在一个完美而真实的理念世界,一个充满理想范式的形而上学世界。(2)艺术形象创造论。无论柏拉图艺术哲学中的 mimēsis 是指摹仿也罢,再现也罢,描绘也罢,表现也罢,所谓的摹仿艺术总要制作或生产一种可以感知或直观的形象。这种形象即便是对形上理式的间接摹仿或再现,那也内涵一种有意义或有意味的象征关系。艺术价值,无论是精神的,哲理的,伦理的还是心理的,均在很大程度上蕴藏于这种象征关系之中。(3)艺术想象与典型再现说。床喻与镜喻中的影像,也表示形象,幻象与梦境,是外在物象经过头脑加工的产物,能使醒者进入人为的梦境,因此不能没有艺术想象力参与。摹仿艺术实践中的理想化趋向,涉及影像的本源或作为原型的理式,与艺术的典型化或典型再现有关。(4)诗学与美学的重要理论基石。在西方的诗学、美学、文学与艺术史上,"摹仿论"一直处于中心的地位,在与时俱进的不断流变中,应和并引导着文学艺术的发展。不同时代不同形态的再现论与写实论,都与"摹仿论"结有不解之缘。

1. 形而上学的艺术观

本书第二章在论述柏氏二元学说及其诗性智慧时强调过,柏拉图是擅长使用比喻来述说自己思想的诗人哲学家,我们熟知的"日喻"、"线喻"、"洞喻"、"戒指喻"和"灵喻"就是明证。有关艺术本体的形而上学二元论,柏氏也是通过著名的"床喻"来表达的。就三种床而言,自然的床(klinai en tē physei)代表床的本质或本体,是看不见摸不着的理式,是神所创造的唯一原型(观念)。天下所有的床,无论大小、形状、功用与材料,都是木匠在凝神观照这一原型的基础上,根据自己的理解和专门的技艺,仿造出来用以满足人类特定目的的人工制品。这类制品看得见摸得着,不仅具有满足日常生活需要的实用价值,而且在制作过程中涉及专门的技艺与相关的知识(譬如对材料的知识)。神所造的床之理式,作为一种隐喻,虽然"视而不见,搏之不得",但却是本体性的存在,属于理智世界的可知对象,是世间所有床的本源。木匠所造之床(mia de ge ēn o teknōn),作为一种实物,是普通感官所及的东西,属于现象世界的可视对象,是摹仿原型理式的产物。这两种床,象征两个不同的世界,同时也代表两种不同的价值判断准则。床之理式是神造的,原创的,本体的,即形而上的真实体;床之实物是木匠造的,摹仿的,派生的,即形而下的近似真实体。前者的存在决定后者的生成,具有本体意义上的因果关系。如果我们把前者视为"一"(神不会再造),将后者视为"多"(木匠会再造)的话,那么,古希腊哲学中的一与多的关系命题,也同样适用于"床喻"中的所指,由此不难得出"一"统摄"多","多"归于"一"的基本程式。

画家所画之床(mia de ēn o zōgraphos)是以木匠所造之床为蓝本,所摹仿的只是床这一器物看上去的样子。如此说来,木匠所造之床是神所造之床的摹本,画家所画之床是木匠所造之床的摹本;相对于神所造之床而言,所画之床就成了摹本之摹本。这种摹本之摹本,实属于虚幻的影像,与床的物理实体相隔一层,没有实用价值;与床的本体理式相隔两层,没有认识价值。不过,这种惟妙惟肖的画床,却有鱼目混珠的特殊功效。如果将其挂在一定距离之外去看,会使幼稚的儿童和无知的观众信以为真,使他们在惊叹画家摹仿技艺的同时,会以为画家无所不能,是一位可以制作任何东西的万能匠人。在柏拉图看来,这是一种天大的误会,是分不清何为知识(epistēmēn)、何为无知(anepistēmosunēn)、何为摹仿(mimēsin)等三种东西的傻瓜行为。画家的摹仿术,如同抱着一面镜子四下拂照,所有反射在镜中的影像,都是非在的虚化,既没有实存意义,也缺乏真理内容,难以作为认识对象。画家的摹仿也许是成功的,但却受到思想家如此的歧视和贬低,其地位远不如木匠的摹仿。这使我们油然想起前文所述的"洞喻"。相形之下,那所画之床或任何所画之物,类似于投射在洞壁上的影子;那木匠所造之床,类似于洞外的自然实物;而举凡受绘画形象迷惑而信以为真的观众,类似于那些锁在洞中的囚徒。这等于说,画家凭借自己的摹仿术,制造的是事物的假象,欺哄的是无知的傻瓜,不但不能使人认识真理,反倒以假乱真;不但没有实际本领,反倒浪得虚名。

总之,上述"床喻"表明,自然之床即神造之床,是原型观念,代表理式本体,如同象征真理(alētheias)的国王(basileōs)一样君临天下;木匠所造之床是物理器具,代表实用技艺;画家所画之床是虚化影像,代表摹仿艺术。如此一来,艺术即摹仿一说,在柏拉图的逻辑假设中得以成立。在这里,艺术的本质显然不在于它同理式本体的象征关系(symbolic relation),而仅仅在于它同实物表象的摹仿关系(imitative relation)。① 这里所言的"艺术",是指审美或娱乐艺术(美术),它属于

---

① 鲍桑葵认为,这种形而上学的假定主要是基于一种信念。该信念认为自然界的万物是同质的。于是必然会假定,艺术和美的本质不在于它们同普通感官知觉对象背后的一种看不见的实在具有象征关系,而仅仅在于它们同普通感官知觉对象本身的摹仿关系。正是这一流行的观念主导着哲学家对于新近得到承认的艺术现象的看法:艺术只制作事物的形象,并不制作日常生活中所熟悉、所操作和所实存的有用事物。不过,人们尚未注意到,这些艺术现象的根本意义,由于把审美的外表与实用的现存事物完全区别了开来,因此同整个古代那种支配着对艺术现象进行解释的思想观念是不相容的。Just as Bosanquet put it, this metaphysical assumption is closely associated with a belief. "This belief is intimately bound up with the conception of a homogeneous or thoroughly natural world, which makes it necessary to assume that the essence of art and beauty does not lie in a symbolic relation to an unseen reality behind the objects of common-perception, but in mere imitative relation to those common objects themselves. It was this prevalent idea that dictated the philosophical treatment to be accorded to the newly recognized phenomena of an art which produced only images of things, and not the useful realities known and handled in every-day life. It was not as yet observed that the ultimate import of these phenomena, involving the total separation of aesthetic semblance from practical reality, was incompatible with the idea which throughout antiquity controlled their interpretation." (Cf. Bernard Bosanquet. *A History of Aesthetic*, pp. 16-17.)

"摹仿性的"或"制造形象的"技艺,相对于"制作性的"或"制造物品的"技艺。① 这里所言的"理式本体",是指普通感知对象背后隐含的一种看不见的实在体,它与艺术之间的象征关系,虽不具有本质意义,但却是构成艺术内在价值的重要因素。这里所言的"实物表象",是指普通感知对象显现出来的一种看得见的外观,它与艺术之间的摹仿关系,也就是一种再现关系(representational relation)。从生成论角度看,此乃艺术之所以成为艺术的根本机制。② 在"摹仿论"的这一要义中,有一条贯穿柏拉图哲学、美学或诗学的形而上学原则。该原则假定,艺术所再现的只不过是普普通通的现实而已,也就是正常的感官知觉和感受所见到所涉及的现实(事物);这种现实同人类及其目的的关系,也正如普通感知对象同人类及其目的的关系一样;只不过艺术所再现的对象有其局限,那就是其存在方式没有原来的对象那样坚实和完备。在早期的希腊思想中,这种形而上学的假定是十分自然的,它与自然界万物同质的观念密不可分。③

历史地看,这种形而上学的艺术观有其特定的理论背景,可以上溯到埃利亚学派和毕达哥拉斯学派所倡导的理念论。此论假定,爱奥尼亚学派所推重的自然或物理世界,是不够真实的,看起来就像某种非在(non-being),如同没有理智意义的梦中影像。这样的世界是混沌无序的,既无系统,也无永久的结构。毕达哥拉斯学派习惯于把人类

---

① 在古希腊语中,通常用 teknē 一词表示艺术(art),同时也表示技艺(skill)、技术(technique)与工艺(craft)。就像古代中国用"艺"来统摄"六艺"一样,古希腊也是用 teknē 来统摄所有艺术与技艺等。在柏拉图的对话文本中,teknē 一般分为娱乐性的审美艺术与技能性的实用艺术,前者包括诗歌、音乐、舞蹈、绘画、雕刻、戏剧等,后者包括修辞、建筑、木工、制鞋、贸易、务农、体操、管理、军事、医学等。柏拉图认为最具感染力的审美艺术是音乐艺术,而最高的实用艺术是管理城邦的政治领导艺术。

② 古希腊语 mimēsis,经常被英译为 imitation(摹仿)或 representation(再现)。实际上,该词还可以英译为 reproduction(复制)、remaking(再造)或 copying(拷贝)等。因此,在西方美学或文论中,所谓艺术"摹仿论"(theory of imitation),也被称之为艺术再现说(theory of representation)。

③ 参阅鲍桑葵:《美学史》,第 24 页。译文稍有出入。原文是这样说的:"This metaphysical assumption, natural to incipient speculation, is to the effect that artistic representation is no more than a kind of common-place reality-of reality, that is, as presented to normal sense-perception and feeling-and that it is related precisely as the ordinary objects of perception are related, to man and his purpose, subject only to a reservation on account of its mode of existence being less solid and complete than that of the objects from which it is drawn"(Cf. Bernard Bosanquet. *A History of Aesthetic*, p.16)。

感官所看到的这种物理世界,视为纯粹的幻象之网或一系列空洞无物的流动影像。感性世界只是摹仿或复制理智世界的纯粹理式而已。这种复制并非参与到实在之中,只是单纯的外在摹仿,没有什么价值。埃利亚学派也认为物理学家的世界属于现象界,现象只是事物的表象而已,没有多少意义。只有难于言表的绝对或理性思维的对象,也就是完全有赖于思想认识的理念,才有可能接近终极实在(ultimate reality)。[①] 这两家学派都是"理念的盟友",都认为大多数艺术家的作品都陷入非在的深渊,是摹仿性的,是肤浅的,是在用无意义的形象来玩弄无意义的游戏,只能给人提供某种没有多大危害的娱乐而已。柏拉图深受这种理念论的影响,但他没有走向绝对,没有完全否定艺术的实际功用。概而言之,他认为艺术至少具有以下四种功能:(1)技艺功能(technical function)。真正的技艺应当是数学家和逻辑学家的技艺,普通的技艺则是诗人荷马及其同类艺术家的技艺,最高的技艺是建立在哲学或爱智基础上管理城邦的领导技艺。真正的技艺导向科学知识,普通的技艺导向艺术创作,最高的技艺导向管理或领导智慧。(2)道德功能(moral function)。艺术的感染力可用来教化那些粗俗不堪的同胞与公民。艺术教育旨在陶冶性情,升华精神,使人心、行为与人格道德化。因此,美与善在柏拉图的艺术理论中是密切相关的。柏拉图本人是一位道德理想主义者。他从道德角度出发,几乎对古希腊的整个美的世界与观念采取了公开的敌视态度。在他的诗学、美学思想中,经常把美的领域与道德秩序等同起来。这在他的心灵诗学中表现得尤为明显。(3)心理功能(psychical function)。音乐调式与文学故事,对听众的心理产生直接或间接的影响。或雄壮,或缠绵,或平和,或激动,或恐惧,或怜悯,或使人追求精神的高贵,或使人关注心灵的净化,或使人沉溺于感官的享乐。柏拉图在谈音乐教育时,一直对音乐的心理效应十分重视,因为这关系到心灵与身体的健康。可用来疏导思想上的不满或怨恨。(4)审美功能(aesthetic function)。艺术所创造的审美形象,譬如像画家所画之床,并非是为了实用,而是为了观赏。艺术所擅长的形象思维(pictorial thinking),能激发人的想象力,吸引人的情思意趣,可使人从无利害的态度来审视艺术的形象、

---

① Cf. Rubert Lodge. *The Philosophy of Plato*, pp. 117-118.

韵味、意境、风格或所有审美价值。严格说来,艺术的审美、心理与道德功能是彼此互动的。其目的都在于设法让城邦卫士或青年人生活在健康而良好的艺术氛围中,在陶冶情操的过程中培养他们对美的追求,进而达到至善的境界。① 不过,出于理念论的影响和形而上学的考量,柏拉图认为艺术的认知功能甚微,远不及哲学。

质而言之,体现柏拉图艺术观的"摹仿论",是构筑在形而上学的二元论基础之上。根据这一原则,理念本体是一,是最高实在;现实事物是多,是普通感知对象。艺术作为第二自然,与理念本体没有直接关系,只有象征关系;与现实事物具有直接关系,实为摹仿关系。如果据此原则进行一般价值判断,艺术作品作为现实事物外观的虚有其表的摹仿结果,不仅因为缺乏实用性而在一切方面没有现实事物可取,而且就连其自身形象的美丑与否也取决于对其原貌相似性的正确再现。这里,人们不禁要问,艺术即摹仿的学说,既然如此贬低和非难艺术的价值与地位,那么能否断言其美学意义也不值一谈呢?能否断言此说无助于艺术或审美形象的创造呢?这类问题会从下面的分析中得到答案。

2. 艺术形象创造论

基于形而上学二元论的"摹仿论",无疑表达了一种否定性的艺术观。因此,在柏拉图眼里,画家所画之床是木匠所造之床的影像,缺乏其摹仿对象原有的实用价值,是低人一等的东西。不过,这一工具主义的批评,反倒一语道破了绘画艺术的本质。从行业上说,画家和木匠都是艺术家或摹仿者,但画家并非木匠。画家从事的是娱乐的艺术创造,而木匠从事的则是实用的艺术制作。就作品而论,画家创造的是艺术形象,而木匠制作的是家具实物。艺术形象的价值主要在于审美,在于给人以感官、情感和精神上的愉悦,否则就不算成功的创作。

---

① Cf. Plato. *Republic*, 401b. 贝西埃等人也认为,"柏拉图是在培养城邦卫士的背景下,要求诗歌服务于道德的。考虑到这些卫士所肩负的关键使命,以及柏拉图这里所设想的社会组织与个人构成结构相类似,而在个人结构中,他要求理性成分控制整体力量等因素,诗歌的工具性是不可否认的。后来,世世代代的检查论的支持者们,不断地引经据典,根据自己的需要引用雅典时代这位最伟大的思想家的权威性学说……须知,要求青年人之道德培养的呼吁并不局限于诗与剧;这一呼吁同时面向画家、建筑家、音乐家。总之,面向可能影响青年人生活范畴的所有艺术家,目的在于使青年人生活在优秀作品的氛围中,因为由理性引导的美,可以到达至善的境界"(参阅贝西埃等主编:《诗学史》,第18—19页)。

家具实物的价值首先在于实用,在于满足人们的生活需要(尽管我们并不排除打造精美的家具在造型上具有一定的审美因素),否则就是废物一堆。

有趣的是,这种"摹仿论"在贬低和界定艺术的同时,也道出了艺术之为艺术的重要机制,那就是艺术形象的创造机制。在《理想国》的古希腊语原文里,为了说明艺术摹仿活动,柏拉图使用了 eidōlou poiētēs 这一表述。① 一般的英译文为"the creator of image"(形象创造者或创造形象者)。其实,eidōlou 的原义是"外物的形状或形象,心中的形象或意象,神祇的形象或肖像";poiētēs 本义是"创造者,制作者,诗人"。如此一来,所创造的形象至少包含外物形象、心中意象与神祇肖像等三类,不应当只限于外物形象一种。特别是"心中意象",这涉及创造性过程中的艺术想象与审美理想等问题。

如果换一个角度来审视艺术与摹仿的关系,我们兴许会发现:艺术即摹仿,所摹仿的是实存对象的外观、影像或形象。鉴于 mimēsis(摹仿)一词在古希腊语中也包含再现与表现等义,我们可以顺其自然地假定艺术即再现加表现。这种概念上的转换(绝非偷换)看起来类似同义反复,但却会改变这一界说的实质内涵,据此,我们可以如此设想:尽管艺术所再现或表现的还是外物的形象,但却是侧重审美的艺术形象。再说,艺术摹仿、再现或表现,难道就不需要相关的知识吗?难道就不需要艺术的想象吗?三维空间与色彩运用难道就是随意地胡涂乱抹吗?难道只是单纯地复制外物的形状而不掺杂任何美化或理想化的艺术冲动吗?难道外物形象在摹仿或再现过程中就不会同艺术家心中的意象交汇融合吗?其实不然。被柏拉图视为"摹仿诗歌"的荷马史诗,不可能是摹仿现成对象或题材的结果,而是依赖艺术想象力的原创性作品。另外,古希腊的人物雕像,尽管栩栩如生,符合人体比例,但只要细加审视,我们很难找到完全属于个人的肖像。雕刻家塑造的优美神像,看上去像人,但绝非个别人,而是理想化的典型形象。譬如,古希腊雕刻家普拉克西特勒斯(Praxiteles,前364—前330),以富有诗意的柔和风格著称。他所创作的赫尔墨斯雕像,既融入了人类的自由体态,也体现了超然的神性尊严,使两者处于静穆而

---

① Cf. Plato. *Republic*, 601b.

崇高的和谐状态,可以说是将自然的个体形象"理想化"了的完美典范。贡布里希(E. H. Gombrich)在《艺术的故事》里总结说:"我们务必明白,普拉克西特勒斯与其他艺术家是凭借知识取得这种艺术美的。没有一个活的人体,像古希腊雕像里的人体那样匀称、健壮、优美。人们总认为,古希腊的艺术家在创作过程中一定看过许多模特儿,然后在作品中略去他们不喜欢的所有成分。这就是说,他们先是仔细地临摹真人的外表,然后根据他们的完美形体理念,删除掉所有不规整的个体特征,结果将对象美化(beautified it),将自然'理想化'(idealized nature)……艺术家想方设法将更多的生命力灌注到那些古老的人物躯壳里面。最终,这种方法结出成熟的果实。那些古老的典型形象,在技艺娴熟的雕刻家手下开始活动,开始呼吸,像真人一般站在我们面前。不过,这些人来自不同的世界,一个更为美好的世界。"①根据我的理解,这个世界是神的天堂,美的王国,或者说是艺术的世界。这些人不是个人的雕像,而是典型的理想雕像。因为,早期的古希腊艺术家,"并没有制作个人肖像的念头……一位将军的肖像,与任何一名相貌堂堂、头戴帽盔、手持长柄的士兵几乎毫无二致。因为,古希腊艺术家从不照实复制个人的鼻型、眉毛或面部表情"②。上述这些论证

---

① E. H. Gombrich. *The Story of Art* (Oxford: Phaidon Press, 1950, rep. 1978), pp. 68-70. 普拉克西特勒斯的代表作是《入浴的爱神阿弗洛狄特》,与菲迪亚斯的代表作《奥林匹亚的宙斯》齐名。《入浴的爱神阿弗洛狄特》是古代第一尊女裸体雕像。公元475年毁于大火,现在梵蒂冈艺术馆有一摹本。现存的普拉克西特勒斯作品有《赫尔姆斯与酒神狄奥尼索斯》。其插图见于贡布里希的《艺术的故事》第68—69页。上段引文的原话是这样说的:"It is necessary to understand that Praxiteles and the other Greek artists achieved this beauty through knowledge. There is no living body quite as symmetrical, well-built and beautiful as those of the Greek statues. People often think that what the artists did was to look at many models and to leave out any feature they didi not like; that they started by carefully copying the appearance of a real man, and then beautified it by omitting any irregularities or traits which did not conform to their idea of a perfect body. They say that Greek artists 'idealized' nature... Through all these centuries, the artists we have been discussing were concerned with infusing more and more life into the ancient husks. In the time of Praxiteles their method bore its ripest fuits. The old types had begun to move and breathe under the hands of skilful sculptor, and they stand before us like real human beings, and yet as beings from a different, better world... Strange as it may sound to us, the idea of a portrait, in the sense in which we use the word, did not occur to the Greeks until rather late in the fourth century... A potrait of a general was little more than a picture of any good-looking soldier with a helmet and a staff. The artist never reproduced the shape of his nose, the furrows of his brow or his individual expression."

② Ibid.

均说明了古希腊艺术创作的诸多特点。即便艺术家在一定阶段观看许多模特儿,临摹真人的外表,那也只不过是在为艺术理想化作铺垫,只不过是整个艺术创作过程中的一个环节而已。

另外,所谓艺术的理想化,通常是一种双向性的实践过程。在此过程中,艺术家按照一定的审美理想和艺术表现法则,在把外在的自然形象("摹仿"的对象)加以理想化的同时,也把艺术家本人的精神追求(超越现实的愿望与期盼)加以理想化。古希腊人在政治生活、宗教生活与社会生活中享有普遍的自由,他们的艺术生活或精神生活更是如此。只有这样,他们才有可能在史诗、悲剧与雕刻等艺术领域,取得后人几乎难以企及的辉煌成就。不难理解,在这种文化与艺术的氛围中,古希腊人的想象力与创造思维就像他们卓越的理智思维能力一样,在艺术创作中会表现得淋漓尽致,几乎到了随心所欲、尽情创造的自由境界。在这样的条件下,如果艺术家不是为了有意识地炫耀一下自己的写实技艺的话,我们很难想象他们会拘泥于循规蹈矩式的机械摹仿,把自己的才思、理想与精神追求寄托在"摹仿"出来的普通形象里。符合逻辑的推理兴许是:古希腊艺术家在从事艺术创作的活动中,尽管会"观看许多模特儿",但绝对不会"照猫画虎"或"照床画床",他们会把自己的审美理想、精神追求连同富有生气的活力灌注到美化了的或"理想化"了的艺术形象之中。那种"观看许多模特儿"的做法,类似于"搜尽奇峰打草稿"的中国画家,所追求的是集千山万壑的美景于一胸,最终创作出自己所理解、所喜爱、所向往的"心画",而非自然界里肉眼所见的实景。

我们知道,古典理想是在古希腊艺术中实现的。因此,以雕刻为代表的古希腊艺术,被黑格尔视为成熟的"古典型艺术"。这种艺术的"独立自足性在于精神意义与自然形象互相渗透"。"在这种互相渗透之中,由精神转化成的自然形象和外在存在那一方面也因而直接获得它本身的意义,不再把这一意义暗示为某种从物体现象割裂开来、与物体现象不同的东西了。这就是符合精神概念的精神与自然的同一,它不只是停留在两对立面的平衡上,而是把精神提升为更高的整体,在它的另一体里仍维持住它自己的独立,把自然的化成理想的,使自己通过自然而且就在自然中表现出来。古典型艺术形式的概念就以这种统一为基础"①。为了证明这一点,黑格尔进而指出:希腊人生活在自觉的主体自由和伦理实体的这两个领域的恰到好处的中间地带。既不丧失掉自我,也不沉浸于自我,而是在享受本身独立自足与自由的同时,并不脱离现实政治的一般现存旨趣以及内在于当前现实生活的精神自由。这样便使伦理的普遍原则和个人在内外双方的抽象的自由处于和谐之中,使政治生活的理想与信条沉浸在个人生活里,同时也使个人在全体公民的共同旨趣里找到自由。于是乎,"美的感觉,这种幸运的和谐所含的意义和精神,贯穿在一切作品里;在这些作品里,希腊人的自由变成了自觉的,它认识到自己的本质"。最终使艺术在希腊"变成了绝对精神的最高表现方式"。② 譬如,希腊雕刻艺术中的神像,总给人这样一种类似性的印象:高额头,强有力的仿佛居统治地位的鼻子,活跃的眼睛,丰满的腮帮,和蔼的精工细凿的嘴唇,显示出才智的头部姿势,眼光侧向一方,略向上仰视,显出全部的丰富的沉思的友爱的人道精神;此外还有额头上那些仔细雕出的筋肉,神情以及感情和热情的表现,在生气蓬勃之中又有老年人的平静、肃穆和高昂的气象……总之,"他们高超的自由和精神的宁静把他们提高到超越了自己的躯体,使他们仿佛觉得自己的形状和肢体不管多么完美,毕竟是一种多余的附属品。但是整个形象仍然是气韵生动,和精神生活是处在不可分割的同一体内,本身坚固的部分与本身柔弱的部分并不是互相脱节的,精神并没有脱离肉体而上升,而是双方形成一个完美的整体,流露出精神的镇静自持、雍容肃穆的气象"③。可见,希腊艺术即便隐含着怎样的写实主义风格或摹仿现实对象的印迹,但终究是自由精神与自然形象互相渗透、理想与现实彼此统一的产物,是艺术家依据自己的审美理想予以美化、神性化、精神化和典型化的创造性成果。这并非是对"艺术摹仿论"提出的理想化的形而上学要求,而是可以在现存的古希腊雕像和诗剧艺术作品中得到印证的东

---

① 参阅黑格尔:《美学》(朱光潜译,北京:商务印书馆,1979年),第二卷,第162—163页。

② 同上书,第168—170页。

③ 同上书,第229—230页。黑格尔此处以德国雕刻家劳哈(C. D. Rauch, 1777—1857)的一尊歌德的上身雕像为例,以直观而形象的描述,来表达自己对古希腊人体(特别是神像)雕刻艺术的基本印象。

西。另外,这一点也在某种程度上表明:柯林伍德(R. Collingwood)所说的"双重摹仿说"(double imitation),有其自身的合理成分。①

那么,柏拉图为何以否定性的方式来论证艺术"摹仿论"呢?难道他缺乏艺术常识吗?在我看来,像柏拉图这样重视音乐、喜欢荷马、写过诗剧的人,决然不会缺乏有关艺术的任何常识。他之所以对艺术"摹仿论"作了否定性的诠释,恐怕不只是因为他一味从形而上学的原则出发来审视摹仿,故此低估了摹仿在艺术形象创造中的实际作用与象征关系。我个人觉得,这其中的原因在相当程度上与写实派的艺术观念及其艺术实践密切相关。写实派的理论背景发端于爱奥尼亚学派的实在论,认为自然孕育了艺术,艺术就是师法自然。也就是说,艺术家在与大自然的接触中,受到万物不同形态的启示,于是在构形绘影的摹仿过程中产生了艺术作品。譬如,人类的音乐是对宇宙交响乐的复制,人类的建筑是对森林和洞穴结构的效仿,人类的言语是对狂风呼啸与微风低吟的模拟。写实派的艺术成就在公元前5世纪末期便已达到顶峰,对外物的摹写可以说是惟妙惟肖,以假乱真。但在柏拉图看来,写实派艺术实践所标榜的是逼真,而逼真终究是外观形象上的逼真,是靠神奇巧妙的摹仿术来取得这一效果的。这种"形似"而"神散"的作品,算不了什么。当时最先使用明暗对比的雅典画家阿珀

---

① 此说认为艺术摹仿过程中既涉及知觉对象(percept),也参照理想观念(ideal),其结果不是原来模型的摹本或拷贝(facsimile or replica),而是相似但有创意的作品,其精品佳作会胜过原来的模型(Cf. R. G. Collingwood. "Plato's Philosophy of Art," *Mind*,34[1925],pp. 158-167)。柯林伍德所说的"理想观念"(ideal),与柏拉图所言的"美的理式"有关。实际上,不少学者认为柏拉图所谓的"摹仿",不仅摹仿自然物的外在形象,也摹仿具有普遍性或典型性的"理式"。持此观点的学者包括塔特[J. Tate. "'Imitation' in Plato's Republic," *Classical Quarterly*,22(1928),pp. 21-22],格林[W. C. Greene. "Plato's View of Poetry," *Harvard Studies in Classical Philosophy*,29(1918),pp. 34-35],格尔登[Leon Golden. "Plato's Concept of Mimesis," *British Journal of Aesthetics*,15(1975),pp. 118-131],默多克(Iris Murdoch. *The Fire and the Sun*)和洛齐(R. C. Lodge. *Plato's Theory of Art*. Routledge & Kegan Paul,1953,p. 182)等人。但内哈马斯(Alexander Nehamas)则持异议,认为艺术家所摹仿的所谓理式,并非是柏拉图式的理式,因为柏拉图在《理想国》里说过"诗人摹仿生活"(402c)。内哈马斯看来倾向于把艺术中的摹仿分为好坏或优劣两种结果[Alexander Nehamas. "Plato on Imitation and Poetry in Republic 10," in Julius Moravcsik/Philip Temko(eds). *Plato on Beauty, Wisodm and the Arts*,pp. 59-69]。我以为,阅读柏拉图的对话,不要设想取得现成的结论,而要在对话与思索中推导可能的答案。若把摹仿当作艺术创造、艺术再现与表现活动,心存理想、享有自由的艺术家总不会画地为牢,拘泥于柏拉图所划定的范围的。再说,制作床的木匠能直接摹仿神造的床之理式,艺术家难道就不能为之吗?更何况那些既会打造床又会描绘床的艺术家呢?

鲁德罗斯,把崇尚写实的画家称之为"影子画家",多少含有鄙视与贬抑成分。亚里士多德在论及公元前5世纪的雅典绘画时,对擅长壁画的画家珀鲁格诺托斯赞赏有加,认为他"所描绘的人物比一般人好"①,随后将其与宙克西斯作了比较,认为"前者善于刻画性格,而后者的画作却无性格可言"②。看来,从柏拉图到亚里士多德,对于写实画风都不以为然。

不过,古希腊人常说"趣味无争辩"。再说这种追求摹仿逼真的游戏,终究是人们闲暇时的娱乐活动,无论从哪一方面说都并无大碍。想必柏拉图也不会仅仅因此而着意贬低摹仿艺术。我个人以为,这里面还涉及更为深层的原因。第一是道德原因。对此我们在分析心灵诗学的实践准则时已经谈到。这里需要强调的是:柏拉图对于惟妙惟肖的摹仿艺术甚为顾忌,担心有悖道德教育与城邦伦理的摹仿,会对涉世不深、阅历短浅的年轻人构成强烈的诱惑,从而刺激他们的摹仿本性,在不辨真假美丑的情况下忘情于摹仿对象(尤其是诗歌里所描述的人物)的快感之中。如果所摹仿的对象是邪恶而不道德的,那么久而久之,就会污染他们的心灵,腐化他们的德性,损坏他们的人格,最终不但难以成为合格而优秀的城邦卫士,反倒成为城邦的负担或祸根。第二是认识论原则。该原则与形而上学的二元论和唯理智主义关系密切。艺术所摹仿的物象,是影子的影子,与代表实在本体的理式相隔两层,因此没有真理内容,只有外在形象,不能直接作为思维认识的客体,也不可能提供真正的知识。第三是实用主义原则。实用主义的根本要义在于有用就是价值。艺术作品"化实(物)为虚(象)",表现的是感性审美的形象;实用作品"赋材(料)以形(器)",制作的是工具性的器物。仅从实用角度来审视,自然会觉得艺术摹仿有"画饼充饥"或"水中捞月"之嫌,无助于满足个人与社会生活中的实际需要。

3. 艺术想象与典型再现说

如果转换角度重新解读柏拉图的"床喻"与"摹仿说",我们还能

---

① 参阅亚里士多德:《诗学》(陈中梅译注,北京:商务印书馆,1999年),第二章,1448a5。
② 同上书,第6章,1450a35。

发现更有趣的东西。按照柏氏本人的说法,神创设了床的唯一理式,属于"创造者的艺术"(technē chrēsomenēn);木匠根据这一理式打造出实用之床,属于"实用者的艺术"(technē poiēsousan);画家则根据木匠的实用之床描绘出此床的影像,属于"摹仿者的艺术"(technē mimēsomenēn)。在运用摹仿术的画家那里,只要"把握了事物的一小部分,而且还是事物表象的一小部分,就能制造出任何事物"。其轻而易举的程度就像手里捧着一面富有魔力的镜子,只要对着四周的万物迎头拂照,就可将其千姿百态(表象或影像)尽收于镜内(即再现于画面)。这些表象或影像竟然能够以假乱真,骗过人的眼睛(trompe l'eoil)。需要指出的是,原文中的影像(phantasmatos),同时也表示表象(appearance)、形象(image)、幻象(vision)、梦境(dream)和非实在的外貌(unreal appearance),等等。所谓只要把握事物或其表象的一小部分,就能"制造出任何事物",这似乎意味着从事物局部的表象来推想出事物的全部面目或整个形象,也就是以少见多,从可视的在场事物或表象中见出不在场或看不见的东西(譬如从画面上床的一角推知整个床的形状,从画面人物胸前的一只胳膊想象到藏在身后的另一只胳膊)。所谓"骗过人的眼睛",在这里主要是指一种幻觉,此幻觉源于视觉对象的立体感与相似性给人一种视觉的真实感。这三种因素是构成摹仿术的关键,也是成就"优秀画家"(agathos zōgraphos)的基础。其实,汇总起来看,这三者既表示画家的技艺或高明的摹仿术(再现与表现能力),同时也意味着画家的想象力。描绘事物的影像、幻觉与梦境,均与想象分不开;从事物表象的局部看到全部,也与想象分不开;骗人耳目的视觉真实感,当然也与想象分不开。其实,就连柏拉图所谓的"床喻",也是他个人想象出来的结果。这意味着柏拉图笔下的"床喻"和"摹仿说",虽然旨在贬低写实绘画和抨击荷马史诗,但却在不经意之间对艺术的想象力及其效应作了间接的阐述。在《智者篇》中,柏拉图在论及绘画艺术时指出:以建筑艺术造一座房子,是供人居住的;而以绘画艺术造另一座房子,则是一种为醒者所制造的人为梦境。这里虽然是为了凸现实用的建筑艺术、取笑无用的绘画艺术,但却从另一个侧面表明了后者的魔力,即一种能使醒者进入梦境的魔力。这种魔力,也正是艺术想象力的具体表现。

英国艺术史家贡布里希曾从"匹配"(matching)的角度,对柏拉图的上述学说进行了分析。他认为,柏拉图抨击摹仿论或摹仿术的主要目的在于"提醒他的同时代人,艺术家所能匹配的仅仅是'外貌'或'表象',艺术家的世界是幻觉的世界,是欺骗眼睛的镜子的世界。如果他像木匠一样是个制造者,热爱真实的人便能容忍他,但他作为一个这种转变着感觉世界的摹仿者,他使我们离开了真实,因此必须从理想城邦放逐出去"①。不过,贡布里希接着指出:"柏拉图斥责这种欺骗的激烈性,反倒提醒我们注意到这样一个重要的事实:摹仿还是一个新近的发明,当时的许多批评家因为这样或那样的原因同柏拉图一样怀有这种厌恶感;但他们甚至也承认,在整个艺术史上,极少有比从公元前6世纪和柏拉图年轻时代直到公元前5世纪末之间希腊雕塑与绘画的伟大觉醒更令人激动的壮观场面了。这一激动人心的状态一直是按照《睡美人》中的一段情节来传颂的——王子的轻轻一吻,打破了千年符咒,将整个宫廷都从这严酷而奇异的酣睡中搅醒了。……这样,僵硬呆板的紧张姿势发生了变化,生命似乎进入了大理石。精美的少女形象(korai)进一步证实了这种图景。最后,我们可以在绘制的陶器上追溯到古希腊绘画史,说明了公元前5世纪透视缩短法的发现,对空间的征服和公元前4世纪对光的征服。"②贡布里希"千年一吻"的比喻,极富浪漫主义色彩。这种带有诗人气质的解读方式,满怀惊喜地把摹仿术与透视画法的发明联系在一起,从绘画历史发展的角度赋予其积极的、重要的和划时代的意义。这摹仿术与透视画法,这焕然一新的雕像姿态和灌注到大理石里的生命活力,连同艺术中骗人耳目的幻觉与"影像之影像",不仅暗示出某种新型的写实艺术的生成,而且表明了艺术想象力或虚构能力的特有机制。

另外,在古希腊文中,柏拉图所言的影像(phantasmatos),同时还意味着"物体呈现在脑海中的形象或意象"(an image presented to the mind by an object)。这表明该形象或意象是通过头脑加工后的产物,同时也隐含着人类观看和认识外界事物的独特方式。不过,该程序不会完全是镜子般的直接反映,而是伴随着或多或少的匹配和修正过程(process of

---

① 参阅贡布里希(冈布里奇):《艺术与幻觉》(周彦译,长沙:湖南人民出版社,1987年),第111页。
② 同上书,第112—113页。

matching and correctness),也就是我们上文所述的理想化过程。对于这一点,柏拉图从不隐瞒。在《理想国》第五卷里,他假定画家能够画出最为理想的美男子,能把一切画得恰到好处,尽管他不能证明这种美男子是否实际存在。① 理想与现实总是处于矛盾的状态,但这丝毫不影响人们在憧憬理想的同时追求对现实的超越。现实生活中如此,艺术活动中更是如此。特别值得注意的是,艺术实践中的理想化过程,在很大程度上也就是典型化过程。这典型(type),当然不是来自影像,而是影像的本源。根据柏拉图的"床喻",本源可上溯到理式。而在影像与理式之间,存在一种"象征关系"。通过想象力的作用,这种"象征关系"变得更有意义,更富活力。理式原本作为某类事物的理式,如此一来不仅具有了"类"的代表性含义,而且演化为艺术所要"摹仿"、再现与表现的象征性符号。在此意义上,无论是根据理想描绘的美男子,还是根据理式摹写的最好的床,一方面都是具象的个别(concrete particular),另一方面均具典型的共相(typical universal),合而言之,便是索尔邦所谓的"具体的共相":

> 具体的共相可以……是一类特定事物的理想典范(ideal),也可以是一类特定事物的典型(type),其所彰显的是这类事物的感性特征(perceptually characteristic traits)。这是一种凭借想象力便可以创造出来的共相,是诸多感性特质的化合体(compound of perceptual qualities)。此化合体通过心灵的认识,最终赋之以物形,旨在便于他人观审。这也是形象创作者的作品。在创作者看来,该作品不仅表示某类特定事物在感性上最为独特的东西,而且代表这类事物的典型或理想典范(most typical or ideal of a given class)。譬如一尊年轻的裸体男子雕像,正是通过其技艺将这种内在的形象展示给其余人观赏的。②

显然,"具体的共相"、"理想典范"与"典型"三者,是异名而同义,均是绘画、诗歌或其他艺术所要摹仿、再现与表现的对象。在此意义上,有的西方学者在新近的研究结果中,建议把柏拉图所言的"摹仿"

---

① Cf. Plato. *Republic*, 472d.
② Cf. Göran Sörbom. "What is in the mind of the image-maker?", in *Journal of Comparative Literature and Aesthetics*, Nos. 1-2, pp. 1-41, 1987, p. 27.

(mimēsis),解释为"典型的再现"(mimesis as representation of types)。①由此形成的艺术作品,尽管在柏拉图看来难以依据认知的真理标准(standards of cognitive truth)进行判断,但却可以参照道德的真实标准(standards of moral truth)予以评价。相应地,柏拉图有关"摹仿艺术"的论述,可以归纳如下:

(1)如果甲(在某种程度上)再现和相似于(represents and is similar to)某些可感知的或想象出来的对象、题材、人物或情景之(心中想象的)理想化的典型(idealized types),那么,甲就是一件摹仿品(a mimetic object)。

(2)甲(这件摹仿品)的价值取决于(a)甲与其摹仿的典型(the imitated type)之间的相似程度;(b)摹仿之典型(或题材)的道德价值;(c)甲对其观众或参与者的道德影响力。②

事实上,一件柏拉图所谓的"摹仿艺术"品的价值,除了取决于上述三种因素之外,还应取决于其自身与理式之间的象征关系(symbolism)。虽然柏拉图断言这种艺术品与其摹仿的理式或真实相隔两层,但一叶可知秋,因循这种象征关系不仅可以发现艺术品自身包含的认知价值,而且还可以通过艺术品来激发人们的认知欲望或溯本探源的好奇心。对于这一点,下文还将做进一步的探讨。

4. 西方诗学理论的重要基石

鲍桑葵在评述柏拉图的美学思想时特意指出:"至少在柏拉图的著作中,对创造形象的美术进行形而上学的估计,同那种对想象力进行类似的心理学估计,是密切相关的。虽然这种形而上学的估计在形式上是非审美的,并且对充满诗意的世界之价值采取了极端敌视的态度,但是它在实质上却是美学理论的一个重要基石(important foundation-stone)。"③

---

① Miichael Ranta. *Mimesis as the Representation of Types* (Stockholm: Elanders Gotab AB, 2000), pp. 54-68.
② Ibid., p. 63.
③ 参阅鲍桑葵:《美学史》,第 40 页。The original statement goes as follows:"This metaphysical estimate of image-making fine art, closely associated at least in Plato with an analogous psychological estimate of the imagination, although in form non-aesthetic, and profoundly hostile to the value of the poetic world, is in substance an important foundation-stone."(Cf. Bernard Bosanquet. *A History of Aesthetic*, p. Ch. III, p. 28.)

鉴于柏拉图所关注和研究的对象主要是诗歌艺术,我们完全可以顺理成章地称其为西方诗学理论的重要基石。就鲍氏的这一陈述而言,"形象创造的美术"是指制作影像的绘画;对此进行"形而上学的估计",就是从形而上学的立场对绘画摹仿的价值与地位进行评判。"想象力"是指绘画摹仿的能力,接受形象的能力和绘画形象本身以假乱真的感知效果;对此"进行类似的心理学估计",就是以"床喻"这样的类比性方式,从心理角度来揭示和评价虚有其表的绘画形象对观众所产生的可能影响。柏拉图式的形而上学估计,无疑带有二元论、本体论、理念论和唯理智主义的色彩。从认知的价值和逻辑来看,绘画形象及其绘画艺术本身,作为摹仿外物的结果,与真实体相隔两层,因此地位卑微,甚至被打入欺哄无知观众的江湖骗术之列。不过,有趣的是,这一形而上学原则以敌视和否定的态度,对摹仿艺术世界及其丰富多彩的形象创造极尽嘲讽和奚落之能事,又怎么会在实质上被视为美学或诗学理论的"重要基石"(foundation stone)呢?

在我看来,这其中起码涉及三个因素。第一,把绘画或艺术的本质归于摹仿,正好表明了艺术生成的重要机制与基本特征。在古希腊文中,"摹仿"同时意味着"再现"、"表现"与"复制"。不管采用何种说法,这都是一种制作过程,即制作一个形象的过程。画床也罢,画人也罢,还是画其他任何图景也罢,终究要落实在形象上,要靠形象来表情达意。这一方面需要画技,也就是柏拉图所说的"摹仿术"(我们也可以称其为"再现术"或"再造术"),另一方面还需要想象和创意。上述宙克西斯的葡萄画,能引来飞鸟啄食,足以证明其画技的高超;另一幅参赛的白纱画,竟然以假乱真,引起轰动,也足以表明其中蕴含的想象力和出奇制胜的创意。如果抛开了价值论上的比肩量力,如果悬置起上帝手中的理式本体,如果不理会二元论所假定的孰优孰劣,我们面对一幅所画之床或其他任何所画之物,用摹仿或再现来为其生成机制定位,难道不是名正而言顺吗?更何况那画面还是一种成功的摹仿或再现呢!

第二,"摹仿论"代表一种艺术创造论。不管柏拉图出于什么样的考虑,也不管他所根据的是形而上学原则、道德原则、趣味原则,还是认识论原则或实用主义原则,他所提出的"摹仿论"终究是对当时艺术实践活动的理论总结。至于他所持的否定性态度,非但不影响这一学说本身的价值与意义,反倒向后来的理论家提出了挑战。艺术即摹仿;摹仿即二等现实(secondary reality);二等现实即非在之表象(appearance of non-being);非在之表象缺乏实在之真理(truth of Being)……正是这种逻辑推理,引起亚里士多德的深入反思。亚氏认同艺术即摹仿的界说,认为史诗、悲剧、喜剧、音乐和绘画等艺术,"总的说来都是摹仿(ousai mimēsis to sunolon)。其中的三点差别在于摹仿中采用不同的媒介,取用不同的对象,使用不同的方式"①。亚氏还发现,"人从孩提时候起就有摹仿的本能(mimeisthai sumphutos)。人与动物的一个区别就在于人最善于摹仿,并通过摹仿获得了最初的知识(mathēseis tas prōtas)。其次,每个人都能从摹仿的成果中得到快感(chairein tois mimēmasi pantas)"②。这里,亚氏显然是从人性论、知识论和审美心理学的角度,有针对性地反驳了柏氏对摹仿功能与摹仿艺术的否定性态度。紧接着,亚氏还从摹仿角度进而界定了悲剧的本质特征,断言"悲剧是对一个严肃、完整、有一定长度的行动的摹仿,它的媒介是经过'修饰'的语言,以不同的形式分别用于剧中的不同部分,它的摹仿方式是借助人物的行动,而不是叙述,通过引发怜悯和恐惧而这些情感得以净化或疏泄(di eleou kai phobou perainousa tēn tōn toioutōn pathēmatōn katharsin)"③。显然,亚氏的"情感净化说"(pathēmatōn katharsin),是在界定悲剧即摹仿的过程中提出来的,这无疑是受到"摹仿论"的启发。更有趣的是,亚氏在比较诗与历史的差别时,认为诗人

---

① Cf. Aristotle. *Poetics.* I,1447a5-8. See S. H. Butcher. (ed.) *Aristotle's Theory of Poetry and Fine Art: With a Critical Text and Translation of The Poetics.* London: MacMillan,1911. pp. 6-7. 中译本参阅亚里士多德:《诗学》(陈中梅译注,北京:商务印书馆,1999 年),第一章,1447a5—8,第 27 页。

② Ibid. IV,1448b4-10. 另参阅陈中梅中译本第 47 页。相关的英译文参阅 Butcher 的希腊语—英语对照译本。其英译文是:"Poetry in general seems to have sprung from two causes, each of them lying deep in our naturE. First, the instinct of imitation is implanted in man from childhood, one difference between him and other animals being that he is the most imitative of living creatures, and through imitation learns his earliest lessons, and no less universal is the pleasure felt in things imitated."

③ Ibid., VI,1449b24-28. Butcher's English version follows:"Tragedy, then, is an imitation of an action that is serious, complete, and of a certain magnitude; in language embellished with each kind of artistic ornament, the several kinds being found in separate parts of the play; in the form of action, not of narrative; through pity and fear effecting the proper purgation of these emotions." 另参阅陈中梅中译本第 63 页。

的职责"不在于描述已经发生的事,而在于描述可能发生的事,即根据可然律或必然律描述可能发生的事";另外,诗的独特性不仅在于成功的摹仿,而且在于表达真理性的内容,因为"诗是一种比历史更富哲学意味、更严肃而优雅的艺术(philosophōteron kai spoudaioteron),诗倾向于表现具有普遍性的事情(ta katholou),而历史却倾向于记载具体事件(ta ekaston)"①。这里所谓"带普遍性的事情",实际上也就是根据可然律与必然律(kata to eikos ē to anagkaion)可能发生的事或可能会说的话。

---

① Cf. Aristotle. *Poetics*. IX,1451a37-1451b7. 中译文参阅陈中梅中译本第 81 页。相关的英译文为:"It is not the function of the poet to relate what has happened, but what may happen—what is possible according to the law of probability or necessity... The true difference [between poetry and history] is that one relates what has happened, the other what may happen. Poetry, therefore, is a more philosophical and a higher thing than history: for poetry tends to express the universal, history the particular. By the universal I mean how a person of a certain type will on occasion speak or act, according to the law of probability or necessity." 此处所录是 Butcher 的英译文,有三点需要注意。(1) Butcher 的最后一句英译文可能有问题,其意是说"我所谓的带普遍性的事,是指某一种人根据可然律或必然律将会如何言说或行动"。这里强调的是"某一种人[如何言说与行动]",与前面所言的"可能发生的事"有些出入。T. S. Dorsch 的英译文为"By universal truths are to be understood the kinds of things a certain type of person will probably or necessarily say or do in a given situation(所谓带普遍性的真实,可以理解为某种人在特定情境中将可能或必定要说或做的各类事情)"。这里强调的"[某一种人将可能或必定要说或做的]各类事情",与上一句的意思在逻辑表述上相通约,均指"可能发生的事",比较切近亚氏的意思。(2) 就 Butcher, Loeb edition 和 T. S. Dorsch 各自的英译文而言,对 philosophōteron kai spoudaioteron 这两个古希腊词的翻译不尽相同。Butcher 将其译为 "a more philosophical and a higher thing"(一种更富哲学意味和更高级的东西);Loeb edition 将其译为 "something more scientific and serious"(某种更科学和更严肃的东西);Dorsch 译为 "something more philosophical and more worthy of serious attention"(某种更富有哲学意味和更值得认真关注的东西);陈中梅将其译为"更富哲学性、更严肃的艺术"。根据原文,我发现上述译文的差异在于对 spoudaioteron 一词的不同理解上。该词有两层意思:一是严肃或认真(serious or careful),一是美好或精彩(good or excellent)。亚氏是论诗时使用该词的,因此,我想他不会只取"严肃或认真"之意,不顾"美好或精彩"之意。参照前译和原文本意,我将其译为"更富哲学意味、更严肃而优雅的艺术"。这里之所以采用兼容并蓄的译法,一是用"严肃"来应和"哲学意味",二是用优雅来表明诗歌艺术的审美特征。(3) 希腊语 to eikos(可然律)与 to anagkaion(必然律)的英译文是 "the law of probability or necessity"。根据陈中梅的注释,可然律(陈译为"可然的原则")具有符合一般人看法的特点,必然律(陈译为"必然的原则")具有排斥偶然或选择的特点。其原话是这样说的:"亚氏认为,事物的存在或不存在,事情的发生或不发生,若是符合一般人的看法,这种存在或不存在,发生或不发生便是可然的[《分析论》(*Analytica Priora*) 2. 27. 27a2—6,另参阅《修辞学》1. 2. 1357a34ff]。'必然'排斥选择或偶然:一个事物若是必然要这样存在,就不会那样存在;一件事情若是必然会发生,就不会不发生(《形而上学》4. 5. 1010b26—30)。"(参阅亚里士多德:《诗学》,陈中梅译注,第 7 章注释 21,第 76—77 页。)

亚氏的诗学观,上承柏氏的"摹仿论",采用了"接着说"而非"照着说"的方式。他以自己反思的结果,对业师的理论作了补正性的回应,彰显了艺术"摹仿论"内在的合理性与可为性。从前后关系来看,阿佩莱斯与宙克西斯等写实派画家的艺术实践是崇尚摹仿的,我们可以将其视为一个"正题";柏拉图则是凭借形而上学原则来批评形象摹仿的,其否定性的态度有矫枉过正之嫌,我们不妨将其视为一个"反题";亚里士多德则是肯定艺术"摹仿论"的,其更为详致的分析给人以拨乱反正之感,我们不妨将其视为一个"合题"。这正好构成正反合的逻辑发展过程,对后世西方诗学与美学理论研究的影响可谓历久弥新,远非其他学说可比。

第三,艺术形象与理式本体的象征关系,具有极其特殊的理论意义,涉及艺术的目的、形象的价值与美的本质问题。就上述"床喻"而论,神造之床是床之原型或理式本体。根据柏拉图的神学观念,神不仅是美的,而且是美的原因,其所造之物自然也是美的典型。木匠所造之床是对神造之床的摹仿,其自身之所以美,是因为分享了原有的美。天下万物为神所造,其各自的美,也正是因为分享了神这位造物主赋予其所造之物的美。如同"日喻"所说,只有在日光的照耀下,大千世界才会呈现出五彩缤纷的美景。没有神的光临和恩赐,"万古长如夜",天地万物无美可言。由此看来,画家所画之床作为艺术家所使用的形象,与代表现实世界的木匠所造之床具有直接的摹仿关系,而与代表理式世界的神造之床具有间接的象征关系。假如艺术形象是美的,与其说那是通过摹仿再现了现实世界的美,毋宁说那是凭借符号象征了理式世界的美,即神之美。如此看来,艺术形象的美,虽然与现实之美相比低其一等,但却"具有充当精神事物的象征的功能"。那么,艺术的目的和价值,是否就存在于这种象征关系之中呢?是否就在于从神造之物的更深刻的意蕴中去揭示美呢?诚如鲍桑葵所言,"这是一个再也明确不过的挑战。后来的思想界也不得不就此进行追问"①。他本人用"象征作用"(symbolism)来概括柏拉图的艺术思想,

---

① 参阅鲍桑葵:《美学史》,第41页。鲍氏还认为,"在美的问题上(虽然不是在艺术的问题上),柏拉图甚至还给人以积极的启发。他断言,造物主在创造美丽的世界的时候,必定是按照终极的基本秩序塑造的(参阅《蒂迈欧篇》,28b);另一方面,任何按照造物主作创造的世界本身塑造出来的事物,尤其是艺术形象之类,都不可避免地必然缺乏美"。

显然是把上述象征关系及其功能作为重要的切入点。所谓象征关系或象征功能，就是用感性形式来象征性地体现看不见的实在（即理式）。我们知道，柏拉图在竭力反对自然一元论的同时，积极鼓吹自然和理智（或者说感觉和精神）的二元论。这种二元论把整个可以感知的宇宙变成了各种理式的象征。① 这里所说的"各种理式"，是指各类事物的范型，都统摄于绝对的善之中。而善作为至高的理式，是用太阳来象征的。在柏拉图对二元学说的诗化表述中，最先采用的"日喻"，与随后采用的"线喻"、"洞喻"和"床喻"一样，都无一例外地隐含着这种象征关系。在柏拉图的音乐思想中，譬如那些把多利亚等调式与某种类型的生活、人格与性情联系起来的论述，显然包含着某种象征作用。

从"摹仿论"演变为象征说，可谓逻辑发展的必然。这在柏拉图那里虽然是无心插柳之举，但的确向后世研究诗学与美学的思想家提出了一个理论上无法回避的问题。当然，这个问题既具有挑战性，也富有启发性。在反思和回答这一问题的同时，也必然促使理论问题从模糊走向澄明，从朴素走向成熟，从绝对走向辩证。譬如，在针对上述象征关系的诸多回应中，普洛丁与黑格尔的美论最具代表性。前者提出"流射说"，认为物质美的根源在于"分享到神所流

---

① 参阅鲍桑葵：《美学史》，第64页。原文是这样表述的："When we found that the idea of symbolism, that is, of the embodiment of invisible realities in sensuous form, is conspicuous by its absence from Plato's explicit theory of representative art, our conclusion ought to have excited some surprise. For, in the growing rebellion against a natural monism, fostered by abstract science on the one hand, and by abstract mysticism on the other, Plato appeared as the prophet of a dualism between nature and intelligence, or sense or spirit, which might be said to have had the effect of turning the whole perceptible universe into a symbol of ideas. It is difficult not to suppose that later European theology, to which fine art became so profoundly related, has its ultimate source in the great simile of the Republic by which the Sun and its light are conceived as the offspring and symbol of the absolute good and its manifestation or utterance."（B. Bosanquet. *A History of Aesthetic*, pp. 47-48）随后，鲍桑葵还专门对柏拉图的"音乐象征作用"（musical symbolism）进行了简要的总结。他指出，"当柏拉图告诉我们，某些节奏，显然还有某些旋律，是某些类型的生活或性情的'摹仿品'的时候，我们就觉得他越出了形象和象征之间的界限。毫无疑问，在他看来。只有非常简单的音乐才具有这种清清楚楚的表现能力，而且从他的论述中，我们也不难看出他的思路的过渡痕迹。最初，他主张在记叙中复制某种性格的人所乐意采用的曲调或歌曲，也就是说，用同样的物质以声音摹仿声音，后来又进而考虑到按照曲调或节奏同当事人心绪的直接关系，来复制这种曲调或节奏"（同上书，中译本，第66页；原文本，第49页）。

射出的理性"。① 后者标举"显现说",断言"美是理念的感性显现"。②

① 普洛丁的"流射说"也被译为"流溢说"。这句话的英译文是:"A beautiful material thing is produced by participation in reason issuing from the divine" (Cf. Bosanquet. *A History of Aesthetic*. p. 114)。其意是说:"一件美的物质的东西是靠分享神所流射出来的理性而产生出来的。"这句话可以概括普洛丁的观点。在此意义上,普洛丁修改和更用了柏拉图的全部术语。他承认物质与物质世界的美,但这种美依然是一种形象或影子的美,是从理性中流射或流溢出来的,是诉诸心灵的,并且是通过理性把秩序注入物质时所凭借的力量来诉诸心灵的。这种形而上学的假定,正好表明艺术不是摹仿性的,而是象征性的,是象征某种深刻的审美意味的。艺术所象征的对象,也是其再现的对象。该对象不仅是"一种更高的艺术",而且具有"原创的美",能显示出理式,与本体性的存在和实在是彼此等同的。创造和欣赏美(如艺术美),均离不开心灵,因为只有心灵(代表一种自觉的心灵或心智活动)才能接近神或理式构成的真实界。把一块石头雕刻成一件美的艺术品,是艺术所赋予的理式所致。然而,这理式原来并不在石头材料里面,而是在未被灌注到顽石里之前就存在于构思者的心灵里面。如此看来,雕刻一件艺术品需要构思和想象。另外,艺术美也是理想化的结果,而非简单地复制或摹仿的产物。普洛丁作为一位新柏拉图主义哲学家,从象征关系和理想化角度,在一定程度上发展了柏氏的艺术"摹仿论"。他认为:"所有艺术并不是摹仿由肉眼可见的东西,而且要回溯到派生自然本身的理性原理中去;再则,艺术作品中还有许多自身独有的东西;这些作品包含着美,弥补了自然的缺陷。例如,菲底阿斯雕刻天神宙斯,并不是按照什么肉眼可见的事物中的某个蓝本,而是按照自己的体会,即他对于宙斯如果屑于显现给凡眼看时理应具有什么形象的体会。"["Now it must be seen that the stone thus brought under the artist's hand to the beauty of form is beautiful not as stone... but in virtue of the form or idea introduced by the art. This form is not in the material, it is in the designer before ever it enters the stone; and the artificer holds it not by his equipment of eyes and hands but by his participation in his art... and so the art exhibited in the material work derives from an art yet higher. Still the arts are not to be slighted on the ground that they create by imitation of natural objects; for, to begin with, these natural objects are themselves imitations; then, we must recognize that they give no bare reproduction of the thing seen but go back to the reason-principles from which nature itself derives, and furthermore, that much of their work is all their own; they are holders of beauty and add where nature is lacking. Thus Phidias wrought the Zeus upon no model among things of sense but by apprehending what form Zeus must take if he chose to become manifest to sight." Cf. Plotinus. "On the Intellectual Beauty," in Hazard Adams(ed.) *Critical Theory Since Plato*. New York et al: Harcourt Brace Jovanovich, 1971, p. 106.]

② 黑格尔的美学或艺术哲学是以研究和深入理解美的理念为根本出发点的。他认为艺术的历史发展,实质上是理念或精神的自我发展。在黑格尔那里,理念与精神、理性、理想、绝对、美、真、观念和客观性的统一等说法,经常是彼此联系和彼此互用的。根据中译本,黑格尔对于美的本质是这样界定的:"我们已经把美称为美的理念,意思是说,美本身应该理解为理念,而且应该理解为一种确定形式的理念,即理想。……美就是理念,所以从一方面看,美与真是一回事。这就是说,美本身必须是真的。但是从另一方面看,说得更严格一点,真与美却是有分别的……真,就它是真来说,也存在着。当真在它的这种外在存在中直接呈现于意识,而且它的概念是直接和它的外在形象处于统一体时,理念就不仅是真的,而且是美的了。美因此可以下这样的定义:美就是理念的感性显现。"(参阅黑格尔:《美学》第一卷,朱光潜译,北京:商务印书馆,1979年,第135—142页)在专门论及艺术的任务与表现价值时,黑格尔认为"艺术的任务在于用感性形象来表现理念,以供直接观照,而不是用思想和纯粹心灵性的形式来表现,因为艺术表现的价值和意义在于理念和形象两方面的协调和统

这里所说的"理性"与"理念",类似于柏拉图的"理式"。不过,"流射说"将艺术"摹仿论"中的象征关系表述得更为清楚,"显现说"则用具体的感性形式将抽象的绝对理念形象化和艺术化了,用辩证的方法将概念和实存、理性与感性、无限与有限统一起来了。黑格尔所言的"显现"(Schein),具有"显外形"和"放光辉"的意思。这种"显现"本身,就是一种自我否定即自我生发的辩证过程。这种"显现"结果,就是一件艺术作品。"在艺术作品中,人从一种有限事物的感性形象直接认识到无限的普遍真理。人们常说,艺术寓无限于有限。这种说法其实就是黑格尔的美是理念的感性显现的说法。"①

综上所述,从"床喻"中引申出来的"摹仿论",并非是指简单地"照床画床"或"照猫画虎"的游戏,而是再现加表现的艺术创造,并且关乎观众的行为—心理同化和道德伦理建设等问题。在此艺术创作

(接上页)一,所以艺术在符合艺术概念的实际作品中所达到的高度和优点,就要取决于理念与形象相互融合而成为统一体的程度"(同上书,第90页)。接着,黑格尔专就艺术美与理念、理想与具体现实的关系作了进一步的阐释。"就艺术美来说的理念并不是专就理念本身来说的理念,即不是在哲学逻辑里作为绝对来了解的那种理念,而是化为符合现实的具体形象,而且与现实结合成为直接的妥帖的统一体的那种理念。因为就理念本身来说的理念虽是自在自为的真实,但是还只是有普遍性,而尚未化为具体对象的真实;作为艺术美的理念却不然,它一方面具有明确的定性,在本质上成为个别的现实,另一方面它也是现实的一种个别表现,具有一种定性,使它本身在本质上正好显现这理念。这就等于提出这样一个要求:理念和它的表现,即它的具体现实,应该配合得彼此完全符合。按照这样理解,理念就是符合理念本身而显现为具体形象的现实,这种理念就是理想"(同上书,第92页)。黑格尔所讲的"理念",在艺术表现或艺术形象中成为"理想",成为"典型",成为艺术美的本质所在。黑格尔的理念,与柏拉图的"理式"或"理念"是有一定联系的,两者都保留了形而上学的意蕴和本体论的定性。比较看来,柏拉图的"理式"抽象而空洞,居高临下,存于虚空,它作为现实世界的摹仿"原型",只有通过理智与思索方可接近。而黑格尔的"理念"尽管先于现实世界,但实际上不再超越于现实世界的经验之上,而是作为现实世界的神或灵魂,已经与实存的具体形象统一起来,已经进入到现实世界(特别是艺术世界)之中,已经化为符合现实(艺术现实)的具体形象,不仅成为现实世界的实际内容和主宰,而且成为艺术所要表现的理想或典型。其次,柏拉图的理式是静止的,永恒的,万古如斯的。而黑格尔的理念,却是动态的,是一个在矛盾中不断否定自己而又不断回复到自己的发展过程(参阅蒋孔阳:《德国古典美学》,商务印书馆,1980年,第21—22页)。如此一来,至少从逻辑的表述上看,在黑格尔的美学思想中,理念与现实、理性与感性、特殊与一般、无限与有限等对立的观点,似乎已经不再是相互排斥的了。在这样一个广泛的整体中,那些互相对立的观点已经变成了某一完整真理的一些互相补充的方面,已经变成了一个运动过程中的各种矛盾,而这一过程借助这些矛盾并在解决所有这些矛盾中不停地发展着。因此,可以说,黑格尔的成熟的学说,是清楚而明了的(参阅吉尔伯特、库恩:《美学史》,上海译文出版社,1989年,下卷,第577页)。

① 参阅朱光潜:《西方美学史》(北京:人民文学出版社,1979年),下卷,第478页。

过程中,必然涉及相关的想象活动与理想因素。因为,享有民主与自由的古雅典艺术家,在从事所谓的艺术"摹仿"实践时,不可能只专注于"摹仿"对象的外观相似性,他们同时会发挥自己的艺术想象,参照自己的审美理想,突出生动的形象刻画,把自己的情思意趣和精神追求一并融会在艺术作品之中。被柏拉图视为"摹仿诗歌"之典型的荷马史诗,其文学的想象力和生动性是超乎寻常的。另外,"摹仿论"作为西方诗学与美学理论的重要基石,的确"萌生着古希腊思想中比较丰富的审美真理性"①。这种"审美真理性"(ahesthetic truth)不仅体现了古代写实艺术的本质特征,而且开启了西方美学中的"再现论"、"写实论"、"艺术形象创造论"与"艺术想象和典型再现说",同时从形而上学的二元论角度,为艺术的本体地位和耐人寻味的象征意义奠定了理论基础,后来的"神性流射说"和"理念显现说"等,几乎都与"摹仿论"结下了不解之缘。因此,我敢说,若要对西方美学与诗学之历史流变进行溯本探源式的学理性研究,恐怕还得认认真真地从柏拉图的艺术"摹仿论"入手。最后,值得强调的是,传统译名"摹仿论"无法涵盖或对应古希腊 mimēsis 论的历史语义及其多重用意。为了避免旧译所包含的片面诠释或可能的误导误解,本书提议采用音译的方式,将柏氏的 mimēsis 论简称为"弥美论",这样有利于传承其独特的原义。但考虑到已有的阅读习惯,免于引起意外的生疏或唐突之感,这里仍旧使用了"摹仿论"这一传统译名,只不过有意加上象征疑问或非议的引号,予以特殊的标示和软性的区别。

但不论怎么说,我们都不能忽略柏拉图的"床喻"与"摹仿论"中所存在的问题。他对待绘画、诗歌以及鉴赏性艺术的基本态度,一方面取决于道德理想主义与政治工具论,因此对于感性描写和审美愉悦高度警惕,倾向于从道德价值标准来评判艺术作品和监控艺术创作;另一方面,这种态度"隐含的一种经验主义的偏见,认为只有通过理性手段,如定义、证据与证明等等,才能把握事物之本质。这种看法与现代科学中的许多偏见非常相像"②。看来,感性与理性、审美与道德、

---

① Cf. Bernard Bosanquet. *A History of Aesthetic*, p. 12. According to Bosanquet, "Even the idea of imitation, indeed, contains the germ of a fuller aesthetic truth than was ever attained by Hellenic thought."

② 参阅布洛克:《美学新解》(滕守尧译,沈阳:辽宁人民出版社,1987年),第47页。

艺术与科学等范畴之间的紧张关系或张力(tensions),上可追溯到柏拉图的诗学与美学,下可引发人们继续的思索与探究。有关"摹仿说"的问题,我将在随后撰写的《〈法礼篇〉的道德诗学》一书中,做出进一步说明。

第八章 为诗辩护与诗化哲学

在西方诗学史上,柏拉图是一位有争议的人物。争议的主要焦点莫过于对《理想国》第十卷的不同解读。单凭其中的有关言论,柏拉图经常要背上驱逐诗人、否定诗歌等罪名。但就其整个诗学思想来看,柏氏对诗歌艺术本质的洞识及其对"摹仿论"的论述,又使他赢得开启古典诗学与美学研究的桂冠。事实上,柏拉图诗学有前后相悖的一面,也有彼此贯通的一面,对此不可采取大而化之的解释方法,那样会就其一点而不及其余,易犯以偏概全的毛病。国内外不少学者喜欢引用柏拉图驱逐诗人的相关言论,殊不知柏氏这位好诗爱智的诗人哲学家,对于诗歌艺术的态度是复杂而矛盾的。这在《理想国》里表现得颇为明显。因此,我们只有将其当作一个整体性的文本来读,才有可能真正了解柏氏诗学思想的实质及其对待诗歌与诗人的矛盾态度。根据我们的研究,柏氏谴责诗人和否定诗歌是不容掩饰的事实,但他同时也为诗歌进行了不同程度的辩护。另外,在对待"哲学与诗歌之争"的问题上,柏拉图的有些言论显然是扬此抑彼,容易使人觉得这两种学科是决然对立的东西,这主要是受柏氏诗学中形而上学和道德理想原则的影响,同时也与其倡导诗化哲学的主张相关。总之,柏氏的诗学目的是明确而一贯的。虽然他对诗人与诗歌的态度充满敌意,但这并不影响诗歌艺术在他心目中的重要地位,否则他也不会从心灵诗学与人格教育的角度去论证诗乐的心理与道德功能,更不会将诗乐作为蒙学的基本内容列入"七科"教育的体系之中。其实,我们只要换一角度就会发现,柏氏对诗人与诗歌的种种谴责与控告,正好从反面证明诗歌的重要以及他对诗歌的关注,特别是对哲理诗或诗化哲学的关注。

一 对诗人的谴责与控告

前文所述,柏拉图是根据形而上学的二元学说来谈论艺术的摹仿性相的。他从绘画艺术入手，不惜采用强辩的方式，执意把画家与诗人都当作摹仿者（mimētēs），把绘画与诗歌都归于摹仿艺术（technē mimētikos），把摹仿（mimēsis）视为所有（娱乐或审美）艺术的本质特征，断言艺术家所创造的审美形象与真实本体或理式相隔两层。我以为，在话语策略上，柏氏用"床喻"来论绘画是假，借此论诗才是真。作为一种形象生动的逻辑推理手段，"床喻"令人信服地把摹仿与绘画等同了起来。然而，一旦作者达到论辩的目的，便立刻词锋一转，直指诗人与诗歌，给人一种修辞意义上的"得鱼而忘筌"之感。如其所言：

> 现在，我们要检讨悲剧和悲剧大师荷马了。因为许多人都说诗人精通一切技艺，知道任何有关善恶的人事，乃至神灵的事。在一般读者心目中，大都认为一个优秀的诗人如果要以某项事物为题材来做一首好诗，他必须首先具备有关那项事物的知识，否则就不会成功。我们必须检查一下这些人，看他们是否也碰到了摹仿者（mimētēs），是否上当受骗，以致在看到他们的作品时，竟然看不出这些作品与真实体隔着两层（tritta apechonta tēn alētheian）？也没有想到这些作品只不过是影像（phantasmata），并不是真实体，因而认为不需要对真实有任何知识也很容易将其制造出来？你想一想，如果一个人既能摹仿一件东西，同时又能制造那件东西，他会不会专在摹仿上下功夫，并把摹仿的本领看作他平生最宝贵的东西呢？绝不会。如果他对所摹仿的事物享有真知识，那他就不愿摹仿它们，而宁愿制造它们，以便留下许多丰功伟绩，供后世纪念。他宁愿做诗人所歌颂的英雄，也不愿做歌颂英雄的诗人……
>
> 自荷马以来的所有诗人，都只会摹仿美德的影像（mimētas eidōlōn aretēs einai），或摹仿自己制造的其他东西的影像。他们完全不知道真实为何物，如同那些画家一样，虽然不懂鞋匠的手艺，但却能画出鞋匠来。诗人除了摹仿技巧之外便一无所知，但他能以词语为手段，出色地描绘各种各样的技艺，当他运用韵律、音步和曲调，来谈论制鞋、指挥作战还是别的什么时，听众由于和诗人一样对这些事情一无所知，只知道通过词语来认识事物，因而总是以为诗人的描绘再好不过了。
>
> 摹仿者关于自己摹仿得是好是坏，既无知识也无正确意见。

诗人作为摹仿者,自以为是,照样摹仿下去。看来,对于一无所知的群众来说,诗人所摹仿的东西还是显得美的(oion phainetai kalon einai tois pollois te kai mēden eidosi, touto mimēsetai)。摹仿者对于自己摹仿的东西没有什么值得一提的知识。摹仿只是一种游戏而已(einai paidia),是不能当真的(ou spoudēn)。……绘画和诗歌等摹仿艺术,是在创造远离真实体的作品,是在和我们心灵里的那个远离理性的低劣部分交往,而不是以健康与真理为目的。摹仿术乃是低贱的父母所生的低贱的孩子(phaulē ara phaulō xuggignomenē phaula genna ē mimētikē)。总之,摹仿诗人既然要讨好群众,他显然不会费心思来摹仿人性中的理性部分,他的艺术也就不求满足这个理性的部分了;他会看重容易激动情感和容易变动的性格,因为这最便于摹仿。所以,我们要拒绝这种诗人进入一个政治修明的国家里来,因为他培养发育人性中低劣的部分,摧残理性的部分。一个国家的权柄若落在一批坏人手里,好人就受迫害。摹仿诗人对于人心也是如此,他种下恶因,奉迎人心的无理性部分,并且制造出一些和真理相隔甚远的影像。诗歌的最大罪状在于:它具有腐蚀杰出人物的魔力,只有极少数人才会幸免。①

无疑,对于诗人和诗歌的上述抨击是严厉而认真的。柏氏笔下的苏格拉底,依据"更爱真理"②的原则,忍痛割爱,先拿希腊诗歌之父荷马开刀,将其同赫西俄德一并归为缺乏真知、玩弄技巧和徒有虚名的

---

① Cf. Plato. *Republic*, 598d-605c.
② Ibid., 595c. 其希腊原文和英译文如是说:"Pēteon, kaiton philia ge tis me aidōs ek paidos echousa peri Homērou apokōluei legein. Eoike men gar tōn kalōn apantōn toutōn tōn tragikōn prōtos didaskalos te kai ēgemōn genesthai. All' ou gar pro ge tēs alētheias timēteos anēr (I must speak out, although a certain love and reverence for Homer that has possessed me from a boy would stay me from speaking. For he appears to have been the first teacher and beginner of all these beauties of tragedy. Yet all the same we must not honor a man above truth)." 前面都是谈论荷马的,奉其为悲剧诗人的祖师爷,从孩提时代起即对其怀有敬爱之心。但是"爱一个人不能高于爱真理",或者说,"我爱荷马,但更爱真理"。这里很能反映言说者内在的矛盾心理和反传统的精神。另参阅郭斌和、张竹明中译本,其中译文为:"我不得不直说了。虽然我从小就对荷马怀着一定的敬爱之心,不愿意说他的不是。因为他看来是所有这些美的悲剧诗人的祖师爷呢。但是,不管怎么说,我们一定不能把对个人的尊敬看得高于真理。"(柏拉图:《理想国》,北京:商务印书馆,1995年,第十卷,595b—c,第387页。)

"摹仿者",把诗歌界定为远离真实本体但却擅长败坏道德人心的"摹仿品"。所列"罪状"可以概括如下。

1. 诗人行骗

同画家一样,诗人即摹仿者,诗艺为摹仿术,诗作是摹仿品。在无知的观众与听众心目中,诗人掌握了万能的技艺,无所不能,所制造的各种虚有其表的影像,易使不辨真假的无知者上当受骗,还以为从诗歌词语中就能认识实相,获得真知,欣赏到美的东西,学习到各种美德。殊不知骗人哄人是诗人特有的伎俩。自荷马已降,所谓诗人只不过是掌握摹仿术的骗子而已。荷马本人在他的史诗作品里描写过无数战役,但他没有指挥过任何一支军队,根本不是什么军事家;他还标榜过许多著名的领袖人物,但他没有参与治理过任何一座城邦,根本不是什么"优秀立法者";他还颂扬过那么多美德,但从来不能"真正帮助自己同时代的人得到美德",否则,"人们还能让他(或赫西俄德)颠沛流离、卖唱为生吗?人们会依依难舍,把他们看得胜过黄金,强留他住在自己家里。如果挽留不住,人们也会随侍在他的左右,直到充分得到他的教育为止"。① 只可惜,他所擅长的只是以假乱真的摹仿术或骗术而已。值得注意的是,这里所抨击的对象,主要是荷马和赫西俄德两人。他们各自不仅是"最高明的诗人和首屈一指的悲剧作家"(poiētikōtaton enai kai prphton tragōdopoiōn),②而且是编写和讲述那些"假故事"(mythous pseudeis)的高手或始作俑者,③可以说是所有

---

① Cf. Plato. *Republic*,600d-e.
② Ibid. ,607a. 柏拉图与其笔下的苏格拉底对荷马和赫西俄德有过严厉的批评,但也有高度的赞美。先后几次称赞荷马为"悲剧诗人的祖师爷"(595c);"全希腊的教育者"(606e);"最高明的诗人和第一个悲剧家"(607a)。在经常引用荷马史诗《奥德赛》和《伊利亚特》的同时,也引用赫西俄德的《工作与时日》和《神谱》(363—364),还将赫西俄德与荷马相提并论(377d/600d),似将前者视为后者的诗歌传人。
③ Ibid. ,377d-378a. 柏拉图认为,希腊史诗讲的多是宏大的故事,也就是荷马与赫西俄德以及其他诗人所讲的那些故事。他说当时的希腊人曾经听讲过,而现在还在听讲着他们所编的那些假故事。这也正好表明荷马与赫西俄德的史诗,具有教科书的作用,在古希腊流播深广而久远。柏拉图再次强调说,首先必须痛加谴责的,就是丑恶的假故事。其中最荒唐的莫过于把伟大的神描写得丑陋不堪,如赫西俄德所描述的乌拉诺斯的行为,以及克罗诺斯对他的报复行为,还有克罗诺斯的所作所为以及他的儿子宙斯对父王的报复行为。有关这些描述我们在讨论音乐教育与心灵诗学的过程中已经论及。另可直接参阅赫西俄德的《神谱》,154、495 等部分。

诗人的代表,因此批判他们就等于批判所有有悖道德理想的诗人。

追求真知、反对欺骗是柏拉图的一贯原则。他把摹仿术贬斥为骗术,乃在情理之中。不过,柏拉图也为"骗术"做过有趣的辩解,认为"只有执政官才有权对国家的敌人或公民弄虚作假,但必须是为了谋求城邦的利益。其他人不许染指这一特权。任何从事各种艺术或技艺的人,一旦发现弄虚作假,执政官便可予以惩罚。因为这种行径就像水手颠覆毁灭船只一样,足以颠覆毁灭一个城邦"①。如此说来,只有统治者可以借用国家利益的名义,随心所欲地弄虚作假、欺骗民众了。如此看来,中国盛传"只许州官放火,不许百姓点灯"的说法,已经不是唯我独有的国粹了。

2. 诗人无知

在古希腊文化传统中,荷马享有"全希腊的教育者"(tēn Hellada pepaideuken)之美誉。作为"教育者",那就意味着他学识深厚可为人师,德行善美可为世范。然而,柏氏却以反传统的悖逆精神,把以荷马为首的诗人贬斥为只懂得摹仿而无真知之徒。他们除了摹仿技巧之外便一无所知,只知道玩弄词语来描绘制鞋、军事指挥和城邦治理等各种技艺,而且自以为是,不懂装懂。照此逻辑,诗人自身的无知,最终成了诗人行骗的主因。另外,诗人作为摹仿者,全然不知实在,只知事物的外表,习惯于摹仿美德的影像;同时,在不知自己所造之物孰好孰坏的情况下,竟然不管不顾,一味照样摹仿,借此炫耀自己的成就。殊不知他们的作品远离真理,不能提供具有价值的知识。所以,在他们那里,"摹仿只是一种游戏,是不能当真的"②。不过,后世的康德和席勒等人,对此"游戏"十分看重。他们所倡导的"游戏说",对艺术创作与审美活动的自由本质进行了深刻的揭示。

3. 诗人乏德

如果诗人像静物画家那样只摹仿"花草虫鱼"一类无关紧要的东西,仅仅把自己的摹仿活动限于一种娱乐性游戏的话,那么,柏拉图也

---

① Cf. Plato. *Republic*, 389b-c.
② Ibid., 602a-c.

许不会对其采取如此敌视的态度。问题是"诗所摹仿的是在行动中的人,这行动或是由于强迫,或是由于自愿,人看到这些行动最终所交的好运或厄运,从中感到欢喜或悲哀。这样便使原本充满冲突的人心更趋于冲突了"①。更有甚的是,诗人一般缺乏道德责任感,在从事自己的工作时不以健康与真理为追求目标,而是千方百计地利用人类天性中的弱点,偏好摹仿那些远离心灵理性部分的东西,企图以此来刺激人的情感欲望。因为,这类东西不仅最便于摹仿,而且最能迎合观众的喜好。譬如,以戏剧性夸张的方式摹仿人遇到灾祸时的悲痛哀伤之情,不仅比较容易,还能引发相应的轰动效果;但要摹仿或再现达观而镇静的性格,那就比较困难,而且很难引起观众的共鸣,尤其不是涌入剧场的那一大群杂七杂八的观众所能理解和欣赏的。结果,久而久之,诗歌中那些情感性的刺激因素,会使观众沉溺于过度的悲伤或快乐之中,从而无法克制自己,这就等于怂恿了心灵中的低劣部分(欲望),摧残了心灵中的高贵部分(理智),最终会使他们的性格变得柔弱不堪。日后如果真的灾祸临头,他们会习惯性地悲伤不已,如同跌了一跤就哭哭啼啼的小孩一样。殊不知悲伤非但无补于事,反倒坏事,使人不能镇静下来,不能理智地应对当前的困境。② 最为严重的是,有的诗人对众神与英雄的描写,既不敬也不美,把所有人类的毛病也体现在他们身上,大有亵渎神明和诋毁英雄之嫌。这样会危害人们的神学观念和虔诚心理,会教唆人们借此为自己的过失开脱罪责。为此,柏拉图特意规定了相关的戒律,前文在论述心灵诗学的实践准则时已经谈过,这里不再赘述。

4. 诗歌的魔力

在柏拉图对诗歌的诸多控告中,最大的罪状(megiston kaiēgorēkamen)莫过于诗歌的魔力。该魔力"能腐蚀杰出人物",能败坏道德人心,能摧毁"心灵的城邦"(en autō politeias),因此对心系理想人格与理想城邦的柏氏来讲,是最为可怕、最令其头痛的事情。当然,柏氏之所以将此诗歌的魔力列为"最大的罪状",是因为他深知诗歌的艺术感染力,

---

① Cf. Plato. *Republic*, 603c-d.
② Ibid., 604-605.

深知诗歌在希腊传统文化与教育中的重要地位,深知现实与其道德理想的相互抵牾之处,同时也深知人类天性中的弱点所在。在许多情况下,诗歌的魔力犹如决堤的洪水势不可挡,会把多年的"道德教育成果"冲刷得七零八落。譬如,"当我们听到荷马或其他悲剧诗人摹仿一英雄遇到灾祸,长时间地悲叹或吟唱,捶打自己的胸膛痛哭,我们中间最优秀的人物也会喜欢这种描述或表演,忘乎所以地倾听和同情,并且赞赏诗人所表现出来的感人本领"①。这里,悲剧诗人由于奉迎我们心灵中渴望痛哭流涕以求发泄的部分,怂恿我们拿别人的痛苦来开心取乐,拿别人的灾祸来滋养自己的哀怜癖或强化自己的感伤癖,结果使自己在灾祸临头时难以自我克制,无法勇敢应对。相反,当我们观看喜剧表演或听朋友们说笑话时,原本羞于插科打诨的我们,不再嫌其粗俗反而感到愉快。这说明我们本性中存在诙谐的欲念,平时由于理性部分担心人家把自己看作小丑,因此在跃跃欲试时就被压制住了。如今逢场作戏,尽量使这种欲念得到满足,结果就不免于无意中沾染上小丑的习气。总之,诗歌中所摹仿的那些喜怒哀乐之情,理应枯萎而死,但诗歌却给它们浇水施肥,滋养它们。在我们理应支配这些情感,以便生活得更美好更幸福而非更坏更可悲时,诗歌却让它们支配起我们来了。②

鉴于诗人行骗、无知、无德和诗歌具有可怕魔力等上述原因,柏拉图根据道德理想原则决计下达逐客令。在他看来,为了"不让诗歌诱使我们漫不经心地对待正义和一切美德"③,现在不仅完全有理由"拒绝诗人进入政治修明的城邦"④,而且完全有理由"像当初那样把诗歌驱逐出理想国"⑤。这里所谓的"当初",是上接先前在第三卷里的论点而言的,这也正好表明第十卷是第三卷的续篇,只不过在理论陈述上较前更为系统和深刻罢了。其原话如是说:

> 假定有人靠他一点聪明,能够摹仿一切,扮什么,像什么,光临我们的城邦(ei ēmin aphikoito eis tēn polin),朗诵诗篇,大显身

---

① Cf. Plato. *Republic*, 605a-b.
② Ibid., 606c-d.
③ Ibid., 608b.
④ Ibid., 605b.
⑤ Ibid., 607b.

手,以为我们会向他拜倒致敬,称他是神圣的,了不起的,大受欢迎的人物了。与他的愿望相反,我们会对他说:我们不能让你这种人进到我们的城邦里来;法律也不准许像你这样的人生活在我们中间。我们将在他头上抹上香油,戴上羊毛冠饰,送他到别的城邦去(apopempoimen te eis allēn polin muron kata tēs kephalēs katacheantes kai eriō stephantes)。至于我们,为了有益于自己的心灵,将任用虽无他那种悦人本领但态度却比他严肃的诗人或讲故事的人,让其摹仿好人的言语,按照我们当初立法时所定的规范来说唱故事,以便教育战士们。①

柏拉图正是因为这段"臭名昭著"的言词,给自己招来了"驱逐诗人"或"敌视艺术"等罪名。不过,驱逐外来诗人的方式是非常温和而有趣的,绝没有行使"口诛笔伐"、"打倒在地"或"劳改流放"等"残酷斗争、无情打击"的野蛮做法。长期以来,这一点很少有人给与足够的重视,直到最近几十年来情况才有所改观。其中具有代表性的论述见

---

① Cf. Plato. *Republic*, 398a-b. 这段英译文略有差异,因此也影响到中译文。我在引用时根据希腊原文和相关英译文作了适度调整。这里仅列出 3 种译法供读者参考。(1)"...but should say to him that there is no man of that kind among us in the city, nor is it lawful for such a man to arise among us, and we should send him away to another city, after pouring myrrh down over his head and crowning him with fillets of wool, but we ourselves, for our souls' good, should continue to employ the more austere and less delightful poet and tale-teller, who would imitate the diction of the good man and would tell his tale in the pattern which we prescribed in the beginning, when we set out to educate our soldiers."(Paul Shorey)(2)"...but we'd tell him that not only is there no one like him in our community, it is also not permitted for anyone like him to live among us, and we'd send him elsewhere, once we had anointed his head with myrrh and given him a chaplet of wool. Left to ourselves, however, with benefit as our goal, we would employ harsher, less entertaining poets and story-tellers, to speak in the style of a good man and to keep in their stories to the principles we originally established as lawful, when our task was the education of our militia."(Robin Waterfield). (3) "But we will also tell him that there is no place for someone like him in our republic, because the law will not allow such people. Once we have anointed him with myrrh and placed a garland of wool on his head, we will send him away to some other republic. In our own we will employ the simpler and more austere kind of storyteller who will utilize the style of the good people and follow the models we prescribed when we first established the education of our soldiers."(Albert Anderson)关于"戴上羊毛冠饰"的习俗及其象征意义,Robin Waterfield 是这样注解的:"chaplet of wool: that is, treated him like a statue of a god or some other sacred object. Note that Plato does not intend a blanket ban on all poets and poetry; incidental remarks such as 460a and 468d show that some poets, even Homer, are acceptable if they conform to Plato's requirements."(Cf. Plato. *Republic*. Tr. Robin Waterfield, Oxford: Oxford University Press, 1993, Explanatory notes, 398a, p. 395.)

于法文版的皇皇巨著《诗学史》(1997)。该书的作者贝西埃和库什纳等人认为:柏拉图出于城邦卫士道德培养工作的需要,深感"诗的作用如此巨大,有必要监督(有时则要控制)诗人及其作品的影响。诗人的摹仿能力诱人而危险。正是从这个意义上,柏拉图建议把神奇的艺术家驱逐出境。不过,诗人并非像罪犯那样被放逐,而是爱抚有加,礼送他们出境的人心存遗憾,陪伴他们到达另一城邦。请注意这种礼遇,它完全改变了问题的实质。我们还提醒读者,柏拉图从来不曾建议理想国废除诗歌,而是希望造就更严谨的诗人,并且要求他们介入城邦生活,要求他们所选择的摹仿对象,有助于城邦卫士的道德培养"[①]。这显然是在为柏拉图正名。似乎在告诉读者,柏氏对诗人与诗歌的谴责也罢,利用也罢,都是事出有因,都是为了城邦利益与道德教育。

  不过,问题也并非如此简单。从柏拉图的上述说法中不难看出,柏拉图从其道德理想与政治理想的原则出发,是容不得这种可以"摹仿一切"的"万能艺术家"混迹于政治修明的城邦的,而且对于他们"自以为是"的炫耀心理和傲慢态度,颇为鄙视。在"床喻"中,他继而以更为讥讽的口吻,对无所不能但却一无所知的"摹仿者"深表不满。仔细分析这段话语,我们会发现柏拉图对诗人礼遇有加但分而治之等策略。第一,所驱逐的诗人来自异国他乡,所谓"光临我们的城邦",足以证明这一点。第二,不让外来诗人进入城邦,不仅是因为他自命不凡,而且还因为当初的法律规定:像他这种擅长"摹仿术"的摹仿者是不允许同这个城邦的人们生活在一起的。第三,给外来的诗人"头上抹上香油,戴上羊毛冠饰,送到别的城邦去"。这绝非简单地"你从哪里来就回到哪里去"的逐客方式,而是一种高级的礼遇。我们很难断定这里所言的"送"(apopemmpoimen)是否为"护送",但肯定不是"遣送";从字面意思和具体语境看,应是客客气气的"道别式欢送"。至于古希腊式的抹香油(muron)与戴冠饰(eriō stephantes)习俗,无疑是表示尊敬,当时只有英雄人物和神祇的雕像或其他圣物才会享受这种待遇。如今,抹香油的古老习俗,在天主教和东正教的抹圣油仪式里还可以多多少少看到一些近似的遗风。第四,注重心灵塑造和道德教

---

  ① 参阅让·贝西埃等主编:《诗学史》(史忠义译,天津:百花文艺出版社,2002年),第18页。

育不仅是任用愉悦本领较小但态度比较严肃的诗人的原因,同时也是不许外来诗人进入城邦的原因。第五,符合法定条件的诗人依然有用武之地。不过,他们必须依法作诗和说唱,也就要遵从法律所定的道德规范,要摹仿好人的言语,要说唱有利于教育城邦卫士的故事。这些要求显然体现了柏拉图道德理想主义诗学和政治工具论思想的基本原则。

从上述观点看,柏拉图显然不是简单而粗暴地"驱逐诗人",而是有条件地选择和利用诗人来实现自己的道德与政治理想,来建构自己心向往之的理想城邦。另外,柏拉图也不是随意地全然"取消艺术"或无端地"敌视诗歌",而是本着道德理想主义诗学和形而上学二元论等相关原则,试图对诗歌进行道德化的规范和建设性地借用。这样,他在谴责诗人与诗歌的同时,也不失时机地为其辩护。因此在他那里,谴责与辩护便演变为柏拉图手中的一把双刃剑。此种看似矛盾的做法,实际上正是其道德理想主义诗学原则的具体体现。这其中的问题实质,也只有通过透视柏氏为诗辩护的方式才能得到进一步澄清。

二 为诗辩护:直接与间接

柏拉图由于对诗人和诗歌进行过谴责与控告,因此在西方诗学史上落下了千古骂名。事实上,这并不代表柏氏诗学思想的全貌,充其量只是其中的一个侧面,而且经常被人夸大其词地加以利用。要知道,柏氏是一位谙悉诗歌艺术和提倡诗乐教育的诗人哲学家,通常是根据一定的认识论原则和道德理想原则,来确立和调整自己对待诗人与诗歌的具体态度的。可以说,他手中握有一把谴责与辩护的双刃剑,对诗人与诗歌总是有选择有条件地行使着自己的评判权力。在他那里,谴责与辩护的思想变奏,貌似一种相互矛盾的悖论,但细加考察以后就会发现,这只不过是事实真相的两个不同方面而已。究其本质,这一切应是道德理想主义诗学和政治工具论思想原则之必然的逻辑发展结果。这里,我们不妨探究一下柏拉图如何以直接与间接的方式为诗辩护。

1. 直接的辩护

所谓直接的辩护,主要是指柏拉图以直截了当和明白无误的话语方式,对诗人与诗歌进行肯定性的赞扬或有条件的利用。在《理想国》里,对荷马的赞扬就有多处,譬如,尊其为"全希腊的教育者","最高明的诗人和首屈一指的悲剧作家","美的悲剧诗的祖师爷","从小对其怀有一定的敬爱之心"云云。① 细心的读者也许会发现,这些肯定性的赞扬往往伴随着否定性的批评。这些批评多少带有忍痛割爱的味道,但出于"更爱真理"(tēs alētheias timēteos)的信念,不得不一吐为快,而且都比较集中地从道德教育和心灵塑造的利害角度,抑或谴责诗人作为摹仿者缺乏真知灼见,抑或控告史诗中对神祇和英雄的有些描写缺乏道德责任感。当然也有例外。譬如在《理想国》第五卷里,当谈论英雄行为与品格的时候,柏拉图再次把人们的注意视线引向荷马史诗,表现出一种完全肯定和推崇的积极态度:

>　　荷马诗篇中讲起过,用下述方式敬重年轻人中的勇士是正当的。荷马告诉我们,阿加斯打起仗来英勇异常,在宴席上受到全副脊肉的赏赐;这样对于年轻勇士来说既是荣誉,还可以增强他们的体力。在这方面,我们至少可以把荷马作为我们的榜样(Peisometha ara tauta ge Homērō)。在祭礼与其他类似场合上,我们表扬那些功勋卓著智勇双全的优秀人物,给他们唱赞美诗,给他们刚才讲过的那些特殊礼遇,给以上座和羊羔美酒,这样对于这些男女勇士,既增强了他们的体质,还给了他们以荣誉。②

这里与其说是从礼遇的角度称赞荷马,还不无说是从教育的角度

---

① Cf. Plato. *Republic*,595b-c,606e;607a.

② Cf. Plato. *Republic*,468c-e. 荷马对阿贾克斯英勇作战的有关描述,可参阅荷马史诗《伊利亚特》第七卷321—322行;另可参阅第八卷162行,第十二卷311行。第七卷里用很多笔墨,渲染了特洛城英雄赫克特与希腊联军勇士阿贾克斯之间的激烈战斗。两人争勇斗狠,锐不可当,杀得昏天黑地,令在场的将士目瞪口呆。战斗歇息时,希腊联军的最高统帅阿伽门农用大块烤肉犒劳阿贾斯。柏拉图引用此诗的目的可能是对勇士的战斗精神和统帅的奖励措施深表欣赏,认为这样有利于培养年轻人学习效仿,闻贤思齐,争做勇士。原诗的英译文为:"On there side, the Achaeans/conducted Aias(Ajax) in his pride of victory/to Agamemnon. In the commander's hut/Lord Marshal Agamemnon sacrificed/a five-year ox to the overlord of heaven./Skinned and quartered and cup up in bits/the meat was carefully spited, roasted well,/and taken from the fire. When all the food/lay ready, when the soldiers turned from work,/they feasted to their hearts' content, and Lord Agamemnon, ruler of the great plains,/gave Aias the long marrowy cuts of shine. /(Cf. Homer. *The Iliad*. tr. Robert Fitzgerald, Oxford:Oxford University Press,1984) vii,314-322。

肯定荷马。这段诗歌源于《伊利亚特》第 7 卷 320—322 行，主要描写希腊联军统帅阿伽门农对勇士阿贾克斯的赫赫战功表示嘉奖的聚会。他在自己的居所将一头五岁的公牛祭天，然后宰杀烤熟，在与将士分享之前，首先把一大块烤好的牛肉当众赏给英雄阿贾克斯。柏拉图之所以对此赞不绝口，主要是因为这种嘉奖勇士的方式。要知道，嘉奖勇士，不仅要看其立功的表现，看其能否为年轻的卫士树立榜样，还要看嘉奖的方式，看其是否有益于勇士以利再战，荣立新功。今天，享有锦衣玉食的现代人，也许很难理解"宴席上受到全副脊肉赏赐"的真正含义，因为这在他们眼里只是一大块烤肉而已，随处可见的任何一家酒店餐馆几乎都可以照单提供。岂知在古代的战争年代，那种朴实无华的嘉奖，丝毫不亚于一块奥林匹克运动会获奖金牌。古希腊人崇尚英雄人物，在血与火的战场上当众受到嘉奖，那是每个勇士梦寐以求的荣耀；古希腊人也钟爱身体诗学，在风餐露宿、食不果腹的远征途中，一大块烤肉对他们的吸引力或许远胜过金盾奖牌，因为肉食对增强他们的体质和进行肉搏作战的能力是至关重要的。

  还是在第五卷里，当论及婚嫁时，柏拉图对诗人的作用表示出热情欢迎的姿态，认为佳偶天成的新娘新郎在欢聚宴饮和祭享神明之际，"诗人作赞美诗，祝贺嘉礼"不失为一件美事。[①] 比较而言，在另外两个重要场合，柏拉图对诗人和诗歌所作的直接辩护最具有代表性，尽管总是同驱赶诗人的"逐客令"并置在一起。一处如上一节所述，见于《理想国》第三卷；另一处如下所述，见于该书第十卷：

> 实际上，我们只许可歌颂神明和赞美好人的颂诗进入我们的城邦。如果你做出让步，准许甘言蜜语的抒情诗和史诗进来，你的城邦的统治者就是快感和痛感，而不是古今公认的至善的法律和理性原则了(nomou te kai beltistou logou)。……既然诗歌的特点是这样，我们当初把诗逐出城邦的做法的确具有充分的理由。……我们也要许可诗歌的拥护者(他们自己不是诗人，只是诗歌的爱好者)用无韵的散文申述理由，说明诗歌不仅是令人愉快的，而且是对城邦的管理和人们的生活有益的(ēdeia alla kai ōphelimē pros

---

① Cf. Plato. *Republic*, 460a.

tas politeias kai bion ton anthrōpinon esti)。我们也要善意地倾听他们的辩护,因为,如果他们能说明诗歌不仅能令人愉快,我们就可以清楚地知道诗歌对于我们是有利的了。我们很乐意听到他们提出尽可能有力的理由,来证明诗歌的至善与至真(beltistēn kai alēthestatēn)。但是,如果他们做不到这一点,我们就要在心里对自己默念一遍自己的理由,作为抵制诗歌魔力的咒语真言,以免自己堕入众人那种对诗歌的幼稚之爱中去。①

显然,无论是留用还是驱逐诗人,无论是许可还是查禁诗歌,都是有一定条件的。在前文所引的第三卷首发"逐客令"里,柏拉图主要从年轻卫士的道德教育角度出发,执意驱赶那些自命不凡的摹仿诗人,坚持留用那些摹仿好人言语和态度严肃认真的诗人,尽管后者的"愉悦本领"或审美创造能力不及前者。在这段论述中,我们发现诗歌能否进入城邦起码要符合以下三个基本条件:

其一,符合道德与宗教原则。从诗歌艺术的形式上讲,理想国只许可"歌颂神明和赞美好人的颂诗(humnous theois kai egkōmia tois agathois)",要查禁的是"甘言蜜语的抒情诗和史诗(ēdusmenēn Mousan en melesin ē epesin)"。这无疑是基于道德教育和宗教信仰的考虑。我们在先前论述柏拉图的心灵诗学及其实践准则时,已就此列举出相关的道德与宗教规约。在这里,我们发现柏拉图一贯坚持道德理想主义的诗学原则,重道德而轻审美,对于富有审美价值和情感价值的"抒情诗和史诗"持否定态度,认定这种"甘言蜜语"的抒情诗和大喜大悲的史诗作品具有特殊的魔力,容易撩拨起人的七情六欲,最终使"快感和痛感"(hēdonē kai lupē)统摄人心。② 柏氏的心灵学说与心灵诗学告诉我们,他对情感欲望部分向来保持着高度的敏感和警觉。在他看来,人若溺于"快感",就有可能一味"寻欢作乐";人若堕入"痛感",就有可能变得"痛不欲生"。即便不走极端,也会时常感情用事,碰上喜事便忘乎所以,遇到灾祸便无法镇定,就像跌了一跤就哭哭啼啼的小

---

① Cf. Plato. *Republic*,607a-608a.

② 顺便提及,希腊语中的"快感"hēdonē 一词,也表示"享乐",西语里的享乐主义(hedonism)源于该词。这种"快感",主要由"甘言蜜语"的抒情诗提供,实际上是指审美的愉悦或感性的享乐。

孩子一样，殊不知这完全于事无补。总之，柏氏所担心的是："快感与痛感"一旦成为"城邦的国王或主宰"（en tē polei basileuseton），必然会弱化人的理性，败坏人的道德，废弛城邦的法律，毁掉城邦的前途。故此，他反复利用这种危言耸听的话语，一方面证明许可诗歌和任用诗人的可能性，另一方面证明查禁诗歌与驱逐诗人的合理性。

其二，符合政治工具论原则。在这里，柏拉图对待诗歌的态度不是铁板一块，而是可以变通的。他要求诗歌"不仅是令人愉快的，而且是对城邦的管理和人们的生活有益的（ēdeia alla kai ōphelimē pros tas politeias kai bion ton apthrōpinon esti）"，显然兼顾了诗歌的审美品性及其实用价值。所谓"令人愉快"（ηδεια/ēdeia），那就是指诗歌要给人以审美的快感或愉悦享受，这无疑是艺术的魅力使然，柏拉图没有否定。不过，与其审美维度相比，诗歌的"有益"（ōphelimē）或实用维度显得更为重要，因为这更符合柏氏的政治工具论原则。据此，诗歌既要有益于城邦的管理（politeias），还要有益于人们的生活（bion ton anthrōpinon）。我们知道，城邦的管理需要法律，而法律基于理性；人们的生活需要正义，而正义基于道德。理性与道德均存乎人心，而诗歌又是最能深入和打动人心的艺术。为了避免诗歌搅乱心灵中的理性部分，柏拉图借此赋予诗歌以社会道德职能，要其担负起一种责任感或使命感，要其从国泰民安和陶情冶性的社会道德角度，利用自身的艺术魅力，来行使对城邦管理与社会生活有益的教化作用。这种思想原则无疑会减少或杜绝"内容苍白"的娱乐艺术与"藏污纳垢"的色情艺术，但很有可能把审美艺术转化为实用艺术，也就是把诗歌泛道德化，使其沦为某种社会政治的宣传工具。

其三，符合至善与至真的原则。所谓"至善"（beltistēn），主要是就诗歌的道德化内容而言，要求诗歌摹仿好人的言语，英雄的行为，神明的智慧，最终能产生道德教育与美化心灵的最佳效用。所谓"至真"（alēthestatēn），主要是就诗歌的认识论价值而言，要求诗歌能够再现真理，讲述真实的故事，而不是简单地摹仿事物的表象，讲述虚假的故事，更不要欺哄那些无知的听众。早先，柏拉图断言"诗乐教育的最终目的在于达到对美的爱"（tou teleutan ta mousika eis tou kalou erōtika）。① 这

---

① Cf. Plato. *Republic*, 403c.

里所说的"美"(tou kalou),应是"至善与至真"之美;此处所言的"爱"(erōtika),应是真善为美之爱。而在实际上,诗乐教育的内容大多源于荷马与赫西俄德等人的诗歌。这种虽未达至善至真之境,但却极富魔力,很能诱惑人心,激发起人们早先对诗歌的"幼稚之爱"(paidikon erōta),那样会使人随兴所至,不辨真假,只贪图感官的刺激,欲望的满足,结果忽视了对真和善的追求。所以,柏拉图从心理学的角度,告诫人们如何"明哲保身",如何吟诵"抵制诗歌魔力的咒语真言"(kai tautēn tēn epōdēn)。这一看似可笑的神秘举措,在古希腊时代或许具有极大的感召力和心理暗示效应。

2. 间接的辩护

柏拉图对诗歌的间接辩护,通常容易被人忽视。因为,间接的辩护在表述方式上,有时是外显的,有时则是内隐的,有时是与谴责和控告交织在一起的。西方学者埃利阿斯(Julius Elias)在《论柏拉图为诗辩护》一书中,指陈和区别了"弱势辩护"与"强势辩护"两种方式。为了便于理解,我将其纳入间接辩护之列,并在此基础上从以下三个角度来揭示柏氏的间接辩护手法:引诗为证,诗乐效应,话语转向。

(1) 引诗为证的行文习惯

无论是在西方诗学史上,还是在西方美学与哲学史上,古往今来的学者都称柏拉图为诗人哲学家。也许诗人雪莱是少数例外,他认为"柏拉图在本质上是一位诗人"①。这不仅是因为柏拉图写过诗

---

① 参阅雪莱:《为诗辩护》,见汪培基等译:《英国作家论文学》(北京:三联书店,1985年),第95页。原文为"Plato was essentially a poet"。Cf. Percy Bysshe Sheley. *A Defence of Poetry*. In Hazard Adam(ed). *Critical Theory since Plato*(New York et al;Harcourt Brace Jovanovich, 1971,pp.499-513),p.501. 雪莱将柏氏视为诗人,主要是从其语言特点和行文风格角度来定位的,这一点我们后面还要论及。雪莱随后还把思想家培根视为一位诗人,认为"他的语言有一种甜美而又庄严的节奏,这满足我们的感官,正如他的哲理中近乎超人的智慧满足我们的智力那样;他的文章的调子,波澜壮阔,冲出你心灵的局限,带着你的心一起倾泻,涌向它永远与之共鸣的宇宙万象。一切具有革命主张的作家,必然也有诗人的本色,不仅因为他们是创造者,又因为他们的文字用具有真实生命的形象,来揭露宇宙万物间的永恒相似,而且更由于他们的文章是和谐的且有节奏的,本身就包含着韵文的成分,是永恒音乐的回响"。反过来,从其诗歌作品的思想性角度看,雪莱也把莎士比亚、但丁和弥尔顿称之为"力量最为崇高的哲学家"(philosophers of the very loftiest power)。(Ibid.,p.502.)

和剧本,①而且是因为他的哲学对话与优美文风充满诗意。在构成这种诗意的诸多因素中,引诗为证的个人爱好表现得尤为突出。有人做过统计,柏氏对话集中共引用荷马史诗142处,赫西俄德史诗32处,品达颂诗13处。② 这个数字尚未包括柏拉图对埃斯库罗斯等其他诗人的多处引用。这位希腊古哲的引诗习惯,几乎可与先秦儒圣孔孟比肩。

据我个人初步统计,仅在《理想国》第二卷和第三卷中,柏拉图引用荷马和赫西俄德等人的诗句多达32处,至于对话中所涉及的史诗或悲剧故事还不计其内。在多数语境中,引用这些诗句主要是为了证明诗歌中所存在的一些有关宗教、道德与教育问题,如亵渎神明和诬蔑英雄之嫌,危言耸听和阴森可怕之弊,等等。譬如,柏拉图引用荷马史诗《奥德赛》中的一段——

> 像幽灵凭依的空崖洞里的蝙蝠,
> 中间一个从崖壁上掉下来乱扑,
> 一个抓着一个四处唧唧飞鸣,
> 这些鬼魂们成群地飞奔哀哭。

旨在证明其内容不宜、需要删除的必要性。从艺术感染力的角度讲,这段诗歌是无可挑剔的。用他本人的话说,"勾销此类段落,倒不是因为它们是坏诗,也不是因为它们不能愉悦一般人的耳朵,而是因为它们愈美,就愈不宜于讲给需要自由、宁死不作奴隶的青年人和成

---

① 根据狄欧根尼·拉尔修在《名哲言行录》中记载:柏拉图早年喜欢诗歌剧作,后来喜欢上哲学。在决定拜苏格拉底为师之前,烧掉了自己创作的剧本。还说:"来这里吧,哦,火神!/柏拉图现在需要你。"(参阅狄欧根尼柏·拉尔修:《名哲言行录》,马永翔等译,长春:吉林人民出版社,2003年,第172—173页。)柏拉图也写过一些短诗,传世之作不多,有代表性的诗作有《星》(我的星你在望着群星/我愿意变作天空/好得到千万只眼睛来望着你/从前你是晨星在人世间发光/如今死后如晚星在逝者中显耀)和《乡间的音乐》(你来坐在这棵童童的松树下/西风吹动那密叶会簌簌作响/就在这潺潺的小溪旁/我的七弦琴/会催你合上眼皮,进入睡乡)等(参阅水建馥译:《古希腊抒情诗选》,北京:人民文学出版社,1991年,第239—240页)。另据拉尔修所载:阿里斯提波在其《古代显贵》第四卷中说,柏拉图恋上一个名叫阿斯特尔(Aster)的青年人,此人与他作伴研究文学。……他那热恋之情就反映在[《星》]这首诗中。(参阅《名哲言行录》第187页)有的学者将这首诗译为:"星儿瞧着你,阿斯特尔,/啊!但愿我是星空,/那我就可以凝视着你/以千万只眼睛。"(参阅杨适:《古希腊哲学探本》,北京:商务印书馆,2003年,第357页。)

② Cf. Julius A. Elias. *Plato's Defense of Poetry* (Albany: State University of New York Press, 1984), pp. 211-212.

年人听。我们应该删除那些令人毛骨悚然的字样。因为我怕它们会引起寒栗恐怖,会使城邦卫士勇气消沉"①。

当然,在其他一些场合,柏拉图引用诗句是出于赞赏的口吻,目的是为了"六经注我",代替自己立论或强化自己的观点。譬如,在史诗《奥德赛》第二十卷里,奥德修斯历尽千难万险回到故乡,当看到企图讨好或霸占爱妻的恶棍把家里搞得乱成一团时,怒不可遏,但理智却告诫他要冷静观察,从容处置,于是便以自言自语的方式暗示自己:"我的心啊,你怎么啦?比这更坏的事情都忍过来了。"对于这行诗句,柏氏如此称赞说:"一些名人受到侮辱而能克制忍受的言行,值得我们让年轻人看看听听。"②另外,在论及男女裸体操练的合理性时,柏拉图还引用了品达的诗句"采不熟的笑料之果"(atelē tou geloiou drepōn karpon),用来讽刺那些"自己不智,反笑人愚"的蠢才,进而引出"有益的则美,有害的则丑"(oti to men ōphelimon kalon, to de blaberon aischron)这句名言。③ 埃利阿斯就曾发现,柏拉图对话中引用品达颂诗13处,其中只有4处从批判的角度引用(1处是因为阿波罗之子受贿,3处是因为品达把正义比作强大的自然规律),其余9处则是以赞赏、引喻或中性的方式,用来旁证或润色自己的论点。即便以否定与批判的方式引用荷马史诗多处,那也都是为了借以阐述自己的观点,并非是针对作者本人。④ 所有这些情况表明,柏拉图引诗为证的习惯,不仅是因为他精通希腊诗歌传统,而且是因为他对诗歌情有独钟。如果说他对诗歌的所有谴责、控告以及删除之举,正好从另一个侧面体现了他对诗歌的特别关注的话,那么引诗为证的习惯做法不仅表明了诗歌存在的价值,而且体现了他对诗歌所进行的有条件的间接辩护。

(2) 重视诗歌效用的弱势辩护

柏拉图的心灵诗学,主要是围绕诗歌的多重效用展开的。这些效用源于诗歌本身特有的情感价值、认知价值、审美价值和道德价值。我们知道,诗歌是专门创造隐喻的,其中内含一种特殊的知识结构。

---

① Cf. Plato. *Republic*, 387a-c.
② Ibid., 390d.
③ Ibid., 457b. 品达原诗(见品达残诗第209首)是"atelē sophias karpon drepein",意思是说"采不熟的智慧之果"。柏拉图巧改原诗,显然是为了符合自己的特殊用意。
④ Cf. Julius A. Elias. *Plato's Defense of Poetry*, p.212.

在柏拉图的论述方法中,形而上学与诗歌艺术、道德与科学、宗教与政治之间,并没有俨然划出什么"楚河汉界"。在他眼里,诗歌的情感价值,会在一定程度上感染人、陶冶人,从而激发起他们的"爱欲"(erōs)。这种爱欲兼有消极与积极两种。消极的爱欲是负面的,一般使人追求某种欲望(如情欲)的满足或取得某种实用的东西;积极的爱欲是正面的,通常激励人爱智慧与真善等。这种爱欲一旦与诗歌自身的认知价值联手,就会鼓励人们在爱智慧与真理的同时,努力去认识真理和发展真理,追求至真至善的境界。举凡认真阅读《理想国》的人,多少会觉得柏拉图把人生描绘成不断接受教育、永远探索真理的过程。基于他所倡导的形而上学二元论,无论是从诗乐到哲学的"七科"教育系统,还是象征人类认识过程的日喻、线喻和洞喻,人生在他的笔下几乎成了一场从事物表象到理式本体、从感性看法到理性知识的"朝圣"活动。人的理智从对感性经验和行为的无条件接纳开始,逐步上升为更为复杂的知性和道德悟性。在此"朝圣"过程中,诗乐教育作为蒙学课程,通常是首当其冲地开启人的诗性智慧,提供大量的感性认识材料。值得指出的是,柏拉图虽然推崇看不见的理智世界,贬低看得见的表象世界,但他从未否定后者对于认识前者的桥梁作用。这在前文分析"线喻"时已经作过说明。

在道德理想主义原则允许的范围内,诗歌的审美价值也会对人产生积极的影响,而且与诗歌的道德价值产生互动。因为,对柏拉图来讲,"审美的也是道德的,此两者的价值仅仅在于能够为心灵提供有益的理疗方法"[①]。如此一来,诗歌的审美价值与道德价值合二为一,除了引导人们按照诗中对神明与英雄的赞扬,以"闻贤思齐"的态度来确立自己的宗教观念和精神斗志之外,还会引导人们培养自己真正的爱美之心。这种美,不只是外在的美,表象的美,摹仿的美,想象的美,更重要的是内在的美,精神的美,理式的美,"至善至真"的美。从前文对

---

① Cf. Iris Murdoch. *The Fire and the Sun: Why Plato Banished the Artists* (Oxford: Oxford University Press, 1977), p. 12. Her statement follows: "Much of what Plato says about art is concerned with the results of its consumption expressed in terms which are obviously moral or political rather than aesthetic. And even when it seems that he is clearly concerned with what is aesthetic ('contemplative') as opposed to what is grossly didactic ('practical'), it must be remembered that for him the aesthetic is the moral since it is of interest only in so far as it can provide therapy for the soul."

其心灵诗学的探讨中发现,柏拉图尽管对诗歌等艺术的魔力保持高度的警觉,但他同时也认为这种魔力只要在合理的范围内发挥积极的作用,也可以成为至高理想的辅助工具。

牛津学者莫多克(Iris Murdoch)在专门研究了柏拉图为何驱逐诗人的种种原因之后指出:"柏拉图本人提供了大量材料,旨在建立一个完整的艺术美学,对艺术进行辩护和合理的批判。艺术与真和善的关系,是严肃的艺术批评所关注的要点。……柏拉图对艺术的洞察,最为深刻地反映了我们判断艺术价值的水准。虽然他的哲学主要关注的是美的魅力如何成为现实的道德阻力,虽然他对诗歌等艺术持否定和敌视态度,但我们依然有望从他的对话中提炼出某种积极的审美试金石(positive aesthetic touchstone)。"① 这种"试金石",意味着一种具有积极作用的审美准则,可运用于诗歌等艺术的创作与评价之中。埃利阿斯在《论柏拉图为诗辩护》一书中,将莫多克的结论划归为"弱势辩护"(weak defense)的一种表现形式。至于埃利阿斯本人所说的"弱势辩护",则属于另一种形式,主要是指在科学、宗教与政治的意义上,柏拉图肯定诗歌的辅助性认知作用。这样,诗歌将从属于科学,其认知价值可用来引导和帮助读者了解以真为本的科学;另外,诗歌将从属于宗教和政治意识形态,其艺术感染力可用来传播宗教信仰与政治理念。在柏拉图看来,许多人由于缺乏理智、精力和兴致,总习惯于从直觉经验或情感的角度来审视科学、宗教和政治,因此经常把其中关乎真理的问题等同于仰仗最高权威的信仰问题。这就需要诗歌来协助这些人来"把握现有那些内涵艰涩的真理,诗歌的辅助作用如同给苦口良药抹上糖衣,设法让人吞服下去。兼有诗歌与科学两种话语特征的故事,通过讲述那种能够准确表达的真理,使原本难以领悟的东西变得简明易懂了。更何况诗歌还有一种情感力量……不过,对于从属于科学的诗歌,人们必须保持警惕,因为诗中那些优美典雅的比喻或隐喻,看起来富有启发意义,但实际上会产生误导"②。看来,这种"弱势辩护"之所以为"弱势",不仅是因为诗歌效用是辅助性的,诗歌艺术的地位是从属性的,而且还因为诗歌语言中的比喻或隐喻所产生

---

① Cf. Iris Murdoch. *The Fire and the Sun: Why Plato Banished the Artists*, pp. 72-73.
② Cf. Julius Elias. *Plato's Defense of Poetry*, p. 226.

的歧义性,从科学的角度看是令人怀疑的,其表面的启发性与潜在的误导性恐怕纠缠不清,有时甚至到了"剪不断,理还乱"的程度。

(3) 话语转向的强势辩护

在柏拉图的对话哲学中,我们时常会遇到这样一种现象:当有些重要的话题讨论到一定阶段,以辩证与分析为特色的哲学话语形式,戏剧般地转向以神话和比喻为要素的诗歌话语形式。前文在论述柏拉图的诗性智慧与心灵学说的过程中,我们特别强调了其诗化哲学的文学性风格及其相关的神话故事。事实上,举凡阅读过《理想国》的读者,只要稍加回忆,就会油然想起那些富有诗意的著名比喻。譬如,当交谈双方对"正义"的理解与界定产生严重分歧时,辩驳论证便戛然而止,转而叙述起象征心魔的戒指喻,用以说明邪恶本乎人心的深刻道理。当辩论的话题涉及现象世界与理智世界的二元论时,抽象的逻辑推论反倒被日喻、线喻和洞喻所取代,借以表明两个世界的各自特征以及看法与知识的本质差别。当谈到心灵塑造的艰难性与多重性时,柏拉图并未采用感慨动听的言辞来激励人心,而是求诸上天入地的灵喻,借以讽刺现实社会的道德状况和揭示人性的种种弱点,同时以富有神秘宗教色彩的"善有善报"原则,通过对阴间恶鬼的可怕描述,试图对世人进行惊心动魄式的道德劝诫。按理说,柏氏的艺术摹仿学说本是理性思索的结果。但用来说明摹仿本质的床喻,也同样具有神话色彩。那代表真实本体的床之理式,被视为神所创造的唯一原型,以及床之为床、美之为美的根源所在。

我之所以把上述现象称之为"话语转向"(discourse shift),即从哲学话语转向诗歌话语的表述方式,一方面是为了凸显柏拉图哲学思维的一个特点,另一方面则是为了表明柏氏的诗性智慧与神话情结(mythos complex)。一般说来,神话原本属于诗歌创作的主要内容。有的学者认为,神话源于"语言的弊病"。即:"人们试图言说其难以言说的东西,试图表达其无法表达的东西,结果徒劳无益,乃至流于谬误,于是神话随之诞生。"[①]也有的学者断言,"神话是对某一社会团体中已往事件或过程的叙述。神话往往建立在非理性或超自然的基础之上,会使现实发生某种程度的变形,从而以象征的形式来体现该社

---

① 参阅克雷默:《世界古代神话》(魏庆征译,北京:华夏出版社,1989年),第 IV 页。

会团体所珍重的规范或信仰"①。无论怎样界定,我们都不得不承认古代人所讲述的神话,终究是人类精神最深刻的成就之一,是天才的创作智慧产生的充满灵感之作。维柯在论述"诗性智慧"时指出,最初的哲人们都是些神学诗人,希腊哲学家的诗性智慧就在于把希腊的神话故事变通为哲学思想。维柯还认为这种做法约有五种理由:第一种是对宗教的尊敬,因为神话故事一般是建立在宗教基础上的。第二种是由此产生的巨大效果,给人一种具有超人智慧的印象。第三种是哲学家借助上述两种作用,好着手研究和思索哲学中的一些大道理。第四种是哲学家运用诗人存留下来的表达方式,来阐明自己崇高的哲学思想。第五种是哲学家借助宗教的权威和诗人的智慧,获得对自己的一些默想的实证。②

我们知道,神话(mythos)在古希腊文化中,一般是指故事、传奇、寓言、逸闻趣事或谈天调侃。其中有的是古老先民口头传诵下来的,有的则是作者虚构而成的。神话思维沉淀于人类的深层意识之中,荣格所谓的"原型观念"对此有过比较详尽的说明。从远古到现在,人们依然保留着一定的"神话制作意识"。我们游览湖光山色,洞天福地,总习惯于借助想象力来编织一些荒诞离奇的故事,以期从冰冷僵硬的石块中幻化出富有生命的形象。这一过程实际上就是一种神话制作过程。我们无论读柏拉图笔下的"戒指喻"还是"灵喻"等神话故事,不仅从中体验到一种无言的愉悦和深刻的启示,还会有意无意地默认作者想要说明的观点,而不再去追究故事的逻辑性和真实性。这就是说,神话的上述效用,一方面会强化作者的论点,另一方面会使读者解除自身的批判意识。柏拉图经常巧妙地借用了神话与比喻这种原本属于诗歌的话语形式,在不知不觉中把听众与读者导入了他的思想轨道。

埃利阿斯则将这种现象称之为"从辩证过渡到神话的立论与分析模式",而且认为这是柏拉图为诗歌所提供的"强势辩护"(strong defense)。用他的话说,创设任何思想体系都务必包含一些原始的、难

---

① Cf. Julius Elias. *Plato's Defense of Poetry*, p. 235. Cited from G. K. Roberts. *A Dictionary of Political Analysis*(London,1973), p. 131.

② 参阅维柯:《新科学》(朱光潜译,北京:人民文学出版社,1986 年),第 151—152 页。

于言表的、基于信仰的用语。发明此类用语没有规律可循,因此诗人的气质必然会出现在这些体系之中。柏拉图就是如此。他的诸多洞见丰富而深刻,无人能够匹敌。他对后世思想家的吸引力,无人能出其右。他深知格言具有信仰成分,往往被视为不证自明之理。他将格言置于神话之中,然后驾轻就熟地用来说明自己的论点。他个人确信最高级的东西只能通过具体的例证来说明。所以,他在谈论一些重要的话题时,时常从辩证论说转向神话故事,从理性话语转向超理性修辞,从公理转向格言。结果,通过理性与感性的融合,直觉与体验的杂糅,具象与抽象的并置,不仅丰富了文本的意味,而且拓展了诠释的广度。总之,只有诗人才有此独创。"柏拉图是最伟大的诗人,从他的神话故事中可以发现他为诗歌所作的辩护。因此,当听到他说'我们自己深刻地意识到诗歌的魔力'(ōs sunis men ge ēmin autois kēloumenois ep autēs)之时,我们不会感到意外。"①

　　从上述谴责与辩护的变奏中,我们不难看出以下几点:(1)柏拉图从正负角度讨论了诗歌对年轻人的影响,特别是对其心灵与人格塑造的影响,结果发现原有的传统诗歌不适合培养美善兼备的城邦卫士;(2)为此,他依据道德理想主义和政治工具主义原则,试图把传统的诗歌进行一番改造后,使其适合于年轻卫士的基础教育要求;(3)随着其教育思想的深化,柏拉图进而把注意力转向诗歌表现的形式、方法和内容,认为要想给年轻人提供良好的艺术教育,就不能不加区别地使用古往今来的诗歌遗产。所以,他有条件有选择地对诗人与诗歌进行了直接与间接的辩护;(4)总体而言,柏拉图是重视诗歌的效应和允许其继续存在的,但在他所构想的理想城邦里,诗歌务必遵从节制原则,无论对诗人还是听众均是如此。从道德角度讲,节制意味着个人的行为自律和生活秩序;从政治角度看,节制又意味着对城邦法律与行政上司的服从和尊重,这显然与柏拉图的道德理想与政治工具论原则是彼此一致的。柏拉图之所以对奥德修斯自我克制的言行极力推崇,也是出于上述原因。不过,我们也发现:(5)为了让希腊传统诗歌适应理想的教育体系,柏拉图在对其进行外科手术式的改造

---

① Cf. Julius Elias. *Plato's Defense of Poetry*, pp. 230-238. Also see Plato. *Republic*, 607c. The English version of this statement is that "We ourselves are very conscious of her spell."

过程中,"力图把缺乏道德与平凡琐碎的部分从可爱的诗歌躯体上一刀切除。虽然他也不时地赞赏诗中的某些警句格言,但总是力图禁止对神和人进行任何浓情艳抹式的描述,同时也力图删除诗中那些令人毛骨悚然的遣词用句。这种清洗诗歌语言的做法,使柏拉图不仅倒掉了洗澡的孩子和洗澡水,而且连洗澡盆也几乎一起扔掉了。如此一来,诗歌将会面目全非,蜕变成简易的说教性韵文"①。这就是说,为了道德教育目的而施行的外科手术,可能会伤及诗歌的魅力,葬送诗歌艺术的发展前程。多少年后,尼采在研究悲剧的诞生过程中,曾为希腊悲剧诗歌艺术的衰亡痛心疾首,情急之下把西方最先倡导道德理性的苏格拉底视为罪魁祸首。如果抛开当时的社会历史背景及其政治文化的需要,仅从艺术发展的角度来审视的话,尼采的控告在一定程度上有其自身的道理。作为抨击对象的苏格拉底,不仅是柏拉图的授业恩师,而且是柏拉图笔下的苏格拉底及其对话哲学的代言人,因此在思想的传承上与柏拉图有着直接而密切的关系。柏氏本人的道德理想主义诗学思想,也的确证明了这一点,也的确隐含着"矫枉过正"的历史遗憾。

三 哲学与诗歌为何而争?

《理想国》第十卷指出,"哲学与诗歌之争古来有之"(oti palaia men tis diaphora philosophia te kai poiētikē)。对于这场旷日持久的争吵,柏拉图着墨不多,仅仅列举了双方发生"口水战"时的几句嬉笑怒骂。譬如,"对着主人喜欢狂吠的猎犬";"占据上风的过分聪明之士";"痴人瞎扯中的高手";"穷困潦倒的缜密思想家"。② 前两句似乎在骂诗人,后两句好像讽刺哲学家。由于出处不明,尚难判定,但彼此敌视的态度与刻薄的言辞从中可见一斑。在这方面,可以参考阿里斯托芬的讽刺喜剧《云》。

据古希腊史学家希罗多德推测,在荷马与赫西俄德史诗问世之

---

① Cf. Morris Henry Partee. *Plato's Poetics: The Authority of Beauty*(Salt Lake City: University of Utah Press, 1981), p. 75.

② Cf. Plato. *Republic*, 607b-c.

前,古希腊人对诸神的起源与特征知之甚少。诸神的名号、司职、能力与生活等,都是作为先知或圣贤的诗人创设的。① 按照一般的看法,诗人先于哲学家而存在,在传统意义上是提供神学和天文学知识的人。但是,深入研究神学和天文学并促进其发展者,无疑是后来居上的哲学家。我们知道,在古希腊人的心目中,哲学就是爱智之学,旨在探索宇宙奥秘,追求客观真理。诗歌则是创写神话故事,叙述英雄事迹,同时也对自然万物发生兴趣。在最初阶段,哲学与诗歌尽管思维方式不同,但在探索同类问题时则使用不少相同的术语,如天空、大地、星辰、以太、黑夜与白昼等,这在赫西俄德的史诗《神谱》里随处可见。譬如,

> 太初之始,混沌生成,
> 随后是胸脯宽广的地母,
> 在她牢固的怀抱里,
> 万物永远繁衍滋生。
> 从混沌和幽暗中生出了黑色的夜,
> 夜和幽暗因爱交合与孕育,
> 分娩下以太和白昼。
> 为了严密覆盖,
> 地母生下乌兰诺斯,
> 与她自身相等,
> 繁星簇簇的天空,
> 这是永不衰败的圣地,
> 常驻着洪福齐天的神灵。②

显然,赫西俄德是以神话的语言和形象的描绘,在此提出朴素的宇宙生成论,从而设立了日后哲学研究的诸多主题。

1. 古希腊诗学的三种形态

那么,哲学与诗歌到底发生过什么争吵呢?这对许多学者来讲,

---

① Cf. Herodotus. *The Histories*(tr. Aubrey de Selincourt, Penguin Books, 1964), Book II, 53.
② 参阅赫西俄德:《神谱》(张竹明、蒋平译,商务印书馆,1997年),第116—125页;另参阅苗力田主编:《古希腊哲学》(北京:中国人民大学出版社,1995年),第4页。

是令人颇感疑惑的问题。相关研究结果表明,在早期社会生活与教育体系中占有主导地位的古希腊诗歌,不仅讲述神话故事,而且传布各种知识,其自身的本质、目的与创作规律等,均引起早期哲学家的关注和探讨,从而形成了诗学(poiētikēs)这门特殊的哲学科目,其自身的发展过程也隐含着哲学与诗歌之争的种种印迹。莫斯特(Glenn Most)等人曾把古希腊诗学分为三种基本形态:隐性诗学、显性诗学与哲理诗学。"隐性诗学"(implicit poetics)意味着古代诗人的表达方式,对古希腊人的言谈话语和思想观念有着直接的影响。譬如,荷马与赫西俄德史诗中的宇宙生成论,就直接影响到早期哲学家的思索范围。不过,无论诗人对哲学家的影响有多大,这种影响终究是潜意识的,当时的哲学家还没有同诗人一争高下的意识。[1] 显性诗学(explicit poetics)则是一种"有意识的诗学形态"。在早期一些思想家那里,显性诗学的观点十分宽泛,对诗歌与诗人羡慕、赞叹、认可与敌视的观点与态度同时并存。而且,"早期希腊哲学家经常表现出一种姿态,试图与诗歌的权威地位拉开一段距离。他们通过界定诗人有限的认知或交流范围,借以表明哲学家才是能力无限的饱学之士。他们还试图为自己开辟一块理智思维的空间,从而享受比其他社会交流形式更多的特权与自主性。在此意义上,显性诗学可以说是一种巧于机变的工具,用来为哲学自身的地位立法或正名"[2]。其后便是"哲学诗学"(philosophical poetics)或"内在诗学"(poetics immanent)。之所以如此称谓,"是因为这种诗学系统地运用了诗歌特有的表现手法,来为哲学的传播与交流服务"[3]。此时,有些希腊哲学家特意放弃了散文体写作方式,采用了与古希腊诗歌密切相关的格律或韵文体,结果使自己的作品充满内在的诗歌特性。这实际上是哲学与诗歌的杂糅,是以哲学思辨为内容、以诗歌格律为形式的混合物。这方面的代表人物当推巴门尼德和恩培多克勒等思想家。譬如,前者论存在,后者谈"四根",都是以格律韵文的形式表述的。

---

[1] Cf. Glenn W. Most. "The poetics of early Greek philosophy," in A. A. Long(ed). *The Cambridge Companion to Early Greek Philosophy* (Cambridge: The Cambridge University Press, 1999,pp. 332-362),pp. 334-335.

[2] Ibid. ,p. 334.

[3] Ibid. ,p. 335.

> 存在的东西无生无灭,
> 它完整,不动,无始无终。
> 它既不是在过去,也不是在将来,
> 而是整个在现在作为"单一"和连续性;……
> 信念的力量将不允许,
> 从非存在中有任何东西生出;
> 因为正义并不把它的锁链放松,
> 任凭生成或消灭,
> 而是把它牢牢抓住,
> 要么存在,要么不在,
> 问题的全部结论就在此处。①
> 首先请听真,万物有四根:
> 宙斯照万物,赫拉育生命;
> 还有爱多纽和奈斯蒂他们,
> 用自己的珍珠泪,浇灌万灵生命泉。②

这些借助诗律和神话写成的哲学高论,诚如维柯所言,乃是古希腊哲学家特有的诗性智慧。这种独创的玄学诗风,肯定有其特定的历史原因。我们知道,在古希腊早期文化中,盛行于世的诗歌占据主导地位,不仅传统久远,妇孺皆知,而且在宗教信仰、思想意识和艺术教育等领域影响甚巨。更重要的是,诗歌富有音乐节奏的艺术表现力与话语形式,在古希腊人的审美观念中根深蒂固。比较起来,晚出的哲学散文相形见绌,颇受冷落。因此,一些哲学家沿用传统诗风,采用格律写作。他们的主要目的不单是为了展示自己的诗才,而是为了争取读者,扩大影响,传播思想,确立和提高哲学的地位。另外,他们自视甚高,对诗花独秀的现状不满,于是怀着"既蒸馒头也蒸(争)气"的强烈意识,向诗歌的传统主导地位提出挑战,从而拉开了哲学与诗歌一争高下的序幕。作为一种特殊的选择,巴门尼德"努力用史诗的六脚韵来表达抽象的、逻辑的思考,以便产生一种剧烈而又紧张的效果,但

---

① 参阅苗力田主编:《古希腊哲学》(北京:中国人民大学出版社,1995年),第94页。
② 同上书,第110—111页。主神宙斯、其妻赫拉、爱多纽和奈斯蒂等四位神灵,分别代表火、土、气、水等四种元素,也就是"四根"或四个根源。

他的文体在古代并不被看好。他的整个目的似乎是要获得尽可能多的明晰性,但句法上则留存着种种模糊性,此乃语言为了其空前新奇的主题而被大幅度扭曲所产生的不经意结果"①。这也许是一种"欲速则不达"的历史性尝试。因为,正是在其诗化的表达形式中,古希腊形而上学的经典命题初步凸现了出来:

> 来吧,我将告诉你,
> 请你倾听并牢记心底,
> 只有这些研究途径是可以思想的:
> 一条是存在而不能不在,
> 这是确信的途径,与真理同行;
> 另一条是非存在而决不是存在,
> 我要告诉你,此路不通。②

这里所谓的"存在"与"非存在",是对古希腊语中的系词 eimi(类似于英语中的系词 to be)的第三人称单数形式 esti 或 estin(相当于英语中的 is)的汉译。该词原义主要表示"是"(be)与"在"(exist or be in existence)。把这个"是"放在一定的时空中,便可表示"有"(there is)的意思。王太庆经过多年研究和思索,认为从词源学上讲,该词具有"是、在、有"的三位一体性。而"是"指"起作用",兼为系词"是"和"存在"的基础,而不单是系词"是"和"存在"。因此,从哲学意义出发,他将上列诗篇中"一条是存在而不能不在"一句,改译为"一条是:它是,它不能不是";将"另一条是非存在而决不是存在"一行,改译为"另一条是:它不是,它必定不是";同时把长期以来容易引起误解的"存在"或"存有"改为"是者",把"存在论"或"本体论"改为"是者论"。于是,上面所引的译文便可修改如下:

> 来吧,我将告诉你,
> 请你倾听并牢记心底,
> 只有这些研究途径是可以思想的:
> 一条是:它是,它不能不是。

---

① 参阅芬利主编:《希腊的遗产》(张强等译,上海:上海人民出版社,2004年),第238页。
② 参阅苗力田主编:《古希腊哲学》,第93页。

>这是确信的途径,与真理同行;
>另一条是:它不是,它必定不是。
>我要告诉你,此路不通。

这样一来,就复原了巴门尼德所论的 eon(柏拉图将其简化为 ον,此乃系词 eimi 的另一变位形式,也是 ontology 的词根),后来柏拉图提出的"理式论"或"相论",正是受巴门尼德"是者论"的启发。这"理式"或"相",如同客观的"是者",是"可以思想或理解"的对象。也就是说,思维与是者是同一的,而"不是者,你既不能认识,也不能说出",因此也就没有永恒不变的本体意义。①

不过,哲学与诗歌终究有别,就像哲学家与诗人终究有别一样。亚里士多德在《诗学》开篇中就曾指出,"除了格律之外,荷马与恩培多勒克的作品并无其他相似之处。因此,称前者为诗人是合适的,至于后者,与其称他为诗人,倒不如称他为自然哲学家(de physiologon mallon ē poiētēn)"②。这便从另一个角度表明,早期古希腊诗人与哲学家的差异,主要不在于散文或格律化的写作方式,而在于各自不同的思维特征和彼此对立的思想观念。这些差异比较集中地反映在神话与理性、宗教与政治、传统与革新、个体与团体、自由与限制、错误与真理、表象与本体、非在与存在、是者与不是者、情感与道德等方面。可以说,"早期的希腊哲学家历经百年启蒙过程,才终于走出了这关键性的一步,摆脱了神话与宗教的桎梏,使诗歌这头诱惑人心的吐火怪兽逐步退出前台,同时让冷静而明晰的理性之光闪亮登场"③。

2. 争吵的结果

在此过程中,哲学与诗歌之争,等同于早期哲学家与传统诗人之

---

① 参阅王太庆:《我们怎样认识西方人的"是"?》,见王太庆译:《柏拉图对话集》,第 699—718 页。

② 参阅亚里士多德:《诗学》(陈中梅译,商务印书馆,1999 年),1—25,第 28 页。Also see S. H. Butcher(ed). *Aristotle's Theory of Poetry and Fine Art: With a Critical Text and Translation of The Poetics.* London: MacMillan and Co., 1911), I, 1447b-20. The English version follows: "Homer and Empedocles have nothing in common but the metre, so that it would be right to call the one poet, the other physicist rather than poet."

③ Cf. Glenn W. Most. "The poetics of early Greek philosophy," in A. A. Long (ed). *The Cambridge Companion to Early Greek Philosophy*, p. 333.

间的争吵。譬如,最早向诗人发难的是色诺芬尼(Xenophanes,约公元前570—公元前480)。他批评说,"荷马与赫西俄德把人类身上该受谴责的东西,全部赋予神灵,这其中包括盗窃、通奸和相互欺骗等等恶行"①。古希腊史学家拉尔修对此有过记述,说色诺芬尼谴责赫西俄德与荷马,反对他们把神人格化的做法,认为这无异于亵渎和丑化神灵。为此,色诺芬尼还特意构想出单个非人格化的神灵,为推行自己的神学观点扫清障碍。到了赫拉克利特(Heraclitus,约公元前540—公元前470)时代,上述争吵达到最为激烈的程度。赫氏在谈到赫西俄德、色诺芬尼和毕达哥拉斯等人时,讥讽他们尽管学到不少东西,但却没有获得理智。另外,他还嘲笑荷马竟然解不开幼童的一个谜语,甚至还建议要把荷马史诗从诗歌朗诵比赛中删除。对于赫西俄德的史诗《工作与时日》,赫拉克利特极尽挖苦讽刺之能事,以蔑视的口吻断言:赫西俄德据说是许多人的老师,其门生都说他知识渊博,我看他甚至连白天与黑夜也搞不清楚,这两者实际上是一回事。赫西俄德还说什么有些时日好,有些时日坏,殊不知所有时日均具有相同的本质。② 多年之后,柏拉图步其后尘,重翻旧账,把哲学与诗歌之争推向一个新的阶段。在他自己的诗学里,柏拉图从"摹仿论"入手,以其特有的"辩证"方法认定诗人无法告诉人们真理,而只是擅长摹仿术和自命不凡的骗子而已。同时还从心理学和道德教育的角度,对诗歌艺术所产生的负面效应大加谴责,提出控告,力图运用相关原则对其加以道德化的改造和工具性的利用。从色诺芬尼经赫拉克利特到柏拉图,他们的共同点是谙悉诗歌的魔力,担心这种魔力会持续维系诗人的地位,挤兑哲学家的作用。他们批判传统诗歌与神话故事的主要目的,除了维护神为善因的宗教意识与爱智求真的哲学理念之外,恐怕也是为了确立自己的学说,拓宽自己思维的空间,促进哲学思想的传播与发展,改变人们的思维方式和认知态度。

那么,通过这场"争吵",哲学是否实现了自己预期的目标了呢?这依然是个谜团。我想在柏拉图的对话哲学问世之前,哲学与诗歌原有的地位恐怕不会有根本性的改变。这主要是由哲学与诗歌的各自

---

① 参阅苗力田主编:《古希腊哲学》,第86页。另参阅第84—85页拉尔修的有关记述。
② Cf. Glenn W. Most. "The poetics of early Greek philosophy," p.338.

特征决定的。人们常说,举凡聆听过诗人与哲学家同台献技的人们,多年后如果回顾此事,他们通常想起的是诗人,忘掉的是哲学家。诗歌作为一种融合音乐因素的艺术,具有诉诸心灵和塑造心灵的无限能量。从教育和审美角度看,这种艺术的本质效应来自"普遍的意味和直接的魅力"(universal significance and immediate appeal)。"倘若把这两种影响心灵的作用联通起来,势必超过哲学思想和现实生活。生活虽然具有直接的魅力,但生活的事件却缺乏普遍的意味,而且大多属于偶发事件,无法对心灵构成久远的影响。反之,哲学与抽象的思想探讨事物的本质,具有普遍的意味,但它们只能影响思想者本人,也就是利用自己生活经验的生动性和情感强度来激发思想的个人。如此一来,诗歌的优势不仅大于抽象理性的普遍教义,而且大于个人经历的偶发事件。所以说,诗歌与生活相比更富哲学意味,而与哲学相比,则更富生活的情趣。"① 也许,这一观点不适用于各代诗歌,但却适用于大部分希腊传统诗歌,特别是荷马的史诗。面对《奥德赛》和《伊利亚特》的无限诗意和艺术魅力,基于理性思辨的哲学在多大程度上能与其比肩量力呢?这恐怕是古希腊时期"哲学与诗歌之争古来有之"的原因之一吧。

3. 阿里斯托芬的冷嘲热讽

继色诺芬尼与赫拉克利特等哲学家谢世之后,也就是到了公元前5世纪末期,哲学与诗歌之争依然存在,只不过争论双方的对手发生了

---

① Cf. Werner Jaeger. *Paideia: The Ideals of Greek Culture* (tr. Gibert Highet, Oxford: Oxford University Press, 1973), vol. I, pp. 36-37. "These observations are far from being applicable to the poetry of all ages. They do not even apply to the whole of Greek poetry, although their significance is not confined to Greek poetry alone. But, based as they are upon Greek poetry, they bear upon it more closely than upon the literature of other age of Plato and Aristotle, when the Greek aesthetic sense, at last realizing its powers and its sphere, came to study the great achievements of Hellenic poets. Despite many variations in detail, the Greeks even of a later epoch retained the same general view of art; and since that view arose at a time when they were still sensitive to poetry and to the specially Hellenic qualities of their poetry, we must, to be historically correct, inquire how far is applied to Homer. Through the art of Homer, the ideas of the Homeric age have achieved a far greater permanence and universality, and thereby a wider and more lasting cultural influence, than those of any other epoch. The two great epics show, more clearly than any other poetry, the absolute uniqueness of Greek cultural ideals. Most of the literary forms created by Greek literature are unparalleled in any other language and civilization."

变化。此时,智者学派(sophists)由于能言善辩,唯利是图,一时成为古希腊哲学流派中的显学,对传统教育和道德观念构成极大的冲击和威胁。这种现象遭到阿里斯托芬等诗人的极力反对。

阿里斯托芬(Aristophanes,公元前448—公元前385)作为喜剧诗人的杰出代表,实际上也是一位比较看重传统教育及其道德价值系统的思想家,他对喜好玩弄辞令、善于颠倒黑白的智者学派深感厌恶,于是利用自己拿手的讽刺喜剧形式,对这类智者及其诡辩哲学极尽嬉笑挖苦之能事。在《云》剧中,他称智者学派为"跳蚤哲学家"(flea philosophers),并通过斯特瑞普西亚德(Strepsiades)与菲迪皮德斯(Pheidippides)这对无赖父子的丑恶行径,对擅长诡辩的修辞术进行了辛辣的讽刺与尖锐的批判。为了阅读的方便,这里根据该剧的叙事结构将其概述如下:

斯特瑞普西亚德养了一个好吃懒做、喜爱赛马的浪荡儿子菲迪皮德斯。斯特瑞普西亚德本人不仅吝啬成性,而且贪财乏德,借了帕斯阿斯(Pasias)与阿米尼阿斯(Amynias)的钱,既不想偿还利息,也不想偿还债款。为难之际,他设想能学到一种所谓的"智慧",以便混淆是非的曲直(twist a cause),帮助自己逃避债务。儿子提醒老子有这么一帮以苏格拉底为首的"江湖骗子"(imposters)。为了验证儿子所说,斯特瑞普西亚德亲自来到智者学派开办的一座"高深学园"(profound academy)登门求教。专门接待这位老头儿的学园弟子,故作深沉地向他提出几个小题大作的问题(如"跳蚤一下子能跳多远?""嗡嗡叫的蚊子是从嘴里还是从尾巴发声?"),接着带其参观了用于天文学与几何学的教具,这便使斯特瑞普西亚德大开眼界,佩服得五体投地。

在学园里,斯特瑞普西亚德看到被吊篮挂在空中的苏格拉底。这位哲人满嘴豪言壮语,一副大师派头,自称"脚踩空气、凝照太阳"(I tread in air, contemplating the sun)。不知所云的斯特瑞普西亚德赶忙拜其为师,并且对天发誓,立志不惜工本、即便掏尽腰包也要学会逃债的本领(the skill to bilk his creditors)。苏格拉底借机测试了一下这位新学徒的胆量、智力和爱好,结果发现这家伙胆小如鼠但又斤斤计较,极其愚蠢但又固执贪婪,对诗律一窍不通但又特别嗜好骗术(the art of cozening),急不可待地想要"立刻学会智者学派那一套古怪的诡辩与吹毛求疵的手段"(the quirks and quibbles of your sophistry at once)。苏格拉底见其"朽木不可雕",就建议他儿子代父求学。

斯特瑞普西亚德急忙赶回家,将儿子领来引荐给苏格拉底,当面把儿子的天赋吹得天花乱坠,说他"多才多艺,从小就在泥沼里沉思跋涉,能在上面盖起一座天造地设的房子,能用一只旧鞋底雕刻出一辆小车,能从一节苹果木里雕刻出一只栩栩如生的青蛙"。苏格拉底听后将其收入门下,让另外两位学者代以授徒,教其一套"称善为恶、称恶为善"(call good evil, evil good)的基本法则。苏格拉底当着众人向斯特瑞普西亚德担保,他们会把其儿子菲迪皮德斯培养成一位让其父感到"称心如意的、完完全全的智者"(we'll finish him to your content a perfect sophist)。临别时,儿子却给父亲扔下这么一句话:"等着瞧吧,你是自讨苦吃"(Trust me you've made a rod for your own back)。

数日之后,斯特瑞普西亚德背着一袋食品,兴冲冲地来到学园看望儿子,心想儿子"已经学会了这套新修辞学的诀窍"(my son hath learnt the trick of this new rhetoric)。苏格拉底热情地接待了这位老头,并将其儿子着意夸赞了一番。老头听后兴高采烈、手舞足蹈,看到儿子那张"喜好争辩、吹毛求疵、自相矛盾的面容"(a wrangling, quibbling, contradicting face),自是窃喜不已,但又担心儿子的嘴巴是否真的能言善辩。父亲的心思很快被儿子觉察,于是当父亲说出"同一天既新又旧"(This day both new and old)、讨债人即将上门的忧虑时,趁机在父亲面前大展强词夺理的辩术,确言"同一天怎么会是两天","同一个女人怎会一下子既年轻又苍老"(Can the same women be both young and old at once?),并称梭伦立法就曾定下两个日子,其一是提醒人们还债,其二是帮助人们逃债。老父亲听后喜不自胜,信心倍增,满怀热情地将儿子迎接回家。

随后,帕斯阿斯与阿米尼阿斯相继上门讨债,未料遭到欠债人斯特瑞普西亚德的严厉训斥。这位老头儿大言不惭,拒绝还债,一改过去唯唯诺诺的样子,变得趾高气扬、不可一世,声称自己儿子现在已经学成回家,掌握了智者学派的诡辩真谛,谁来讨债他也不怕,时刻准备与来者上法庭打官司。讨债人与担保人见这家伙浑不讲理,赖账不还,只好悻悻离去,放言要去法庭起诉,与这个无赖对簿公堂。

出人意料的是,讨债人走后,斯特瑞普西亚德与儿子菲迪皮德斯发生争执,年迈的父亲被打得鼻青脸肿,从屋里逃了出来,哭诉中责怪儿子不孝、劣迹斑斑。儿子则不管不顾,拳脚相加,振振有词地逐一加以反驳。老子说儿子虐待长辈,儿子则说老子是个老罪犯,过去经常责打年少的儿子,现在应当得到相应的惩罚,理由是"恶结恶果,恶有恶报"(Evil events from evil events spring, and what you suffer flows from what you have done);老子自称为父的有权打儿子,而儿子为父后将有权再打自己的儿子;儿子则说他"如果没有儿子,过去所受老子的责打就无处偿还,这样岂不便宜了老子"(But if I have none, all my sad hours are lost, and you die laughing);老子说他打儿子是为了纠正其过错,儿子则说他打老子完全是出于爱心,声称"如果打是爱的话,那么你[老子]就应当多多享受这份厚爱"(If beating be a proof of love, you have it pleanteous in measure);老子哀求说他实在经受不起这样的毒打,儿子则一边爆打一边训斥:"如果儿子伤心流泪,老子不应当痛哭流涕吗(If the son's in tears, should not the father weep)?"更何况"满怀孝心痛打老子使其改邪归正"(by the right-filial to correct our fathers)之后,就会使老子"过往不咎,舒坦无比"。

最后,这位父亲气得捶胸顿足,破口大骂智者的辩术,还带了几个家奴来到那座"高深学府",自己爬上屋顶,动手拆毁房梁,要纵火烧掉那座"地狱般的建筑"(the infernal edifice),"赶走那帮恶棍流氓"(unhouse the rascals)。就在这时,苏格拉底看见后问他何干,老头儿反唇相讥,声称自己"脚踩空气,凝照太阳"。在烟熏火燎中,苏格拉底与克瑞丰狼狈不堪、吃尽苦头。①

---

① Aristophanes. *The Clouds*, in George Howe & Gustave A. Harrer(eds). *Greek Literature in Translatiion*(revised ed. Preston Herschel Epps, New York: Harper & Brothers, 1948), pp. 429-476.

很显然,剧中的这对冤家父子,既是诡辩哲学的受益者,也是其牺牲品。贪财的老子出于赖账的目的,渴望学会利用智者学派的辩术;浪荡的儿子出于报复的心理,自鸣得意地演示了智者学派的辩术。两者各自心怀鬼胎,无所不用其极,最终在无情无义的打闹中把剧情推向高潮,将诡辩哲学的道德弊端展露无遗。有趣的是,在最后这场儿子打老子的闹剧之后,老子"偷鸡不成",恼羞成怒,一方面诅咒智者学派,一方面强词夺理,把自己拆毁房梁的破坏行为美其名曰为"在同房梁争辩逻辑难点"(arguing a knotty point with your house-beams);另外,还学用苏格拉底的口吻,声称自己"脚踩空气,凝照太阳",摆出一副"宏大叙事"的哲学家派头,导演了一出"东施效颦"式的结局。这个令人啼笑皆非的一幕,真正体现了诙谐而理智的讽刺喜剧效果。

总之,仅就《云》这部喜剧的艺术表现手法而言,阿里斯托芬针对智者学派及其诡辩哲学的冷嘲热讽,主要是以乖讹和比照的反讽与戏仿方式展开的,其基本线索正是这对父子之间彼此置换或强行颠倒了的伦常关系。在这种戏剧性的置换过程中,虽然双方的贪婪习性与报复心理占有突出的地位,但均是以智者学派的那座"高深学园"及其育人模式为主要中介的。学成归来的儿子,满脸透射出"喜好争辩、吹毛求疵和互相矛盾"的神色,这实际上象征着智者学派教育的具体成果与诡辩本性。智者学派无所谓正义,无所谓道德,无所谓是非标准,也无所谓因果关系,他们只追求眼前的利益与胜诉的报酬,为此不惜"以己之矛攻己之盾",或"以己之盾御己之矛",或者说,他们往往是在自相矛盾中,在混淆是非或颠倒黑白的诡辩中,既搬起石头砸自己的脚,同时也搬起石头砸别人的脚。前者意味着自行其是或我行我素,毫不顾及道德良知及其逻辑关系;后者意味着攻其一点,不计其余,毫不在乎他人的是非判断与心理承受能力。因此,他们翻手为云,覆手为雨,"伶牙俐齿,黑白通吃"(arm'd with a two-edg'd tongue that cuts o'both sides),只要能争得一时的口舌之快或获得一星半点的实惠,往往不顾一切、唯此为大。难怪阿里斯托芬为了表达自己的厌恶之情,在剧中巧借那位浪荡儿子菲迪皮德斯之口,以嬉笑怒骂的方式来挖苦智者学派:

> 那群无赖,我可知道他们;你是指那伙恶棍吧,
> 那伙邋里邋遢、光着脚丫、穷模倒像的江湖骗子,
> 在这个恶魔帮的众多高手里面,
> 就包括苏格拉底及其崇拜者克瑞丰(Chaerephon)。①

值得说明的是,阿里斯托芬在《云》剧中拿苏格拉底开涮,并不等于说苏格拉底就是智者学派的代表人物,就是那座"高深学园"的幕后宗师。实际上,当时智者学派的真正代表人物主要是普罗泰戈拉、高尔吉亚与色拉叙马霍斯等哲学家。苏格拉底尽管不乏与这类智者比肩量力的辩才,但却与他们格格不入,有着本质的区别。譬如,苏格拉底看重道德伦理,倡导理性精神,追求智慧真知,为此不惜冒犯权贵、被判死罪,最终饮鸩而亡。这一切在柏拉图的诸篇对话里(如《斐多篇》、《申辩篇》和《理想国》)均有具体的描写。那么,阿里斯托芬作为苏格拉底的同时代人,为什么揪住苏格拉底不放呢?我个人猜想,苏格拉底在当时是古雅典的著名哲学家,每次在集市广场(agora)上与人谈论哲学时,参加者与旁听者总是趋之若鹜、云集四周,是名副其实的明星人物。这样,阿里斯托芬用苏格拉底充当剧中的客串,一方面是为了吸引更多的观众,借此营造某种轰动效应;另一方面是出于剧情的需要,将其当作一个幌子,采用张冠李戴的艺术表现手法,来强化荒唐可笑的喜剧氛围。这样,所有刺向苏格拉底身上的投枪,如果不是出于"意在沛公"的目的,那至少也是为了达到"暗度陈仓"的效果。知道底细的雅典观众自然会在捧腹大笑中,看出作者的真实用意与具体所指。当然,与苏格拉底真正相关的是否定宙斯存在的渎神疑案。

现在,我们不妨换个视阈,从哲学与诗歌之争的角度来看待《云》剧。无疑,阿里斯托芬代表诗人,是利用这部喜剧来回应、揭示和批判智者学派及其诡辩哲学的挑战、弊端与颠覆传统教育的企图。按照古典学者斯特劳斯(Leo Strauss)的分析,《云》剧针对哲学表达了多层意思,其中主要包括以下四点:(1)哲学家"缺乏深思熟虑或实用智慧"(prudence or practical wisdom)。其所作所为,有赖于利用遵纪守法的城邦生活与家庭教养;其相关教导,损害了公民社会中不可取代的道

---

① Aristophanes. *The Clouds*, in George Howe & Gustave A. Harrer(eds). *Greek Literature in Translatiion*, p. 432.

德基础。尽管他能说会道,擅长伪装和保护自己,但其合伙人则显得十分无能。(2)哲学家"对人类心灵及其多相性知之甚少"(ignorant of the human soul and its heterogeneity)。这是因为哲学家往往目空一切,注重研究宇宙的神秘现象,但却无心认真钻研到底是什么东西吸引其探寻事物之起因的。结果,哲学家的爱心丧失,对快乐、美和高贵无动于衷,缺乏或压抑相关的意识,自我肢解而不自知,甚至不愿认真反思与城邦福利、公民教育和家庭养育密切相关的必要因素。(3)哲学家"否认宙斯主神的存在"(denies the existence of Zeus)。这隐含着一种过激的异教徒思想,有可能在宗教信仰领域导致某种灾难性的后果。(4)相比之下,阿里斯托芬这位诗人的智慧比哲学家略高一筹,因为他谙悉人类特立独行的局限性所在。① 于是,他巧借别人之口,在大庭广众面前拿城邦的宗教信仰取笑逗乐,在哲学家失败乃至为此送命(如苏格拉底)的地方,他却游刃有余,达到了收放自如、"从心所欲而不逾矩"的境界。在此意义上,阿里斯托芬似乎为诗歌赢得一分。

在我看来,阿里斯托芬还巧妙地借助《云》剧,特意表达和凸显了自己热衷于传统教育的"保守"立场。他本人不仅憎恶智者学派唯利是图的种种做法,而且反对其改革传统教育宗旨的非道德主义企图。为此,他通过剧中两名智者之口,以追忆与怀旧的方式,描述了已往传统教育的美好时光与特殊品位,比照了推行诡秘辩术与卑劣教义的学园教育现状。譬如,过去

> 考验学生的准则是沉默。整个班级
> 秩序井然,列队前行,
> 一个个昂首挺胸,保持着整齐的队形
> 去听老师讲解音乐和声;虽然雪花飘飘
> 落在他们身上积成厚厚一层,
> 可这一队少年顶风冒雪,勇往直前:
> 他们的竖琴从不弹奏卑俗的乐章,

---

① Cf. Leo Strauss. *Socrates and Aristopanes* (New York: Basic Books, 1966). Also see Leo Strauss. *Studies in Platonic Political Philosophy* (Chicago & london: The University of Chicago Press, 1983), pp. 12-13.

因为他们学到的是崇高的曲调……
旋律铿锵有力,音韵高低有序,
从不打断纯净流畅的和谐溪流……
庄严的学园小树林里,
点缀着谦和朴素的芦苇,
同窗们在那里平等地交谈学问;
四周安安静静,地上的冬青叶
散发出一阵阵温馨的清香;
落叶的杨树沙沙作响,
高大的榆树和茂密的梧桐
扇起阵阵微风,送来宜人的凉爽;
让你呼吸到春天甜美的气息。
这样的常规训练一定能锤炼出
健美的身体,敏锐的头脑,
平静的仪容,宽阔的心胸,
英雄的形象,优良的口德。
可现在学园里的这些教师,你瞧
完全是背道而驰、变了模样;
一个个脸色苍白,瘦削的肩膀,
凹进的前胸,干瘪的四肢,
庸俗的思想,嘴巴却喋喋不休。
依仗那恶劣的辩术,教人胡搅蛮缠,
非要把善说成恶,把恶说成善……①

　　前后两种教育,形成鲜明对比。前者纪律严明,学者志存高远,优美静谧的学园令人神往,培养的学生很有素养。而后者呢?为师者一个个獐头鼠脑,办学宗旨离经叛道。这难道就是智者学派所开办的学园与聘用的教师吗?那是适合求学的地方吗?只要看一眼这批"教书育人"的先生,也会让求学者望而却步。阿里斯托芬的着意渲染,所追求的也许正是这样一种效果。不过,让他万万没有想到的是,这部喜

---

① Cf. Aristophanes. *The Clound*, in *Greek Literature in Translation*, pp. 458-460.

剧对苏格拉底的判决造成了不良影响。对于这一点,苏格拉底本人在《申辩篇》曾经提到,虽然轻描淡写,看似不以为然,但却着实道出了某种难言的苦衷。① 要知道,这原本用来"幽他一默"的喜剧讽刺,反倒弄假成真,成为控告苏格拉底腐化青年的缘由之一,特别是在不怀好意的蛊惑家的利用下,竟然影响了某些雅典公民议员的政治心态和判断能力。当然,这也为柏拉图为何对诗歌诱惑力心存戒备提供了一个实实在在的理由。

四 哲学与诗歌争吵的背后

应当看到,在言及"哲学与诗歌争吵"的问题之前,柏拉图有意做了一系列铺垫。他先是通过基于床理式的"摹仿说",揭示了绘画的基本属性,并将其泛化为所有娱乐艺术的本体特征。随之,他将批评的矛头转向诗歌,断定史诗、悲剧诗与喜剧诗等艺术形式,都是摹仿外物、以情动人、激发怜悯或插科打诨的产物,主要作用是强化心灵的低贱部分而毁坏其理性部分。在此过程中,柏拉图一方面肯定自己先前的策略,认定自己将画家和诗人并置是"很公正"的做法,因为诗人像画家一样,不仅其创作的真实性很低,而且都侧重表现心灵的低贱部分,所以"完全有理由拒绝诗人进入治理良好的城邦"②,以免他们利用自己的作品蛊惑人心,浇灌感情,摧毁理性,彰显影像,混淆真理。最后,在临近结束讨论诗歌而转向申述心灵救赎的厄洛斯神话时,柏拉图再次强调将诗人逐出"美好城邦"的理由,并且托出"哲学与诗歌的争吵古来有之"的"渊源"。如其所说:

> 我们的申辩是这样:既然诗歌的本性如此,我们当初把诗人逐出这座城邦是有充分理由的,因为论证的结果要求我们这样做。为了防止诗歌控诉我们简单粗暴,让我们再告诉诗歌,哲学与诗歌的争吵古来有之(hoti palaia men tis diaphora philosophia te kai poiētikē)。例如,什么"对着主人喜欢狂吠的狗";什么"痴人瞎扯中的大人物";什么"占据上风的过分聪明人士";什么"穷困

---

① Plato, *Apology*, 18a-19c.
② Plato, *Republic*, 605a-c.

潦倒的缜密思想家",以及无数其他的说法,都是它们古来对立(palaias evantiōseōs toutōn)的证据。①

显然,为了证实这场争吵"古来有之",柏拉图列举了四句引文。此前我们望文生义,仅从字面上猜测,"对着主人喜欢狂吠的狗"与"占据上风的过分聪明人士"两句,似乎在贬损诗人;"痴人瞎扯中的高手"与"穷困潦倒的缜密思想家"两句,好像在讽刺哲学家。实际上,上列引文出处不明,脱离语境,难以判定,唯一可见的是言谈中的敌视态度与刻薄辞令。

为了搞清这场争吵背后的相关因素,我们有必要认真追究和尝试查清这一疑点。在这里,我们需要考虑的问题至少包括:(1)上列四句引文来自何处?(2)所抨击的对象是谁?(3)这些看似攻击个人的言辞,柏拉图为何要从中引申出"哲学"(philosophia)与"诗歌"(poiētikē)、而非"哲学家"(philosophos)与"诗人"(poiētēs)之争呢?(4)"古来有之"(palaia 或 palaios)一词,在时间上到底意指什么历史时期?(5)柏拉图强调这场"争吵"的真实用意与目的何在?

上世纪90年代以来,关注或质疑这场"争吵"之历史真实性的一些西方学者,先后对其进行了仔细的考证。② 就我目前所看到的文献来说,莫斯特(Glenn W. Most)的推论,博采众家之长,较为简明扼要,也具有相当说服力。③ 莫斯特综合采用语义学、语用学、词源学、诗韵学和风格学等方法,较为深入地辨析了这四句引文,最后推定它们均

---

① Plato, *Republic*, 607b-c.
② 西方有些学者考证了这个问题,具有代表性的人物包括 T. Gould, *The Ancient Quarrel between Poetry and Philosophy* (New Jersey: Princeton University Press, 1990), pp. 4-69; S. Rosen, "The Quarrel between Philosophy and Poetry", in *Studies in Ancient Thought*, 1993, pp. 1-26; A. W. Nightingale, *Genres in Dialogue, Plato and the Construct of Philosophy* (Cambridge: Cambridge University Press, 1995), pp. 60-67; R. Kannicht, "Der alte Streit zwischen Philosophie und Dichtung", in *Grundzüge der griechischen Literaturauffassung*, 1996, pp. 189-191, 218-219; P. Murray, *Plato on Poetry* (Cambridge: Cambridge University Press, 1997), pp. 14-19; S. B. Levin, *The Ancient Quarrel between Philosophy and Poetry Revisited* (New York: Oxford University Press, 2001), pp. 127-167; G. Naddaf, *Exiling the Poets: the Production of Censorship in Plato's Republic* (Chicago: Chicago University Press, 2002), pp. 122-125。
③ Glenn W. Most, "What Ancient Quarrel between Philosophy and Poetry?" in Pierre Destrée & Fritz-Gregor Herrmann (ed.s), *Plato and the Poets* (Leiden & London: Brill, 2011), pp. 1-20.

属诗行。其中,"对着主人喜欢狂吠的狗"一行,兴许引自一出与阿里斯托芬有关的旧式喜剧,意在嘲讽某位抨击诸神的哲学家,就像一只朝着主人狂吠的母狗似的。但因无具体语境,故不能排除以此来嘲弄某种愚蠢的抗令行为。这行诗所描绘的庸俗意象,暗示出旧式喜剧中的抑扬格讽刺诗或吟诵式抒情诗。① 至于"痴人瞎扯中的大人物"一行,从其韵律推测,也引自一出旧式喜剧,是说某个人在一群傻瓜的瞎聊淡扯中显得十分强大,但不清楚这行诗所讽刺的具体目标。从用意上可以假设两种可能性:一是此人同傻瓜形成对比而显强大,因此得到赞扬;二是此人同傻瓜同属一类,因此遭到抨击。如果这一群傻瓜属于某家哲学流派的成员,那就是在抨击这一流派的领军人物。如果这一群傻瓜属于一个社群或城邦的成员,那就是在嘲讽某位在他们中间享有威望的人。② 接下来便是"占据上风的过分聪明人士"一行,其诗韵与动词形式可与阿里斯托芬的《云》剧第 1619 行相比较。但就古希腊语 kritēs 一词来看,其"文学批评家"的特殊含义在公元前 5 世纪尚不能得到确证,而在当时该词经常用在雅典喜剧里专指戏剧节比赛时的裁判或评审员。有鉴于此,其出处可能来自一部喜剧而非悲剧。③ 再来看看"穷困潦倒的缜密思想家"一行,其出处不是来自抑扬格讽刺诗,就是来自一部悲剧或喜剧。所嘲讽的对象是思想缜密、认识精妙的人物,他们未能成功致富,仍然为了糊口而辛劳不已。④ 最后,莫斯特总结说:

> 对于这些引文的上述分析,虽不能全然确定,但看来很有理由假定所有这四句都引自旧式喜剧。从韵律、用词和文体上看,前两行很可能引自[喜剧中]独唱或合唱的歌曲,后两行很可能引自用于朗诵的抑扬格六音步讽刺诗,所有这四行若不是出自阿里斯托芬的笔下,就是出与阿里斯托芬同一时代的某位或多位同道或对手的笔下。另外,没有什么可以阻止我们提出如下假设:所有四行引诗不仅出自同一文类喜剧,而且出自同一作者,甚至

---

① Glenn W. Most, "What Ancient Quarrel between Philosophy and Poetry?", pp. 7-8.
② Ibid., pp. 8-9.
③ Ibid., pp. 9-10.
④ Ibid., pp. 10-11.

出自同一作品。因为大家知道,在柏拉图《理想国》这一段落里发现的四句残缺不全的引文,可能出自阿里斯托芬的喜剧《云》的佚失首稿。……[还可以假定]这些引文的确在当时流传,多数雅典人记得它们出自抨击哲学家的旧式喜剧,但不再能够确定这些引文涉及哪一部或哪几部喜剧。类似情况亦如今日,莎士比亚的诸多说法流行于安格鲁撒克逊话语之中,有些使用英语的人可以识别出它们源自莎士比亚,能够知道它们的某种规定性所指,但只有极少数人能够确定它们出自哪一部剧作(且不论具体哪一幕),而大多数人虽然能够恰当地使用这些说法,但却全然不知它们出自莎士比亚。①

上述辨析与推论是比较合乎情理的。虽然柏拉图笔下的苏格拉底学富五车,但我们不能指望他在引经据典时都要明确点出各自的出处。更何况涉及诗人对哲学家的抨击,尤其是阿里斯托芬在《云》剧里对苏格拉底的冷嘲热讽,如果苏格拉底在此点名道姓,就会使人产生某些联想,甚至认为这是因个人恩怨而伺机报复,或者是夸大其词来制造某种事端的由头。如果真是那样的话,这对于向来鼓励爱智求真的哲学家来讲,未免显得气量过于狭小了。

这里,我倾向于接受莫斯特的上述说法,由此便可推测出那四句引文所抨击的对象。这些对象看来主要是注重思想研究的哲学家,当然也包括评审戏剧比赛的裁判员。果真如此的话,我们又面临新的问题,即:既然抨击对象是哲学家,而且都是诗人在发难,并无哲学家反击,那么,这场所谓的争吵就是单向的,而非双向的了。换言之,这显然不能算是哲学家与诗人之间的争吵了,而是诗人对哲学家的抨击了。当然,我们若对柏拉图的引文意图给予同情性理解的话,似乎可以就此推论说:哲学家代表的是哲学,诗人代表的是诗歌。哲学家与诗人的争吵,就代表了哲学与诗歌的争吵。

那么,在古希腊历史上,也就是在苏格拉底之前,到底有没有哲学家批评过诗人呢?根据相关残存文献,色诺芬与赫拉克利特确曾抨击过诗人(包括荷马与赫西俄德),但他们只是抨击诗人解释事物的方

---

① Glenn W. Most, "What Ancient Quarrel between Philosophy and Poetry?" pp. 11-13.

式,并未攻击或嘲笑诗人本身。更何况色诺芬本人并不认为自己是代表哲学家在批评诗人,因为在他写作时,所采用的是韵文而非散文,这与诗人的写作形式毫无二致,另外,"哲学"(philosophia)一词当时还未发明出来。至于赫拉克利特,他对诗人的批评如同他对其他古希腊文化人物的批评一样,其根本原因在于对方宣称自己握有不容分辩的权威性智慧。① 故此,这两位前苏格拉底哲学家的所作所为,并不足以支撑"哲学与诗歌的争吵古来有之"的说法。

就此退一步讲,在苏格拉底之前与当时,某些哲学家与诗人由于各自不同的思考方式与价值取向,彼此之间确曾发生过一些"口角",喜剧诗人阿里斯托芬在《云》剧里攻击智者学派与苏格拉底就是明证。但这充其量只是个人之间的是非,而非科目之间的争论。但目前所遇到的问题是,柏拉图为何要把属于哲学家与诗人这种个人之间的争吵,转化为哲学与诗歌这两种科目之间的争吵呢?要弄清这其中的用意和目的,我们需要重新审视柏拉图对待诗歌与哲学的不同态度。实际上,就在柏拉图论及这场"争吵"的前后,他专门就城邦接纳诗歌的问题提出具体规定。其一,诗歌应在满足人们的审美快感或娱乐需求的同时,应有益于城邦秩序管理和全部生活,这种生活自然包括宗教、伦理、政治、文化、精神、审美等诸多方面。其二,诗歌务必证明自身内容的善与真,其善应有益于公民德行的教育和心灵内在的和谐,其真应有益于人们认识真理而非影像,更何况任何背弃看来是真理的东西都是有罪的。其三,诗歌不可懈怠或影响城邦的内聚力,不可引诱人们漫不经心地对待正义与智慧、节制、勇敢等一切美德。② 我们知道,柏拉图精通诗歌,对诗歌的诱惑力向来十分警惕,甚至表示担忧,总怕诗歌将人心中本应枯死的情感(如爱欲、愤怒、怜悯与苦乐等)激活养肥,由此削弱理智能力或构成某种威胁。这种威胁显然是针对哲学的。我们也知道,柏拉图推崇哲学,重视道德教育,有鉴于此,他一方面揭露诗歌的摹仿本性与情感宣泄,另一方面用善与真来框定和衡量诗歌,其用意就是要瓦解诗歌的历史地位和贬斥诗歌的诱惑作用,其目的就是要说服人们重新审视和理智对待诗歌艺术,劝导人们重视理

---

① Glenn W. Most, "What Ancient Quarrel between Philosophy and Poetry?", pp. 4-5.
② Plato, *Republic*, 607c-608c.

性部分的养护和参与爱智求真的哲学训练。

至于用来描述这场"争吵""古来有之"(palaia)一词,在时间上到底意指什么历史时期呢?按照莫斯特的解释,palaia 一词的含义有强弱之分,其强势含义表示"古代"或"古来有之"(ancient),在弱势含义表示"早先"或"很久以前"(since a long time ago)。在《法礼篇》里,柏拉图在描述一则神话传说时,也使用了 palaia 的变形词 palaios,由此组成短语 palaios muthos,被英译为"old story"(老故事)而非"ancient myth"(古老神话)。① 因为"老故事"形成的时间长短是富有弹性的,其流传历史或远或近,其具体内容由人杜撰;而"古来神话"的形成时间是相对限定的,在古雅典人看来其时间应上溯到荷马与赫西俄德史诗阶段,其内容是神性灵感激发所致,按柏拉图的说法,是诗人陷入神性迷狂时的神来之笔。

如此看来,柏拉图将"哲学与诗歌争吵"视为"古来有之",无论从公元前 5 世纪"哲学"一词的形成来看,还是从旧式喜剧的形成以及阿里斯托芬对哲学家的批评来看,在时间维度上都够不上"古来有之"这一说法的,因此在历史真实性上是令人怀疑的。但柏拉图假借苏格拉底之口,在引文上摆脱语境,在遣词上含糊其辞,有意要把这一"争吵"推向"古代",有意将哲学与诗歌置于等量齐观的地位,这等于有意抬高哲人的作为与哲学的地位,有意强化柏拉图标举哲学与贬斥诗歌的个人立场及其心理倾向。

对此,莫斯特推测说,柏拉图的做法旨在扩大这场争吵的"时间视阈"(the temporal horizon)。为此,他将阿里斯托芬不久之前在《云》剧中对哲学家苏格拉底的批评,刻意推向更为久远的过去,推向模糊不清的往事,推向无关个人的背景,这在修辞上会显得更为保险一些。说到底,柏拉图借用狭义的、潜在的、令苏格拉底感到别扭的个人基础,通过大幅度延展和过度概括一个单一事件或一组密切关联事件,构建了一场巨大而根本的冲突,一场关于文化和哲学价值的冲突。在某种意义上,柏拉图是虚构了这场"古来有之的争吵"。②

但是,不管怎么推测或怎么论证柏拉图的用意与目的,我们都会

---

① Plato, *Laws*, 719c.
② Glenn W. Most, "What Ancient Quarrel between Philosophy and Poetry?" p. 19.

清楚地看到并肯定如下事实:柏拉图的确认为诗歌与哲学之间存在一种张力或紧张关系;无论从他的教育哲学、政治理论还是伦理道德的目的论追求来看,他总是十分关注这种张力,十分关注诗歌的诱惑力或魅力。另外,柏拉图推崇哲学,并且献身于哲学。为了传布其哲学思想,推行爱智求真的教育,他必然会以这种方式来解读和对待诗人,甚至以为诗人头脑中就存在他所赋予的那种观念或意识。但这并非是说,柏拉图在哲学与诗歌之间,会做出舍此取彼的单向选择。实际上,他标举哲学,但不放弃诗歌,而是两者兼顾,由此成就了他的诗化哲学或哲理诗,这不仅仅是因为他自己具有游走于两者之间的非凡能力,而且是因为古希腊自身的文学传统所致,同时也是哲学话语不甚成熟的现实所致。而这一切所带来的结果,正好成就了柏拉图所追求的独特对话文体与绝佳话语效果。

五 剪不断的内在联系

哲学与诗歌之争的复杂性与微妙性,前面已经做出说明和论证。对于这个问题,我认为还可采用另外一种角度加以审视,那样似乎更为直接和明快。这一角度就是:只要拿捏住柏拉图诗学的命脉,将其与柏拉图向来热衷的哲学教育联系起来诊断,这场所谓的"争吵"问题就显得相当明晰和易于理解了。其实,柏拉图在申述了"哲学与诗歌的争吵"之后,不仅对城邦接纳诗歌提出了具体条件,而且一语道破了这场争吵的重要意义,即:"这场斗争是重大的,其重要性超过了我们的想象。它是决定一个人善恶的关键。"①

所谓"这场斗争",无疑是"哲学与诗歌的争吵";所谓"其重要性超过了我们的想象",是因为柏拉图担心诗歌的诱惑力和人们的判断力,担心诗歌对"一个人善恶"意识产生消极影响。在他心目中,诗歌诉诸情感,模糊善恶,而哲学诉诸理性,分辨善恶。但不容乐观的是,在现实生活中,偏好诗歌者众,喜爱哲学者寡。因为,诗歌的魅力大于哲学的魅力,相应的,诗歌的作用有碍哲学的作用。这一现状,既可归咎于希腊的优秀诗歌及其传统教育内容,也可归咎于民众喜爱诗歌的

---

① Plato. *Republic*, 608b.

热情及其审美娱乐的心理,同时也可归咎于内容生涩、深奥难解的哲学话语。有趣的是,柏拉图为了解决上述难题,为了推行哲学教育,他不是简单地废黜诗歌而独宠哲学,而是利用哲学来改造诗歌,让诗歌辅助哲学,试图让诗歌攀登新的高度之时,也让哲学插上诗歌的翅膀,不断向上飞越。如此一来,哲学与诗歌、乃至理性与感性之间的张力,均在柏拉图的诗化哲学中相得益彰,建立了剪不断的内在联系。如果我们从头回顾一下柏拉图对待诗歌的特殊态度,这一点就会得到进一步的澄清和证明。

　　按照柏拉图的此前说法,诗歌基于摹仿,诗人善于说谎;诗歌表现情感,诗人擅长想象;此两者均不像哲学和哲学家那样侧重理智和逻辑,非但不能给人以真知、真理或智慧,反而会给人以影像、假象或幻象。如此看来,这场纷争的重点似乎是一个认识论问题,是出于以真为鉴或扬真抑假的认识价值判断的目的。但是,只要看看柏拉图对造假或撒谎的实用主义态度,我们也许会改变原来的看法。譬如,医生的治病之术、体操教练的用人之法以及城邦统治者的治国之道,是建立在"有益"而"实用"的"口头谎言"(pseudos en tois logois)之上;理想城邦的三分结构(哲王、卫士、农工商)或三类阶层(金、银、铜铁)的划分,也同样是建立在美其名曰的"高贵谎言"(gennaion ti en pseudomenous)之上。在《理想国》的第二卷、第三卷和第五卷里,柏拉图通过苏格拉底之口,数次直言不讳地论述了"谎言"与"欺骗"的合法性。如其所言:口头的谎言只不过是心灵状态的一个摹本,是后来派生的,仅仅是形象而已,不是完全纯正的谎言。口头的谎言如果对谁有用,就不会招人讨厌。谎言用来欺骗敌人不是有用吗?谎言用来医治患病的朋友不是有用吗?谎言作为一种药物用来防止有人作恶不也变得有用了吗?因此,要利用虚假的传说来达到训导的目的。① 另外,谎言或虚假对于神明虽然无用,但对于凡人则是一种有用的药物。为了治病救人,医生可用;为了国家利益,哲王可用;为了体育运动,教练可用。② 再者,城邦治理者为了被治理者的利益,有时不得不使用一些假话和欺骗。此乃统治者高明

---

① Plato. *Republic*, 382b-e.
② Ibid., 389b-c.

的手腕使然。① 至于那个"高贵的谎言",也就是古希腊时期广为流布的那个"腓尼基人的传说",则被奉为金银铜铁血统论或城邦社会阶层论的基础,不仅要设法使统治者和卫士们相信,而且也要尽力使城邦里的其他人相信。② 总之,谎言也罢,虚假也罢,欺骗也罢,只要对敌人有害,对朋友或城邦有利,均会成为有用和可用的手段,甚至成为统治者的高明手腕。马基雅维利的《君主论》,或许是受到柏拉图的启发而发展为系统学说的。

显然,柏拉图所采用的上述实用主义态度,使利害关系轻而易举地取代了真假判断。因此,我们有理由认为柏拉图重提诗歌与哲学的这场纷争,其主要目的不在于关乎真假之辨的认识论层面,而在于关乎城邦利益与卫士人格的政治与道德层面,这与柏拉图的政治工具主义和道德理想主义诗学有着直接的关系。如前所述,柏拉图对诗歌的谴责,大多是从城邦利益与卫士人格的角度出发,因为这两者直接影响到社稷的前途和道德教育的原则。所谓诗歌说谎,诗人行骗,若与那个"高贵的谎言"相比,实在算不了什么,可以说是"五十步笑百步",因为这个所谓的"高贵谎言"或"腓尼基传说",也同样来自诗歌,来自诗人赫西俄德笔下的史诗《工作与时日》。但是,问题在于前者通过表情达意的艺术化快感形式,抑或激发人的享乐欲望,抑或弱化人的理智诉求,抑或亵渎神明与英雄人物,抑或摹仿各种可笑的行为,抑或再现丑恶阴暗的现实生活,结果不仅不利于城邦的有效统治,而且有害于公民的道德教育,这在柏拉图眼里便成为诗歌在政治上和道德上的缺陷或误区。而后者则相反。这种"谎言"之所以"高贵",就在于其实用的或工具性的政治与道德价值,也就是对城邦统治、社会分层,特别是安分守己的公民教育有益。可见,在所谓理想的城邦里,诗歌只要符合和适宜城邦政治与道德教育的要求,诸如诗歌说谎与诗人行骗等外加的"罪名",反倒可以大行其道,享受"摘帽"或"正名"的礼遇,成为堂而皇之的有用之物了。这正是柏拉图为诗歌辩护的原因之一,同时也是柏拉图利用哲学来改造诗歌的原因之一。

---

① Plato. *Republic*,459b-d.
② Ibid. ,414-415.

从其对话中看,哲学与诗歌之争,几乎以或显或隐的方式伴随着柏拉图的一生。他早年弃诗歌而习哲学,似乎是一大转折。然而,诗歌的阴影(或倩影)却始终伴随着他的哲学思考。他一直在探寻充足的理由,试图从哲学认识论与伦理学的立场出发,来为诗歌的价值和效用重新进行定位,来指陈人们在道德观念和审美趣味上的种种误区。仅从《理想国》这部长篇对话来看,柏拉图经常陷入两难抉择之境。他在谴责诗歌与诗人的同时,也直接或间接地为其辩护。因此,我们可以这样假定:柏拉图作为一个诗人哲学家,深知传统诗歌的历史地位和文化意义。但从道德理想主义和政治工具主义原则考虑,他认为有必要对传统诗歌进行必要的删除或修改,以期达到"去粗取精,为我所用"的政治与道德目的。为此,他本人似乎把诗歌分为三类:

第一类是摹仿诗(mimetic poetry),其主旨在于复制或再现(mimeomai)自然界与人世间原有的事物与情景。这类诗歌由于本质上属于"技艺"(technē)性操作的结果,因此会随着技艺水平的波动起伏,在质量品位上显得良莠不齐,故而需要按照相关原则与实际要求进行取舍、改造和利用。① 这样的诗歌,在艺术上一般缺乏自主性(autonomy),容易受政治要求、道德规范与宗教信仰的影响,有时会转化为宣传艺术,沦为政治统治的工具或者道德与宗教的奴婢。

第二类是神启诗(divine poetry),属于诗人迷狂、神灵附体时的杰作,其中的神来之笔近乎神明的启示或先知的箴言,委实是可遇而不可求。事实上,在古希腊人眼里,诗歌是灵感与神启的产物,诗人是神明的代言人。柏拉图继承了这一传统观念,曾经把诗人视为"神明的解释者"(hermēneis tōn theōn)。在《伊安篇》里,他对伟大的诗人有过这样的描述:"令人赞叹的那些伟大诗篇的作者,并非是凭借艺术的法则获得诗歌之美的,而是在处于灵感的状态下吟诵优美韵文的产物。

---

① 在《理想国》第十卷里,柏拉图曾把艺术分为三类,这三类艺术会涉及所有对象。"一是使用对象的艺术,二是制作对象的艺术,三是再现或摹仿对象的艺术。"(Book X, 601d)看来,摹仿诗属于第三类。值得指出的是,艺术与技艺以及技术在古希腊是彼此不分的。诗歌原本被视为灵感与神启的产物。柏拉图将其与绘画之类的技艺并论,实际上是对这类诗歌的一种贬低或降格以求的做法。

此时,有一种外来的神灵附在他们身上。抒情诗歌的作者就是在这样一种神性迷狂的境界里,创作出那些令人赞叹的诗歌的。倘若没有神灵的启示或灵感,诗人难以创作出真正称之为诗歌的东西……我们作为听众,应当承认这些文采优美的诗人,都是神灵附体,在灵感的驱动下向我们吟诵华章。这样的诗歌,超越了人工所为,是神灵的赐予,而诗人则是神明的解释者,其身上都有神明附体。"①正是基于这种传统的诗学观,柏拉图在《斐德罗篇》里,把诗人分为天上与地下两等。一等诗人是缪斯选择出来的佼佼者,与哲学家并列一起,另一等诗人则地位卑微,与工匠和农夫为伍。② 这表明柏拉图有意区别对待富有创造性的神启诗人与偏于摹仿性的技艺诗人。

第三类诗歌便是柏拉图最为推崇的哲理诗(philosophical poetry),这兴许是解决哲学与诗歌这一纷争的重要途径。这种诗并非是用格律写成的韵文,而是富有诗歌品质的哲学对话。诚如《理想国》所示,柏拉图经常在谈及重要话题时,不是运用信手拈来的诗性比喻,就是顺势穿插充满哲理的神话故事,其丰富的寓意所构成的多义有机语境(polysemic organic context),于无形之中扩展了读者的思维空间。前文所述的戒指喻、日喻、洞喻和灵喻种种,就是典型的范例。类似这样的哲理诗,实际上是哲学的诗化或诗化的哲学。在这方面,柏拉图无疑是西方历史上成功创立诗化哲学的先驱。他本人不仅目的明确,而且自信百年,十分看重自己那些哲理与诗意彼此会通的对话哲学。或许就像伽达默尔所猜测的那样,柏拉图坚信"仅凭这种哲学就足以拯救他心目中的那个城邦了"③。在我看来,柏拉图式的哲理诗或诗化哲学,作为一种独特的杂糅文体,使哲学与诗歌的纷争得以和合与消融,引致出"合二而一"的交汇性对话形式。此结果在一定程度上就像

---

① Cf. Plato. *Ion*, 533e-534c.

② Cf. Plato. *Phaedrus*, 248c-e. 柏拉图在这里将人分为九等。第一等人包括追求智慧与美的哲学家,追随文艺女神缪斯的诗人;第二等人包括依法治国的国王、卫士或统治者;第三等人包括政治家、商人或经商者;第四等人包括运动员、体育教练与医生;第五等人包括先知与祭师;第六等人包括摹仿诗人或其他摹仿型艺术家;第七等人包括工匠与农夫;第八等人包括能言善辩的智者与蛊惑家;第九等人主要是僭主或独裁者。

③ Cf. Hans-Georg Gadmer. *Dialogue and Dialectic: Eight Hermeneutical Studies on Plato* (New Haven and London: Yale University Press, 1980). The statement is made as follows: Plato believes "that philosophy alone has the capacity to save the state."

罗森(Stanley Rosen)所言：

> 这场纷争消失在创造性的话语中,结果诗不像诗,哲学不像哲学,而是哲学的诗。哲学没有诗,正像诗没有哲学一样,是不适宜的,或无法衡量的。①

在这里,哲学与诗歌呈现为一种互补性关系,此两者各有所长,对于柏拉图的诗学来说的确是缺一不可。一般说来,"哲学的优越之处在于可用智能来解释所理解的东西。而诗在寻常的诗性智能方面确实优于哲学"②。更何况古希腊的史诗介于生活与哲学之间,形象而生动,具体而深刻,不仅富有生活情调,而且富有哲学意味。因此,在柏拉图那里,理式代替不了镜子,哲学代替不了诗歌,反之亦然。这样,诗化哲学或哲学诗化,也就成了逻辑的必然。相应地,当我们阅读柏拉图的对话集时,我们非但没有必要去划定诗歌与哲学、诗人与哲学家之间的界限,反而要以诗意的情怀与哲理的眼光,在审美直观与理智直观的交融中,在创造性的想象与逻辑性的反思中,在作为诗人的柏拉图与作为哲人的柏拉图之间的思维张力中,凭借特定的文本语境去贴近相关的历史文化语境,进而在诗歌中探询哲学,在哲学中体味诗歌,这兴许是解读柏拉图诗化哲学的有效

---

① 参阅罗森:《诗与哲学之争》(张辉译,北京:华夏出版社,2004年),第34页。
② 同上书,第22页。罗森还有两段话,专论哲学与诗之纷争,对哲学的地位与作用提出质疑和批评,对哲学与诗的关系作了概括,颇富挑战性与歧义性。摘录与此,仅供参考。"如果有整体,就是说,有人类经验的统一性,那只能通过诗去接近。相反,如果没有整体,我们必须再次通过诗来发明它。在这两种情形下,哲学献身于充当仆人的角色,或许是诗王国的内阁总理或枢密顾问。哲学的历史因而呈现为谋反的枢密顾问屡屡败北的编年史,或者是他们一再地在这个场合变成诗人,在另一个场合变成技术专家。哲学作为人类精神完美体现的高贵形象,被哲学作为修辞艺术的不光彩形象所代替。……因而,哲学与诗的纷争,是哲学与诗的根本统一派生的结果。当我们企图确认或者描述统一的原则本身时,冲突就产生了;这一企图总是导致诗的获胜。发生在派生层面的胜利,被视为根本性的了。用稍稍不同的概念来表达,哲学与诗的纷争,是技术或方法论层面的:当技艺在哲学中试图占主导地位,或者哲学将自身转化为诗的时候,这个冲突就产生了。所以,这个纷争是似是而非的,而不仅仅是派生性的,因为没有真正的纷争已经是明确的事实。纷争本身就是诗的胜利。"(同上书,第7—9页)

途径。①

　　说到底,所有这一切在很大程度上取决于柏拉图的双重身份和思维方式。就其双重身份而言,他既是诗人,又是哲学家。作为前者,他既知道诗歌的魅力所在,也知道其危险所在。作为后者,他知道哲学的基本任务所在,也知道诗歌所能抵达的理想高度所在。就其思维方式而论,他知道诗歌摹仿形象,诉诸情感,表现特殊,具有怡情悦性的审美价值和兴发启蒙的认识价值,这种认识价值通常体现在从易到难、从具体到抽象、从感性到理性的过程初级阶段;而他所崇尚的哲学,追问始基,诉诸理性,探索存在,具有爱智求真的特质和上达永恒绝对的目的。在柏拉图心目中,真正的哲学家至少具备四种品德:一是爱智求真,储德养善,能够学习和掌握所有知识,形成卓越的正义之德和非凡的判断能力;二是充分利用理性思考的能力,认识和接受理念的存在,尤其是善自体理念的存在,同时能够应用理念论来传布真正的知识和弘扬真正的德性;三是在个人生活方面,能把纯粹理智的沉思生活奉为最快乐的生活,而对于世俗和庸俗的蝇营狗苟不屑一

---

①　在这方面,著名古典学者伯纳德特(Seth Benardete)可以说是当代学者的典范之一。曼斯斐尔德(Harvey Mansfield)在评价这位"哲学与诗歌的关系问题上最伟大的学者"时指出,伯纳德特的"研究专长在于事物的整体性,诗歌描述这种整体性,哲学则解释这种整体性。诗人的描述告诉人们,为了能够如其所然地生活,我们需要保有超大规模(extra-large-sized)的信仰。哲人则质疑这些信仰,并在可能的限度内力图用理性的解释来代替这些信仰。这似乎就是柏拉图在《理想国》中杰出地阐释过的'哲学与诗歌的古老论争'。但伯纳德特并没有拒绝接受这种论争的存在,而是在哲学中找到了诗歌,在诗歌中找到了哲学。那就是伯纳德特论述荷马、柏拉图和索福克勒斯著作的主题。诗歌产生意象,主要针对并依赖于事物的本性,这又正是哲学的对象。哲学也无法简单地凭其逻辑方法就能摒弃诗人的别出心裁和精巧构思"(参阅伯纳德特:《弓弦与竖琴:从柏拉图解读〈奥德赛〉》[程志敏译,北京:华夏出版社,2003年],第194页)。需要指出的是,此书原文名称为 The Bow and the Lyre,理应译为《弓弦与里拉琴》,而非《弓弦与竖琴》。里拉琴有时也称七弦琴,其古希腊名为 lyra,英语为 lyre,竖琴的德文名为 Harfe,英文名为 harp,其形状与构造与里拉琴相去甚远。赫拉克利特的残篇[fr. 45, Bywater]中曾借用"犹如协和弓弦与里拉琴"[ōsper harmonian toxou te kai lyras]这一比喻,表面上是谈两者之间一分为二、而不同的谐音关系,实际上是指宇宙通过对立力量的相互牵制而聚合在一起的内在特征。柏拉图在《会饮篇》[187a]中引用赫拉克利特的话,是想说明音乐中的和谐协调是由不同的因素构成的,其前提是不同的因素务必彼此协调,譬如音乐中的高低音或快慢调构成和谐的旋律。值得注意的是,从《奥德赛》这部史诗中,伯纳德特不仅解读出"人类和解"与"维持正义"的政治哲学主题,而且解读出真理与谎言的哲学关系。譬如,奥德修斯的传奇经历,自由运用谎言来掩饰真相和达到善性目的(如正义与和解)的高超技艺,就可以令人信服地证实这一真理:"人们不可能故意撒谎,除非他知晓真相。"

顾,以此确保自己的高贵精神和道德修为不受污染;四是在城邦或集体生活方面,能够担当社会责任,利用自己的才智管理好城邦事务,使智慧、节制、勇敢和正义等一系列德性成为人们的生活习惯,由此确保人们过上公正而有尊严的幸福生活。至此,哲学家本人能够发挥自己的特长,同时享受政治实践与哲学沉思这两种生活。如此一来,柏拉图所期待的真正诗人,应当是真正哲学家的得力助手,应当辅佐哲学家实现自己的政治抱负和哲学追求。这种诗人需要充分利用自己的诗性感官和诗性智慧,不能满足于通过摹仿感性对象来表示一种接近实在的灵视,也不能满足于制作各种迷人的意象而拒绝涉入理想的世界,而是要"百尺竿头,更进一步",利用其创造性才能和生花妙笔来表现永恒的理式或绝对的存在。只有这样,他才能够洞识美之为美与善之为善的原因,才能把握宇宙人生的真理,才能成为一位柏拉图式的诗人—哲学家。一旦达到这一境界,原本潜藏在柏拉图心目中的哲学与诗歌之争,也就没有存在的理由或任何意义了。诚如威廉·格林所言,"柏拉图承认诗人兴许可以表现永恒理式,只要诗人做到这一点,他就成为一位哲学家。如此一来,柏拉图所想象出来的那种哲学与诗歌之间古来有之的冲突,也就会偃旗息鼓了"[1]。

  总之,从哲学与诗歌之争的角度,来审视这两者之间的相互关系,委实是一件有趣而复杂的事情。无论是出于教育目的而推举诗歌,还是出于道德立场而抨击诗歌,或是出于对话需要而引用诗歌,或是为了推行爱智求真的哲学教育而利用和改造诗歌,这一切在柏拉图的诗化哲学思想中,合纵连横,结成了某种互动互补、相得益彰的内在有机联系。这种联系,的确是"剪不断"的,并非是"理还乱"的。

---

[1] William Chase Greene, "Plato's View of Poetry", in *Harvard Studies in Classical Phlology*, Vol. 29. (1918), p. 75.

第九章　余论:城邦与心灵的融合

柏拉图的《理想国》称得上是西方诗化哲学的范本。在这里,哲学的理念与诗意的流动,通过鲜活而古雅的对话形式,巧妙地融合在一起。结果,一方面拓展了哲学思辨的诗意空间,一方面提升了诗性智慧的理论维度,从而使《理想国》成为一部常读常新的经典之作。

我认为,在《理想国》这部代表作里,柏拉图比较集中地阐述和彰显了自己的教育原则和政治理想。前者注重德行修为,导向道德理想主义;后者注重社稷民生,导向政治工具主义。两者如经似纬,彼此的有机交错与互动互补,大体上构成了柏拉图思想的主要脉络。诗乐文艺作为教育的重要内容和教化民众的必要手段,毫无例外地被编织到柏拉图的思想经纬之中,从而造就了他本人的诗学,同时也开启了西方的诗学。

另外,柏拉图在构建理想城邦的过程中,一再强调城邦管理是最高的艺术(technē)或技艺。这里所谓的城邦管理艺术,实际上也就是一种政治艺术。在隐喻的意义上,这种艺术是以追求美、善与和谐为鹄的。在其具体的建构过程中,政治家就像作曲家、画家或建筑师一样,所从事的是一项艺术创作活动,是为了美与和谐而创构城邦的,唯此才能使城邦的法律与管理都成为精美至善的作品。因此,从美学上讲,柏拉图是把艺术与和谐之美引入政治学领域的第一哲人,他所撰写的《理想国》也正是这方面的开山之作。

但就《理想国》的诗学思想而论,本书将其视为一种道德理想主义诗学。这种诗学可分为两翼:一是以善为本、治心为上的心灵诗学,一是苦其心志、强身为用的身体诗学,两者旨在培养美善兼备、文武全才的城邦卫士,最终使道德人格与政治工具合二为一,取得理想化的圆融正果。

这种心与身、灵与肉、道德人格与政治工具的融合,自然让我们思索起城邦与心灵的关系。在解读《理想国》时,人们习惯于把柏拉图的城邦阶层与心灵三分说联系在一起。有的认为柏氏以城邦来喻示心灵;有的则认为柏氏以心灵来喻示城邦;也有的则认为城邦与心灵之喻,意味着两者之间的某种冲突。①

关于心灵与城邦的关系,西方学界讨论较多。迄今,就我所知,代表性的论证,主要反映在切入这一问题的方法或角度上。具体说来,如果将城邦与心灵视为一种类比关系(analogical relation),这与柏拉图所追求的因果关系(causal relation)就不完全匹配,因为后者期待城邦制度形态势必影响公民德性素养,同时也期待公民德性素养影响城邦制度形态;如果基于城邦与心灵的类比关系来推论其因果关系,势必不能形成逻辑上的自洽,因为心灵因素与城邦阶层尽管在结构上具有某些相似性,但两者反映在心理和社会机制上的差异是本质性的和不可通约的;反之,如果基于城邦与心灵的因果关系来审视其类比关系,也必然导致逻辑通道上的堵塞,因为就城邦伦理与个体道德的因果关系而论是一回事,但就城邦秩序与心灵秩序的类比关系而论则是另一回事。故此,对于城邦与心灵的关系,有必要根据其应和性(correpondence)与相似性(similarity),分别从因果、类比乃至隐喻的角度予以理解。②

---

① Cf. Elizabeth Belfiore. "Plato's Greatest Accusation against Poetry," in *Canadian Journal of Philosophy*, Supplementary Volume IX, pp. 39-62. Belfiore assumes that "The city-soul analogy" suggests a kind of conflict in between. As he states, "In order to understand Plato's distinction between the reasonable people and the children and fools we must follow his analogy between the human soul and a city in which there is *stasis*, conflict, between superior and inferior classes of people (605a8-c4). This analogy depends on a distinction between two elements in the soul." Say, between superior and inferior elements in the soul (602e-603a), or between appearances (*phainomena*) and realities (*onta*), or between the pleasing and the useful that is Plato's main concern.

② 有关柏拉图《理想国》里所言的城邦与心灵之关系,西方一些学者的论述相当细致和深入,具有代表性的和影响较大的论作不少,可参阅:B. Williams, "The analogy of city and soul in Plato's *Republic*", in E. N. Lee et al (eds.), *Exegesis and Argument* (Phronesis suppl. Vol. 1) 1973, pp. 196-206. [Repr. in Richard Kraut (ed.), *Plato's Republic: Critical Essays* (Lanham: Rowman & Littlefield Publishers, 1997).] J. Lear, "Inside and outside the Republic", in Phronesis 37.2 (1992), pp. 184-215. T. Irwin, *Plato's Ethics* (Oxford: Oxford University Press, 1995). T. J. Anderson, *Polis and Psyche: A Motif in Plato's* Republic (Stockholm, 1971). Especially G. R. F. Ferrari, *City and Soul in Plato's* Republic (Chicago and London: The University of Chicago Press, 2005).

若从城邦与心灵的因果关系来看,这涉及两种不同整体与部分的因果关系:其一,柏拉图创设的"美好城邦"之所以是有德之邦,是因为居于其中的公民三个阶层及其相互之间的关系所致;其二,公民个体之所以是有德之人,是因为构成其心灵的三个要素及其相互之间的关系所致。若从城邦与心灵的类比关系来看,这涉及城邦三个阶层与心灵三个要素之间的类比关系。在这里,理智部分如同管理城邦的明智统治者或哲人王;激情部分如同辅佐城邦的卫士或士兵;欲望部分如同城邦的农渔工商。这心灵三部分之间的协作,有赖于理智部分作为主导,激情部分遵从理智部分的指令作为同盟,欲望部分得到合理有度的满足,这样便可实现心灵的和谐。相应的,城邦三阶层的协作,有赖于明智的统治者或哲人王主导城邦管理事务,卫士作为辅助力量协同统治者落实相关决策,渔农工商作为物质生产者为城邦提供生活资料。彼此若恪尽职守,各尽所能,就能避免城邦冲突,就能加强社会凝聚力。若从城邦与心灵的隐喻关系来看,这涉及两个不同领域之间的交叉应和关系。据此,理智部分是心灵的统治者。理智部分与心灵的这一关系暗示出统治者与城邦的关系。这样一来,如果理智部分是心灵的统治者,那么统治者则代表城邦的理性或智慧。所以,费拉里(G. R. F. Ferrari)在采用了并行不悖的解释方法,在承认城邦与心灵之间的因果关系和类比关系之时,也剖析了其中包含的隐喻关系,而且特意强调了"隐喻式理解"(metaphorical understanding)的必要性。①

我们在《理想国》第四卷里发现②,在柏拉图言及正义城邦与正义个体的相似性时,所设定的前提是"就正义的概念而论",由此导致某种类比关系;在言及城邦三阶层各司其职而造就了城邦正义时,所推出的结果是这三种人具有节制、勇敢和智慧等德性,由此趋向某种因果关系;当言及个人心灵与城邦的应和性时,所涉及的是心灵的组成部分与城邦的组成部分,由此构成某种隐喻关系;在言及城邦品质与个人品质时,所凸显的是相互影响与主导倾向,由此表示某种因果关系。在《理想国》第九卷里,③我们发现柏拉图再次言及每一种城邦和

---

① G. R. F. Ferrari, *City and Soul in Plato's Republic* (Chicago and London: The University of Chicago Press, 2005), pp. 59-63.

② Plato, *Repblic*, 434d-435e.

③ Ibid., 577-588.

个人的性格特点时,特意指出两者之间的相似性,并且断言"如果个人和城邦相像,他必定有同样的状况"。这里所谓"同样的状况",实指个人性格打上了城邦性格的烙印,因此与城邦有着同样的状况,譬如个人与施行僭主、寡头、荣誉政体的城邦性格如果相像,就会生成类似的个人性格。这显然道出了某种因果关系。

我个人认为,从因果、类比和隐喻三种角度来解读城邦与心灵的关系,是合乎情理的。但这并不排除我早先提出的这一假设:柏拉图凭借城邦与心灵的喻说,所追求的终极境界是心灵与城邦的自由融合或有机和谐。这种"融合论",不是简单的理论折中,更不是套用俗称的"中庸"之道,而是基于柏拉图的具体论述。我们依然记得,在《理想国》第九卷末,当格劳孔发现地球上找不到这座"理想的家园"(tē en logois keimenē),因此问及其可能的存所之时,苏格拉底回答说:"或许在天上建有其范型(en ouranō isōs paradeigma),举凡看到她的人,都想成为那里的居民。至于她现在还是将来存在,都无关紧要。"① 这里,无论是话说中的"理想家园",还是创设中的"天上原型",其实都是人们心目中的理想模式,是人们向往的精神乌托邦。对此,柏拉图在《理想国》第十卷里一语道破,称其为"心灵中的城邦"(peri tēs en autō politeias)②。

---

① Cf. Plato. *Republic*. Book IX,592b. The English version goes as follows:"G:You mean the city whose establishment we have described,the city whose home is in the ideal(理想中的家园); for I think that it can be found nowhere on earth. S:Perhaps there is a pattern of it laid up in heaven fore him who wishes to contemplate and so beholding to constitute himself its citizen. But it makes no difference whether it exists now or even will come into being."(Paul Shorey)Albert Anderson's newly revised version is more straight forward:"G:I understand. You are referring the republic of words(言说中的理想国)we have established in our dialogue. I don't think it actually exists. S:perhaps a model of such a republic exists in the heavens for anyone to see who wishes to live accordingly. And whether it actually exists or not,they will want to live according to the order of that republic and no other."郭斌和、张竹明的中译文为"理想的城邦"。根据希腊原文,这里的确是指"话说中的家园"。"话说"表示对话中的有关描述与讨论;"家园"表示城邦。鉴于相关的言说与描述,都带有理想的和追求完满的色彩,因此根据具体语境将其意译为"理想的家园或城邦",是可以接受的。

② Ibid., Book X,608b. Paul Shorey renders is as "the polity in his soul"(心灵中的政体或国家组织);Albert Anderson put it into "the republic within them"(他们心目中的共和国或理想国);and Allan Bloom translates it as "the regime in himself"(他心目中的政权或社会制度)。朱光潜的译文是"心灵中的城邦";郭斌和、张竹明的译文是"心灵制度"。实际上,希腊原文用的是 politeias 一词,与《理想国》的原文书名相同。因此也可以将其译为"心目中的理想国"或"心灵中的理想城邦"。

这样,心灵与城邦彼此不分。心灵怀有城邦,城邦存乎心灵,两者几乎成了"你中有我、我中有你"的整一体。倘若换一说法,把城邦这个社会组织等同于"世道",把人类的心灵简称为"人心",然后用"世道人心"四字来涵盖柏氏的思想核心,大体上是可以说得通的。

根据柏拉图的道德理想主义和政治工具主义思想原则,这"世道",追求正义与幸福,讲究实效与功用,以经世济民为目标;这"人心",充满理想与灵智,珍爱善良与美德,以修身养性为基础。质而论之,世道的好坏,存乎人心;而人心的好坏,体现于世道。世道与人心之间的这种互动关系,实属客观存在,虽非决然对等,更非"橘生淮南则为橘,生于淮北则为枳"所能简单划分或区隔。但有一点是具有历史有效性的,也是得到历史经验反复证明过的,那就是:社会制度的好坏与社会管理的好坏,在很大程度上影响到公民德性与人际关系。在通常的意义上,人们假定好的社会制度加上好的社会管理,会使一些坏人变好,会使人际关系趋向和睦;而坏的社会制度与坏的社会管理,则会使一些好人变坏,会使人际关系趋向紧张。这一点在一个城邦或国家的变革或转型时期,怎么强调和强化都不过分。

时至今日,推行依法治国也罢,倡导以德治国也好,表面上是在治理世道,实际上是在规范人心,因为世道的良好秩序最终在很大程度上取决于人心的实用理性(practical reason)。常言道:人性之木歪七扭八,从未造出笔直之物(Out of the crooked timber of human nature, nothing straight was ever made)。这主要是说人之难治,根在本性。为此,人类殚精竭虑,在推行人文化成的努力中,制定了诸多范导人心与人行的成文法与不成文法,其中包括历史传承下来的种种礼仪惯例等,试图以硬性的法纪与软性的礼仪来移风易俗、教化民众。在这方面,"轴心时期"的精神天才居功甚伟,所取成就成为标志,为人类精神与道德生活鉴定了重要基础。现如今,两千余年过去了,但这个复杂的难题依然处在无尽的探索与解决过程之中。在近代西方,康德是从知、情、意三方面来讲人性,实际上是沿用了柏拉图的理性、欲望与精神三分法来谈人心。在此意义上,康德可以说是一位新柏拉图主义者,其所作为真正推进和深化了柏拉图的相关学说。不过,康德的有关陈述,虽说是"入木三分",精致有加,但也并未超出柏拉图对人心或人性问题的理解向度。在《理想国》里,从开篇到结尾,柏氏一直围绕着人心和世道来谈诗论乐,标举道德精神,创设理想家园,足以见出他对人心和世道的重视。现如今,我们所生活的这个"世道"如何?社会大众所拥有的"人心"如何?我们到底在追求什么样的"世道人心"?对于这类问题,举凡想要认真生活下去的人,恐怕都有认真反思的必要。

据拉尔修(Diogenes Laertius)回忆,创立了宇宙论的古希腊哲学家阿纳克萨哥拉(Anaxagoras,约公元前500—公元前428),因为醉心于天体的奥妙而忽视了城邦的事务,结果遭到雅典公民的批评指责。可他却手指蓝天说:"我的确非常关注我的城邦。"显然,他是以"拈花示佛"似的方式,遥指幽渺宇宙中的那座"理想家园"。要知道,那家园不是别的,而是"心灵中的城邦",存乎人心,托于理想,类似于诗人倍雷(Du Bellay)所描绘的这幅天国蓝图:①

> 面对永恒,我们短暂的生命
> 如同流星;朝生暮死的太阳,
> 逃遁前给憧憧阴影镀上金边,
> 把我们的白昼一个个驱向黑暗,
> 我的心啊,为何囚禁在阴暗的牢房?
> 你难道喜欢上这些朦胧的影像?

---

① Cf. Plato. *Republic*, Book IX, 592b. Note B. (Cf. Plato. *Republic*. Tr. Paul Shorey, London/Cambridge MA: Harvard University Press, 1994, Loeb edition). The English version of the poem by Du Bellay follows:

If our brief life is to eternity
But as a span; if our ephemeral sun
Gilding the shadows that before it flee,
Chases our days to darkness on by one,
Why, O my soul, pent in this prison obscure.
Wilt thou in these dim shadows take delight,
When to soar upward to the eternal pure
Luminous heavens thy wings are spread for flight?
There is the good for which all hearts do burn.
There is the peace for which all creatures yearn.
There is the love supreme without a stain.
There is too pleasure that is not bought with pain.
There upon heaven's dome and outmost shore
Thou'lt know the ideas and recognize once more
The beauty whose image here thou must adore.

> 你难道不想展开飞翔的翅膀，
> 扶摇直上，奔向永恒纯洁的天堂？
> 那里有世间人心渴望的善良。
> 那里有天下苍生向往的和平。
> 那里有洁白无瑕的至上爱情。
> 还有那无忧无虑的快乐时光。
> 看那天堂的穹窿，遥远的海滩，
> 你将认识那些理念，你会再次发现
> 那美的形象，令你赞赏，让你惊叹。

如今，生活在这个人欲横流的现实社会里，不知还有多少人会"赞赏"这幅天国的蓝图？会"惊叹"这座精神的家园？我想总会有的，哪怕是极少数。他们定会在那里找到自己的安身立命之处。无疑，这不是一趟观览风花雪月的旅行，而是一个"一边哭泣、一边追求"的过程。

主要参考文献

1. 柏拉图著作

Plato. *The Dialogues of Plato.* (tr. Benjamin Jowett), Oxford: Oxford University Press, 1st ed., 1871, rep., 1953.

Plato. *The Collected Dialogues.* (eds. Edith Hamilton & Huntington Cairns), New Jersey: Princeton University press, 1st ed., 1961, 16th printing, 1996.

Plato. *Complete Works.* (ed. John M. Cooper), Indianapolis/Cambridge: Hackett Publishing Company, 1997.

Plato. *Politeia/The Republic.* (vol. 1-2, tr. Paul Shorey), London/Mass.: William Heinemann Ltd/Harvard University Press, 1st ed. 1930, rep., 1963.

Plato. *Symposion/The Symposium.* (tr. W. R. M. Lamb), London/Mass.: Harvard University Press, rep. 1996.

Plato. *Phaidōn/Phaedo.* (tr. Harold N. Fowler), London/Mass.: Harvard University Press, rep. 1999.

Plato. *Phaidros/Phaedrus.* (tr. Harold N. Fowler), London/Mass.: Harvard University Press, rep. 1999.

Plato. *Iōn/Ion.* (tr. W. R. M. Lamb), London/Mass.: William Heinemann Ltd/Harvard University Press, rep., 1975.

Plato. *Hippias Meizōn/Greater Hippias.* (tr. H. N. Fowler), London/Mass.: William Heinemann Ltd/Harvard University Press, 1st ed. 1926, rep., 1977.

Plato. *Nomoiι/Laws.* (tr. R. G. Bury), London/Mass.: Harvard University Press, 1st 1926, rep., 1994.

Anderson, Albert(tr.) *Plato's Republic.* Millis: Agora Publications, 2001.

Bloom, Allan(tr.) *The Republic of Plato.* New York: Basic Books, 1968.

Conford, Francis M. (tr.) *The Republic of Plato.* Oxford et al.: Oxford University Press, 1st ed., 1941, 57th rep., 1975.

Davies, John L. & Vaughan, D. J. (tr.) *Plato: Republic.* Ware: Wordsworth Editions, 1997.

Griffith, Tom. (tr.) *The Republic.* Cambridge: Cambridge University Press, 2000.

Waterfield, Robin. (tr.) *Plato: Republic.* Oxford: Oxford University Press, 1993.

柏拉图:《理想国》(郭斌和、张竹明译),北京:商务印书馆,1995年。

柏拉图:《柏拉图文艺对话集》(朱光潜译),北京:人民文学出版社,1980年。

柏拉图:《巴门尼得斯篇》(陈康译注),北京:商务印书馆,1997年。

柏拉图等著:《柏拉图的〈会饮〉》(刘小枫等译),北京:华夏出版社,2003年。

柏拉图:《柏拉图对话集》(王太庆译),北京:商务印书馆,2004年。

2. 相关论著

Anderson, Albert A. *Universal Justice: A Dialectical Approach*. Amsterdam: Radopi, 1997.

Aristotle. *Ethics*. (tr. J. A. K. Thomson), London: Penguin Books, 1977.

Aristotle. *The Nicomachean Ethics*. (tr. D. P. Chase), E. P. Dutton & Co., 1934/China Social Sciences publishing House, 1999.

Aristotle. *On the Art of Poetry*. In *Classical Literaty Criticism*. (tr. T. S. Dorsch), Harmondsworth: Penguin Books, 1975.

Auerbach, R. *Mimesis: The Representation of Reality in Western Literature*. (Trans. W. R. Trask), Princeton: Princeton University Press, 1953.

Barnes, Jonathan. *Early Greek Philosophy*. London: Penguin Books, 1st ed. 1987, rep. 2001.

Beardsley, M. C. *Aesthetics: From Classical Greece to the Present*. Alabama: The University of Alabama Press, 1975.

Bosanquet, Bernard. *A History of Aesthetics*. New York: Meridian Books, 1957 (1st ed., 1932).

Bremmer, Jan. N. *The Early Greek Concept of the Soul*. New Jersey: Princeton University Press, 1983.

Burn, A. R. *The Pelican History of Greece*. London: Pelican Books, 1965.

Butcher, S. H. Aristotle's *Theory of Poetry and Fine Art: With a Critical Text and Translation of The Poetics*. London: MacMillan and Co., 1911.

Cook, R. M. *Greek Art*. Harmondsworth: Penguin Books, rep., 1991.

Croce, Benedetto. *Aesthetics*. (tr. Douglas Ainslie), New York: The Noodday press, 1962 (1st ed., 1909).

Easterling, P. E. *Greek Tragedy*. Cambridge: Cambridge University Press, 1997.

Else, G. F. "'Imitation' in the Fifth Century." *Classical Philosophy* 53: 73-90.

Ferguson, J. 7 Chisholm, K. (eds). *Political and Social Life in the Great Age of Athiens*. London: The Open University Press, 1978.

Ferrari, G. R. F., *City and Soul in Plato's* Republic, Chicago and London: The University of Chicago Press, 2005.

Finley, M. I. *The Ancient Greeks*. Harmondsworth: Penguin Books, 1975.

Freeman, Kathleen. *God, Man and State: Greek Concepts*. London: Macdonald & Co., 1952.

Gentili, Bruno. *Poetry and Its Public in Ancient Greece*. (tr. A. Thomas Cole), Baltimore & London: The Johns Hopkins University Press, 1990.

Gombrich, E. H. *The Story of Art*. Oxford: Phaidon Press Limited, 1st ed. 1950, rep. 1978.

Guhl, E. & Koner, W. *The Greeks*. London: Senate, 1994.

Guthrie, W. K. C. *A History of Greek Philosophy*. Vol. IV, London/New York: Cambridge University Press, 1975.

Haigh, A. E. *The Attic Theatre*. Oxford: The Clarendon Press, 1952.

Hallowell, John H. *The Moral Foundation of Democracy*. Chicago: The University of Chicago Press, 1953.

Halliwell, Stephen. *The Aesthetics of Mimesis*. Princeton and Oxford: Princeton University Press, 2002.

Homer. *The Iliad*. tr. Rober Fitzgerald, Beijing: Foreign Languages Teaching & Research Press/Oxford University Press, 1995.

Homer. *The Odyssey*. tr. Walter Shewring, Beijing: Foreign Language Teaching & Research Press/Oxford University Press, 1995.

Honderich, Ted(ed). *The Oxford Companion to Philosophy*. Orford/New York: Oxford University Press, 1995.

Howe, George & Harrer, G. A. (eds). *Greek Literature in Translation*. New York: Harper & Brothers, 1st ed., 1924, rep., 1948.

Inwood, Brad & Gerson, L. P. (eds). *Hellenistic philosophy: Introductory Readings*. Indianapolis/Cambridge: Hackett publishing Company, 1988.

Jaeger, Werner. *Paideia: The Ideals of Greek Culture*. (tr. Gilbert Highet, vol. s I-II), Oxford: Oxford University Press, 1986.

Jaspers, Karl. *The Origin and Goal of History*. London: Routledge & Kegan Paul, 1953.

Kraut, Richard(ed.). *Plato's Republic: Critical Essays*. Lanham: Rowman & Littlefield Publishers, 1997.

Keuls, E. C. *Plato and Greek Painting*. Leiden: E. J. Brill, 1978.

Koller, H. *Die Mimesis in der Antike*. Bern: A. Francke, 1954.

Monro, D. B. *The Modes of Ancient Greek Music*. Oxford: Clarendon Press, 1894.

Murray, Penelope. "Poetic Inspiration in Early Greece," in *The Journal of Hellenic Studies*. Vol. C1, 1981, pp. 87-100.

Popper, Karl R. *The Open Society and Its Enemies*. Princeton: Princeton University Press, 1950.

Ranta, Michael. *Mimesis as the Representation of Types*. Stockholm: Elanders Gotab AB, 2000.

Robinson, C. A. Jr. (ed). *An Anthology of Greek Drama*. New York et al.: Holt, Rinehart & Winston, 1954.

Russell, Bertrand. *A History of Western Philosophy*. New York et al: Simon and Schuster, 1972.

Sachs, Curt. *The Rise of Music in the Ancient World: East and West*. New York: W. W. Norton, 1943.

Sikes, E. E. *The Greek View of Poetry*. London: Metheun, 1931.

Smith, Ralph A. (ed). *Aesthetics and Problems of Education*. Chicago: University of Illinois Press, 1971.

Sörbom, Göran. *Mimesis and Art*. Bonniers: Svenska Bokförlaget, 1966.

Tatarkiewicz, W. *History of Aesthetics*. ed. J. Harrell, vol. 1, Bristol: Thoemmes Press, 1999.

Thilly, Frank. *A History of Philosophy*. New York: Henry Holt & Company, 1926.

Vernant, Jean-Pierre. *Les origins de la pensée grecque*. Paris: Presses Universitaires de France, 1992.

Warry, J. G. *Greek Aesthetic Theory*. London: Methuen & Co. Ltd., 1962.

West, A. L. *Greek Metre*. Oxford: Clarendon Press, 1996.
West, A. L. *Ancient Greek Music*. Oxford: Clarendon Press, 1992.
West, A. L. "The Singing of Homer and the Modes of Early Greek Music," in *The Journal of Hellenic Studies*, vol. C1, 1981, pp. 113-129.
Williams, Bernard. "The Analogy of City and Soul in Plato's Republic", in Richard Kraut(ed.). *Plato's* Republic: *Critical Essays*. Lanham: Rowman & Littlefield Publishers, 1997.
Whitehead, Alfred N. *Process and Reality: An Essay in Cosmology*. New York: Free Press, 1978.
Whittman, Cedric H. *Homer and the Heroic Tradition*. New York: Norton, 1st ed., 1958, rep., 1965.
Winnington-Ingram, R. P. *Modes in Ancient Greek Music*. Amsterdam: Adolf M. Hakkert, 1968.
亚里士多德:《诗学》(陈中梅译注),北京:商务印书馆,1999年。
亚里士多德:《政治学》(吴寿彭译),北京:商务印书馆,1997年。
亚里士多德:《雅典政制》(日知、力野译),北京:商务印书馆,1999年。
色诺芬:《回忆苏格拉底》(吴永泉译),北京:商务印书馆,1997年。
奥尔巴赫:《论摹仿:西方文学中所描绘的现实》(吴麟绶等译),天津:百花文艺出版社,2002年。
包利民:《生命与逻各斯:希腊伦理思想史论》,北京:东方出版社,1996年。
鲍桑葵:《美学史》(张今译),北京:商务印书馆,1985年。
布洛克:《美学新解》(滕守尧译),沈阳:辽宁人民出版社,1987年。
陈康:《陈康:论希腊哲学》(汪子嵩、王太庆编),北京:商务印书馆,1990年。
陈恒:《失落的文明:古希腊》,上海:华东师范大学出版社,2001年。
大偎重信:《东西方文明之调和》(卞立强、依田憙家译),北京:中国国际广播出版社,1992年。
丹纳:《艺术哲学》(傅雷译),北京:人民文学出版社,1983年。
房龙:《人类的故事》(英汉对照),上海:上海文艺出版社,2003年。
方珊:《美学的开端:走进古希腊罗马美学》,上海:上海人民出版社,2001年。
芬利主编:《希腊的遗产》(张强等译),上海:上海人民出版社,2004年。
顾准:《顾准文集》,贵阳:贵州人民出版社,1995年。
洪涛:《逻各斯与空间:古希腊政治哲学研究》,上海:上海人民出版社,1998年。
黑格尔:《哲学史讲演录》第二卷(贺麟、王太庆译),北京:商务印书馆,1996年。
黑格尔:《美学》(朱光潜译),北京:商务印书馆,1979年。
赫丽生:《古希腊宗教的社会起源》(谢世坚译),桂林:广西师范大学出版社,2004年。
怀特海:《过程与实在》(杨富斌译),北京:中国城市出版社,2003年。
基托:《希腊人》(徐卫翔、黄韬译),上海:上海人民出版社,1998年。
吉尔伯特、库恩:《美学史》上卷(夏乾丰译),上海:上海译文出版社,1989年。
罗素:《西方哲学史》上卷(何兆武、李约瑟译),北京:商务印书馆,1986年。
李醒尘:《西方美学史教程》,北京:北京大学出版社,1995年。
李咏吟:《原初智慧形态:希腊神学的两大话语系统及其历史转换》,上海:上海人民出版社,1999年。
苗力田主编:《古希腊哲学》,北京:中国人民大学出版社,1995年。

梯利:《西方哲学史》(葛力译),北京:商务印书馆,2001年。
王太庆等:《古希腊罗马哲学》,北京:商务印书馆,1957年。
汪子嵩等:《希腊哲学史》(第二卷),北京:人民出版社,1993年。
维柯:《新科学》(朱光潜译),北京:人民文学出版社,1986年。
文德尔班:《哲学史教程》上卷(罗达仁译),北京:商务印书馆,1987年。
温克尔曼:《希腊人的艺术》(邵大箴译),桂林:广西师范大学出版社,2001年。
韦尔南,让—皮埃尔:《希腊思想的起源》(秦海鹰译),北京:三联书店,1996年。
阎国忠:《古希腊罗马美学》,北京:北京大学出版社,1983年。
阎国忠主编:《西方著名美学家评传》,合肥:安徽教育出版社,1991年。
叶秀山:《前苏格拉底哲学研究》,北京:人民出版社,1997年。
叶秀山:《苏格拉底及其哲学思想》,北京:人民出版社,1997年。
叶秀山:《哲学作为创造性的智慧》,南京:江苏人民出版社,2003年。
朱光潜:《西方美学史》(第一卷),北京:人民文学出版社,1979年。

3. 柏拉图诗学研究的论著与论文

Adam, Adela Marion. *Plato: Moral and Political Ideals*. Cambridge: Cambridge University Press, 1913.

Anderson, Warren D. *Ethos and Education in Greek Music*. Mass.: Harvard University Press, 1968.

Annas, Julia. *An Introduction to Plato's Republic*. Oxford: Clarendon Press, 1982.

Anton, John P. & Anthony Preus (eds). *Essays in Ancient Philosophy III: Plato*. Albany: State University of New York Press, 1989.

Asmis, Elizabeth. "Plato on Poetic Creativity," in Richard Kraut (ed). *The Cambridge Companion to Plato*. Cambridge: Cambridge University Press, 1992, pp. 338-364.

Barr, Stringfellow. *The Will of Zeus: A History of Greece*. New York: A Delta Book, 1965.

Beardsley, Monroe C. "Plato," in Beardsley, M. C. *Aesthetics*. (Alabama: The University of Alabama Press, 1975), pp. 30-53.

Belfiore, Elizabeth. "Plato's Greatest Accusation against Poetry," in Pelletier & J. King-Farlow (eds). *New Essays on Plato*. Ontario: The University of Calgary Press, 1983, pp. 39-62.

Blondell, Ruby. *The Play of Character in Plato's Dialogues*. Cambridge: Cambridge University Press, 2002.

Bosanquet, Bernard. *A Companion to Plato's Republic*. London: Rivington, Percival & Co., 1985.

Brittan, Simon. *Poetry, Symbol, and Allegory: Interpreting Metaphorical Language from Plato to the Present*. Charlottesville & London: University of Virginia Press, 2003.

Burnyeat, M. F. "Art and Mimesis in Plato's *Republic*," in *LRB* 21 May 1998.

Cavarnos, Constantine. *Plato's Theory of Fine Art*. Athens: Astir publishing Company, 1973.

Clegg, Jerry S. *The Structure of Plato's philosophy*. London: Associated University Presses, 1977.

Collingwood, R. G. "Plato's Philosophy of Art." *Mind*, 34 (1925), pp. 154-172.

Destrée, Pierre & Herrmann, Fritz-Gregor (ed. s), *Plato and the Poets*, (Leiden and Boston: Brill, 2011.

Elias, Julius A. *Plato's Defence of Poetry*. Albany: State University of New York Press, 1984.
Field, G. C. *Plato and His Contemporaries*. London: Methuen & Co. Ltd., 1930.
Gadmer, Hanz-Georg. *Dialogue and Dialectic: Eight Hermeneutical Studies on Plato*. New Haven and London: The Yale University Press, 1980.
Golden, Leon. "Plato's Concept of Mimesis," *British Journal of Aesthetics*, 15 (1975), pp. 118-131.
Gonzalez, Francisco J. (ed). *The Third Way: New Directions in Platonic Studies*. Maryland: Rowman & Littlefield Publishers, 1995.
Gordon, Jill. *Turning Toward Philosophy: Literary Device and Dramatic Structure in Plato's Dialogues*. Pennyvlania: The Pennsylvania State University Press, 1962.
Greene, W. C. "Plato's View of Poetry," *Harvard Studies in Classical Philology*, Vol. 29. (1918), pp. 1-75.
Grube, G. M. A. *Plato's Thought*. London: Methuenn & Co. Ltd., 1935.
Hampton, Cynthia. "Plato's Later Analysis of Pleasure," in John P. Anton & Anthony Preus (eds). *Essays in Ancient Philosophy III: Plato*. Albany: State University of New York Press, 1989, pp. 41-49.
Janaway, Christopher. *Image of Excellence: Plato's Critique of the Arts*. Oxford: Clarendon Press, 1995.
Kahn, Charles H. *Plato and the Socratic Dialogue: The Philosophical Use of a Literary Form*. Cambridge: Cambridge University Press, 1996.
Keuls, Eva C. *Plato and Greek Painting*. Leiden: E. J. Brill, 1978.
Kraut, Richard. (ed.) *The Cambridge Companion to Plato*. Cambridge: Cambridge University Press, 1992.
Laidlaw-Johnson, Elizabeth A. *Plato's Epistemology*. New York et al: Peter Lang, 1996.
Langfeld, H. S. *The Aesthetic Attitude*. New York: harcourt, Brace & Company, 1920.
Levin, B. Susan. *The Ancient Quarrel between Philosophy and Poetry Revisited: Plato and the Greek Literary Tradition*. Oxford: Oxford University Press, 2001
Lodge, Rupert C. *The Philosophy of Plato*. London: Routledge & Kegan paul, 1956.
Lodge, R. C. *Plato's Theory of Education*. London: Routledge & Kegan paul, 1950.
Lodge, R. C. *Plato's Theory of Art*. London: Routledge & Kegan Paul, 1953.
Lodge, R. C. *Plato's Theory of Ethics*. London: Routledge & Kegan Paul, 1928, rep. 1950.
Lutoslawski, Wincenty. *The Origin and Growth of Plato's Logic*. London et al: Longmans, Green and Co., 1897.
Melling, David, J. *Understanding Plato*. Oxford: Oxford University Press, 1987.
Moravcsik, Julius & Temko, Philip. (eds.) *Plato on Beauty, Wisdom and the Arts*. New Jersey: Rowman & Littlefield, 1982.
Moravcsik, Julius. "Noetic Aspiration and Artistic Inspiration." Ibid., pp. 29-46.
Most, Glen A. "The poetics of early Greek philosophy," in A. A. Long (ed). *The Cambridge Companiao to Early Greek Philosophy*. (Cambridge: The Cambridge University Press, 1999), pp. 332-362.
Moutsopoulos, Evanghelos. *La musiques dans l'œuvre de Platon*. Paris: Presses Universtaires de France, 1959.
Murdoch, Iris. *The Fire and the Sun: Why Plato Banished the Artists*. Oxford: Oxford University Press, 1977.

Murray, Penelope. (ed.) *Plato on Poetry*. Cambridge: Cambridge University Press, 1996.
Nehamas, Alexander. "Plato on Imitation and Poetry in *Republic* 10," in Julius Moravcsik/Philip Temko(eds). *Plato on Beauty, Wisdom and the Arts*. New Jersey: Rowman & Littlefield, 1982, pp. 59-69.
Nettleship, Richard Lewis. *Lectures on The Repubilc of Plato*. London/New York: Macmillan, 1964.
Oates, Whitney J. *Plato's View of Art*. New York: Charles Scribner's Sons, 1972.
Pappas, Nickolas. *Plato and the* Republic. London & New York: Routledge, 1995.
Parry, Richard D. *Plato's Craft of Justice*. Albany: State University of New York, 1996.
Partee, Morriss Henry. *Plato's Poetics*. Salt Lake City: University of Utah Press, 1981.
Pater, Walter. *Plato and Platonism*. London: Macmillian and Co., Limited, 1912.
Pelletier, Francis J. & John King-Farlow(eds). *New Essays on Plato*. Ontario: The University of Calgary Press, 1983.
Prior, William J. *Unity and Development in Plato's Metaphysics*. Illinois: Open Court Publishing Company, 1985.
Rau, Catherine. *Art and Society: A Reinterpretation of Plato*. New York: Richard R. Smith, 1951.
Reale, Giovanni. *Plato and Aristotle*. New York: State University of New York Press, 1990.
Ritter, C. *The Essence of Plato's Philosophy*. Tr. Adam Alles, Britain: Unwin Brothers Ltd., 1933.
Roochnick, David. *Of Art and Wisdom*. Pennsylvania: The Pennsylvania University Press, 1996.
Rowe, C. J. *Plato*. Britain: The Harvester Press, 1984.
Russell, Daniel. *Plato on Pleasure and the Good Life*. Oxford: Clarendon Press. 2005.
Sayre, Kenneth M. *Plato's Literary Garden*. Notre Dame & London: University of Notre Dame Press, 1995.
Schofield, Malcom. *Plato: Political Philosophy*. Oxford: Oxford University Press, 2006.
Smith, Nicholas D. (ed). *Plato: Critical Assessments*. London & New York: Routledge, 1998.
Sörbom, Göran. "What is in the mind of the Image-maker?", in the *Journal of Comparative Literative and Aesthetics*, Nos. 1-2, 1987, pp. 1-41.
Sörbom, Göran. *Mimesis and Art*. Bonniers, 1966.
Strauss, Leo. *Studies in Platonic Political Philosophy*. Chicago & London: The University of Chicago Press, 1983.
Tate, J. "'Imitation' in Plato's Republic", in *Classical Quarterly*, 22, 1928, pp. 16-23.
Taylor, A. E. *Plato: the Man and his Work*. New York: Meridian Books, 1956.
Thorson, Thomas Landon. *Plato: Totalitarian or Democracy?* New Jersey: Prentice-Hall, 1963.
Wians, William (ed.). *Logos and Muthos: Philosophical Essays in Greek Literature*. Albany: Suny Press, 2009.
Wild, John. *Plato's Modern Enemies and the Theory of Natural Law*. Chicago: The University of Chicago Press, 1953.
Winspear, Alban D. *The Genesis of Plato's Thought*. New York: Russell & Russell, 1940.
Zuckert, Catherine H. *Postmodern Platos*. Chicago & London: The university of Chicago Press, 1996.

巴克:《希腊政治理论:柏拉图及其前人》(卢华萍译),长春:吉林人民出版社,
　　2003年。
伯纳德特:《弓弦与竖琴:从柏拉图解读〈奥德赛〉》(程志敏译),北京:华夏出版
　　社,2003年。
策勒尔:《柏拉图和学园》,见策勒尔:《古希腊哲学史纲》(翁绍军译,济南:山东人
　　民出版社,1996年),第124—165页。
陈康:《柏拉图认识论中的主体与对象》,见陈康:《陈康:论希腊哲学》(汪子嵩、
　　王太庆编,北京:商务印书馆,1990年),第31—48页。
陈康:《柏拉图〈国家篇〉中的教育思想》,同上书,第49—75页。
陈康:《柏拉图"相论"中的"同名"问题》,同上书,第120—126页。
陈康:《柏拉图的有神目的论》,同上书,第143—160页。
陈康:《柏拉图论如何获得"相"的知识》,同上书,第161—165页。
陈康:《柏拉图哲学概论》,同上书,第168—188页。
陈康:《柏拉图的"辩证法"》,同上书,第189—238页。
陈树坤:《孔子与柏拉图伦理教育思想之比较》,台北:台湾商务印书馆,1976年。
陈中梅:《柏拉图诗学和艺术思想研究》,北京:商务印书馆,1999年。
范明生:《柏拉图哲学述评》,上海:上海人民出版社,1985年。
方珊:《古代美学思想的开创者:柏拉图的美学思想》,见方珊:《美学的开端:走进
　　古希腊罗马美学》(上海:上海人民出版社,2001年),第123—164页。
黑尔:《柏拉图》(范进、柯锦华译),北京:中国社会科学出版社,1992年。
吉尔伯特、库恩:《柏拉图》(第二章),见吉尔伯特、库恩:《美学史》(上卷,夏乾丰
　　译,上海:上海译文出版社,1989年),第36—78页。
赖辉亮:《柏拉图传》,石家庄:河北人民出版社,1996年。
李醒尘:《柏拉图的美学思想》,见李醒尘:《西方美学史教程》(北京:北京大学出
　　版社,1994年),第28—39页。
陆沉:《柏拉图哲学的核心术语 ειδος 与 ιδεα 之翻译与解释》,见《世界哲学》(中
　　国社会科学院哲学所,2002年第6期),第75—79页。
摩尔:《柏拉图十讲》(苏隆编译),北京:中国言实出版社,2003年。
罗森:《诗与哲学之争》(张辉译),北京:华夏出版社,2004年。
汝信:《柏拉图的美学思想》,见汝信:《西方美学史论丛》(上海:上海人民出版社,
　　1982年),第1—51页。
泰勒:《柏拉图:生平及其著作》(谢随知等译),济南:山东人民出版社,1996年。
泰勒主编:《劳特利奇哲学史:从开端到柏拉图》(韩东晖等译),北京:中国人民大
　　学出版社,2003年。
王宏文、宋洁人:《柏拉图研究》,济南:山东人民出版社,1991年。
阎国忠:《柏拉图的美学》,见阎国忠:《古希腊罗马美学》(北京:北京大学出版社,
　　1983年),第70—121页。
叶秀山:《科学型思维方式视角中的柏拉图"理念论"》,见叶秀山:《哲学作为创造
　　性的智慧》(南京:江苏人民出版社,2003年),第1—18页。
朱光潜:《柏拉图的美学思想》(译后记),见柏拉图:《柏拉图文艺对话集》(朱光
　　潜译,北京:人民文学出版社,1980年),第333—366页。
朱光潜:《西方美学史》(第一卷),北京:人民文学出版社,1979年。

古希腊术语英汉对照表

注:本对照表中的古希腊术语按照希腊字母顺序排列,用拉丁拼音方式写出。

A

agathos—good—善
agathou idea—idea of the good—善的理式
agathoi kai ēmeroi—good and cultivated—文明
agnoias—ignorance, not knowing—无知,不知
agora—market place, public square—集市广场
agrotētos te kai sklērotētos—savage and brutal—野蛮与残暴
agonistikē—exercises or items for sports meet—竞技类(体育项目)
adelphoi—brothers and sisters—兄弟姐妹
adelphai tines ai epistēmai einai—to be sister subjects—兄弟学科
Hades—underworld, hell—冥界
adikos—the unjust people—不义的人
adikia—injustice—不义,不义
athanaton psychēn—immortal soul—灵魂不死
athlētikē—athletic items—职业运动类
athlios—subject ot suffering or misery—痛苦,受罪
akontion—dart, javelin—标枪
alma—long jump—跳远
aireithōbios—deciding on destiny, fate—选择命运
aischra—the ugly and shameful—丑陋可耻的东西
aitia—cause, origin, occasion—原因,起源
akolasian ē poikilia enetikten—complex music conduces to licentiousness—复杂的音乐产生放纵
alētheia—truth—真理
alētheia mousikos—true musician—真正的音乐家
alēthestatēn—the truest—至真
alla psychē sōma—look after body by soul—以心护体
amathia—ignorance, want of knowledge—愚昧无知

ameivōv—better in ability or value—(能力或价值上)更好的,较值的
amēchanon kallos—incredible beauty—美不可言,令人难以置信的美
ha mē oida oud' oiomai eidenai—I don't think I know what I don't know—"我知道自己无知"
aneleutherias—illiberality—粗鲁,鄙俗
Anepistēmosunēn—no knowledge—无知
harmonias—musical mode—调式
amphoterōn—double life—两种生活
anarchia—anarchy—无政府状态
andreia—courage, bravery—勇敢,果敢,英勇
andrōdes—manly, courageous—富有男子汉的果敢气概
andras te kai gunaikas—men and women—男男女女
andriantopoios—sculptor, statuary, a statue—maker—雕刻师
anthrōpos—man—人,男人
antisrophē—returning of the chorus from left to right—向右舞动时所应和的诗歌段落
apaideutous apeirous—uneducated people—没有教养的人
aplē pou kai epieikēs gymnastikē—simple and nimble gymnastics—简单而灵活的体操
apkotiēs kata de gymnastikē—simple gymnastics—质朴的体操
aplotēs kata men mousikēn—simple music—质朴的音乐
Apologia Sōcratous—Socrates' Apology—《苏格拉底的辩护篇》
apopempoimen—send, see off—送(别)或送走
argyros—class of silver—白银阶层
aretē—virtue, excellence—德性,美德,优秀,出类拔萃
aretē de adespoton—destiny to be self—chosen—美德任人自取
aretē psychēs einai dikaiosunēn—justice is the virtue of the soul—正义是心灵的德性
arithmoi—number relations—数的关系
aristocratia—aristocracy—最佳政体,贵族政体
aristos—best in ability or value—(能力或价值上)最佳的,最值的
harmatēlasia—chariot—driving—驾车比赛
harmonika—harmonics—和声学
harmonias—harmonic issues—和音问题
arrythmō—bad rhythm—坏的节奏
arrythmias te kai acharistias zē—unrhythmical and impolite life—不和谐的、无礼貌的生活
archē—very beginning, first cause, origin—始基,起源
archontes—leader, commander—执政官
askeō—to exercise the body—增强体质
astronomian—aristronomy—天文学
astrōn kai selēnēs phōs—moon and star light—月光与星光
aulos—flute, pipe—风笛
auto kalon—the beautiful on its own, absolutely beautiful—美自体,绝对美

B

Bakcheia—Bacceia—酒神狂热

basileas—king—国王

beltistos—morally best—（道德意义上）最善良的，至善

beltistēn kai alēthestaēn—the best and the truest—至善与至真

beltiōn—morally better—（道德意义上）更善良的

bouleutikos—planner—谋划者

bion ton anthrōpinon—life of men—人们的生活

biou kosmiou te kai andreiou—orderly and courageous life—有秩序的和勇敢的生活

Γ

geōmetrikē—geometry—几何学

gēs—earth—地上，大地，土地

gannaion ti en pseudomenous—by one noble lie—高贵的谎言

gnosis—knowledge—知识

gnōston—capable of knowing—可知的

gnōthi sauton—know yourself—认识你自己

grammē—line—线，线条

gymnastikē—gymnastics—体操，健身类（体育项目）

gymnasion—place for exercise, gymnatic—school—练身场，体育学校

gymnikous agōnas—gymnastic exercise or tournament—竞技

gymnous—naked exercise—裸体操练

gunaikas—women—女人，妇女

gunaika—queen—王后

Δ

dactylios—ring—戒指

daktylos—Dactyl, Dactylic meter, ametrical foot—长短短格

desmōtas atopous—tied prinsoners—被缚的囚徒

democratia—democracy—平民政体，民主政体

dialegesthai dynamei—dialectic power—辩证的力量

dialectikē—dialectics—辩论术，辩证法

dianoias—understanding—理解，理解力，思想

diaphora philosophia te kai poiētikē—quarrel between philosophy and poetry—哲学与诗歌之争，哲学与诗歌的争吵

diaphora—quarrel—争吵，歧见

diēgēsis—narrative—叙述体

dikaiosynē—justice—正义，正义

dikaios—the just people—正义的人

dikastas—judge—判官

dikaios ara eudaimōn—to be just is as much as to be happy—正义即幸福

diskobolia—discus—铁饼
doxa—opinion, fancy—意见
doxaston—having opinion or fancy of—有意见的
dromos—running race—赛跑
Dōristi—Doric style, Doric mode—多利式风格, 多利式乐调

E

eidei kalon—beautiful Idea or Form—美的理式或美的共相
eidolon—image, shape—形象, 外观
eidos—Idea, Form—理式, 理念, 相
eidōlon—shape, image, phantom, an image in the mind, vision—表象, 形象
eidōlou poiētēs—maker or creator of image or shape—形象的创造者
eikasias—conjecture, imagination—猜想, 想象
eikonas—shadow—阴影, 影像
eimi—to be, to exist, to be in existence—是, 在, 是者
eirēnikon eidos—dance of peace—和平之舞
ekgonos—son—儿子
eleutheria—liberty, freedom—自由
eleutheriotētos—free-spiritedness, freedom—大度, 自由
evantiōseōs—opposition—对立
en—one—一
enoplios—Enopilic—武乐, 军乐调, 表现战争气势的复合节奏
enthousiastikos—enthusiastic religious zeal—狂热的宗教情感
enthousiastika—enthusiatic mode—热情型调式
epanabathmois—ladder—阶梯（说）
exousia—power, might—权力
epikos—epic—史诗
epikourētikos—auxialiary—辅助者
epistēmē—knowledge—知识, 认识
epistēmōn kallos—beauty in knowledge—知识的美
epithiumētikos—appetite, desire—欲望
eriō stephantes—wool crown—冠饰
ermēneis tōn theōn—interpreters of gods—神明的解释者或使者
erōs—eros, love—爱欲, 爱情
estin amathia ē adikia—to be unjust is to be ignorant—不义是愚昧无知
ēthika—ethical mode—伦理型调式
euarmostia—fine musical mode—好的音调或乐调
eudaimōn—happy, prosperous, fortunate—幸福, 幸运
euethōs—fine state of mind or spirit—好的精神状态
eulogia—fine words, eulogy—颂词, 赞美的歌词, 好的歌词
eurythmia—fine rhythm—好的节奏
euschēmosunē—fine style—好的风格

euschēmōn—grace, gracefulness—优雅

Z

zōgraphos—painting animals, painter—画家,画动物

H

hēdonē—pleasure, delight, being hedonistic—快乐
hēonē kai lupē—pleasure and pain—快感和痛感
hē esti kalou toioude—the beautiful is the object—以美为对象
helios—sun—太阳
heniochikos—chariot driver—御车人
Heros—Heros as a brave soldier—勇士赫罗斯
Herōos—Heroic meter, heroic style—短长格,史诗韵脚,英雄史诗体,
hērōos—hero—英雄

Θ

thaumatopoiois—wonder doers, puppet performers—木偶表演者
thaumata—puppets—木偶道具
theatrokpatia—theatrecracy—剧场政体
θεια μανια/theia mania—divine maniac—神灵迷狂
theia tis sumbē tuchē—following the divine way—合乎天道的
theos—god—神
theōmenō—contemplate, gaze at—凝神观照(论)
thēras—hunting—打猎
thumoeidous—tough, firm, strong—刚强
thumoeides—passion, spiritedness—激情
thrēnōdeis—lamenting mode—挽歌式调子

I

iambos—iambus, a metrical foot—短长格
Iasti—Ionian mode—爱奥尼安调
idea—Idea, ideal—理式,理念,理想,相
idean tina autou kallous—the idea of beauty itself—美自体的理式
idean anthrōpou—human image—人像
idean thērion polukephalou—image of a monster with many heads—多头怪兽
idean leontos—image of a lion—狮像
ippikous—horse racing—赛马

K

katharsis—catharsis, cleansing, purification—净化说
kakia—badness, baseness, vice, wickedness—邪恶,坏,恶劣,罪恶
kakian de adikian—injustice as evil—不义即邪恶

kakias—evilness—邪恶
kakos—evil,bad—恶,坏
kallei kai xummitria kai alētheia—beauty,symmitry and truth—美,比例和真理
kallipolis—beautiful city—state—美的城邦,理想城邦
kallista outō trapheien—the best education or training—最好的教育
kallos—beauty—美
kalokgathia—beauty—cum—good—美善兼备
kalos—beautiful,fine,fair,morally good,noble—美的,漂亮的,善的,高尚的
kalos te agathos—the beautiful and the good(things)—美好的事物
kalou erōtika—loving the beautiful—对美的爱
kalou phusin—beautiful nature,nature of the beautiful—美的本质
katoptron—mirror—镜子
kēphēn—drone—bee,drove—雄蜂
kithara—kithara—克瑟拉琴
klinē—bed—床
klinopoios—carpenter—木匠
klinai en tē physei—bed in or by nature—自然的床
kosmios—orderly,well—behaved,moderate—有秩序的
kosmos—order—秩序
krantoros—ruling system,sovereignty—统治
kratistos—the strongest in strength——最强壮的
kreittōn—stronger in strength——更强壮的
Kritōn—*Crito*—《克利多篇》
kynēgesia—dog racing—赛狗
kōmōdia—comedy—喜剧(诗)

Λ

Lacheseōs—Godess of Fate—命运女神拉赫希斯
lekteon—way of speaking—言说方式
logistikos—reason,rationality—理性,理智部分,算计
logos—the word by which inward thought is expressed,reason itself—逻各斯
logous kalous—beautiful words or logos—美的道理或话语
logou—words,verses—文词,歌词
logous kai mthous—stories and myths—神话传奇故事
loipa kathairōmen—to purify continuously—继续做净化工作
Lydisti—Lydian mode—普通型吕底安调
lyra—lyra—里拉琴

M

malakai—soft—软绵绵的
malakai te ēmerotētos—soft and tamed—软弱与柔顺
malthakou aichmētēn—soft soldier—软弱的战士

manias—mad, crazy—疯狂
mathēmatikē—mathematics—数学
megaloprepeia—greatly tolerable or magnificentg—伟大宽宏/恢宏
megaloprepeias—greatness and nobleness—高尚
megiston kaiēgorēkamen—the greatest crime—最大的罪状
melē—lyrics—抒情诗
melos—melody, music to which a song is set—美乐斯, 旋律
Meno—*Meno*—《美诺篇》
methexis—participation in, partaking of—分有, 分享
mesos—mean, middle—正义不偏
meta ta physika phusika—metaphysics—形而上学, 在外物的背后
meta ugieias—(combined) with health—与健康结合
meta phronēseōs—(combined) with intelligence and wisdom—与思想智慧结合
metechonta—partake of, participate in—分有（论）
metrou kai summetrou—measure and proportion—尺度与比例
mēsē—middle or mean pitch—中调
mēte gēn temnen mēte oikias empipranai—destroy no land, burn no houses—不准蹂躏土地, 不准焚烧房屋
mimeisthai—imitate, represent, or express—摹仿, 再现或表现（动词形式）
mimeisthai sumphytos—mimetic instinct—摹仿的本能
mimēma—consequence of imitation, representation and expression—摹仿、再现或表现结果
mimēsis—imitation, representation, expression, making, creation—摹仿（体）, 再现, 表现, 创作
mimētes—imitator, copier—摹仿者
mimos—mime actor—哑剧表演者
Mixolydisti—mixed Lydian mode—混合型吕底安调
mousikē—music, music—poetry—音乐, 诗乐
mousikē trophē—music education or training—音乐教育
mousikē kai gymnastikē paideiein—music and gymnasticeducation—体乐教育
mythos—myth, story—神话, 故事
mythos pseudeis—false stories or myths—假故事
myron—perfume, sweet oil—香油

N

nētē—highest pitch—最高音
noen—noumenon—本体, 实在
noeō—think—思索
noēsis—thought, intelligence—思想
Nomoi—*Laws*—《法礼篇》
nomou te kai beltistou logou—best law and logos—至善的法律和理性原则
nous—reason, intelligence—理性, 理智

O

o d'adikos athlios—to be unjust is as much as to be subject to suffering—不义即痛苦
oidos—singer—歌手
ois gnōsis—the objects of knowledge—知识的对象
ois doxa—the objects of opinon—意见的对象
oligarchia—oligarchy—寡头政体
Omoious hēmin—[They] like us—"一些和我们一样的人"
orchēsis—dancing—舞蹈
orchēstra—a place for dancing—舞台
oti to men ōphelimon kalon—the benefitial is beautiful—有益的则美
ouranos—heaven or celestial—天堂，天上的
ophthalmoi—eyes—眼睛

Π

pagkration—boxing cum wrestling—拳击加角力
paidia—play, passtime, sport—游戏
pathēmatōn katharsin—pathos catharsis—情感净化说
paideia—education, raising—教育，培养
palaestra—wrestling school—角力学校
palē—wrestling—角力或摔跤
paradeigma—paradigm, pattern—范式
parechō—produce, cause—引起，制作
pathētikos—deep inner feeling—深刻的内心感受
pelagos tetrammenos tou kalou—beautiful and vast sea—美的汪洋大海
pentathlos—five exercises—五项全能（赛跑，跳远，摔跤，铁饼，标枪）
peri tou polemon—for warfare—为了备战
pistis—belief, faith—信念
poiēseōs mimētikē—mimetic poetry—摹仿诗歌
poiētēs—poet, maker, producer, creator—诗人，制作者，创作者
poiētikē—poetry—诗歌，诗
poimēn—a berdsman, a shepberd—牧羊人
polla—many—多
polei basileuseton—king of the city—state—城邦的国王或主宰
polei en logois—ideal city—state in words—理想中的城邦
polemikon eidos—dance of war—战争之舞
polis—city—state—城邦
Politeia—*Republic, Art of Politics*—《理想国》
politeras—administration of city—state—城邦的管理
poluchorda kai poluarmonia—many—stringed and many—moded—多弦多音阶
praktika—active mode—能动型调式
Protagoras—*Protagoras*—《普罗泰戈拉篇》

pygmē—boxing—拳击
Pyrrikos—Pyrric dance—皮力克舞蹈

P

rythmou—节奏

Σ

semnos—noble—高贵
sidēron te kai chalkon—class of bronze and iron—铜铁阶层
skeuastos—artificial, man—made—人造的, 人工的
skia—shadow, shade, phantom—影像, 阴影
skuthrōpos—plain, simple—朴实无华
sōma—body—身体, 肉身
sophia—wisdom, skillfulness—智慧
sophia te kai aretē esti dikaiosunē—to be just is to be wise and virtuous—正义是智慧和美德
Sophistēs—*Sophist*—《智者篇》
spēlaion—cave, grotto, pit—洞
stasimos—calm—稳重
strophē—a section of a poem—诗歌段落
sygkrasis—the compound—复合体
symmixei—the mixture—混合体
sympotikai—slacking, sluggish—懒洋洋的
symposios—symposium—饮宴集会
Symposiom—*Symposium*—《会饮篇》
synarmosanta—harmonious whole or unity—和谐整体
synharmosthēton—harmony—和谐
Syntonolydisti—intensified Lydian mode—强化型吕底安调
sphairistikē—ball playing—抛球游戏
sphodros—strong, robust—雄强有力
sōmato-poiēsis—body-poetics—身体诗学
sōma ischun te kai kallos—body with strength and beauty—使身体得到力和美
sōmasinu gieian—physical or bodily health—身体的健康
sōmatos kalos—beautiful body—美的形体或肉身
sōmati harmonian—harmony of the body—协调自己的身体
sōphrosunē—temperance, moderation—节制
sōphronēthein mēllē—spirit of self-control or temperament—自律或节制精神
sōphrosunē anthrōpinē—human self-control or temperament—人类节制

T

ta nooumena—the intelligible objects—可知对象
ta orōmena—the visible or observable things—可见事物

tēn beltistēn phusin——the best part in nature——天性中最善的部分
tēn Hellada pepai deuken——the educator or teacher of all in Greece——全希腊的教育者
tēs polin diaphthrēnai, otan autēn o sidēros ē o chalkos phulaxē——the city——state is to be destroyed when ruled by the class of bronze and iron——铜铁当道,国破家亡
tēs alētheias timēteos——more respect or love for truth——更爱真理
tēs psychs pente——five phsychical states——五种心灵状态或境界
technē——technē, skill, craft, technique, art——技艺,工艺,技巧,艺术
technē poiēsousan——maker's art or techne——创造者的艺术或技艺
technē chrēsomenēn——user's art or techne——实用者的艺术或技艺
technē mimēsomenēn——imitator's art or techne——摹仿者的艺术或技艺
timē——honor, esteem, respect——荣誉
timokratia——timocracy——荣誉政体
tois epitēdeumasi kai tois nomois kalon——beautiful or good conduct and order——行为和制度的美
tonos——tone——音调
to agathon——the good itself——善自体
to de blaberon aischron——the harmful is ugly——有害的则丑
to kalon——the beautiful itself, moral virtue——美自体,道德美
to skeuaston——the artificial[things]——人造物
to ta autou prattein——to do one's business——各尽所能
to philosophon——the philosophical part(of the soul)——(心灵中的)爱智部分
to thumoeides——the passionate part(of the soul)——(心灵中的)激情部分
toutoeoike——real or existing thing——实物
tou agathou ekgonos——the son of the good——善的儿子
tou aristou phulakos——the best guarding——最善的保障
tou beltistou en psychē——the best part in the soul——心灵的至善部分
tragos——goat——山羊
tragos——oidos——goat——like singer——山羊歌手
tragōdia——tragedy——悲剧(诗)
trapeza——table, dining table——桌子
tritos tis apo basileōs tēs alētheias pephukōs——three times——与国王或真实相隔两层
tropos——character, temper——品性
trochaios——a metrical food——长短格
tupoi tēs paideias te kai trophēs——outlines of education and training——教育和培养纲要
tyrannis——tyranny——僭主政体
tyrannidos——absolute power of sovereignty——极权政治
tō noetō topō——the intelligible world——可知世界
tō oparō topō——the visible world——可见世界,可视世界
tōn poleōn pente——five political forms——五种政体形式

Y

hybreos——violent, of violence——凶暴

hypothesis—hypothesis—假设，假定
hymnous theois kai egkōmia tois agathois—hymns to gods and good men—歌颂神明和赞美好人的颂诗

Φ

Phaidon—*Phaedo*—《斐多篇》
Phaidros—*Phaidrus*—《斐德罗篇》
phainomena—phenomena, appearances—现象，显现，外观，表象
phantasmatos—phantasm, image, dream, unreal appearance—影像，形象，梦境，外貌
phileō—love, be fond of, befriend—爱，喜欢，友爱
Philebos—*Philebus*—《斐利布斯篇》
philodoxous—lover of opinions—爱意见者
philokerdes—one who lovesprofit or interest—爱利者
philonikos—one who loves victory—爱胜者
philios—friend—朋友
philoi tois theois—love of gods—诸神的爱
philomathes en psychē—the light of loving wisdom in the soul—心灵里的爱智之光
philopolides—one who loves one's motherland—爱国者
philo—sophia—philosophy—哲学，爱智
philosophos basileus—philosopher—king—哲王，哲学王
philosophos—lover of wisdom—爱智者
physiologon—natural scientist—自然哲学家
Phrygisti—Phrigian mode—菲利吉亚（音乐调式）
phulakos—guardian, soldier—卫士
phulax autou ōn agathos kai mousikē—good and cultivated guardian—有教养的优秀卫士
phytourgos—gardener, cultivating plants or trees—自然制造者
phuchis epistēdeiotatē pephukuia—his nature was best adapted—最适合天分
phos—light—光

X

choreias—chorus—团体歌舞
choros—chorus— 合唱，歌舞，歌队
choros kōmikos—comedy chorus—喜剧歌队
choros saturikos—Satyr chorus—欢喜神歌队，萨提儿歌队
choros tragikos—tragedy chorus—悲剧歌队
chrematistikos—businessman, tradesman—生意人
chrysos—class of gold—黄金阶层
chrysoun dactylios—gold ring—金戒指

Ψ

pseudos en tois logois—lie of falsehood in words—口头的谎言，言词上的谎言
psychais sōphrosunēn—the temperament or moderation of the soul—心灵的节制

psychais kallos—beauty of the soul—心灵的美
psychē—soul, mind—心灵,心魂
psyches pros alētheian—leading the soul towards truth—把灵魂引向真
psychai sōphrosunēn—soul in temperament—心灵的节制
psychē psychēs archei—rule soul by soul—以心治心
psycho—poiēsis—psycho—poetics, spiritual poetics—心灵诗学

Ω

ōphelimos—benefit, usefulness, serviceable thing—有益

后　　记

　　在撰写本书的过程中,牛津大学、多伦多大学和中国社会科学院的图书资料与治学条件使我受益良多。业师童庆炳先生早先曾建议我将柏拉图的"摹仿论"等问题深入研究一下,我也想借此机会将其搞得再通透一点,只可惜所需的古希腊典籍材料远为不够,我仅能根据自己有限的学养,凭借在国内外所能搜集到的有关资料,做到目前这种程度。毫无疑问,"摹仿论"在西方文论与美学史上横贯古今,从生成到现在,是一个不断流变的复杂问题,很值得来日继续探讨、逐步深化。

　　坦率地说,我个人的性情偏于散淡,自身的心智与兴味多少有些"未老先衰",比较喜好品读一些古旧的典籍,这其中的代表人物莫过于中国的老庄孔孟,希腊的赫拉克利特与柏拉图等。我总想,"温故而知新"或"知新而温故",这不仅是一种求学探源之法,而且是一种修身养性之道。

　　另外,研习经典,我从未感到过时或陈旧,也从未感到无话可说或乏义可陈,反倒觉得生动鲜活且意味隽永,富有思想的原创性和能指的外延性。我之所以这么说,不仅是因为经典(尤其是原典)占有特殊的开源性"天时",而且是因为你在细读和体味过程中会有新的体悟。诚如拉封丹所言,在这个领域,无论前面的人收获得多么彻底,后来的人也总能拣到一些遗留下来的东西。更何况有些事关柏拉图思想的问题,依然处于仁者见仁、智者见智的争论之中,因此有的学者认为当前"对柏拉图的研究依然处于幼儿时期或初创阶段(infancy)"①。

众所周知,在西方传统与文化中,《理想国》这部经典的地位,足可以与《圣经》媲美。此书流布久远且读者广泛,影响深远又常读常新,能在不同的历史语境中给人以新的启示。如果说古希腊的艺术精神主要表现为"高贵的单纯与静穆的伟大"(温克尔曼语),那么,古希腊的哲学精神则主要表现为理性与想象的高度融合,这在《理想国》里得到了最为完美的体现。在艰难构建和发展人文主义教育的今天,我们甚至比文艺复兴时期更需要反思和借鉴古希腊的精神和相关经典(当然也包括中外其他优秀的经典),以便塑造公民的优美心灵与健康人格。"阿诺德(Matthew Arnold)说得好,正是古希腊的作家们以最佳的方式指出了现代心灵所要走的路;因为,现代人不可能像中世纪的人那样,仅仅凭借想象和信仰的官能来生活;而另一方面,现代人也不能一味凭借自己的理性和理解力而生活(现代人更不能一味凭借感性和追逐时尚来生活,那样很有可能导向野蛮和偏执——引者注)。只有把人类天性中的这两个因素结合在一起,我们才有希望获得平衡的发展"②,同时才有希望实现人文主义教育的基本目标。

若从《理想国》切入,进而追思、想象和体味柏拉图所构建的古希腊人文主义教育理想,有时在不经意之间会让人联想起希腊古哲泰勒斯的名言——"认识你自己"(gnōthi sauton),此话据说被刻印在德尔菲阿波罗神庙之上以便提醒过往的朝拜者。我想,"认识你自己"的含义是多层面的,不仅要认识你会是什么以及成为什么,而且要认识你会思考什么、知道什么以及做些什么,如此一来,你才有可能成为自己真正的主人,从而养成节制或自律的德行。在不少情况下,我们总是以自己的同类为参照,通过他们的思想言行与精神追求来反观自身,

---

① Cf. Francisco J. Gonzalez(ed). *The Third Way: New Directions in Platonic Studies* (Maryland: Rowman & Littlefield Publishers, 1995), p. vii. 原话是这样说的:"举凡从外面审视当代柏拉图研究这一忙碌事业的人们肯定会感到纳闷,在历时两千多年研究的今天,还能就柏拉图的思想说出什么新的东西。不过,从当前一直争论不休的那些问题来看,可以毫不夸张地说,对柏拉图的研究依然处于幼儿时期或初创阶段(Those observing from the outside the busy industry of contemporary Platonic studies must wonder how anything can remain to be said about Plato after more than two thousand years. Yet, to judge from the issues that are currently being debated, there is little exaggeration in saying that the study of Plato is still in its infancy)."

② 参阅白璧德:《文学与美国的大学》(张沛、张源译,北京:北京大学出版社,2004年),第115页。

同时也采用对话方式来陈述和交流自己的种种认识。在这个哲学相对贫困、独断与训导式话语盛行的年代，对于渴望认识自己的人来讲，柏拉图式的对话与苏格拉底式的盘问就显得难能可贵了。这种对话所彰显的诗性智慧，兼有理论性与实践性两个维度，在我看来可以说是开启了"认识你自己"的最佳途径之一。如能借此走出囚禁精神的"洞穴"并实现心灵的转向（无论是转向诗学还是哲学），都是个体人生的意外收获。譬如，通过阅读和慎思柏拉图的对话，我们虽然不一定从无知的状态进入有知的境界，但起码在一定程度上会怀疑自己盲目的意见，会发现个人现存的局限，会觉察某些误置的乃至爆膨的自信，并且在自我反思过程中开始进行积极主动的探索，以便逐步认识自己的本真，不断地接近实在的真理。

此番选择《理想国》的诗学研究作为论题，更多地是想满足一己夙愿，以此来检验自个解读柏拉图思想的基本能力和部分结果。为研读柏氏对话，我曾借访学多伦多大学之机（1998—1999 年），于圣迈克尔学院专修了一学年古希腊语。所用的教材是格罗顿（Anne Groton）编写的《古希腊语基础教程》（*From Alpha to Omega：A Beginning Course in Classical Greek*），厚重足有 3 斤。每天除上课外，要拿出 8～10 小时去预习、复习课文和完成 15 句（希译英/英译希）翻译练习。那确实是一个朝夕营营、乐在其中的学年。任课教师托珀罗斯基博士（Dr. R. Toporoski）治学认真、要求严格。我原想旁听，他不允许，执意让我转为不交学费的专修，以免我中途知难而退。我听从了他的忠告，并按照相关要求，同正式学员一样，参与所有课堂练习、学期考试和翻译作业。事后证明他这样要求是对的，对我而言更是如此。我记得首次开课时有 25 人选修，几周后走了数位，期中考试后剩下 9 人，期末考试时仅余下 4 名忠实的学员。我曾好奇地问托珀罗斯基博士，这么一大班人仅剩下 4 名学生是否太少了些？他看了看我，仰首哈哈一笑说："4 个实属不少！上届一班人最后仅剩 1 人。我根本不靠学生选课人数的多少来拿薪水。否则，我早就得去夜总会从事脱衣舞表演了。"这的确是幽他一默的说笑。虽然时过境迁，我对他一直心存感激，所学的这一点儿古希腊语基础知识大多归于他的帮助，迄今我依然保留着他精心批改过的两大本翻译作业。在"多大"期间，我还旁听过哲学系罗宾逊（Tim Robinson）、格塞尔（A. Gocer）和秦家懿等诸位教授为研究生开设的古希腊哲学、柏拉图美学和佛教哲学等课程。2000年我又应邀到了牛津大学圣安妮学院和中国学术研究所作访问研究员（visiting fellow），在那里除了在当地电视台和中国学术研究所研讨班讲一点中国的哲学与美学之外，潜心读了柏拉图的对话集，搜集了一些相关的资料。

借此出版机会，谨向我以前的导师叙施勒尔博士（Ingeborg Schüssler）表示诚挚的谢意。90年代初我到瑞士洛桑大学哲学系求学时，原想在她的指导下研究尼采的美学，后因家母患病而返国，不便再返回"洛大"续读，加之学术兴趣逐渐转移，因此也就随之搁置了起来。不过，叙施勒尔教授严以律己的治学与做人风范，与童庆炳先生如出一辙，对我个人的影响极其深远。诚祝他们身体永远健康，学术生命常青。与此同时，谨向对本书作提出宝贵建议和相关资料的史密斯（Ralph A. Smith）、安德森（Albert Anderson）、布宁（Nicholas Bunnin）、丹娜姆（Alison Denham）、考林斯（Michael Collins）、聂振斌、程正民、钱竞、高建平、陶东风、王一川和李春青等诸位教授表示诚挚的谢意。

王柯平谨记
2005年于太阳宫寓中